KB246219

핵심 데이터베이스 시스템

DataBase System

장경애 저

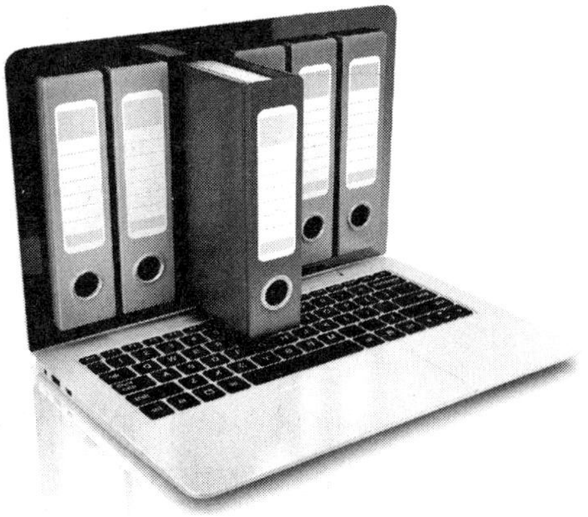

PREFACE | 머리말

기업이 시스템화되고 인터넷이 보급되면서 데이터 역시 엄청난 양으로 증가하기 시작하였다. 모바일 기기와 인터넷의 급속한 발전으로 서비스가 다양해지고 SNS사용자가 급속히 늘어나면서 데이터는 기하급수적으로 증가하여 하루에 수천 테러바이트 이상의 데이터가 사용되고 있는 실정이다.

이렇게 많은 데이터가 존재하여도 목적에 따라 분류되지 않고 오류데이터가 많거나 검색이 어려우면 그 활용도가 떨어질 수 밖에 없다. 따라서 엄청난 양의 데이터를 저장 · 관리하여 원하는 목적에 맞게 사용하기 위해 데이터베이스는 기업에 필수적인 요소가 되었다.

학습자들이 데이터베이스를 바라보는 입장은 극과 극인데, 데이터베이스의 흡입력에 빠져들어 쉽게 받아들이는 사람들이 있는가 하면, 너무 모호하고 어려워서 어디부터 시작해야 될지 막막하다고 느끼는 사람들도 있다. 이들은 데이터베이스의 중요성을 인식하고 관심이 있으며 배우고 싶지만 접근하기 어렵다고 한다.

필자 역시 데이터베이스에 흥미를 갖고 관련 책을 접할 때마다 그 엄청난 두께와 장황한 설명에 기가 눌렸던 경험이 있다. 따라서 이 책을 구성하면서 이러한 어려움을 가진 분들을 염두에 두었고, 이 교재를 통해 데이터베이스의 막막함에 물고를 트는 작업이 이루어지기를 바라며 최선을 다했다. 데이터베이스의 중요성이 부각되면서 관련 연구도 활발해지고 더불어 다양한 관련 서적들이 나오는 시점에서 이와 같은 작업이 꼭 필요하다고 생각한 것이다. 또한 관련 서적이 다양하게 출판되고 있다고는 하지만 데이터의 개념에서부터 데이터 모델링, 데이터 품질, 빅데이터 등 최신기술에 이르기까지 데이터의 전분야를 상세히 다루는 책은 부족하고, 특히 제한된 시간에 핵심적 내용을 습득해야 하는 수험생이나 학생, 데이터베이스를 처음 접하여 전반적 흐름을 익히고 싶은 학습자들이 분산된 정보들을 정리하기 어려운 상황이다.

따라서 이 책에서는 데이터베이스의 핵심적 의미를 가장 효율적으로 습득하고 데이터베이스에 대한 전체 흐름을 볼 수 있도록 안내하는 데 초점을 두고, 각 Chapter별로 핵심 요약부분을 미리 배치하여 학습의 기본 방향을 제시하고 본문에서 상세 설명될 부분을 미리 파악하고 학습이 이루어질 수 있도록 하였다.

> **[전체 구성]**
>
> **1장** | 데이터베이스의 기본
>
> 데이터, 데이터베이스, 데이터베이스 시스템의 의미를 설명하고, 데이터베이스 구조와 내부 알고리즘, 데이터베이스 관리시스템의 특성을 다룬다.
>
> **2장** | 데이터베이스 설계 및 구축
>
> 데이터베이스 구축을 위한 Life Cycle과 데이터 모델링, 모델 표기법, 이상현상과 정규화, 반정규화를 설명하고, 데이터베이스의 물리적 설계와 데이터 표준화를 다룬다.
>
> **3장** | 데이터베이스 운영
>
> 구축된 데이터베이스를 기업에서 어떻게 관리하고 활용하는지 이해하고 데이터 거버넌스, 데이터 품질관리, 튜닝, 감리, 보안을 설명하고 데이터의 분석 측면에서 데이터 웨어하우스, OLAP, 데이터마이닝, 빅데이터를 설명하고 다양한 데이터베이스의 활용에 대해 다룬다.

이러한 큰 흐름을 토대로 데이터베이스의 이론적 개념이 IT현장에서 어떻게 적용되고 있는지 사례를 통해 설명하여 이해를 도왔다. 이를 통해서 IT현장에서 관련 업무를 수행하고 있으면서도 데이터베이스의 개념과 연관시킬 수 없었던 학습자들도 명확한 개념을 이해할 수 있도록 하였다. 또한 데이터의 개념에서 데이터의 최신기술까지 필수적으로 알아야 할 부분을 요약 정리하여 핵심을 놓치지 않도록 하였다.

데이터베이스 시스템을 구축하기 위해서는 단순한 기술만으로는 부족하다. 시스템의 중추를 담당하는 데이터의 중요성을 인식하고 데이터를 효과적으로 어떻게 잘 다루어야 하는지 고민하는 장인 정신이 필요하다. 그러한 노력만이 가치 있는 데이터를 통해 고귀한 결실을 얻을 수 있을 것이다.

이 책이 데이터베이스를 공부하는 학생들과 전반적인 데이터베이스의 핵심을 정리해야 하지만 시간이 부족한 수험생들, 그리고 처음 데이터베이스 학습을 시도하는 분들에게 흥미와 성장의 기쁨을 느끼게 하기를 바란다.

끝으로 지금까지 이 자리에 있도록 길러주신 부모님께 감사의 마음을 전한다.

2013년 여름

장경애 씀

CONTENTS
목차

PART 01 | DB 기본

제1장 DB 개념   001

01 데이터 · · · · · · · · · · · · · · · · · · · 003
  1. 데이터의 개념 · · · · · · · · · · · · · · · · 005
  2. 데이터 처리 시스템 · · · · · · · · · · · · · 007

02 데이터베이스 · · · · · · · · · · · · · · · 009
  1. 데이터베이스의 개념 · · · · · · · · · · · · 011
  2. 데이터베이스 시스템 · · · · · · · · · · · · 011
  3. 데이터베이스 관리 시스템 · · · · · · · · · 012
  4. 데이터베이스 관리 시스템의 변천사 · · · · 015

03 자료구조 · · · · · · · · · · · · · · · · · 019
  1. 자료구조의 개념 · · · · · · · · · · · · · · · 022
  2. 선형 구조 · · · · · · · · · · · · · · · · · · · 022
  3. 비선형 구조 · · · · · · · · · · · · · · · · · · 025

04 Tree · 028
  1. B−Tree · 032
  2. B$^+$Tree · · · · · · · · · · · · · · · · · · · 033
  3. B*Tree · 035
  4. T−Tree · 036
  5. R−Tree · 038

05 파일구조 · · · · · · · · · · · · · · · · · 040
  1. 파일 구조의 개념 · · · · · · · · · · · · · · · 042
  2. 인덱스 구조 · · · · · · · · · · · · · · · · · · 043
  3. 해싱 기법 · · · · · · · · · · · · · · · · · · · 045

제2장 DBMS 특성　　049

01 데이터 무결성 · 051

1. 데이터 무결성의 의미 · · · · · · · · · · · · · · · 053

2. 데이터 무결성의 제약 · · · · · · · · · · · · · · · 053

02 데이터의 독립성 · · · · · · · · · · · · · · · · · 055

1. 3층 스키마 · 057

2. 데이터의 독립성 · · · · · · · · · · · · · · · · · 059

03 트랜잭션 · 061

1. 트랜잭션의 특징 · · · · · · · · · · · · · · · · · 064

2. 트랜잭션의 상태 · · · · · · · · · · · · · · · · · 065

04 동시성 제어 · 067

1. 동시성 제어 미수행 시 문제 · · · · · · · · · · · 069

2. 동시성 제어 수행기법 · · · · · · · · · · · · · · · 072

05 회 복 · 076

1. 회복의 개념 · 079

2. 로그기반 · 079

3. 체크포인트(Check Point) 기법 · · · · · · · · · 081

4. 그림자 페이징(Shadow Paging) 기법 · · · · · · 082

PART 02 | DB 설계 및 구축

제1장　DB 설계　　　　　　　　085

01 데이터베이스 Life Cycle ·································· 087
　1. 데이터베이스 Life Cycle의 개념 ················· 088
　2. 요구사항 분석 ·· 088
　3. 데이터베이스 설계 ···································· 089

02 데이터 모델링 ··· 091
　1. 데이터 모델링 ·· 093
　2. 개념 데이터 모델링 ·································· 095
　3. 논리 데이터 모델링 ·································· 099
　4. 물리 데이터 모델링 ·································· 103

03 모델 표기법 ··· 106
　1. 데이터 모델 표기법의 개념 ····················· 108
　2. 개체–관계 모델 표기법 ···························· 108
　3. IE 표기법 ·· 109
　4. 바커 표기법 ·· 111
　5. IDEF1X 표기법 ·· 114
　6. EE–R 표기법 ··· 115

04 이상현상 ·· 119
　1. 이상현상(Anomaly)의 개념 ····················· 121
　2. 삽입 이상(Insert Anomaly) ····················· 121
　3. 삭제 이상(Delete Anomaly) ····················· 122
　4. 갱신 이상(Update Anomaly) ···················· 122

05 정규화 ··· 124
　1. 정규화의 개념 ··· 127
　2. 함수적 종속(FD; Functional Dependency) ········· 127
　3. 정규형 ·· 129
　4. 정규화 풀이 ·· 135

06 반정규화 ······················· 147
 1. 반정규화의 개념 ··················· 149
 2. 테이블 단위 반정규화 ·············· 149
 3. 컬럼 단위 반정규화 ················ 153

07 물리 DB설계 ···················· 155
 1. 물리 데이터베이스 설계의 개념 ········· 157
 2. 데이터 용량 설계 ·················· 157
 3. 무결성 설계 ····················· 159
 4. 인덱스 설계 ····················· 162
 5. 권한 및 역할 설계 ················· 164
 6. 백업 및 복구 전략 수립 ·············· 166

08 데이터 표준화 ··················· 168
 1. 데이터 표준화의 개념 ··············· 171
 2. 단어 표준화 ····················· 172
 3. 도메인 표준화 ··················· 174
 4. 코드 표준화 ····················· 175
 5. 용어 표준화 ····················· 175

제2장　DB 구현　　177

01 SQL ·························· 179
 1. SQL의 개요 ····················· 180
 2. DDL ·························· 180
 3. DML ·························· 183
 4. DCL ·························· 183
 5. 분석 SQL ······················ 184

PART 03 | DB 운영

제1장 데이터 품질   187

01 데이터 거버넌스 ·· 189
  1. 데이터 거버넌스의 개념 ······························· 191
  2. 데이터 거버넌스의 구성 ······························· 192
  3. 데이터 거버넌스의 구축 ······························· 193

02 데이터 품질관리 ·· 195
  1. 데이터 품질관리의 개념 ······························· 199
  2. 데이터 품질진단 ····································· 202
  3. 데이터 프로파일링 ··································· 203

03 DB 튜닝 ·· 205
  1. 데이터베이스 튜닝의 개념 ···························· 208
  2. 데이터베이스 진단 ··································· 209
  3. SQL 튜닝 ··· 215
  4. 설계단계 튜닝 ····································· 222
  5. DBMS 튜닝 ······································· 224
  6. 서버환경 튜닝 ····································· 226

04 DB 감리 ·· 227
  1. 정보시스템 감리의 정의 ······························ 232
  2. 시스템 개발사업의 데이터베이스 감리 ················· 234
  3. 데이터베이스 구축사업의 데이터베이스 감리 ··········· 236

05 DB 보안 ·· 238
  1. 데이터베이스 보안의 개념 ···························· 243
  2. 데이터 접근제어 ····································· 244
  3. 데이터 암호화 ····································· 246
  4. 개인정보 데이터 암호화 ······························ 249

제2장 데이터 분석 255

01 데이터 웨어하우스 257
1. 데이터 웨어하우징(Data Warehousing)의 개념 261
2. 데이터 웨어하우스(Data Warehouse) 262
3. 다차원 모델링 265
4. ETT 269
5. ODS 271
6. 메타데이터 271
7. 데이터 마트 272

02 OLAP 273
1. OLAP의 개념 275
2. MOLAP 276
3. ROLAP 277
4. HOLAP 279

03 데이터 마이닝 280
1. 데이터 마이닝의 개념 286
2. 연관 규칙(Association Rules) 287
3. 순차 패턴(Sequential Patterns) 290
4. 분류 규칙(Classification Rules) 291
5. 군집화(Clustering) 292
6. 데이터 마이닝의 활용 295

04 빅데이터 297
1. 빅데이터의 개념 299
2. 데이터 처리 시스템 302
3. 하둡(Hadoop) 304
4. NoSQL 데이터베이스 308
5. 빅데이터의 활용 310

제3장 DB 종류   313

01 메인메모리 데이터베이스 · · · · · · · · · · · · · · · · · 315
   1. 메인메모리 데이터베이스의 개념 · · · · · · · · · · · 319
   2. 메인메모리 데이터베이스의 기술 · · · · · · · · · · · 320
   3. 메인메모리 데이터베이스의 활용분야 · · · · · · · · · 321

02 멀티미디어 데이터베이스 · · · · · · · · · · · · · · · · · 322
   1. 멀티미디어 데이터베이스의 개념 · · · · · · · · · · · 325
   2. 멀티미디어 데이터베이스의 특징 · · · · · · · · · · · 325
   3. 멀티미디어 데이터베이스의 활용 · · · · · · · · · · · 326

03 분산 데이터베이스 · 327
   1. 분산 데이터베이스의 개념 · · · · · · · · · · · · · · 332
   2. 분산 데이터의 독립성 · · · · · · · · · · · · · · · · 333
   3. 2PC · 335

04 Mobile 데이터베이스 · · · · · · · · · · · · · · · · · · 337
   1. 모바일 데이터베이스의 개념 · · · · · · · · · · · · · 339
   2. 오픈 소스 데이터베이스 : SQLite · · · · · · · · · · 339
   3. 모바일 데이터베이스의 활용 · · · · · · · · · · · · · 340

05 XML 데이터베이스 · · · · · · · · · · · · · · · · · · · 341
   1. XML의 개념 · 344
   2. XML 데이터베이스의 개념 · · · · · · · · · · · · · · 346
   3. XML 데이터베이스의 설계 및 검색 · · · · · · · · · · 348

06 객체지향 데이터베이스 · · · · · · · · · · · · · · · · · · 351
   1. 객체지향의 개념 · · · · · · · · · · · · · · · · · · 353
   2. 객체지향 데이터베이스의 등장배경 · · · · · · · · · · 354
   3. 객체지향 데이터베이스 모델 · · · · · · · · · · · · · 355
   4. 객체–관계형 데이터베이스 · · · · · · · · · · · · · · 357

DATABASE SYSTEM | 그림 목차

[그림 1-1] 데이터의 개념 ··· 6

[그림 1-2] 데이터 흐름도 ·· 6

[그림 1-3] 데이터 처리 시스템의 흐름도 ·································· 8

[그림 1-4] 데이터베이스의 개념 ···11

[그림 1-5] DBMS 개념도 ··12

[그림 1-6] DBMS의 변천 ··15

[그림 1-7] B-Tree 구조도 ···32

[그림 1-8] B⁺Tree 구조도 ···33

[그림 1-9] T-Tree 구조도 ···36

[그림 1-10] B-Tree와 T-Tree 비교 ··37

[그림 1-11] R-Tree의 구조도 ··38

[그림 1-12] 인덱스 구조 탐색 방법 ··43

[그림 1-13] 해싱 기반 인덱싱 방법 ··45

[그림 1-14] 해시함수 중간 제곱법 예시 ··································46

[그림 1-15] 해시함수 폴딩법 예시 ···46

[그림 1-16] 해싱 충돌의 예 ···47

[그림 1-17] ANSI/SPARC 아키텍처 ·······································57

[그림 1-18] 데이터 독립성 ··59

[그림 1-19] 트랜잭션 예시 ··64

[그림 1-20] Lost Update 예시 ···69

[그림 1-21] Dirty Read 예시 ···70

[그림 1-22] Inconsistency 예시 ···71

[그림 1-23] 동시성 제어 문제가 미해결된 Locking 예시 ···············73

[그림 1-24] 2PL 개념도 ··73

[그림 1-25] 즉시 갱신 회복 ···80

[그림 1-26] 트랜잭션 중 지연 갱신 회복 ·································81

[그림 1-27] 트랜잭션 부분완료 지연갱신 회복 ····················· 81

[그림 1-28] 체크포인트 회복 ······································· 82

[그림 1-29] 그림자 페이징 회복 ···································· 83

[그림 2-1] 데이터베이스 Life Cycle ································ 88

[그림 2-2] 데이터베이스 설계의 범위 ······························ 90

[그림 2-3] 개념 데이터 모델링 절차 ································ 96

[그림 2-4] 엔티티 관계설정 예시 ··································· 97

[그림 2-5] 인스턴스의 관계설정 예시 ······························ 97

[그림 2-6] 논리 데이터 모델링 절차 ································ 99

[그림 2-7] 정규화 절차 ·· 101

[그림 2-8] M:N 관계 해소 예시 ·································· 102

[그림 2-9] 논리모델의 물리모델 변환 예시 ························· 104

[그림 2-10] E-R 모델 표기 예시 ································· 109

[그림 2-11] IE모델 엔티티 표기 예시 ····························· 109

[그림 2-12] IE모델 서브타입 표기 예시 ··························· 110

[그림 2-13] IE 표기법 사용 예시 ································· 111

[그림 2-14] 바커 엔티티 표기 예시 ······························ 112

[그림 2-15] 바커 서브타입 표기 예시 ····························· 112

[그림 2-16] 바커 관계 표기 예시 ································· 112

[그림 2-17] 바커 표기법 사용 예시 ······························ 113

[그림 2-18] IDEF1X 엔티티 표기 예시 ···························· 114

[그림 2-19] IDEF1X 표기법 사용 예시 ···························· 115

[그림 2-20] 자동차 개체의 세분화 예시 ··························· 116

[그림 2-21] 자동차 개체의 일반화 예시 ··························· 116

[그림 2-22] 집단화 예시 ··· 117

[그림 2-23] IS-A관계 예시 ······································· 117

[그림 2-24] EE-R 표기법 사용 예시 ······························ 118

[그림 2-25] 삽입 이상 예시 ······································ 121

[그림 2-26] 삭제 이상 예시 ······································ 122

[그림 2-27] 갱신 이상 예시 ······································ 123

[그림 2-28] 수학적 함수 종속성 ·································· 127

[그림 2-29] 종속관계 포함 데이터 · 128

[그림 2-30] 함수 종속 다이어그램 예시 · 128

[그림 2-31] 제1정규화 필요 예시 · 130

[그림 2-32] 제2정규화 수행 예시 · 131

[그림 2-33] 제3정규화 수행 예시 · 132

[그림 2-34] BCNF 수행 예시 · 133

[그림 2-35] 수평분할 예시 · 151

[그림 2-36] 수직분할 예시 · 152

[그림 2-37] 테이블 통합 예시 · 153

[그림 2-38] 데이터베이스의 저장 구조(오라클 기반) · · · · · · · · · · · · · · 157

[그림 3-39] 백업전략 예시 · 166

[그림 2-40] 단어 표준화 과정 예시 · 173

[그림 2-41] 도메인 표준화 과정 예시 · 174

[그림 2-42] 용어 표준화 과정 예시 · 176

[그림 3-1] 데이터 거버넌스의 구성도 · 192

[그림 3-2] 데이터 품질관리 3요소 · 199

[그림 3-3] 데이터 품질진단 절차 · 202

[그림 3-4] DBMS 메모리 구조 · 208

[그림 3-5] AWR Report 예시 · 213

[그림 3-6] SQL 실행 단계 · 216

[그림 3-7] 감리점검 프레임워크 · 232

[그림 3-8] DAC 접근제어 개념도 · 245

[그림 3-9] MAC 접근제어 개념도 · 245

[그림 3-10] RBAC 접근제어 개념도 · 246

[그림 3-11] 전치법 예시 · 247

[그림 3-12] 대치법 예시 · 247

[그림 3-13] 의사결정 과정 · 261

[그림 3-14] 데이터 웨어하우징 구성도 · 262

[그림 3-15] 데이터 웨어하우스 · 264

[그림 3-16] 스타 스키마 예시 · 266

CONTENTS

[그림 3-17] 스노플레이크 스키마 예시 · 267

[그림 3-18] 컬럼 매핑설계 예시 · 270

[그림 3-19] MOLAP 구조도 · 277

[그림 3-20] ROLAP 구조도 · 278

[그림 3-21] 데이터 마이닝 연관 분야 · 286

[그림 3-22] 계층적 군집화 과정 · 294

[그림 3-23] K-평균 군집화 과정 · 295

[그림 3-24] 빅데이터 요소 · 300

[그림 3-25] 빅데이터 기술요소 · 303

[그림 3-26] 하둡 구성도 · 305

[그림 3-27] 맵리듀스 실행과정 · 308

[그림 3-28] CAP이론 · 309

[그림 3-29] 분산 DBMS구성도 · 332

[그림 3-30] 2PC 동작과정 · 335

[그림 3-31] SQLite 구성도 · 340

[그림 3-32] XML 관련 기술 · 345

[그림 3-33] XML데이터의 관계 데이터 모델화 · · · · · · · · · · · · · · · · · · 348

[그림 3-34] XML설계 개념도 · 348

[그림 3-35] 객체지향 모델의 예시 · 355

D A T A B A S E   S Y S T E M | **표 목차**

[표 1-1] 데이터베이스 관리시스템의 기능 ·······················13

[표 1-2] DBA 요구 기술 ·································14

[표 1-3] B-Tree와 B⁺Tree의 비교 ·····················35

[표 1-4] B⁺Tree와 B*Tree의 비교·····················35

[표 1-5] 인덱스 순차파일 유형 ························42

[표 1-6] 다중키 파일 유형 ···························43

[표 1-7] 데이터 무결성 제약사항 ·····················54

[표 1-8] 3층 스키마 예시·····························58

[표 1-9] 스키마와 인스턴스 비교 ·····················59

[표 2-1] 요구사항 분석 유형 ·························89

[표 2-2] 데이터 설계 시 고려사항 ·····················90

[표 2-3] 이해관계자별 모델링의 필요성 ·················94

[표 2-4] 식별자 분류 ·······························100

[표 2-5] 논리 데이터 모델링의 변환 ···················103

[표 2-6] 키 선정 범위 ······························105

[표 2-7] E-R 표기법 ·······························108

[표 2-8] IE모델 관계 표현 ···························110

[표 2-9] 바커 모델 관계 표현 ························113

[표 2-10] 함수적 종속성 유형·························129

[표 2-11] 정규형 간의 비교·························134

[표 2-12] 테이블 추가 유형·························150

[표 2-13] 테이블 분할의 장단점 ·····················150

[표 2-14] 테이블 용량 산정서 예시 ···················158

[표 2-15] 테이블스페이스 용량 산정서 예시 ·············159

[표 2-16] 데이터파일 용량 산정서 예시 ················159

[표 2-17] 오브젝트별 시스템 권한 오라클 기반 예시·········164

C O N T E N T S

[표 2-18] 표준단어사전 작성 예시 · 173

[표 2-19] 표준 도메인사전 작성 예시 · 174

[표 2-20] 표준 코드사전 작성 예시 · 175

[표 2-21] 용어사전 작성 예시 · 176

[표 2-22] CREATE SQL문 예시 · 181

[표 2-23] DROP SQL문 예시 · 181

[표 2-24] ALTER SQL문 예시 · 182

[표 2-25] Data Dictionary 예시(오라클 기반) · · · · · · · · · · · · · · · · · · · 182

[표 2-26] DML SQL문 예시 · 183

[표 2-27] DCL SQL문 예시 · 184

[표 2-28] 분석 SQL문 예시 · 185

[표 3-1] 데이터 품질관리 구성요소 · 200

[표 3-2] 데이터 품질관리 프로세스 · 201

[표 3-3] 트레이스 항목별 설명 · 211

[표 3-4] 통계 비율의 유형 · 212

[표 3-5] AWR Report의 통계항목 해석 · 214

[표 3-6] RBO의 접근 규칙 · 215

[표 3-7] Call 유형별 최소화 방법 · 218

[표 3-8] 인덱스 스캔 방식 · 219

[표 3-9] 정보시스템 감리 수행절차 · 233

[표 3-10] 구조적/정보공학적 모델 분석단계의 데이터베이스
　　　　　 점검항목 · 234

[표 3-11] 구조적/정보공학적 모델 설계단계의 데이터베이스
　　　　　 점검항목 · 234

[표 3-12] 구조적/정보공학적 모델 구현단계의 데이터베이스
　　　　　 점검항목 · 235

[표 3-13] 객체지향 컴포넌트 모델 요구분석단계의 데이터베이스
　　　　　 점검항목 · 235

[표 3-14] 객체지향 컴포넌트 모델 분석설계단계의 데이터베이스
　　　　　 점검항목 · 235

[표 3-15] 객체지향 컴포넌트 모델 구현단계의 데이터베이스
　　　　　 점검항목 · 236

[표 3-16] 데이터베이스 구축사업의 준비단계 시 데이터베이스
　　　　　 점검항목 ··· 236

[표 3-17] 데이터베이스 구축사업의 구축단계 시 구축부문
　　　　　 데이터베이스 점검항목 ······································· 237

[표 3-18] 데이터베이스 구축사업의 구축단계 시 품질검사 데이터베이스
　　　　　 점검항목 ··· 237

[표 3-19] 개인정보의 유형 ··· 250

[표 3-20] 「개인정보보호법」과 「정보통신망법」 비교 ·················· 251

[표 3-21] 「개인정보보호법」 위반 시 벌칙 및 과태료 예시 ··········· 254

[표 3-22] 데이터베이스와 데이터 웨어하우스의 비교 ················ 264

[표 3-23] 다차원 모델링 과정 ··· 268

[표 3-24] OLTP와 OLAP의 비교 ·· 276

[표 3-25] MOLAP와 ROLAP의 비교 ···································· 278

[표 3-26] OLAP의 특성 비교 ·· 279

[표 3-27] 구매 장바구니 예시 ··· 289

[표 3-28] 지지도와 신뢰도 측정결과 ····································· 289

[표 3-29] 향상도 측정결과 ··· 289

[표 3-30] 물품 구매 데이터 ··· 290

[표 3-31] 의사결정트리 알고리즘별 분리기준 ·························· 292

[표 3-32] 기존 정보 분석과 빅데이터 분석의 비교 ··················· 301

[표 3-33] 하위시스템 및 에코시스템 ····································· 305

[표 3-34] NoSQL 솔루션의 유형 ··· 310

[표 3-35] 빅데이터의 역할 ··· 311

[표 3-36] 빅데이터의 활용분야 ··· 311

[표 3-37] 디스크 기반 DB와 MMDB의 비교 ························· 319

[표 3-38] 객체 질의 유형 ·· 326

[표 3-39] 전통적 데이터베이스와 멀티미디어 데이터베이스의 비교 ···· 326

[표 3-40] XML 언어 예시 ·· 344

[표 3-41] XML Schema 예시 ··· 349

[표 3-42] XQuery 작성 예시 ·· 350

[표 3-43] 객체지향 데이터베이스의 특징 ······························· 357

PART 01

DB 기본

01 DB 개념

SECTION 01 | 데이터
SECTION 02 | 데이터베이스
SECTION 03 | 자료구조
SECTION 04 | Tree
SECTION 05 | 파일구조

SECTION 01

◐ **CHAPTER 01** DB 개념

데이터

핵심 요약(Key point summary)

1 데이터와 정보의 이해

가. 데이터와 정보의 개념
- 데이터(Data) : 정보작성을 위해 필요한 자료를 말하며, 특정 목적으로 분류되거나 평가되지 않은 미가공된 사실들의 집합
- 정보(Information) : 데이터의 추출, 분석, 비교 등 처리절차를 통해 가공된 형태로, 의사결정을 할 수 있도록 의미를 부여한 데이터

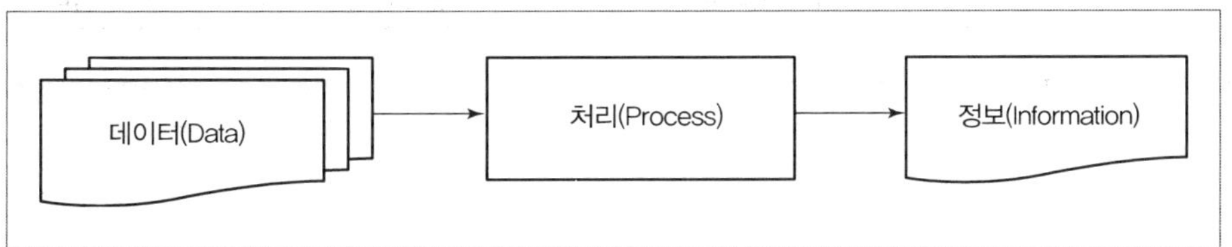

나. 데이터 활용의 목적
- 기업의 비전과 목표에 부합한 데이터의 가공으로 고품질 서비스 제공
- 비즈니스 전략을 위한 데이터 분석으로 매출 증대
- 데이터의 정보, 지식, 지혜를 통한 의사결정 기초자료 활용

2 데이터 처리 시스템

수집된 데이터를 입력받아 저장하고 분류, 가공하여 조직의 목적에 필요한 형태의 정보를 산출하는 시스템

가. 데이터 처리 시스템의 필요성
- 조직의 업무처리 생산성 증대 : 수작업처리의 자동화 및 업무프로세스 개선으로 생산성 증대, 비용 절감

- 조직의 경영 의사결정 : 데이터 흐름의 파악 및 분석을 통해 의사결정 기준 활용
- 자산의 축적 및 관리 : 업무처리 이력 데이터 자산의 축적 및 관리

나. 데이터 처리 시스템의 유형

데이터의 수집 · 축적 · 가공을 담당하는 시스템으로, 처리유형별 일괄 처리 시스템, 온라인처리 시스템, 분산 처리 시스템으로 분류

유 형	설 명	특 징
일괄 처리	유사한 트랜잭션을 일괄 모아 처리하는 시스템 방식	• 원시 데이터를 수집, 분류하여 파일에 수록하는 사전 작업이 필요 • 순차접근방법 이용업무에 주로 이용
온라인 처리	데이터 생성 시 바로 시스템으로 전송되고, 즉시 처리하여 온라인으로 실시간 활용시스템으로 전송하는 방식	• On line real time processing system • 데이터의 분류 및 처리비용 절감 • 시스템의 성능 및 오버헤드 고려 필요
분산 처리	분산시스템의 기능을 중앙집중 관리하는 시스템 방식	• 분산처리기, 분산 DB, 통신 네트워크 필요 • 클라이언트 서버 시스템 운영 형태

SECTION 01

01 데이터의 개념

인간은 서로간의 커뮤니케이션을 위해서 그들만의 표기법으로 기록을 시작하였다. 처음 기록은 기원전 4000년경 무렵 메소포타미아 지방에 살던 사람들이 점토에 기록을 남기면서 시작 되었다. 점토 이후에는 섬유줄기를 이용한 파피루스를 만들어 기록을 남겼고 그 이후 종이를 발명하게 되면서 기록은 더욱 활발해지기 시작했다. 기원전부터 이어지는 갑골, 점토, 파피루스, 종이를 이용한 수작업의 기록은 디스크에 자동화되면서 생산량이 급증하게 되었다. 이러한 기록이 축적되면서 다른 사람들과 커뮤니케이션을 위해서 혹은 문제 해결을 위해서 기존에 사용되었던 기록을 데이터로 재활용하게 되었다. 지역적으로 관리되던 데이터는 네트워크 기술과 인터넷의 발전으로 기하급수적으로 증가하게 되었고, 휴대가 용이한 모바일 기기가 등장하면서 시간과 공간의 제약을 넘어서 데이터는 쌓이게 되었다.

따라서 우리는 데이터의 홍수 속에서 살고 있다고 말을 한다. 그럼 데이터란 무엇일까? 데이터(Data)의 사전적 의미는 '프로그램을 운용할 수 있는 형태로 기호화하거나 숫자화한 자료, 어떤 판단을 내리거나 이론을 세우는 데 기초가 되는 사실 및 자료'이다. 좀 더 풀어서 생각을 해보면, 데이터는 어떤 주제의 연구나 조사를 위해 수집된 사실(Fact)이나 값(Value)을 의미하며, 이는 수치나 문자의 형태로 나타날 수 있다. 데이터는 가공되지 않고 단지 수집된 형태의 자료 집합이다.

데이터와 유사한 단어로 정보가 있다. 정보(Information)는 무엇이고, 데이터와 어떻게 다른가? 정보는 수집된 데이터를 어떤 주제에 맞게 의미를 부여하여 실제 문제에 도움이 될 수 있도록 정리한 자료를 의미한다. 모든 데이터가 정보가 될 수 없으며 남의 정보가 나의 정보일 수 없다.

정보에 가치를 부여하여 일반화되면 이 정보는 지식(Knowledge)이 된다. 지식은 경험을 통해 얻는 직접지식과 독서 및 학습을 통해 얻는 간접지식이 있다. 이처럼 보편적이고 일반화된 정보는 학습이나 경험을 통해서 본인의 지식이 된다.

지식과 유사한 단어, 지혜(Wisdom)는 습득된 지식이 누적되고 경험을 통해 내제화되어 실행(Action)하여 그 상황에 문제를 해결하는 정신력이라고 볼 수 있다.

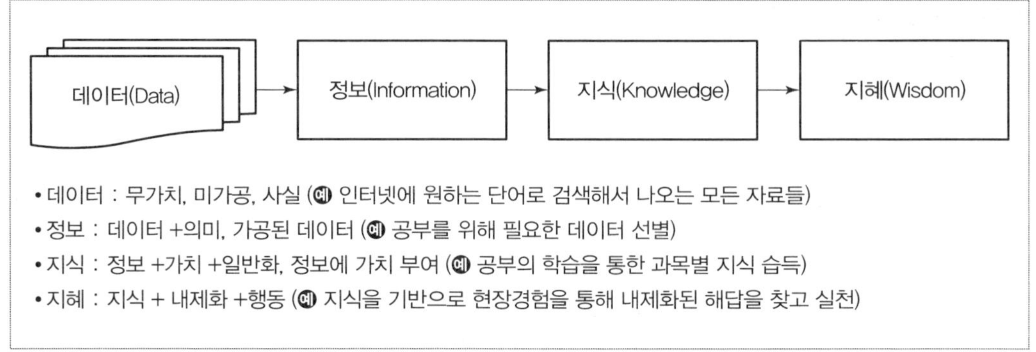

[그림 1-1] 데이터의 개념

도처에 떠도는 무의미한 단순한 사실(Fact)인 데이터에 의미를 부여하고 특정 주제로 분류, 집계하여 업무 처리 및 의사결정에 반영 가능한 형태로 관리하기 위해 데이터를 시스템화하기 시작했다. 데이터를 수작업으로 종이에 기록하던 일을 시스템으로 자동화하면서 데이터는 서가가 아닌 디스크 장비에 저장되었다. 데이터가 시스템을 통해 처리되는 흐름을 보면 아래 그림과 같다.

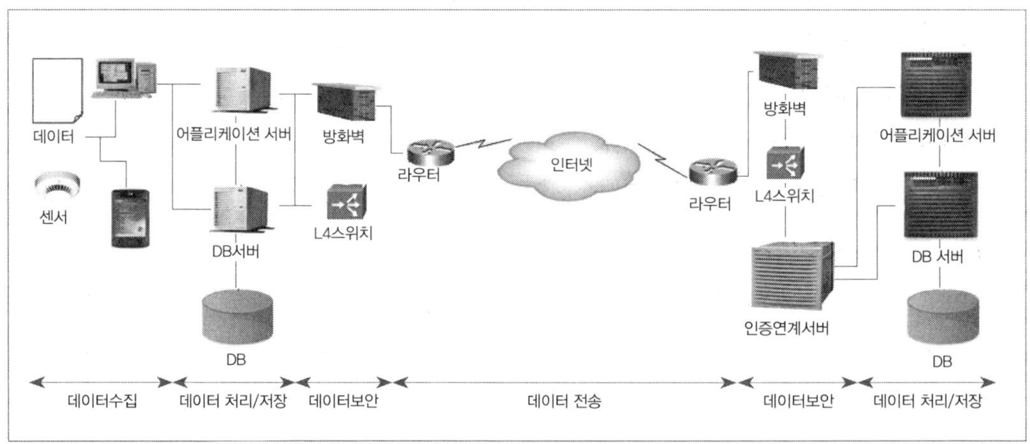

[그림 1-2] 데이터 흐름도

먼저 업무용 문서나 사물에 부착된 센서, 고객의 의견 등에 의해서 데이터를 수집한다. 수집된 데이터는 단말화면을 통해서 명령이 입력되고 명령에 따라 어플리케이션 서버와 데이터베이스 서버가 작동을 한다. 처리된 데이터는 데이터베이스에 보관되고 데이터의 전송을 위하여 네트워크를 사용한다. 네트워크를 통해 전송 시 데이터의 무결성, 기밀성, 부인 방지를 위하여 데이터를 암호화하여 전송하고 송신서버에서 복호화하여 사용한다. 따라서 데이터의 수집, 처리, 저장, 보안, 전송을 위해 시스템화가 필수 불가한 요소가 되었다.

02 데이터 처리 시스템

기업이 실시간 변화하는 내·외부 환경에 경쟁 기업보다 빠르게 대응하기 위해서는 데이터를 효율적으로 관리하고 정확한 정보를 얻는 것이 자본을 관리하는 것 못지않게 중요한 시대가 되었다. 이런 조직의 활동에 필요한 데이터를 수집·분류·저장해 두었다가 필요시 처리해서 의사결정에 유용한 정보로 생성하고 분해하는 수단으로 정보시스템을 활용한다. 정보시스템은 데이터 처리 형태에 따라서 일괄 처리 시스템, 온라인 처리 시스템, 분산 처리 시스템으로 구분할 수 있다.

일괄 처리 시스템(Batch processing system)은 시스템의 효율성을 증대시키기 위한 데이터 처리방식으로 데이터를 수집, 정렬해서 유사한 트랜잭션을 모아 일괄 처리하는 방식을 말한다. 업무 측면에서는 일괄 처리로 트랜잭션당 처리하는 비용을 절감할 수 있고, 시스템 측면에서는 단위 시간당 처리되는 작업 수가 많아 시스템 성능을 향상시킬 수 있는 장점이 있다. 그러나 데이터 일괄 처리를 위하여 원시 데이터를 수집하고 분류하는 사전 대기시간이 있어 순차접근방법을 이용하는 업무에서만 주로 사용된다.

온라인 처리 시스템(On-line processing system)은 일괄 처리 시스템과 같은 데이터의 사전준비 및 분류 작업 없이, 데이터를 생성하는 시스템에서 출력(Output)과 동시에 데이터가 전송되고, 전송된 데이터는 데이터 시스템에서 받아 즉시 처리한다. 또한 출력된 데이터가 연계 시스템으로 즉시 전송되는 시스템으로, 온라인 실시간 처리(On-line real time processing)라고도 한다. 특징으로는 사용자의 별도 대기 없이 실시간 처리결과를 받을 수 있지만, 시스템 성능과 높은 처리 비용을 고려해야 하고 통신 제어기기가 필요하여 유지보수 및 회복의 오버헤드가 발생할 수 있다.

분산 처리 시스템(Distributed processing system)은 분산된 클라이언트들이 통신 네트워크를 통하여 중앙서버에서 제어하는 중앙 집중 시스템(Centralized system)으로, 분산처리기, 분산 데이터베이스, 통신네트워크로 구성된다. 분산된 처리기와 데이터를 네트워크로 연결하여 논리적으로 하나의 시스템처럼 데이터를 처리할 수 있다. 분산 처리 시스템의 장점은 지역문제의 신속한 조치 및 지역 업무에 대한 책임 구분이 용이하고, 시스템 자원에 대한 신뢰성 증대, 분산 시스템의 확장 및 폐쇄가 용이하다는 것이다. 그러나 보안문제, 장비 간 호환성 문제 등을 고려해야 한다.

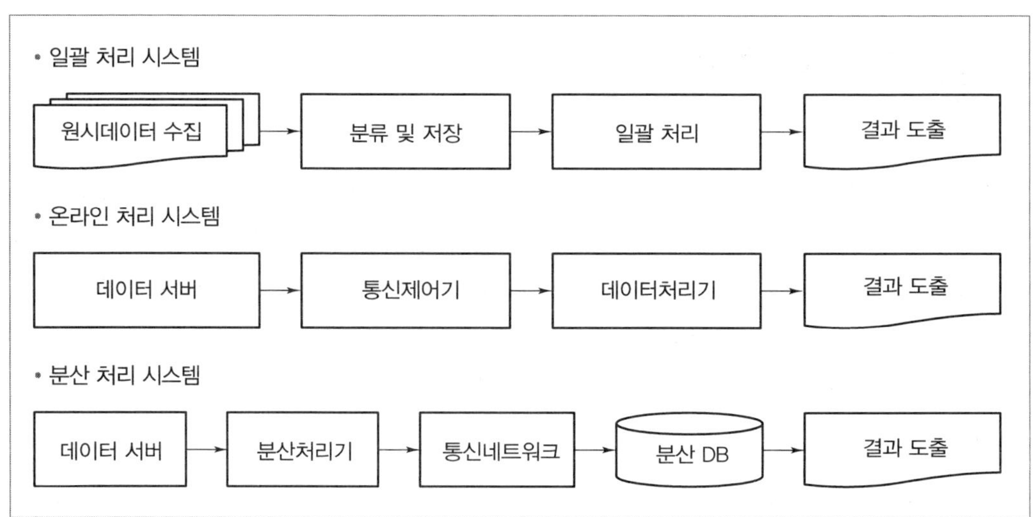

[그림 1-3] 데이터 처리 시스템의 흐름도

SECTION 02

◎ **CHAPTER 01** DB 개념

데이터베이스

핵심 요약(Key point summary)

1 정보의 공유를 위한 데이터 집합, Data Base

가. DB의 정의

여러 응용시스템들의 통합된 정보들을 저장하여 공유하고 운영할 수 있는 데이터의 집합

나. DB의 특징

- 통합성(Integrated Data) : 중복의 최소화 통합 데이터
- 저장성(Stored Data) : 접근 가능한 형태의 시스템에 저장
- 공유성(Shared Data) : 데이터의 여러 시스템 간 공유 가능
- 운영성(Operational Data) : 조직 시스템의 기능 수행

2 DB의 구조 및 DB의 시스템화, Data Base System

가. DB의 구조

구성	내용
논리적 구조	• 개념적 측면에서 현실 세계의 추상화된 논리적 양식 및 모델화(개념/논리/물리) • 개체와 엔티티로 DataBase를 표현하고 엔티티 간의 관계를 정의함
물리적 구조	• 디스크, 테이프 등 저장장치의 물리적 레코드 형태로 저장(레코드, 인덱스 등) • 비트, 바이트, 블록, 실린더 등과 같은 물리적 요소로 구분

나. DB의 시스템화, DBS(Data Base System)

데이터를 Database에 저장하고 관리해서 필요한 정보를 생성하는 시스템

<table>
<tr><td colspan="2" align="center">데이터베이스 시스템</td></tr>
<tr><td align="center">데이터베이스(DB)</td><td align="center">Database Language</td></tr>
<tr><td align="center">사용자(User)</td><td align="center">데이터베이스
관리시스템(DBMS)</td></tr>
</table>

구 성	설 명
데이터베이스	데이터가 저장, 공유, 운영되는 집합
Database Language	사람과 시스템 간의 인터페이스 제공 도구(DDL, DML, DCL)
사용자(User)	데이터 관리자(DA), 데이터베이스 관리자(DBA), 응용프로그래머, End User
DBMS	DB를 구축하고 이용할 수 있는 여러 기능을 제공하는 시스템 소프트웨어

3 DBS의 기능 및 장단점

가. DBS의 기능

- DDL컴파일 기능 : DDL로 명세된 스키마 정의를 시스템 카탈로그에 저장
- 질의 처리 기능 : 터미널을 통해 일반 사용자의 질의를 처리
- DML컴파일 기능 : DML명령어 추출 및 파싱 후 목적코드 생성
- 런타임DB 처리 기능 : 검색, 갱신 등 연산을 저장 실행
- 트랜잭션 관리 기능 : 무결성 준수, 데이터 접근 권한, 병행제어, 회복
- 저장데이터 관리 기능 : 레코드의 검색, 변경, 삭제, 삽입, 적재 수행

나. DBS의 장단점

장 점	단 점

• 자료 독립성
• 중복자료 감소
• 자료 통합 처리
• 전체 자료관리 기능
  (병행제어/회복/무결성/보안)
• 생산성 향상
  (표준화 도구/개발기간단축/유지보수 비
  용 절감)
	• 시스템 부담 증가
	• 시스템 복잡함
	• 복잡한 연산
	• 어려운 백업 및 회복
	• 높은 비용과 고급인력 필요

SECTION 02

01 데이터베이스의 개념

데이터의 양이 방대하게 증대되면서 데이터의 체계적인 관리가 요구되고, 조직의 데이터를 통합하고 저장하여 공용으로 사용 가능하게 운영함으로써, 기업의 연속적인 운영 및 높은 가용성, 최신의 정확한 자료를 보유할 수 있게 되었다. 이를 위해서 조직의 여러 시스템들을 공유할 수 있도록 통합·저장·운영하는 데이터의 집합체를 데이터베이스라고 한다.

조직의 운영을 위해 필요한 데이터는 동일 데이터 간의 중복을 최소화하여 통합되고, 여러 시스템과 공유 가능하게 데이터베이스에 저장하여 관리된다. 데이터베이스를 사용하면 대량의 데이터를 책이나 두루마리로 관리하는 것보다 압축성이 좋으며, 데이터 검색 시 빠른 처리속도를 보장받고, 생산성 향상과 정확한 최신자료를 확보할 수 있다. 또한 중앙 집중 제어를 통해 중복을 감소시키고, 불일치한 데이터의 수정이 용이하여 무결성을 높일 수 있으며, 데이터 표준을 확립할 수 있는 등의 장점이 있다.

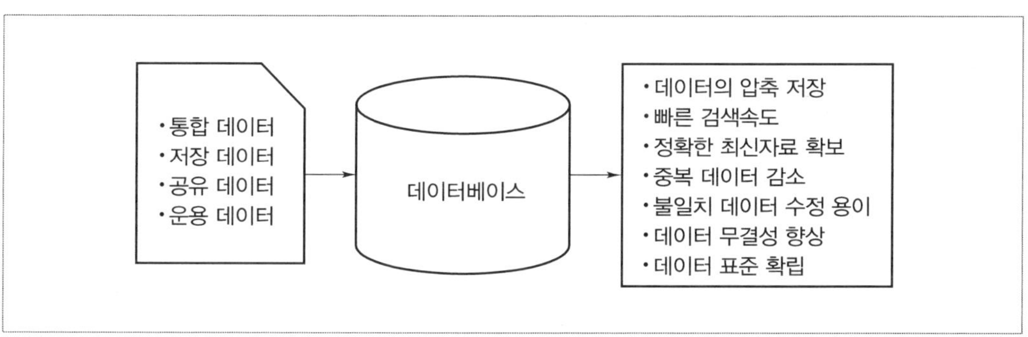

[그림 1-4] 데이터베이스의 개념

02 데이터베이스 시스템

데이터베이스 시스템(DBS ; Database System)은 데이터베이스를 관리하여 필요한 정보를 활용할 수 있도록 자동화한 시스템을 의미한다. 데이터베이스 시스템은 데이터베이스(DB), 데이터베이스 관리 시스템(DBMS), 사람과 시스템 간의 인터페이스를 제공하는 언어, 데이터를 사용하고 관리하는 사용자 및 관리자, 물리적인 하드웨어를 포함하는 개념이다.

데이터베이스는 현실 세계의 사실을 논리적으로 추상화된 데이터의 형태로 저장된 데이터 파일이다. 데이터베이스는 데이터의 구조와 유형, 제약조건(Constraints)을 기술하는 스키마(schema)와 현실 세계의 객체(Object)를 스키마에 맞게 변환하여 DB에 저장하는 인스턴스(Instance)로 구성된다. 인스턴스는 객체의 특성을 상세 설명하는 개별 항목인 속성(Attribute)과 이들 간의 관계로 구성된다.

데이터베이스는 일반 사용자 관점에서 본 논리적 구조와 저장장치의 관점에서 본 물리적 배치를 표현하는 물리적 구조로 나눌 수 있다. 데이터베이스는 외부 스키마, 개념 스키마, 내부 스키마로 구성되며 하부 스키마가 변경되어도 상부 스키마에 영향을 미치지 않아야 하는 데이터 독립성을 갖고 있다.

03 데이터베이스 관리 시스템

데이터베이스 관리 시스템(DBMS ; Database Management System)은 응용 프로그램과 데이터베이스의 중재자 역할을 통해, 응용 프로그램이 데이터를 공유할 수 있도록 데이터베이스를 관리해 주는 소프트웨어이다.

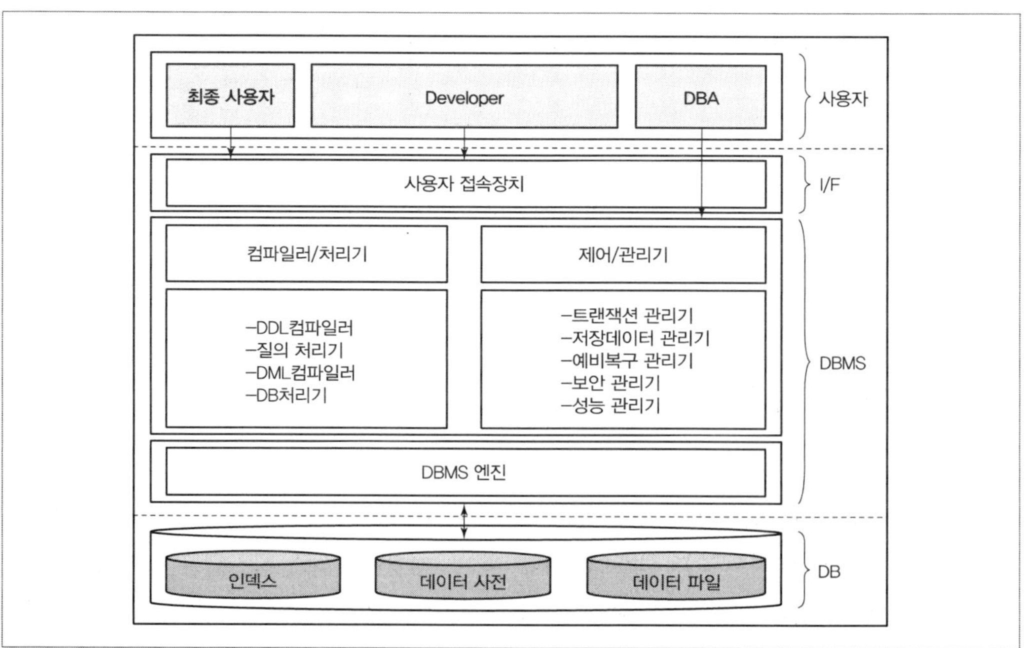

[그림 1-5] DBMS 개념도

DBMS는 사용자가 데이터베이스를 생성하고 구조를 명시할 수 있도록 하며, 원하는 데이터를 검색하기 위해 효율적인 질의를 하고, 데이터를 수정할 수 있도록 보조 한다. 또한 허가받지 않은 사용자로부터 데이터베이스를 보호하며, 동시에 접속하는 여러 사용자의 접근을 제어하는 등의 기능을 제공한다. DBMS의 주요 기능은 다음과 같이 요약할 수 있다.

[표 1-1] 데이터베이스 관리시스템의 기능

구성모듈 기능	설 명
DDL 컴파일러	DDL로 명세된 스키마 정의를 내부 형태로 처리하여 시스템 카탈로그에 저장(Drop, Grant, Revoke, Create)
질의 처리기	터미널을 통해 일반 사용자의 질의를 처리(SQL, XQL)
DML 컴파일러	DML 명령어 추출 및 파싱 후 목적코드 생성(Select, Update, Delete)
저장데이터 관리기	데이터베이스에 저장된 레코드의 검색, 변경, 삭제, 삽입 및 데이터의 적재 수행
트랜잭션 관리기	무결성 제약조건을 준수하여 데이터 접근 권한 등의 통제 수행, 동시성 제어, 회복작업 수행(Locking, 2PL, Timestamp)
예비복구 관리기	데이터 손상 시 복구 기능(백업, 기록, Checkpoint 등)
보안 관리기	허가받지 않은 사용자로부터 DB 보안 위한 기능(접근권한 지정, 암호화 등)
성능 관리기	데이터 접근 속도 최적화, 개선 기능(질의 최적화, DB 사용도 감시 등)

(1) 데이터베이스 언어

데이터베이스 관리 시스템은 데이터베이스에 접근하여 원하는 정보를 얻고자 할 경우, 데이터 정의 언어(DDL), 데이터 조작 언어(DML), 데이터 제어 언어(DCL)을 통해서 처리 한다.

■ 데이터 정의 언어(DDL ; Data Definition Language)

DDL은 데이터베이스를 정의하거나 변경의 목적으로 사용된다. Alter, Drop, Create 등의 명령어가 있으며, 이는 DBA가 주로 사용하는 언어이다. DDL로 정의된 스키마들은 DDL컴파일러에 의해 데이터 사전 및 카탈로그에 명시되어 데이터베이스 정보로 활용할 수 있다.

■ 데이터 조작 언어(DML ; Data Mainpulation Language)

DML은 사용자가 생성된 데이터베이스의 정보를 검색 · 삽입 · 삭제 · 수정 등의 처리를 수행할 목적으로 사용되며, 사용자와 데이터베이스의 인터페이스를 제공한다. Select, Update, Delete, Insert 등의 명령어를 통해서 데이터를 조작할 수 있는 언어이다.

- **데이터 제어 언어(DCL ; Data Control Language)**

  DCL은 데이터베이스를 제어관리하기 위한 목적으로 사용된다. 허가받지 않은 사용자로부터 데이터를 보호하기 위한 보안, 데이터 무결성, 시스템 장애 시 회복, 동시 접근 시 병행성 제어를 위한 명령어로 Grant, Revoke, Commit, Rollback, Set 등이 있으며, DBA가 주로 사용하는 언어이다.

(2) 사용자

데이터베이스 시스템을 이용하는 사용자에는 일반 사용자(end user), 응용 프로그래머, 데이터베이스 관리자(DBA ; Database Administrator) 등이 있다.

- **데이터베이스 관리자(DBA ; DataBase Administrator)**

  데이터베이스의 원활한 기능을 수행하기 위해 데이터베이스 구성 및 관리운영 전반에 대한 책임을 지고 직무를 수행하는 사람을 말한다. DBA는 데이터베이스 설계 및 구축, 데이터베이스 운영관리, 데이터베이스 튜닝을 수행하고 DA와 협업하여 데이터관리 표준화 수립 및 메타데이터 체계 수립을 관장한다. 이를 수행하기 위하여 DBA에게 요구되는 기술은 다음과 같다.

[표 1-2] DBA 요구 기술

기 술	내 용
DB 모델링 기술	개념적 모델링, 논리데이터 모델링, 물리데이터 모델링, (반)정규화, 성능 모델링
DB 물리설계 기술	• 개념 스키마와 내부 스키마 Mapping 과정의 의사결정 • 인덱스, 스토리지 저장 공간, 클러스터링, 파티션 등 설계
DB 튜닝 기술	• 인덱스 분포, 조인관계, 트랜잭션 성격과 양에 따른 성능개선 수행 • Index, 레코드 정렬, 데이터 압축, 성능목표의 부합을 위한 내부 스키마 조정
DB 구축 기술	테이블 스페이스, 데이터 파일 구축, 데이터베이스 오브젝트 생성, 파라미터 세팅, 백업구조 지정
DB 운영 기술	백업/복구 수행, 주기적인 DB 관련 시스템 자원, 성능 모니터링 수행
표준화 기술	용어사전, 도메인 정의, 전사적 메타데이터 관리 수행 지원

04 데이터베이스 관리 시스템의 변천사

DBMS가 등장하기 이전 1960년대부터 파일관리 시스템을 통해서 데이터가 관리되어 왔다. 파일관리 시스템은 조직이 필요한 정보를 얻기 위해 수집한 데이터들을 파일이라는 자료구조로 구성하여 컴퓨터에 관리하는 방식을 말한다.

DBMS는 파일 시스템 이후에 1960년대 후반과 1970대 초반에 계층형 DBMS와 네트워크형 DBMS를 시작으로 발전하였다. 1980년대부터 관계형 DBMS로 발전되면서 DBMS가 널리 사용되었고, 1980년대 이후부터 객체지향 DBMS가 등장하였다. 1990년대 객체관계형 DBMS로 변화를 가져왔으며, 현재는 XML DBMS로 지속적인 발전을 하고 있다.

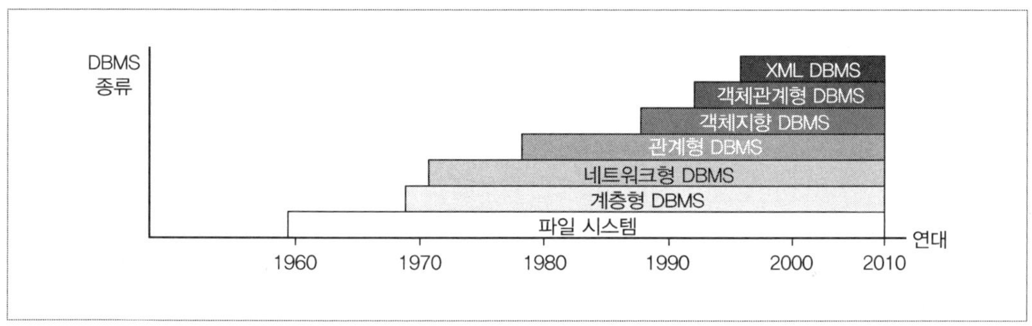

[그림 1-6] DBMS의 변천

(1) 파일관리 시스템

파일관리 시스템은 별도의 시스템 구입을 필요로 하지 않은 장점이 있으나, 시스템을 관리하는 파일이 개별 응용 시스템에 필요시마다 각각 생성된 구조이다. 따라서 요구사항이 변경되면 파일에 해당하는 응용 시스템을 모두 변경해야 하는 구조로 프로그램 의존도가 높다. 또한 다음과 같은 운영의 문제가 나타나면서 대체 수단이 요구되었다.

- **중복 데이터와 독립성 문제**

    파일관리 시스템은 두 개 이상의 파일에 중복 저장되는 경우가 많아, 중복된 데이터의 변경 시 불일치 현상이 발생될 수 있고, 중복 저장으로 기억장소가 낭비되며, 유지보수가 어렵다.

- **무결성 유지 어려움**

    데이터의 제약 사항을 각각의 프로그램에 명시해야 하므로 유지 보수 및 수정이 어렵다.

- **데이터 접근 어려움**

  특정 조건에 해당하는 리스트를 출력하고자 할 경우 응용 프로그램을 작성해야 되므로 시간이 소모된다. 또한 어플리케이션마다 독립적인 파일을 갖고 있어 두 개 이상의 파일을 검색해서 정보를 제공하기 위해서는 새로운 프로그램 개발이 필요하다.

- **동시성 제어 불가**

  다수의 사용자가 동시 접속하여 데이터를 변경 시 동시성 제어를 제공하지 않는다. 한 사용자가 계좌 파일에 접근하여 입금할 때 다른 사용자가 출금을 동시에 처리할 경우 일관성을 보장할 수 없다.

- **보안 문제**

  파일에 사용자별 권한 설정이 어렵고, 여러 파일에 대해서 동일한 수준의 보안등급을 유지하기 어려워 파일이 유출되면 심각한 보안 문제가 발생하게 된다.

- **회복 불가**

  데이터 처리 중 시스템이 다운되거나 장애가 발생할 경우 데이터가 장애 이전의 일관된 상태로 복구되기 어렵다.

(2) 데이터베이스관리 시스템(DBMS)

이러한 파일관리 시스템의 한계를 극복하기 위해서 데이터베이스 관리 시스템이 고안되었으며, 데이터베이스 관리 시스템을 통해서 얻게 되는 장점은 다음과 같다.

- **중복의 최소화**

  파일관리시스템에서 개별 파일로 관리되던 시스템에서 데이터를 하나의 데이터베이스에 통합하여 관리하므로 중복이 감소된다.

- **데이터의 독립성 향상**

  데이터를 응용 프로그램에서 분리하여 관리하므로, 응용 프로그램을 수정할 필요성이 감소된다.

- **데이터의 일관성 및 무결성 유지**

  파일관리시스템에서는 중복 데이터가 각각 다른 파일에 관리되어 변경 시 데이터의 일관성을 보장하기 어려웠으나, DBMS를 통해 관리되면서 중앙 집중식 통제를 통해 데이터의 일관성을 유지할 수 있다. 또한 제어관리를 통해 다수의 사용자들이 접근 시 무결성이 유지된다.

- **시스템 개발 비용 감소**

  데이터베이스 구축 시 초기 비용이 많이 들 수 있지만, 요구사항의 변경에 따른 데이터 검색 및 변경 시 소요되는 프로그램 개발 비용을 절감할 수 있다.

- **보안 향상**

  데이터베이스의 중앙집중관리 및 접근제어를 통해 보안이 향상된다.

이러한 장점과 더불어 DBMS을 사용하면 자료처리기법, 백업 및 복구기법이 더 복잡해지고 운영비가 증대되는 단점도 있다. 따라서 DBMS 선정 시 데이터 모델, 사용자 인터페이스, 프로그래밍 언어, 개발도구, 저장구조, 성능, 용량, 접근방법 등을 고려해야 한다.

■ 계층형 DBMS

데이터베이스의 논리적 구조가 트리(Tree) 형태의 자료구조로 표현된 하향(Top down)방식으로 접근 가능한 DBMS이다. 계층형 DBMS는 노드와 노드 사이에 1 : m 관계만 가능하며, m : n의 관계는 표현이 불가능하여 1 : m으로 분해하여 표현할 수 있다. 계층형 DBMS는 속도가 빠른 장점을 갖고 있으나, 레코드가 링크로 연결되어 있어 레코드의 구조 변경이 어렵고, 데이터베이스 생성 시 관계가 명시적으로 정의되어야 하는 단점이 있다. 따라서 어떻게 데이터를 검색할 것인지 미리 응용 프로그램에서 정해야 한다.

■ 네트워크형 DBMS

계층형 DBMS의 트리(Tree) 구조의 제약을 극복하기 위해 그래프 형식으로 데이터를 표현한 DBMS이다. 네트워크형 DBMS는 1 : m 관계와 m : n관계를 모두 표현 가능하며, m : n관계는 중간에 관계 레코드를 만들어 표현할 수 있어서 데이터 접근이 계층형 DBMS보다 우수하다.

■ 관계형 DBMS

현실 세계의 정보를 2차원인 테이블 형태로 기술하는 방식으로, 데이터베이스는 릴레이션, 즉 테이블의 집합으로 구성된다. 관계형 DBMS는 미리 정의된 물리적 연결 없이 질의어를 통해 연결하여 검색하는 DBMS이다.

■ 객체지향 DBMS

객체지향 기술을 기반으로 현실 세계 개체의 무결성을 유지하면서 정보를 객체의 형태로 관리한 데이터베이스를 의미한다. 객체지향 DBMS가 등장하면서 비정형, 대용량 멀티미디어 데이터를 효율적으로 관리할 수 있게 되었다.

- **객체관계 DBMS**

  관계형 DBMS는 비정형 데이터 저장의 한계가 존재하고, 객체지향 DBMS는 안정성 및 속도의 한계가 존재하여 이를 극복하기 위하여 통합된 객체관계 DBMS가 등장하게 되었다. 이는 관계형 DBMS에 객체지향 모델을 추가하였으며, 이를 통해 안정성과 확장성을 얻을 수 있게 되었다.

- **XML DBMS**

  XML의 장점을 활용하기 위하여 XML 데이터가 급증하고, XML 문서의 저장 및 검색의 필요성이 대두되면서 XML 데이터베이스가 등장하게 되었다. 따라서 XML DBMS는 XML 문서를 효율적으로 저장·교환·표현하고 검색할 수 있도록 설계된 DBMS를 의미한다.

◐ CHAPTER 01 DB 개념

03 자료구조

핵심 요약(Key point summary)

1 자료의 효율적인 활용, 자료구조

- 컴퓨터의 기억 공간 내에서 자료의 표현 및 저장방법과 그룹 내에서 존재하는 자료와 자료 간의 관계를 정의하기 위한 논리적인 알고리즘 연구 분야
- 자료의 효율적인 저장 및 활용을 위하여 알고리즘을 통해서 자료 간 관계 및 구조, 저장방법의 제공

2 자료구조의 분류

가. 선형 자료 구조

- 파일 시스템이나 데이터베이스에서 각각 하나의 레코드만을 보유할 수 있는 구조로 데이터가 연속적으로 연결되어 있는 모양으로 구성하는 자료관리방법
- 순차 리스트(Sequential List) : 연속적인 기억장소에 저장하는 구조

유 형	설 명	개념도
스택 (Stack)	한쪽 끝에서만 새로운 항목을 삽입 및 삭제를 수행하도록 고안된 자료구조, LIFO 구조	삽입(Push) 삭제(Pop) / C, B, A / Top = 1, Top = 0
큐 (Queue)	한쪽 끝에서는 삽입만 할 수 있고, 반대쪽에서는 삭제만 할 수 있는 자료구조, FIFO 구조	삭제 포인트 (Head, Front) / A B C / 삽입 포인트 (Tail, Rear)
데크 (Deque)	삽입과 삭제가 리스트의 양쪽 끝에서 발생할 수 있는 자료구조, double ended queue	삽입, 삭제 / A B C / 삽입, 삭제

- 연결 리스트(Linked List) : 데이터를 비연속적으로 저장하는 구조

유 형	설 명	개념도
단일 Linked List	논리적인 순서만 유지되고 기억 장소 내에서 항목의 위치를 가지도록 하는 자료 구조	
환형 Linked List	Linked List 접근 시 마지막 Node 의 Link 값이 List의 첫 번째 원소 의 주소를 가리키는 구조	

나. 비선형 자료 구조

포인터 등을 사용하여 자료를 연결하는 구조로, 그 결과가 자료에 일직선 상에 표시되거나 하나의 원 상에 표시되는 구조

유 형	설 명	개념도
트리	노드와 간선으로 구성되어 있으며 사이클이 존재하지 않는 비순환 그래프	
그래프	노드와 간선으로 구성되어 있으며, 사이클이 존재하는 순환 그래프	

❸ 자료구조의 적용방법 및 적용 시 고려사항

가. 자료구조의 적용방법

- 기억공간 내에 순차적으로 적용하는 데이터 기억방법
- 데이터 사이의 관계나 기억공간 내의 위치와 독립된 포인터에 의해 접속시키는 방법
- 분산형 기억구조에 따라 기억공간 내에 분산하여 적용하는 방법

나. 자료구조의 선택 시 고려사항

- 자료의 양, 자료의 활용빈도, 자료의 갱신 정도, 사용 가능한 기억 용량, 처리시간의 제한성, 프로그램의 용이성, 저장 및 탐색시간의 최소화 등을 고려하여 선택
- 최소의 자원을 이용하여 원하는 데이터를 저장 및 최단 시간 데이터의 검색 가능

01 자료구조의 개념

데이터베이스는 데이터 파일에 저장된다. 저장된 데이터 파일의 데이터를 효율적으로 이용하기 위해서는, 작업이 용이하도록 파일 내 레코드가 구성되어야 한다.

이를 위하여 컴퓨터의 기억공간 내에서 자료의 표현 및 저장방법과 그룹 내에서 존재하는 자료와 자료 간의 관계를 정의하기 위해 논리적인 알고리즘을 연구하는 분야가 자료구조이다. 자료구조는 스택, 큐, 데크, 배열 등의 선형 구조와 트리, 그래프 등의 비선형 구조로 분류할 수 있다.

02 선형 구조

선형 구조는 파일 시스템이나 데이터베이스에서 각각 하나의 레코드만을 보유할 수 있는 구조로 데이터가 연속적으로 연결되어 있는 모양으로 구성하는 자료관리방법이다.

(1) 순차리스트

- 스택(Stack)

  데이터의 삽입(Push)과 삭제(Pop)가 Top이라 불리는 순서 리스트의 한쪽에서만 이루어진다. 따라서, 자료구조에서 스택은 먼저 저장된 것을 꺼내 쓸 때는 제일 나중에 나온다. 반대로 가장 최근에 저장된 것을 꺼내는 경우에는 제일 먼저 쓸 수 있는데, 이러한 구조를 후입선출(LIFO ; Last In First Out)구조라고 한다. 자료의 배열 순서를 바꾸고 싶을 경우 스택에 넣었다가 다시 꺼내면 역순의 데이터를 얻을 수 있다.

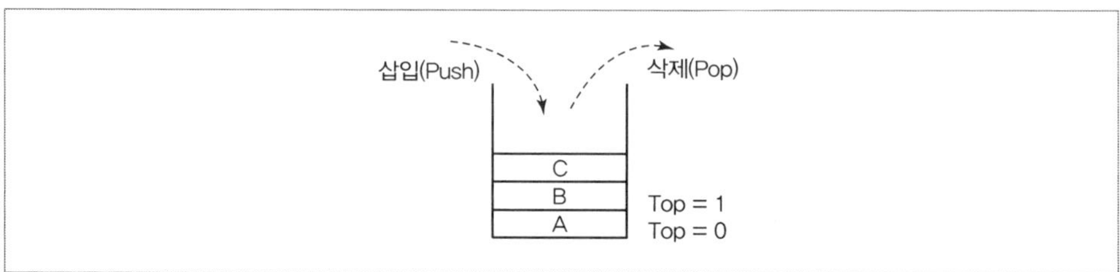

- 활용분야

  함수 호출(Function Call)의 순서제어, 순환 호출의 순서제어, 인터럽트 처리, 수식계산, 컴파일러, 역폴리시 기법 등에 응용할 수 있다.

■ 큐(Queue)

순서 리스트에서 원소의 삽입은 뒤(Rear)에서, 삭제는 앞(Front)에서 이루어지는 자료 구조가 큐(Queue)이다. 이는 스택과 반대로 큐 자료구조에 먼저 저장된 것이 제일 먼저 나온다. 이처럼 나중에 저장된 것은 가장 나중에 쓸 수 있는 구조를 선입선출(FIFO ; First In First Out)구조라고 한다.

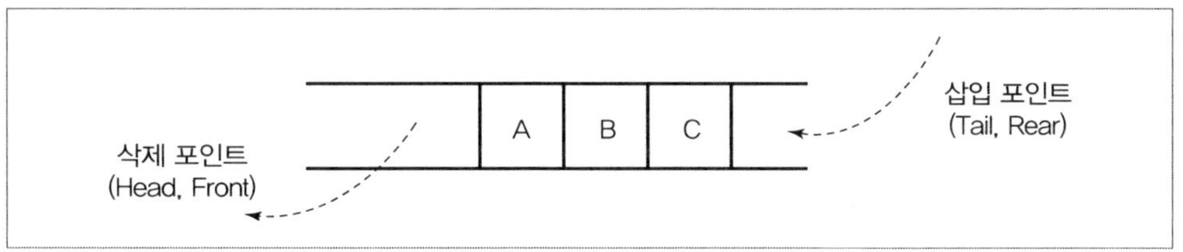

- 활용분야

  운영체제의 작업 스케줄링(FCFS ; First Come First Service)에 활용된다.

■ 데크(Deque ; Double Ended QUEue)

선형 리스트의 양쪽 끝에서 삽입과 삭제가 가능한 자료구조이며 스택과 큐를 이용한다. 또한 데크에는 입력은 한쪽에서 출력은 양쪽에서 가능하게 하는 입력 제한 데크와 입력은 양쪽에서 출력은 한쪽에서 가능하게 하는 출력 제한 데크가 있다.

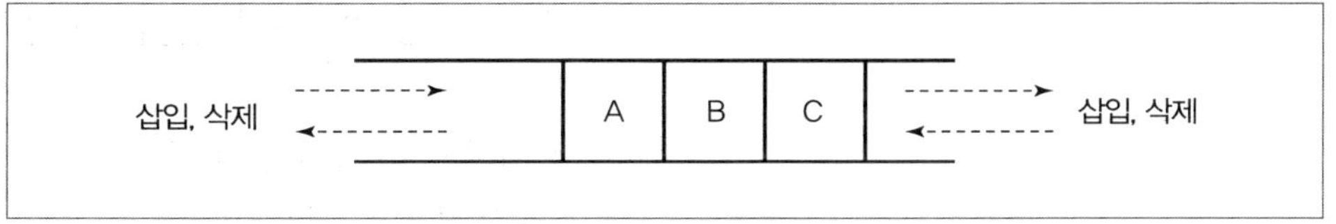

■ 배 열

배열은 인덱스와 값의 쌍으로 표현된 집합을 의미한다. 배열의 요소들은 연속적인 기억장소에 각각 저장되는 동일한 데이터 타입으로 구성된다.

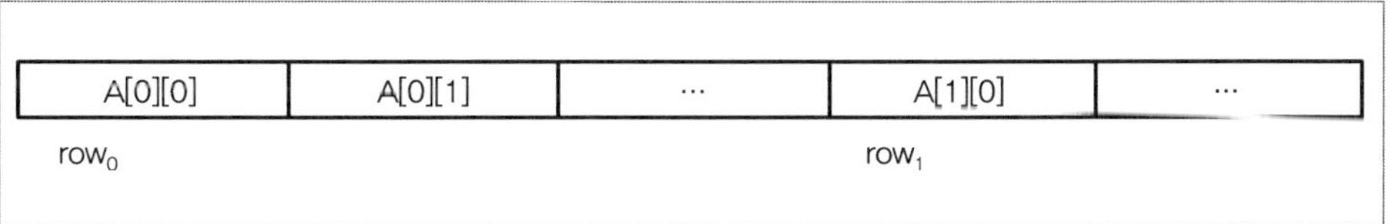

(2) 연결 리스트(Linked List)

데이터와 노드로 구성되어 있으며, 노드는 자료와 다음 노드를 가리키는 주소포인터로 구성되어 있다. 이렇게 포인터 등을 사용하여 자료를 연결하였을 때 그 결과가 자료에 일직선 상에 표시되거나 하나의 원 상에 표시되는 구조가 연결 리스트이다.

- **단일 Linked List**

  데이터와 다음 데이터 노드를 가리키는 링크로 구성되어 있다.

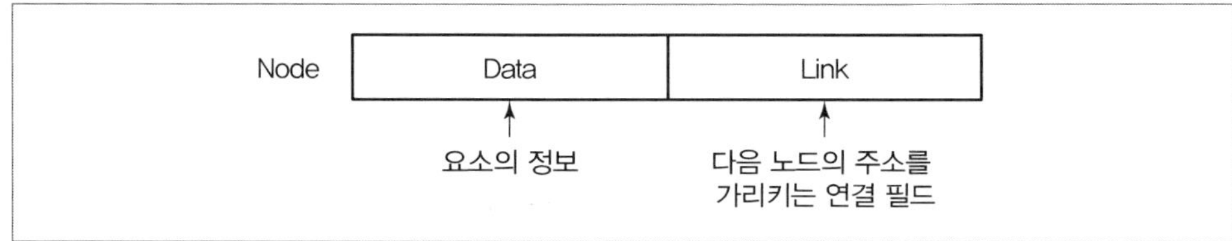

- **환형 Linked List**

  마지막 노드가 첫 노드를 다시 가리키는 연결 리스트를 의미한다. 환형 연결 리스트에 있는 노드들은 그 노드 수에 관계없이 일정 시간 동안에 원형 연결 리스트를 모두 가용 리스트에 반환할 수 있다.

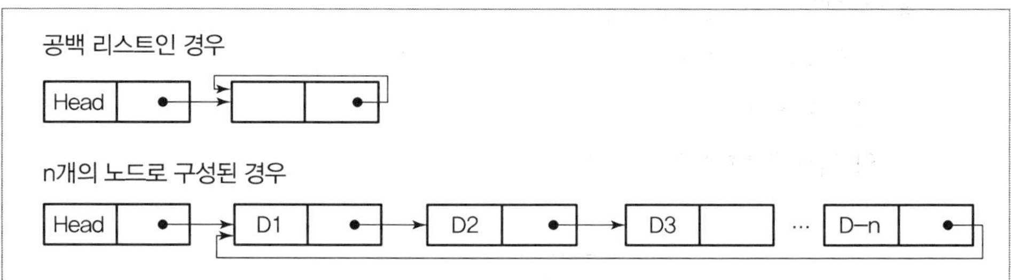

임의의 노드에서 모든 노드의 접근이 용이하고, 노드의 삽입 및 삭제 시 거의 일정한 시간이 소요되는 장점이 있으나, 무한 루프에 빠질 가능성이 존재하여 검색을 끝낼 목적으로 HEAD 노드를 추가해야 한다.

03 비선형 구조

(1) 트 리(Tree)

트리는 노드와 간선으로 구성되어 있으며 사이클이 존재하지 않은 비순환 그래프이다. 근노드(Root)라는 한 개의 노드가 있고 나머지 노드들은 서로 분리된 n개의 부분집합으로 구성되어 있으며 데이터를 계층적으로 구조화시킬 때 사용하는 자료구조이다.

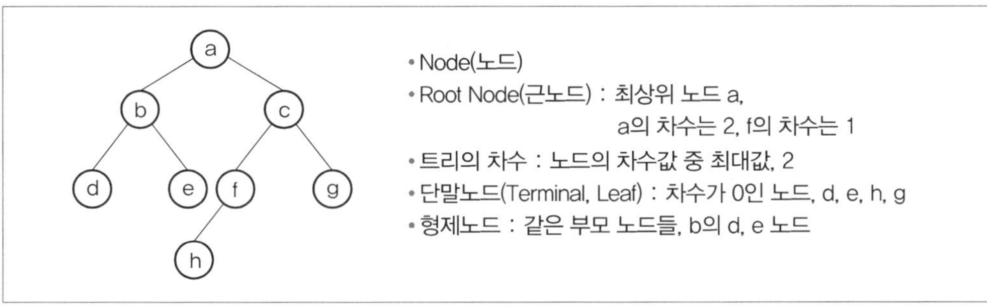

트리는 연결 리스트(Linked list)로 표현할 수 있다.

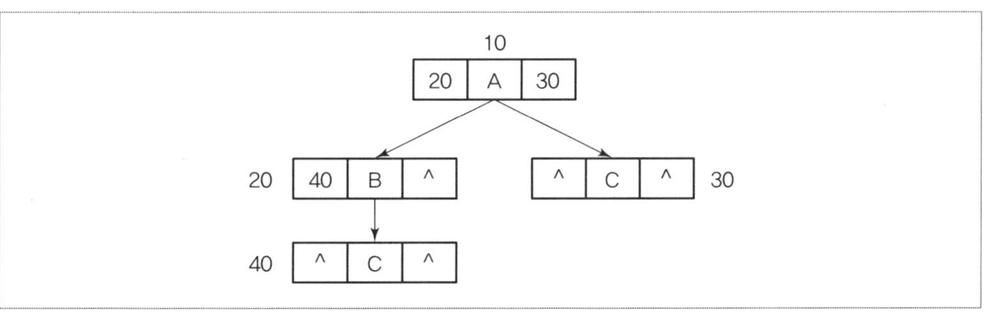

■ 이진트리(Binary Tree)

루트를 포함한 모든 노드가 최대 2개의 자식 노드를 가질 수 있는 트리이다. 왼쪽에 있는 노드들의 부분집합을 왼쪽 서브트리(Left Child Node), 오른쪽에 있는 노드들의 부분집합을 오른쪽 서브트리(Right Child Node)라 부른다. 또한 일반 트리와 다르게 이진트리는 0개의 노드를 가진 트리가 없고 자식의 순서를 구분하는 특징이 있다.

■ 이진트리 순회(Binary Tree Traversal)

이진트리의 순회는 일정한 순서로 트리의 모든 노드들을 오직 한 번씩만 방문하도록 운행한다.

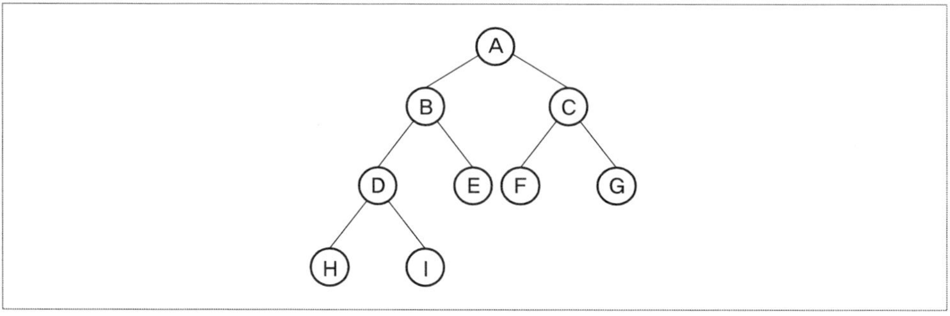

가. 전위 순회(Preorder 순회 : 데이터, 왼쪽 서브트리, 오른쪽 서브트리)
- 특정 노드에서 자신의 노드 방문, 왼쪽의 서브트리를 모두 방문하고 오른쪽을 방문한다.
- 예 A B D H I E C F G

나. 중위 순회(Inorder 순회 : 왼쪽 서브트리, 데이터, 오른쪽 서브트리)
- 특정 노드에서 왼쪽 노드 방문 후, 자신의 노드를 방문하고 오른쪽 서브트리를 방문한다.
- 예 H D I B E A F C G

다. 후위 순회(Postorder 순회 : 왼쪽 서브트리, 오른쪽 서브트리, 데이터)
- 특정 노드에서 자신의 왼쪽 서브트리와 오른쪽을 방문 후 자신의 노드를 방문한다.
- 예 H I D E B F G C A
- 수식 변환

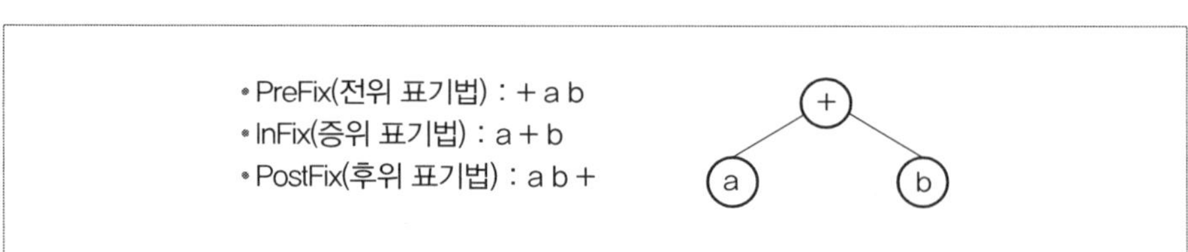

(2) 그래프(Graph)

노드와 간선으로 구성되어 있으며, 사이클이 존재하는 순환 자료구조이다.

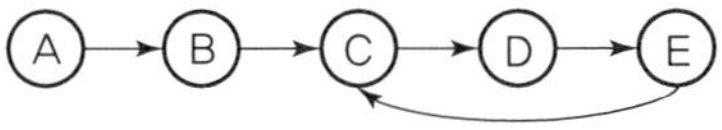

	A	B	C	D	E
A	0	1	0	0	0
B	0	0	1	0	0
C	0	0	0	1	0
D	0	0	0	0	1
E	0	0	1	0	0

04 Tree

핵심 요약(Key point summary)

1 데이터의 효율적 검색 · 갱신을 위한 비순환 그래프, B-Tree

가. B-Tree의 정의

탐색트리의 문제를 해결하기 위해 탐색트리에 몇 개의 제약을 붙이고 확장하여 대용량 데이터를 효율적으로 검색 · 갱신하기 위한 비순환 그래프

나. B-Tree의 제약조건

- Tree는 항상 균형을 유지해야 함
- 레코드의 삭제로 인한 공간의 낭비가 많지 않아야 함

2 B-Tree의 개념도 및 장단점

가. B-Tree의 개념도

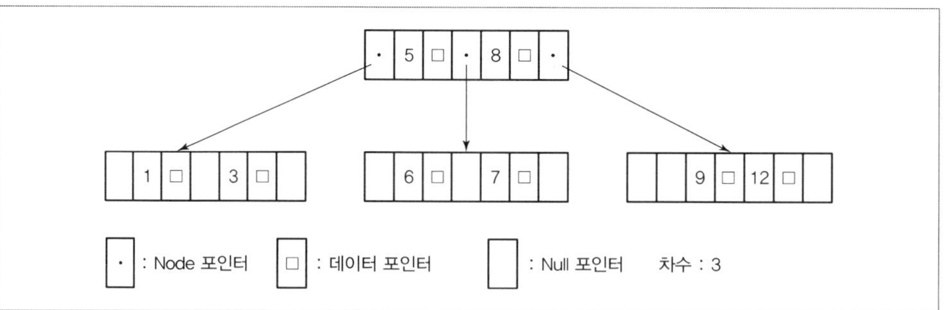

나. B-Tree의 장단점

장 점	단 점
• 균형을 유지하는 Tree이므로 균등한 응답 속도를 보장 • Node의 삽입, 삭제 후에도 균형 Tree를 유지 • 효율적인 알고리즘 및 저장장치의 효율성 제공	• 노드의 삽입과 삭제 시 트리의 균형을 유지하기 위해 복잡한 재분배, 병합의 연산 필요 • 균형 Tree를 유지하기 위한 Split으로 성능저하 문제 발생 • In Order 순회로 순차탐색 시 비효율적

❸ B-Tree의 문제점 및 해결방안

문제점	설 명	해결방안
균형 트리	균등한 응답속도를 위해 각 Node를 1/2 이상 채워줘야 함	B*Tree로 Split 해결
	지속적인 Key 삽입 시 Split 발생	
Inorder 방식	왼쪽 서브트리, 자신, 오른쪽 서브트리로 운행하여 시간, 성능 문제 발생	B⁺Tree로 성능 해결

❹ B-Tree, T-Tree, R-Tree의 비교

비 교	B-Tree	T-Tree	R-Tree
방법	이진트리 구조 검색	논리적 주소 변환 없이 검색 가능	공간객체 정보를 이용한 검색
유형	B-Tree, B⁺Tree, B*Tree	T-Tree	R-Tree, R⁺Tree, R*Tree
활용	디스크 기반 DB	MMDB	공간 DB

🖥 T-Tree

① T-Tree의 정의

B-Tree에서 진화된 형태로, 물리적인 주소의 논리적인 변환 없이 빠르게 접근 가능한 자료구조

② T-Tree의 특징

- 기존의 B-Tree의 Data Page의 다단계 검색의 복잡성 극복
- 이진검색과 높이 균형을 가진 AVL-Tree
- 한 Node의 가장 작은 값과 가장 큰 값의 비교

③ T-Tree의 구조도 및 운행방식

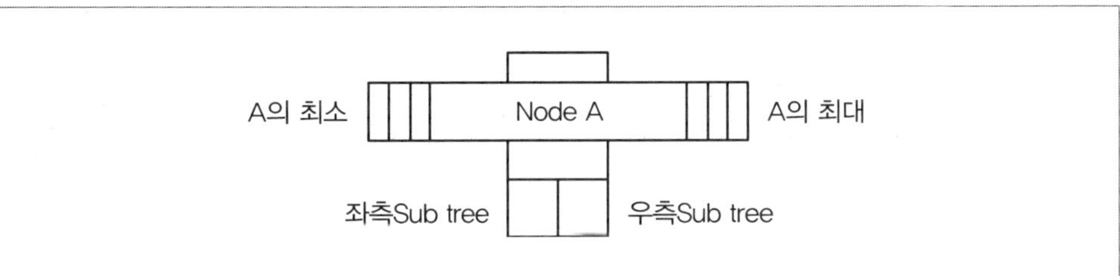

- Node A의 값보다 작은 값은 왼쪽 서브트리에 위치
- Node A의 값보다 큰 값은 오른쪽 서브트리에 위치

- 노드의 가장 작은 값과 가장 큰 값을 검색 Value와 비교
- 삽입 시 검색 후 공간이 없으면 가장 작은 Value를 제거하고 재정렬

④ B-Tree와 T-Tree의 비교

구 분	B-Tree	T-Tree
목적	• 디스크 Access 최소화 • 디스크 공간의 최소화	• CPU 이용의 최소화 • 메모리 공간의 최소화
활용	디스크 기반 DB 인덱스 구조	MMDB 기반 인덱스 구조

 R-Tree

① R-Tree의 정의

다차원의 공간 객체의 위치정보를 효과적으로 저장하고, 질의 시 공간 객체만 리턴시킬 수 있는 공간정보 색인 자료구조

② R-Tree의 특징
- MBR 공간 구조 : 저장단위는 최소경계지역(MBR ; Minimum Bounding Rectangle)으로 분할하여 저장
- Tree 구조 활용 : MBR의 공간 객체를 계층적 Tree 구조로 표현 검색
- 포인터 구성 : MBR과 상/하위를 연결하는 포인터로 구성
- 높이균형 : 응답성능의 일정한 속도 보장

③ R-Tree의 구조도 및 운행방식

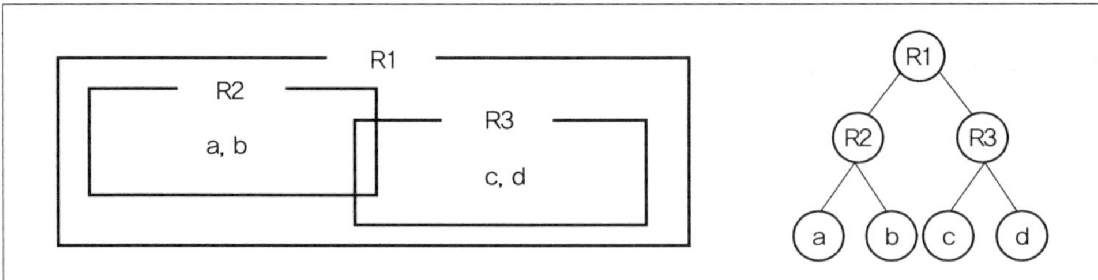

- 검색 : B-Tree와 유사하게 Root node부터 Tree 검색
- 삽입 : Root로부터 면적 확장이 가장 적은 Node 선택 삽입
- 삭제 : 단말노드 삭제 시 MBR 축소

④ B-Tree · T-Tree · R-Tree 비교

비 교	B-Tree	T-Tree	R-Tree
방법	이진트리 구조 검색	논리적 주소 변환 없이 검색 가능	공간객체 정보를 이용한 검색
유형	B-Tree, B$^+$Tree, B*Tree	T-Tree	R-Tree, R$^+$Tree, R*Tree
활용	디스크기반 DB	MMDB	공간 DB

01 B-Tree

B-Tree는 데이터베이스와 파일시스템에 널리 사용되는 자료구조이고 탐색트리의 일종이다. B-Tree는 탐색트리의 공간 및 성능의 문제를 해결하기 위하여 탐색트리에 몇 가지 제약조건을 부가·확장하여 사용한다.

B-Tree의 제약조건은 '트리는 항상 균형을 유지해야 하고 레코드 삭제로 인한 공간 낭비를 줄일 수 있어야 한다'는 것이다. 추가적인 B-Tree의 제약조건은 다음과 같다.

- 트리는 높이가 1 이상인 m원 탐색트리이다.
- 트리에 있는 루트노드와 리프노드를 제외한 각 노드는 최대 m개, 최소 m/2개의 종속트리를 가져야 한다.
- 루트노드는 최소한 2개의 종속트리를 가져야 한다.
- 모든 단 노드는 같은 레벨에 있어야 한다.
- 루트는 그 자체가 리프가 아닌 이상 적어도 두 개의 서브트리를 가져야 한다.

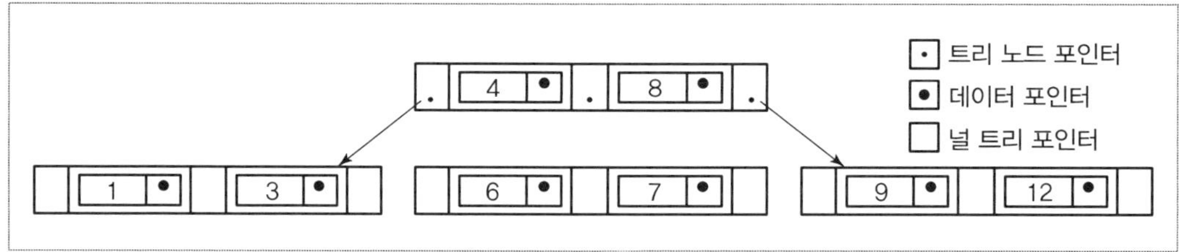

[그림 1-7] B-Tree 구조도

- **탐색**

  탐색은 루트노드에서 시작하여 하향식으로 검색 대상의 값과 비교하여 자식 포인터를 찾아가는 과정이다. 찾고자 하는 값이 a보다 작으면 왼쪽 부트리에서 탐색하고, 검색값이 a와 b 사이에 존재하면 중간 부트리, b보다 크면 오른쪽 부트리에서 탐색한다. 이렇게 키값에 따라 각 트리의 Inorder 방식으로 운행하면 된다.

- **삽 입**
  - 노드의 키값에 빈 자리가 있으면 해당 키값을 순서에 맞게 삽입한다.
  - 공간이 없을 경우 노드를 분할(Split)하고 부모 노드에 순차적으로 연결한다.

- **삭 제**
  - 키 삭제 후 최소한의 키 수를 유지할 수 있는지 확인한다.
  - 최소 필요키보다 작을 경우 재분배 및 병합을 통해 최소 키를 유지한다.
  - 삭제 후 키값의 재배열이 필요하다.

B-Tree는 적어도 노드의 반 이상이 키(key)로 채워져야 하므로 장소 낭비가 심하고, 노드 분열이 많이 발생한다. 또한 Inorder 운행 방식은 검색 성능이 좋지 못하고 삽입 및 삭제 이후에 다시 트리 균형을 유지시켜야 하는 단점이 있다.

02 B⁺Tree

B-Tree의 변형된 형태로 키와 포인터로 구성된 Index Set와 Leaf 노드로만 구성된 Sequence Set로 이루어진다. 키에 의해서 각각 식별되는 레코드의 효율적인 삽입, 검색과 삭제를 통해 정렬된 데이터를 표현하기 위해 사용된다.

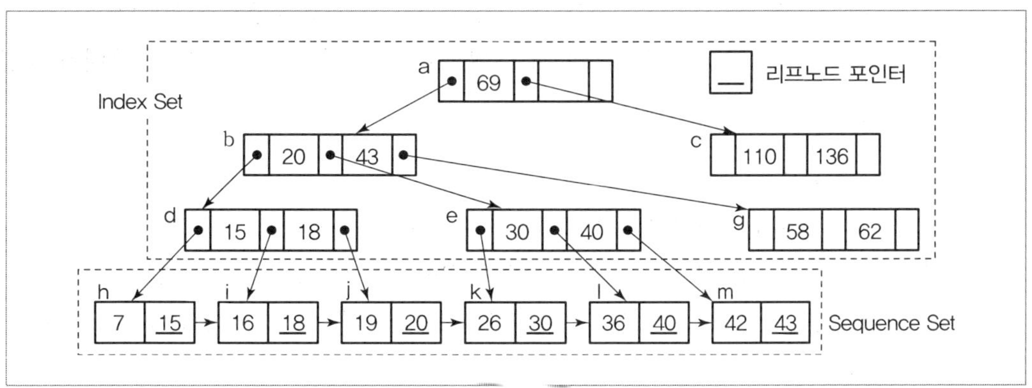

[그림 1-8] B⁺Tree 구조도

(1) Index Set

실제적인 키값(Leaf 노드)을 찾아갈 수 있는 경로 제공이 목적이며, 각 노드의 키값과 서브트리 및 Leaf를 찾아갈 수 있는 키(Key)값 및 포인터(Pointer)값만 가지고 있다.

(2) 순차 세트(sequential set)

Leaf Node로만 구성되며 각 노드는 키값과 데이터를 포하고 있고 Leaf Node와 관련된 키값은 오름차순으로 정렬되어 있다. 또한 각 Leaf Node 간 연결할 수 있는 포인터가 포함되어 있다. 삭제는 Leaf에서만 수행되고 키값은 유지되지만 탐색 시에는 사용하지 않는다.

- **삽 입**
  - 삽입할 탐색키값을 검색하여 해당 리프노드를 찾는다.
  - 이미 탐색키값이 존재하면 키값에 레코드만 추가한다.
  - 검색 시 탐색키값이 존재하지 않으면 탐색키를 추가하고 정렬한다.
  - 삽입 탐색키의 노드는 Sequence Set 연결 리스트에 순차적으로 연결되어야 한다.
  - 삽입 후 순차성을 유지하기 위해서 재정렬한다.
  - 삽입할 공간이 없으면 Split한다.

- **삭 제**
  - 삭제할 탐색키값을 검색하고 해당 레코드를 삭제한다.
  - 탐색키가 존재하는 노드를 삭제 시 포인터 수가 $n/2$개 이하이면 노드를 결합하여 포인터를 재분배한다.
  - 재분배 이전에 결합이 가능할 경우 형제노드들 간에 결합을 수행한다.
  - 삭제 연산은 항상 리프노드에서 수행되고, 삭제 후 리프노드가 빈 상태가 되면 부트리에서 포인터를 제거한다.

(3) B−Tree와 비교

B^+Tree의 실질적인 데이터는 리프노드에 존재하며 나머지 노드들은 키값만 관리되므로 모든 노드에 이르는 탐색시간은 동일하다. B−Tree에서 모든 데이터를 가진 노드의 접근 시간을 동일하게 유지하고, 각 데이터 노드들을 쉽게 관리하기 위해서 B^+Tree가 개발되었다.

[표 1-3] B-Tree와 B⁺Tree의 비교

B-Tree	B⁺Tree
• Leaf가 아닌 노드 size가 더 크고 인덱스에 대한 저장공간 관리가 복잡 • 순차 접근이 어렵고 탐색은 Inorder 운행 수행 • 탐색하면서 원하는 키값의 레코드 위치 파악 • 삭제 후 균형이 깨지면 노드의 재정렬 필요	• 모든 노드의 크기가 같고 삭제될 노드가 항상 Leaf 노드에 존재 • 레코드 위치는 Leaf 노드에서만 파악 가능 • 삭제 시 Leaf 노드만 삭제처리되므로 처리가 간편

03 B*Tree

B-Tree의 제약 사항은 각 노드가 최소한 절반은 키값으로 채워져야 한다는 것이다. B*Tree는 이를 보완하여 루트(Root)노드와 리프(leaf)노드를 제외한 트리의 각 노드가 최소한 2/3가 키값으로 채워지도록 하여 분할(Split)을 보완한 다중 탐색트리이다.

B*Tree는 하나의 노드가 오버플로(Overflow)되면 여유 공간이 있는 형제 노드에 재분배 과정을 거친 후 추가적으로 키(Key) 삽입이 가능해서 상대적으로 분할(Split) 현상이 적은 트리 구조이다.

[표 1-4] B⁺Tree와 B*Tree의 비교

B*Tree	B⁺Tree
• 노드 Split은 모든 형제 노드의 재분배 이후 발생 • 삽입 시 Split 현상의 최소화	• 노드의 자리가 존재하지 않으면 즉시 Split 발생 • 순차 접근을 통해 검색 속도 향상 지원

04 T-Tree

T-Tree는 AVL-Tree와 B-Tree에서 진화된 형태로, 물리적인 주소의 논리적인 변환 없이 빠르게 접근 가능한 탐색구조이다. 기존의 AVL-Tree가 갖는 이진 검색과 높이 균형의 장점, B-Tree가 갖는 한 노드에 다수의 데이터를 갖을 수 있는 장점을 통합한 트리이다.

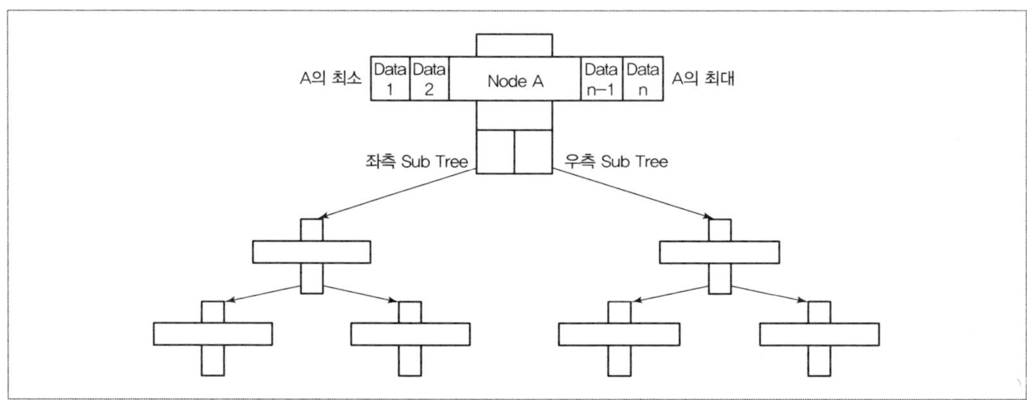

[그림 1-9] T-Tree 구조도

(1) T-Tree의 특징

■ 2개의 서브트리

데이터값의 정렬은 2개의 서브트리로 이루어진다. 데이터값 중 가장 작은 값은 왼쪽 서브트리로 보내고, 그 값은 왼쪽 서브트리에서 값 크기별로 정렬된 값 중 가장 작은 값이 된다. 데이터값 중 가장 큰 값은 오른쪽 서브트리로 보내고, 그 값은 오른쪽 서브트리에서 크기별로 정렬된 값 중 가장 큰 값이 된다.

■ 빠른 검색 속도

B-Tree의 엔트리는 해당 데이터를 포함하고 있는 데이터 페이지를 가리키고 있어, 데이터를 찾기 위해서 한 번 더 접근하여 데이터 페이지로부터 해당 레코드의 위치를 구해야 한다. 그러나 T-tree의 엔트리는 해당 레코드의 주소를 갖고 있어, 논리적 주소를 물리적 주소로 변환 없이 빠른 검색을 지원할 수 있다. 또한 인덱스가 메인 메모리에 상주하고 있어 디스크 I/O를 줄일 수 있고, 간단한 T-Tree 알고리즘으로 연산작업을 줄일 수 있다.

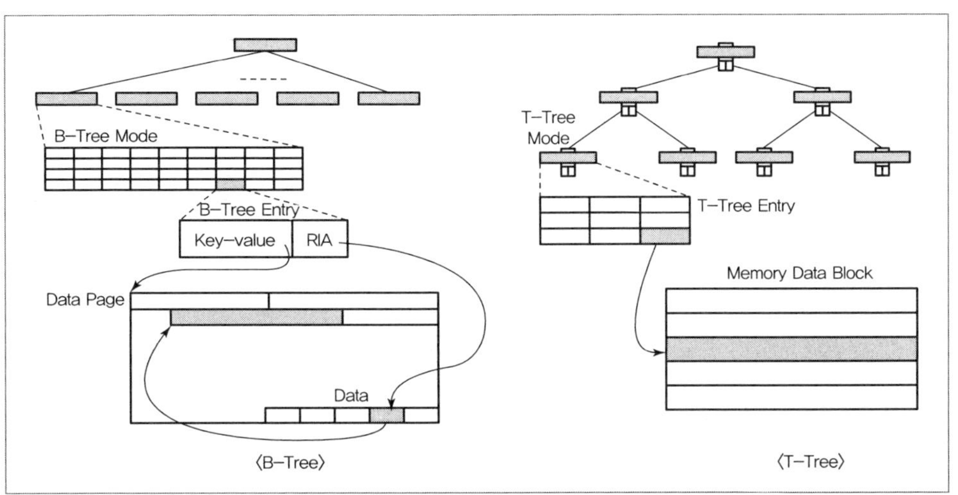

[그림 1-10] B-Tree와 T-Tree 비교

(2) 검 색

- 이진트리의 검색과 유사하게 노드의 가장 작은 값과 가장 큰 값을 비교한다.
- 검색은 루트(Root)트리부터 시작한다.
- 검색값이 노드의 가장 작은 값보다 작으면 왼쪽 서브트리로 이동해서 검색한다.
- 검색값이 노드의 가장 큰 값보다 크면 오른쪽 서브트리로 이동해서 검색한다.
- 결과가 없으면 현재 노드값이다.

(3) 삽 입

- 새로운 값이 삽입되면 매번 균형을 검사하는 방식이다.
- 값이 삽입될 때 저장소가 존재하면 삽입하고 종료한다.
- 저장소가 존재하지 않으면 가장 작은 아이템을 삭제하고, 신규 값을 삽입 후 삭제값을 리프 노드로 내려 보낸다.
- 트리가 비어 있으면 가장 마지막에 삽입한다.
- 신규 노드가 생성될 경우 단말부터 루트노드까지 균형 검사를 실시한다.

(4) 삭 제

- 삭제값이 중간 값이면 삭제하고, 서브 단말노드에서 가장 큰 값을 가지고 와서 배치한다.
- 노드값이 작아서 서브 단말노느와 병합할 수 있으면 병합한다.
- 병합이 불가능하면 삭제 처리 후 트리노드를 배치한다.

05 R-Tree

R-Tree는 다차원 공간객체의 위치정보로 구성한 데이터를 MBR(Minimum Bounding Region)에 포함시키고 MBR 간의 포함관계를 B-Tree 형태로 표현한 높이 균형트리이다.

(1) R-Tree의 특징
- 데이터가 공간 영역을 갖는 객체이므로 MBR이 겹칠 수 있고 중간 노드가 표현하는 영역들의 합이 전체 영역은 아니다.
- 삽입과 삭제가 탐색과 동시에 사용되고 주기적인 재구성이 필요 없다.
- 루트노드는 최소 두 개의 엔트리가 존재해야 하고, 모든 단말노드는 같은 레벨에 존재한다.
- 높이 균형으로 응답성능의 일정한 속도를 보장한다.

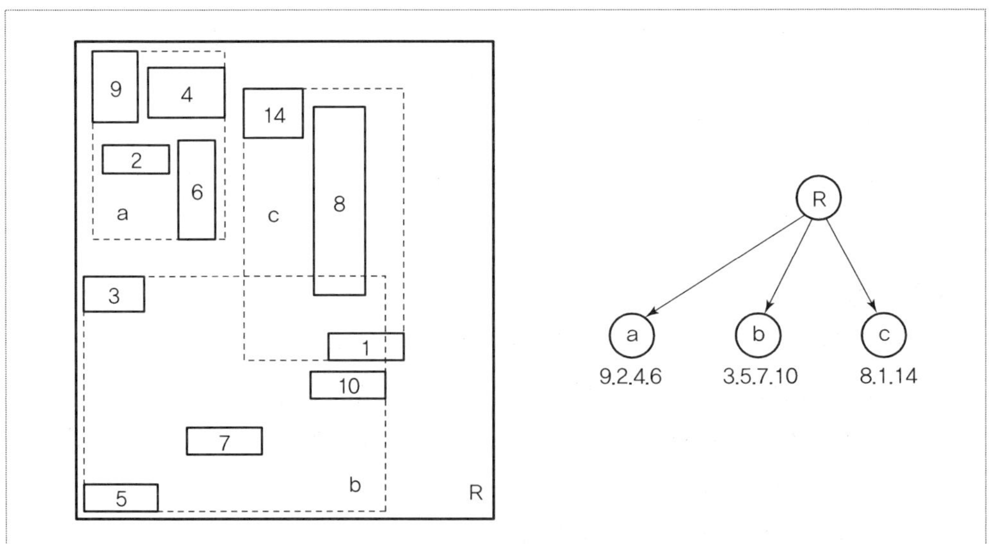

[그림 1-11] R-Tree의 구조도

(2) 검 색
- 루트노드부터 트리 운행을 실시한다.
- 검색 수행 시 노드의 겹침이 많을수록 검색횟수가 증가한다.
- 겹침을 최소화하기 위해서 R⁺Tree, R*Tree로 보완하였다.

(3) 삽 입

- 삽입할 노드를 선택해서 면적확장이 가장 작은 노드를 선택하여 해당 영역에 삽입한다.
- 객체 삽입 공간이 부족하면 부모노드에 삽입한다.
- 삽입으로 단말노드에 오버플로(Overflow)가 발생할 경우 단말노드를 분할한다.

(4) 삭 제

- 단말노드에서 엔트리가 삭제되면 부모노드의 나머지 노드에 맞게 MBR을 축소한다.
- 부노드가 삭제될 경우 엔트리를 재구성한다.

(5) R-Tree의 개선

R-Tree에서 MBR의 효율적인 활용 및 성능저하를 개선한 트리가 R*Tree와 R+Tree이다.

- **R*Tree**
  - R-Tree와 기본적인 구조와 연산은 거의 동일하지만, 삽입 및 삭제 연산 시 부모노드 MBR의 효율적인 확장을 통해 성능을 개선한 트리이다.
  - 겹침 감소, 면적 감소, 사각형 둘레길이 감소, 분할 알고리즘 개선, 강제 재삽입 등을 적용하였다.

- **R+Tree**
  - R-Tree의 겹침으로 인한 성능저하 문제를 해결하기 위해 같은 레벨의 노드 간 겹침을 허용한 형태의 트리이다.
  - 객체들의 겹침이나 포함에 할당되어 한 객체가 여러 단말노드에 포함된다.

◎ CHAPTER 01 DB 개념

05 파일구조

핵심 요약(Key point summary)

1 데이터의 물리적 최적 배치 기술, 파일 구조

가. 파일 구조의 개념

데이터를 물리적 저장장치에 적정하게 배치 및 접근하기 위한 적재방법

나. 파일구조의 유형

유 형	설 명
순차 구조 방식	레코드를 논리적 순서와 물리적 순서의 특정 키를 기준으로 정렬하는 방식
인덱스 구조 방식	인덱스가 가리키는 주소에 따라 데이터 접근 방식
직접 파일구조 방식	다른 레코드를 참조하지 않고 각 레코드의 키값을 이용해서 직접 접근하는 방법

2 최적의 검색연산을 위한, 인덱스

가. 인덱스의 정의

검색연산의 최적화를 위해 탐색키값과 레코드에 대한 포인터로 구성된 데이터 구조

나. 인덱스의 특징

특 징	내 용
성능 향상	데이터에 접근하는 트랜잭션의 성능 향상이 목적
독립성	테이블의 저장 구조와 별도의 인덱스 파일로 저장
알고리즘	Tree 구조, Hash 등 자료구조 알고리즘을 적용

❸ 인덱스의 유형 및 탐색방법

가. 인덱스의 유형

유 형	설 명	특 징
순서 인덱스	데이터 파일 내의 레코드를 찾는 보조 파일 인덱스	기본 인덱스, 클러스터링 인덱스, 보조 인덱스
다단계 인덱스	인덱스가 커서 메인메모리에 저장할 수 없고 디스크에 저장되는 경우 비용 최소화 인덱스	• 여러 단계의 인덱스로 구성 • 동적 다단계 인덱스, B트리, B+트리 인덱스
해싱 기반 인덱스	인덱스 구조의 접근 없이 해시함수를 통해 레코드 주소를 생성하여 탐색하는 인덱스	• 정적 해싱 기법 : 식별자를 해싱테이블에 저장하고 주소 결정 • 동적 해싱 기법 : 해시법과 연결리스트의 순차검색 혼용 방식
다중키 인덱스	자주 사용되는 속성들의 집합에 의한 키값을 이용한 인덱스 기법	• 분할 해싱 : 복합 주소값을 이용해 복합 탐색키를 찾는 분할 해싱 • 그리드 파일 : 2차원 배열의 행렬을 활용

나. Tree 구조 인덱스의 탐색방법

데이터 탐색 인덱스로 널리 쓰이는 인덱스는 B−Tree 구조 인덱스이며, R−Tree 구조, T−Tree 구조 인덱스도 활용

비교	B−Tree	T−Tree	R−Tree
방법	이진트리 구조 검색	논리적 주소 변환 없이 검색 가능	공간객체 정보를 이용한 검색
유형	B−Tree, B+Tree, B*Tree	T−Tree	R−Tree, R+Tree, R*Tree
활용	디스크 기반 DB	MMDB	공간 DB

01 파일 구조의 개념

데이터는 논리적인 자료구조 알고리즘을 기반으로 데이터베이스에 물리적인 파일구조로 저장되어 있다. 데이터를 물리적 저장장치에 적정하게 배치 및 접근하기 위해서는 적재 기술이 필요하며, 이러한 방식에는 순차구조 방식, 인덱스구조 방식, 직접 파일구조 방식이 있다.

(1) 순차구조 방식

파일을 구성하는 레코드를 논리적 순서와 물리적 순서의 특정한 키를 기준으로 정렬하여 저장하는 방식이다.

(2) 인덱스구조 방식

데이터를 직접 접근할 수 없고 인덱스가 가리키는 주소에 따라 데이터를 접근할 수 있는 방식이다. 인덱스구조 방식은 데이터를 관리하는 데이터 파일과 데이터에 접근하기 위한 인덱스 파일로 구성되고, 검색시는 인덱스 파일의 키값과 주소값을 갖고 접근한다.

인덱스 파일은 단일 인덱스에 사용하는 인덱스된 순차파일 구조와 여러 개의 인덱스를 사용하는 다중키 파일 구조가 존재한다.

■ 인덱스된 순차파일

키값에 따라 정렬된 레코드에 순차적으로 접근할 수 있으며, 레코드의 키가 순차적으로 정렬되어 순차 검색이 가능한 구조이다.

[표 1-5] 인덱스 순차파일 유형

유형	설명
정적 인덱스 파일 (ISAM)	• File 구성 : 인덱스된 파일이 변경되어도 인덱스에는 변화 없도록 물리적 특성에 맞게 설계된 인덱스 • 인덱스 : 트랙 인덱스, 실린더 인덱스, 마스터 인덱스
동적 인덱스 파일 (VSAM)	• File 구성 : 인덱스된 파일이 변경됨에 따라서 인덱스의 구조도 변경되는 인덱스 • 인덱스 : 2진 트리, AVL 트리, B 트리

■ 다중키 파일

레코드 검색을 위한 인덱스가 순차적으로 저장되어 있지 않지만, 데이터에 접근 가능한 여러 경로를 제공하는 방식이다.

[표 1-6] 다중키 파일 유형

유 형	설 명
다중리스트 파일	• 인덱스는 키값을 갖는 첫 번째 레코드에 대해서만 포인터를 갖고 관계를 갖는 레코드끼리 포인터로 연결하는 방식 • 특정 필드에 같은 값을 갖는 레코드로 구성된 연결을 제공
역 파일	• 데이터 속성에 따라 논리 레코드를 만들어 구성하는 파일 • 배열 순서를 반대로 저장하며, 같은 키값을 갖는 레코드 간의 링크 정보를 제공 • 빠른 검색을 위한 별도의 색인 파일 존재, 공간 Index 구조(R 트리, K-D 트리)를 갖음

(3) 직접 파일구조 방식

다른 레코드를 참조하지 않고 각 레코드의 키값을 이용해서 직접(임의) 접근하는 방법이다. 이 방법에는 직접 주소 방식, 인덱스 테이블 방식, 해싱 방식이 있다. 직접 주소 방식은 상품번호, 계좌번호, 품목번호 등 값을 직접 주소에 접근하는 방식이다. 인덱스 테이블 방식은 테이블에 인덱스키를 보관하여 이용하는 방식이고, 해싱 방식은 해시함수를 이용하여 직접 주소에 접근 가능한 방식을 의미한다.

02 인덱스 구조

방대한 데이터 속에서 원하는 정보에 신속하고 정확하게 접근하기 위해서는 데이터 저장방식 및 성능을 고려한 데이터베이스의 검색 기술이 중요하다. 검색 연산을 최적화하기 위해 사용되는 인덱스 구조는 탐색키값과 레코드를 가리키는 포인터로 구성된다.

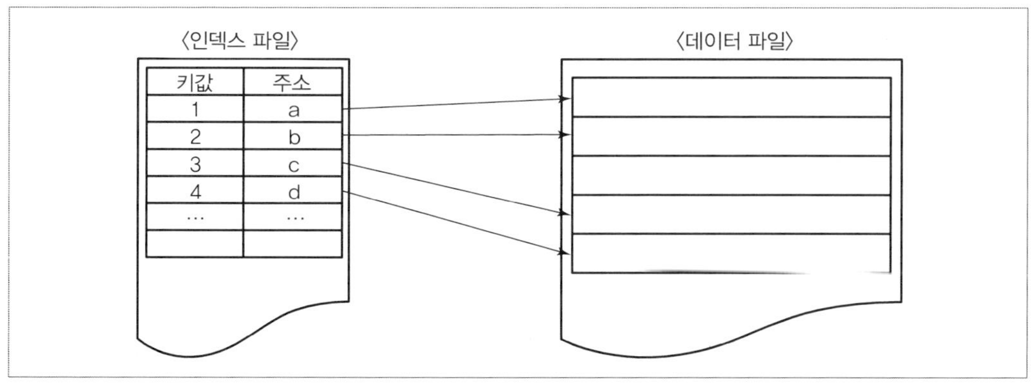

[그림 1-12] 인덱스 구조 탐색 방법

인덱스 방법은 순서 인덱스, 다단계 인덱스, 해싱 기반 인덱스, 다중키 인덱스로 분류해 볼수 있다.

(1) 순서 인덱스

순서 인덱스는 데이터 파일 내의 레코드를 효과적으로 찾아주는 보조 파일 형태이다. 순서 인덱스는 탐색키의 인덱스 사용 정도에 따라, 사용하고 있는 모든 탐색키를 인덱스로 사용하는 밀집 인덱스와 탐색키 중 일부만을 인덱스로 사용하는 희소 인덱스로 나눌 수 있다. 희소 인덱스는 모든 탐색키를 인덱스를 사용하지 않고 한 블록마다 하나의 인덱스를 사용하고 블록을 주기억장치에 적재하여 순차 검색하므로 속도가 빠르다.

또한 인덱스 키를 어느 필드에 생성하느냐에 따라서 다음과 같은 유형이 존재한다.

- **기본 인덱스**

  PK를 포함하는 필드에 대한 기본 인덱스를 말한다.

- **클러스터링 인덱스**

  기본 키가 아닌 항목(Non-Key Field)에 대한 물리적 정렬 순서로 인덱스를 생성한다. 같은 클러스터링 필드를 그룹으로 묶어 별도의 블록 클러스터를 부여하는 인덱스를 의미한다.

- **보조 인덱스**

  파일에 저장된 레코드의 순서와 다른 순서로 검색키를 정의하는 인덱스로, 비 클러스터링 인덱스라고도 한다.

(2) 다단계 인덱스

대량의 데이터는 인덱스 파일이 커서 디스크에 저장해야 할 경우 여러 디스크에 접근해야 하기 때문에 접근 비용이 증대된다. 이러한 단점을 극복하기 위하여 인덱스를 여러 단계로 분해하여 연결한 것이 다단계 인덱스이다. 다단계 인덱스의 첫 번째 인덱스는 데이터의 인덱스 파일이고 두 번째 인덱스는 인덱스에 대한 인덱스 파일이다. 첫 번째에 사용할 수 있는 인덱스는 다른 인덱스와 유사하게 기본 인덱스, 클러스터링 인덱스, 보조 인덱스 모두 사용 가능하다. 또한 다단계 인덱스의 내부 알고리즘은 B-트리, B+트리 자료구조를 사용한다.

(3) 해싱 기반 인덱스

해싱은 인덱스 구조의 접근 없이 키값에 해시함수를 적용하여 주소를 계산하고 계산된 주소값으로 레코드가 저장된 위치를 직접 접근하는 방식이다.

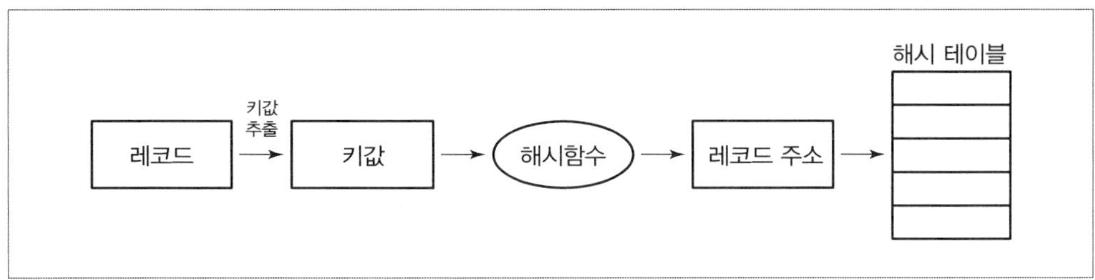

[그림 1-13] 해싱 기반 인덱싱 방법

(4) 다중키 인덱스

다중키 인덱스는 자주 사용되는 속성들의 집합을 키값으로 인덱싱하는 방법이다. 다중키 인덱스는 분할 해싱과 그리드파일 기법이 있다. 분할 해싱은 조합된 키를 해시함수를 통해서 조합된 주소값으로 변환한 복합 탐색키로 찾는 방법이고, 그리드파일 기법은 2차원 배열의 행렬을 활용하여 검색하는 기법이다.

03 해싱 기법

해싱은 원소값으로 직접 저장 위치를 계산하는 방식이다. 해싱은 원하는 레코드를 한번에 접근할 수 있어 검색속도가 빠른 장점을 갖고 있으므로 인덱스 기법에 널리 사용된다. 해싱 기법에는 버킷 주소의 집합이 고정된 정적 해싱과 저장 버킷 공간을 조정 가능한 동적 해싱 기법이 있다.

(1) 정적 해싱(Conventional Hashing) 기법

버킷주소의 집합을 고정시켜 처리하는 해싱 기법으로, 현 파일크기에 따라 해시함수를 선택하고 파일의 크기가 커지면 해싱구조를 재구성하는 방법이다. 처리되는 해시함수에는 다음과 같이 중간 제곱법, 폴딩법, 진수 변환법, 제산법, 숫자분석법, 무작위법 등이 있다.

• 중간 제곱법

레코드 키값을 제곱한 후 결과 값의 중간 위치의 필요한 수소 공간의 n비트를 선택하여 해시테이블의 홈 주소로 결정하는 방법이다. 예를 들어, 주소크기가 4자리인 경우 다음과 같이 뒤에서 8번째부터 5번째까지 숫자를 취해서 주소로 사용한다.

키값	키 제곱	주 소
7654321	58588629971041	2997
1243434	1546128112356	2811
4720000	22278400000000	0000
1234567	1524155677489	5567
1174000	1368900000000	0000
5556242	30871825162564	2516

(0000, 5567, 0000 → 충돌)

[그림 1-14] 해시함수 중간 제곱법 예시

- **폴딩법**

키값을 주소공간과 같은 자릿수로 몇 부분 나누고 이를 접어서 합한 결과 값을 주소로 사용하는 방법이다. 예를 들면 다음과 같이 주소 크기가 4자리이고, 키값이 12자리인 경우 3부분으로 나눠서 합을 구한 후 주소 자릿수에 맞게 잘라서 주소로 사용한다.

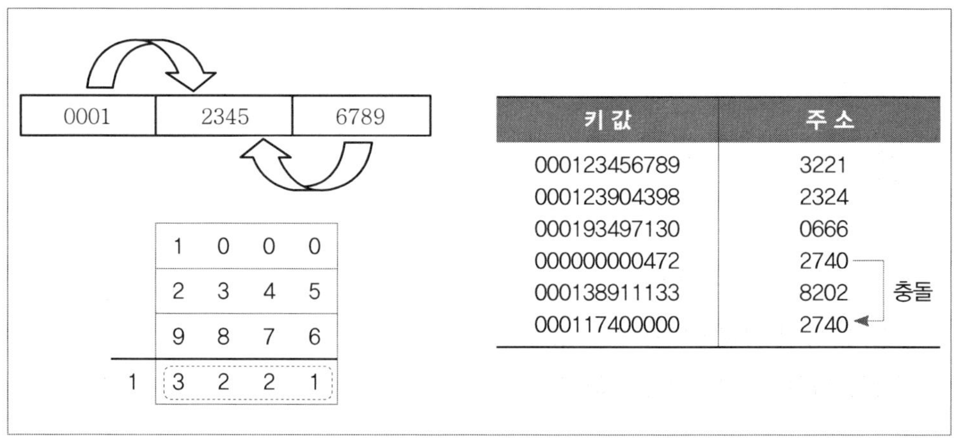

키 값	주 소
000123456789	3221
000123904398	2324
000193497130	0666
000000000472	2740
000138911133	8202
000117400000	2740

(2740, 2740 → 충돌)

[그림 1-15] 해시함수 폴딩법 예시

- **진수 변환법**

레코드 키를 특정한 진법의 수로 간주하고 키를 변환하여 홈 주소로 결정하는 방법이다. 키값의 진수를 다른 진수로 변환하고 초과하는 자릿수는 절단하여 주소범위에 맞도록 조정한다.

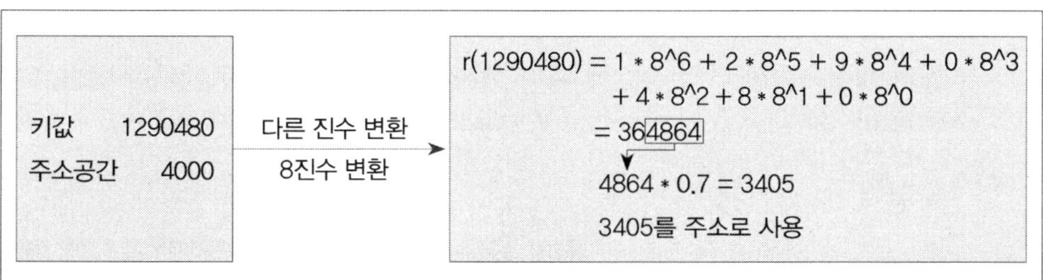

이 외에도 제산법, 숫자 분석법, 무작위법이 있다. 제산법은 레코드 키값을 솟수로 나누어 나머지 값을 홈 주소로 결정하는 방법이고, 숫자분석법은 고른 분포의 자릿수를 필요한 만큼 선택하여 레코드의 홈 주소로 결정하는 방법이다. 또한 무작위법은 난수 발생 프로그램을 이용하여 난수를 발생시켜 홈 주소로 결정하는 방법이다.

■ 정적 해싱의 단점

정적 해싱 기법은 해시함수에 따라 계산값의 중복으로 동일한 테이블에 중복된 키가 존재할 수 있다. 따라서 복수개의 키들이 같은 데이터 영역을 해싱할 경우 충돌이 발생될 수 있다. 또한 데이터 영역이 모두 찬 상태에도 다른 키가 접근하여 오버플로(Overflow) 현상이 발생될 수 있다.

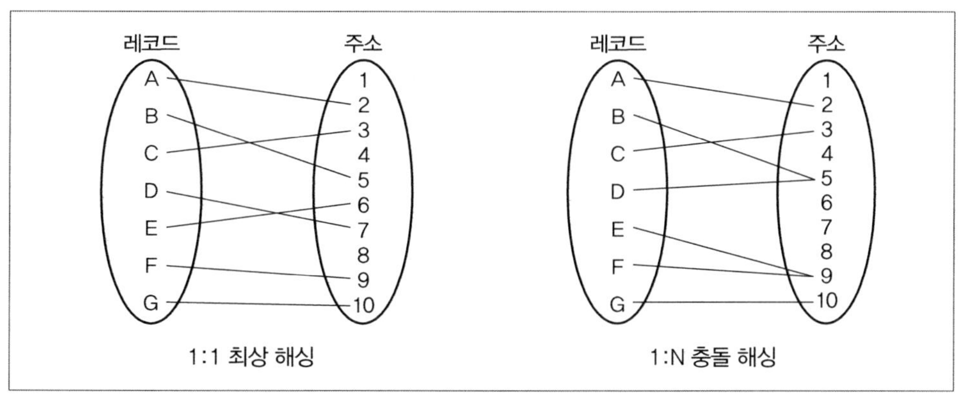

[그림 1-16] 해싱 충돌의 예

이를 해결하기 위하여 키와 해시 주소를 1:1로 매핑하는 방법과 오버플로 발생 시 저장 위치를 바꾸는 방법이 있다. 저장 위치를 바꾸는 방법 중에 선형 주소법은 오버플로 발생 시 동일 주소에서 가까운 다른 버킷 중 비어 있는 곳으로 이동하여 저장하는 방법이다. 체인이용법은 각 주소마다 링크를 두어 오버플로된 동거자를 연결하여 다른 구역을 지정하여 문제를 해결한다.

(2) 동적 해싱(Dynamic Hashing) 기법

동적 해싱은 데이터의 증감에 따라 해시함수가 동적으로 변환되는 방법이다. 동적인 변환은 버킷을 분해하거나 통합하여 다중레벨을 구성는데, 이때 이진트리를 이용한다.

■ **동적 해싱의 장점**

동적 해싱은 자동으로 분배 및 통합을 수행하므로 데이터의 증가에 따라 성능에 영향을 미치지 않는다. 또한 버킷을 연결할 필요가 없고 연결이나 링크가 사용되지 않아 접근시간이 일정하다.

■ **동적 해싱의 단점**

별도의 버킷 주소 테이블이 필요하고 각 버킷 주소가 적을 경우 상대적으로 디스크 낭비가 발생할 수 있다. 또한 버킷을 직접 검색하기보다는 주소를 통해 간접 검색되므로 주소검색 횟수가 추가되고, 버킷 주소 테이블의 재구조화 작업에 시간이 소요되는 단점이 있다.

CHAPTER 02 DBMS 특성

SECTION 01 | 데이터 무결성
SECTION 02 | 데이터 독립성
SECTION 03 | 트랜잭션
SECTION 04 | 동시성 제어
SECTION 05 | 회복

SECTION
01

○ CHAPTER 02 DBMS 특성

데이터 무결성

핵심 요약(Key point summary)

❶ 무효갱신으로부터 데이터를 보호하기 위한, 데이터 무결성

가. 데이터 무결성의 개념

데이터의 정확성 · 유효성 · 일관성 · 신뢰성을 위해 무효갱신으로부터 데이터를 보호, 데이터값을 정확히 유지하기 위한 기법

나. DB 무결성 제약 개념(ACID)

- 원자성(Atomicity) : 완전히 수행되거나 전혀 수행되지 않아야 함
- 일관성(Consistency) : 트랜잭션 완료 후 일관성 있는 DB 상태 유지
- 격리성(Isolation) : 트랜잭션 처리 중인 중간 상태값 접근 불가
- 영속성(Durability) : 성공된 트랜잭션은 DB에 영구적 보관

❷ DB 무결성의 제약 유형

유 형	설 명
개체 무결성 (Entity Integrity)	• 기본키는 Null 값을 가질 수 없는 특성(Not Null) • 기본키는 유일성을 보장하는 최소한의 집합(PK)
키 무결성 (Key Integrity)	한 개체에 동일한 key 값을 갖는 레코드를 허용하지 않는 특성(Unique Key)
도메인 무결성 (Domain Integrity)	• 속성의 값들은 그 속성이 정의된 도메인에 속한 값 • 데이터의 형태, 범위에 대한 제한
참조 무결성 (Referential Integrity)	• 외래키 속성은 참조할 수 없는 값을 가질 수 없는 특성 • 외래키값은 기본키로 사용된 릴레이션의 기본 or Null 값
속성 무결성 (Attribute Integrity)	컬럼은 지정된 데이터 형식(format, Type)을 만족해야 하는 특성(Char, Varchar2 등)
사용자 정의 무결성 (User Define Integrity)	• DB에 저장된 모든 데이터는 업무규칙을 순수해야 하는 특성 • 비즈니스 무결성(Check, Default, Trigger 등)

3 DB 무결성 구현방안 및 고려사항

가. DB 무결성 구현방안

구 분		구현방안
구현 방안별	선언적	NOT NULL, UNIQUE, PRIMARY KEY, FOREIGN KEY, CHECK, DEFAULT, CHAR, INTEGER 등
	절차적	TRIGGER, STORED PROCEDURE 등
	Application	비즈니스 로직을 가지고 있는 Application에서 무결성 확보
제약 유형별	속성 무결성	CHECK, NULL/NOT NULL, DEFAULT
	키 무결성	PRIMARY KEY, UNIQUE INDEX
	참조 무결성	FOREIGN KEY, CASCADE
	사용자 무결성	TRIGGER, USER DEFINE DATA TYPE

나. DB 무결성 확보를 위한 고려사항

- DB 정규화를 반드시 수행하고 성능 향상을 위한 Constraint, 관계 제거행위 근절
- 일반적으로 Application 무결성 유지방법보다 DBMS 차원에서 유지해야 함
- 부득이하게 성능 향상을 위한 경우라도 형상관리 및 Documentation 철저
- Trigger는 일관성 유지에 도움이 되나 Overhead 발생의 위험 존재

SECTION 01

01 데이터 무결성의 의미

데이터베이스 이전에 파일처리 시스템은 파일이 중복 저장되는 경우가 많아 중복된 데이터의 관리가 어렵고 변경 시 불일치 현상이 발생되었다. 또한 데이터의 중복저장으로 기억장소의 낭비가 발생하고 유지보수가 어려웠다. 중복된 데이터의 오류를 최소화하기 위해서는 프로그램에 제약사항을 명시해야 하므로 프로그램의 구현과정이 복잡해지고 관리 비용이 많이 소모되었다.

데이터베이스는 이러한 단점을 보완하여 분산된 여러 시스템의 데이터를 통합하여 중복 데이터를 배제하고 데이터의 오류를 최소화하는 데이터 무결성을 제공한다. 데이터 무결성은 데이터의 정확성 · 유효성 · 일관성을 유지하기 위해 데이터의 무효갱신으로부터 데이터를 보호하여 오류 없는 데이터를 보장하는 성질이다.

데이터 무결성에는 개체 무결성, 참조 무결성, 속성 무결성, 사용자 정의 무결성이 있다.

02 데이터 무결성의 제약

데이터 무결성을 보장하기 위해 파일처리 시스템은 프로그램에 제약사항을 명시하였지만 데이터베이스는 데이터 모델 단계부터 무결성을 고려하여 설계하고 데이터베이스를 구축한다.

(1) 데이터 무결성의 종류

- **개체 무결성**
  개체(Entity)의 데이터는 중복 없이 유일하게 식별될 수 있어야 한다. 이를 위하여 식별자가 반드시 필요하고 데이터를 식별 가능하게 하여 데이터의 모순을 배제한다.

- **참조 무결성**
  개체와 개체를 참조하는 관계에 있는 개체는 참조할 수 없는 외래 식별자를 지정하여 참조할 데이터를 찾을 수 없도록 해서는 안 된다. 데이터베이스는 참조할 수 없는 관계를 배제하여 개체 간의 데이터 관계 무결성을 보장한다.

- **속성 무결성**

  데이터는 업무적으로 유효한 범위, DBMS가 수용 가능한 범위를 만족할 수 있도록 제약되어야 한다. 개체 무결성과 참조 무결성을 만족하더라도 데이터 타입, 필수 데이터 여부, 속성별 제약사항 등 업무 제약을 벗어나는 데이터는 실효성이 없으므로 데이터베이스는 이를 제약한다.

- **사용자 정의 무결성**

  모든 데이터는 요구되는 업무규칙(Business Rule)의 제약이 필요한 경우를 위하여 데이터베이스에 제약기능을 제공한다.

(2) 데이터 무결성의 제약

데이터 무결성을 보장하기 위한 데이터베이스의 제약사례를 살펴보면 다음과 같다.

[표 1-7] 데이터 무결성 제약사항

무결성	설 명	제약사항
개체 무결성	• 릴레이션의 기본키 속성은 Null 값을 허용하지 않는다. • 기본키는 유일성과 최소성을 보장해야 하며, 투플을 식별 할 수 있어야 한다.	PK, UNIQUE
참조 무결성	• 외래키(FK)는 릴레이션 테이블의 기본키값이거나 Null 값을 허용한다. • 외래키 속성은 참조할 수 없는 값을 갖을 수 없다.	FK, CASCADE
속성 무결성	• 컬럼이 지정된 도메인을 만족하는 값만 허용한다. • 컬럼은 DBMS에서 제공하는 데이터 타입만 허용한다.	NULL/NOT NULL, CHAR/NUMBER
사용자정의 무결성	모든 데이터는 요구되는 업무규칙(Business Rule)을 준수해야 한다.	응용프로그램 유효성 체크, TRIGGER

데이터베이스에 종속된 데이터 무결성의 설계는 '물리 데이터베이스 설계'에서 상세히 설명한다.

○ CHAPTER 02 DBMS 특성

02 데이터 독립성

핵심 요약(Key point summary)

1 효율적인 DB 운영 관리를 위한, 데이터 독립성

가. 데이터 독립성의 정의

하위 단계의 데이터 구조 변경이 상위 단계에 영향을 미치지 않도록 하는 특성

나. 데이터 독립성의 필요성

- 단순화 : 일반 사용자는 Data 저장구조 등 내부동작을 알 필요 없음
- 유지보수 편리성 : 응용 프로그램 영향 없이 Data의 물리적 구조 변경

2 데이터베이스 구조 및 데이터 독립성의 종류

가. 데이터베이스 구조(ANSI/SPARC)

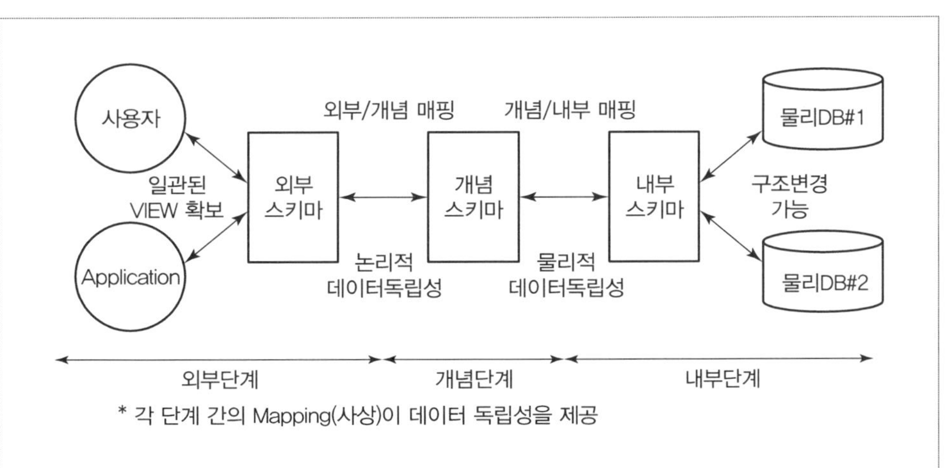

- 외부스키마 : 사용자가 보는 개인적 스키마(DB의 외적인 면)
- 개념 스키마 : 모든 사용자가 보는 관점을 통합한 조직 관점의 스키마
- 내부 스키마 : DB에 물리적으로 저장되는 스키마(저장 구조)

나. 데이터 독립성의 종류

종 류	설 명	비 고
논리적 데이터 독립성	응용 프로그램에 영향을 주지 않고, DB의 논리적 구조를 변경 시킬 수 있는 성질	외부/개념 스키마 간
물리적 데이터 독립성	응용 프로그램의 논리적 구조에 영향 없이 DB의 물리적 구조를 변경 시킬 수 있는 성질	개념/내부 스키마 간

3 데이터 독립성 구현을 위한 Mapping

가. 외부/개념 스키마 Mapping
- 개념 스키마 변경 시에도 응용 인터페이스만 변경
- 외부 스키마에 대한 영향 없이 논리적 데이터의 독립성 보장
- ⑩ CREATE VIEW : 사용자가 접근하는 형식에 따라 다른 타입의 필드를 가질 수 있음. 개념적 뷰의 필드 타입은 변화가 없음

나. 개념/내부 스키마 Mapping
- 내부 스키마 변경 시 저장 인터페이스만 변경
- 개념 스키마에 대한 영향 없이 물리적 데이터 독립성 보장
- ⑩ CREATE TABLE : 저장된 데이터베이스 구조가 연결되면 개념적/내부적 사상이 변경

SECTION 02

01 3층 스키마

사용자가 데이터베이스를 효율적으로 관리하고 사용할 수 있도록 보좌하는 역할을 DBMS 가 수행한다. DBMS는 사용자에게 데이터를 어떻게 저장하고 관리하는지 내부 구조를 보 이지 않고 추상화된 뷰만 제공한다. 이런 DBMS를 구현하기 위해서는 내부 아키텍처가 필 요하며 대부분 DBMS에서는 미국 표준협회(ANSI) 산하의 X3위원회에서 1978년 제안한 ANSI/SPARC 아키텍처를 사용한다.

(1) ANSI/SPARC 아키텍처의 개념

데이터베이스를 사용자 관점, 개념적 관점, 물리적 관점에 따라 3층으로 분리하여 데이 터베이스의 복잡한 구조를 단순화시켜 사용자에게 제공한다. 3층 아키텍처의 목적은 사 용자 관점과 실제 저장되는 물리적 관점을 분리하여 하부 단계의 조작이 상부 단계에 영 향을 미치지 않도록 독립하고자 하는 것이다.

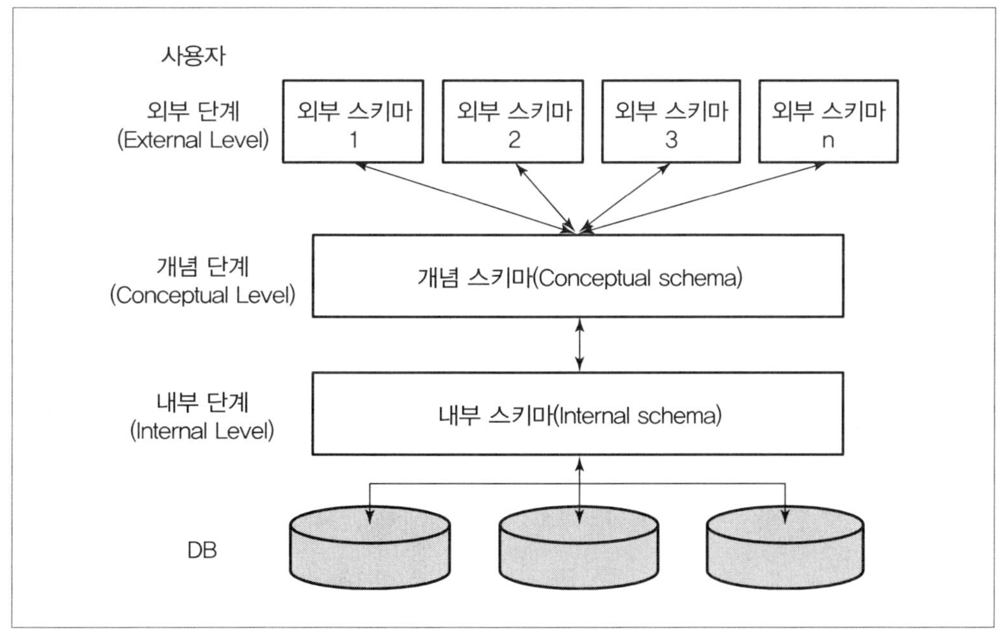

[그림 1-17] ANSI/SPARC 아키텍처

- 외부 스키마

  사용자나 응용프로그램은 데이터베이스의 데이터를 본인이 필요한 부분만 접근하고 원하는 형태로 표현되기를 바란다. 외부 단계 스키마는 여러 사용자들이 각자 데이터베이스를 바라보는 뷰(View)를 의미한다.

- 개념 스키마

  개념 단계의 스키마는 외부 스키마에서 요구하는 여러 사용자의 관점을 통합하여 하나의 논리적 모델을 제공한다. 사용자에게는 데이터가 어떤 관계, 제약사항을 갖고 있는지 알리지 않고 구조에 무관하게 사용할 수 있도록 한다.

- 내부 스키마

  내부단계의 스키마는 데이터베이스에 데이터가 물리적으로 저장되는 방식을 표현한다. 데이터베이스에 어떤 데이터가 어떻게 저장되었는지를 기술하며, 이 단계에는 인덱스, 해싱, 접근경로, 압축 등의 기술이 필요하다.

[표 1-8] 3층 스키마 예시

외부 스키마	개념 스키마	내부 스키마
EMP_NO : [ ] DEPT_NO : [ ]	EMP_NO CHAR(10) PK EMP_NM VARCHAR(50) DEPT_NO CHAR(10) FK	EMP LENGTH = 150 EMP_NO BYTE(10) EMP_NM BYTE(10) DEPT_NO BYTE(10) : INDEX = EMP_IDX1
사용자 View 관점	통합 모델 관점	물리장치 관점

(2) 스키마와 인스턴스

　　데이터베이스에 데이터를 저장하기 위해서는 데이터의 저장 구조, 표현방법, 데이터 간의 관계가 정의되어야 한다. 데이터베이스에서 스키마는 데이터의 개체, 속성, 관계에 대한 정의 및 유지해야 할 제약조건을 포함한 데이터의 저장구조를 정의한 것이다.

　　반면 인스턴스는 스키마에 의해 정의된 구조에 저장된 값을 의미한다. 인스턴스는 사용자의 데이터 처리 및 데이터베이스 특성에 따라 변화된다. 인스턴스는 DBMS가 생성기능을 제공하고 데이터베이스 사용자가 데이터를 조작할 때 생성된 스키마에 의해 처리된다.

[표 1-9] 스키마와 인스턴스 비교

구 분	스키마(Schema)	인스턴스(Instance)	
변 경	희소 변경	잦은 변경	
조작어	DDL	DML	
사 례	CREATE TABLE EMP EMP_ID CHAR(5), EMP_NM CHAR(30), DEP_NO CHAR(5)	**10001** 강주연 90001	**20001** 장혜민 70001

02 데이터의 독립성

ANSI/SPARC 구조의 3층 스키마 목적은 데이터의 독립성 제공이다. 데이터의 독립성은 하위 단계의 데이터의 구조가 변경되더라도 상위 단계에 영향을 미치지 않도록 독립을 보장한다는 의미이다. 데이터의 독립성에는 논리적 독립성과 물리적 독립성이 있다.

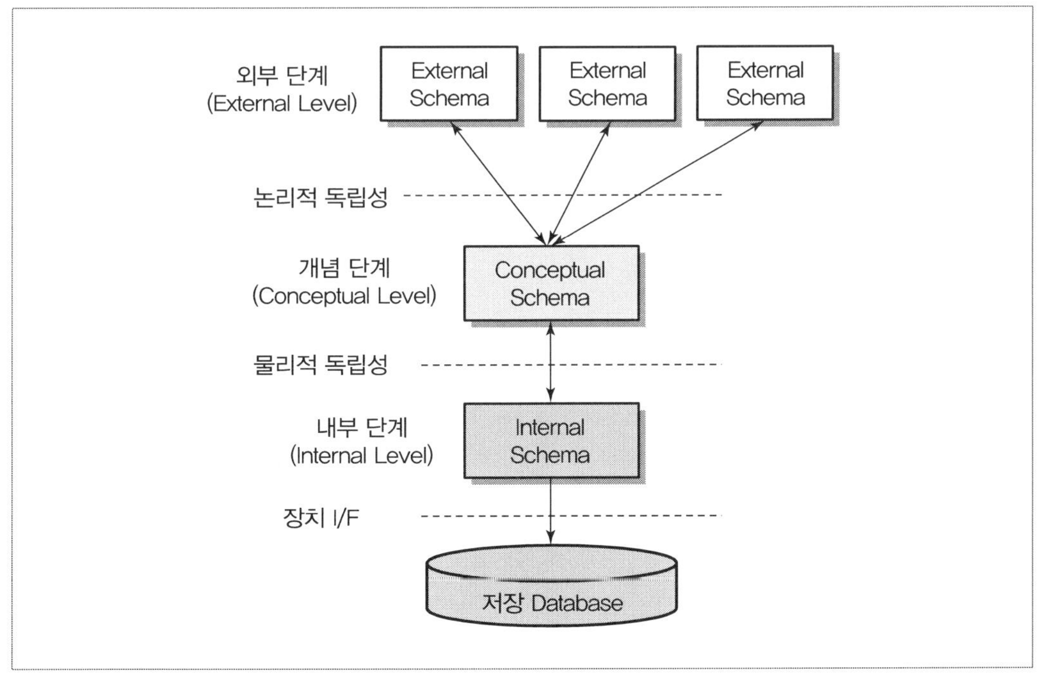

[그림 1-18] 데이터 독립성

- 논리적 독립성

  개념 단계와 외부 단계에 존재하며, 개념 스키마가 변경되어도 외부 스키마에 영향을 미치지 않도록 한다. 데이터의 논리적 구조가 변경되어도 사용자가 바라보는 뷰에는 영향을 미치지 않는다.

- 물리적 독립성

  내부 단계와 개념 단계에 존재하며, 내부 스키마가 변경되어도 개념 스키마에 영향을 미치지 않도록 하는 것을 의미한다. 이는 물리적 저장장치의 구조가 변경되어도 데이터의 논리적 구조나 응용프로그램에 영향을 미치지 않는다.

03 트랜잭션

핵심 요약(Key point summary)

1 동시성 제어와 회복의 기본 단위, 트랜잭션

가. 트랜잭션의 정의

데이터베이스에서 행해지는 작업의 논리적인 단위로, 동시성 제어와 회복의 기본단위

나. 트랜잭션의 특징

특 징	설 명
Atomicity(원자성)	• 최소 작업 단위로 전체 처리 or 전체 미처리 • Commit or Rollback, All or Nothing
Consistency(일관성)	트랜잭션 완료 후 일관성 있는 DB 상태 유지
Isolation(격리성)	트랜잭션 실행 중인 중간 결과에 대한 접근 불가
Durability(영속성)	성공된 트랜잭션 결과는 DB에 영구적 보존

2 트랜잭션의 상태 전이도 및 처리 상태

가. 트랜잭션의 상태 전이도

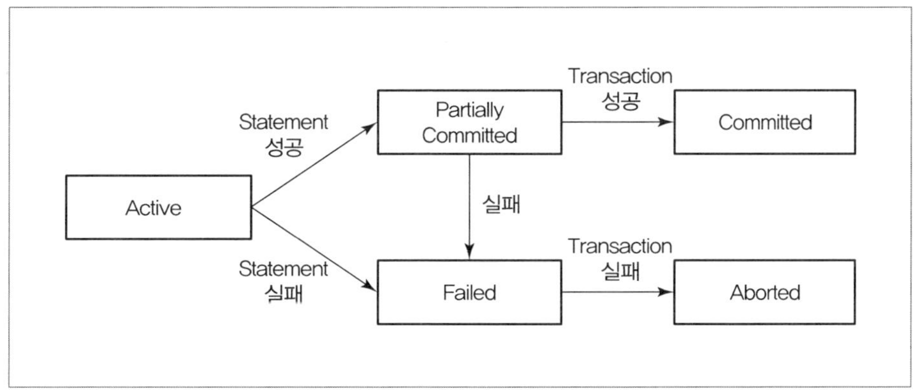

나. 트랜잭션 처리상태

- Active(활동) : 트랜잭션 실행 시작 or 실행 중인 상태
- Partially Committed(부분 완료) : 트랜잭션 마지막 Statement 실행 후
- Committed(완료) : 트랜잭션 성공적 완료로 Commit 수행한 상태
- Failed(실패) : 트랜잭션의 Statement 처리 실패 상태
- Aborted(철회) : 트랜잭션이 취소되어 이전 상태로 환원(Rollback)

❸ 트랜잭션 처리상에서의 발생 문제점 및 해결방안

가. 동시 트랜잭션 처리상에서의 발생 문제점

① 동시성 제어의 이해

　다중 사용자 환경에서 동 트랜잭션 발생 시 성공적으로 수행할 수 있도록 지원하는 기능 필요

② 동시성 제어의 목적

- 동시 접근 데이터의 무결성 및 일관성을 보장하면서 데이터 공유 가능
- 트랜잭션의 직렬성, 응답시간 및 시스템 활동의 효율성 보장

③ 동시성 트랜잭션 처리가 되지 않을 경우 문제점

- 갱신 분실(Lost Update) : 일부 갱신내용 손실
- 현황 파악 오류(Dirty Read) : 중간값 Read로 잘못된 값 인식
- 불일치성(Inconsistency) : 데이터 불일치, 모순 발생
- 연쇄복귀(Cascading Rollback) : 이미 Commit되어 Rollback 불가

나. 트랜잭션 문제점 해결방안

구 분	해결방안	설 명
동시성 제어기법	Locking	• 데이터 Lock 후 독점 사용 　- Shared Lock : 타 트랜잭션 Read 허용 　- Exclusive Lock : 타 트랜잭션 Read, Write 불가
	2PL	• 2 Phase Lock • 확장단계는 Lock만, 축소단계는 Unlock만 수행
	Time Stamp	• 트랜잭션 순서에 따라 Time Stamp 부여하여 순서 미리 선택 • 논리적 Counter, System Clock 등 이용

회복 기법	로그 기반	• Log 파일 이용 복구 – 지연 갱신 : 트랜잭션 성공 후 DB 반영 – 즉시 갱신 : 즉시 DB 반영 • 장애 시 지연 갱신은 Log 폐기, 즉시 갱신은 Undo 수행
	Check Point 기법	• Log와 일정시간 간격의 체크 포인트를 발행하여 DB 반영 • 장애 시 Undo, Redo 수행
	Shadow Paging	• 트랜잭션 성공 시 Shadow Table에 반영 • 장애 시 Shadow Table을 Current Table에 반영 • Undo 과정 불필요

01 트랜잭션의 특징

트랜잭션은 업무처리를 위한 논리적 작업단위이다. 데이터베이스의 목적은 분산된 데이터를 통합하여 여러 사용자와 공유해서 사용하고자 하는 것이다. 데이터를 공유하면서 단일 사용자의 트랜잭션이 완료되기를 대기해서 다음 사용자의 트랜잭션을 처리할 수는 없다.

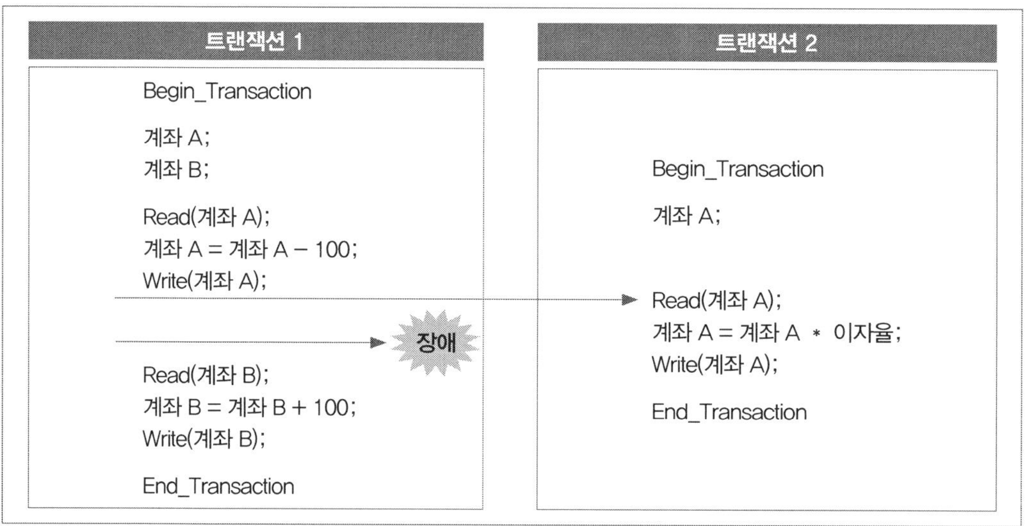

[그림 1-19] 트랜잭션 예시

예를 들어보면, 트랜잭션 1은 계좌 A에서 100을 출금해서 계좌 B에 100을 입금하는 트랜잭션이다. 처리 중 장애가 발생하여 A의 계좌에서만 100이 출금되고 B의 계좌에 100이 입금되지 않은 상태에서 종료되면 데이터의 일관성을 보장할 수 없다. 트랜잭션 2는 계좌 A의 이자율을 지급하는 트랜잭션이다. 트랜잭션 1의 처리가 완료되지 않은 상태에 값을 읽어 계좌 A의 이자율을 계산하면 장애 발생 시 이자가 잘못 지급된다.

따라서 데이터베이스를 동시에 접근하는 다중 트랜잭션에도 사용자가 단독의 트랜잭션을 처리하는 수준과 동일한 결과를 보장해야 한다. 또한 트랜잭션 처리 중에 시스템이 다운되어도 일부의 데이터만 처리되거나 혹은 일부가 삭제되어 오류 데이터를 보유하는 일이 없도록 회복되어야 한다. 이러한 동시성 제어처리와 회복처리를 위하여 DBMS는 동시성 제어 모듈, 회복 모듈을 가동한다.

이를 위하여 트랜잭션은 원자성(Atomicity), 일관성(Consistency), 고립성(Isolation), 영속성(Durability)의 첫 자를 합한 ACID의 특성을 만족해야 한다.

- **원자성(Atomicity)**

  트랜잭션이 완료되면 트랜잭션 내의 연산이 모두 수행되거나 모두 수행되지 않은 상태(All or Nothing)로 종료되어야 한다. 일부만 수행되어 오류 데이터를 포함한 상태로 종료되어서는 안 된다.

- **일관성(Consistency)**

  동일한 트랜잭션이 성공적으로 완료될 때는 항상 일관된 결과를 제공하여 데이터의 모순이 없도록 한다.

- **고립성(Isolation)**

  트랜잭션 진행 중에는 미완료된 결과를 다른 트랜잭션이 참조하거나 변경하는 등의 방해를 받지 않는다. 다중 트랜잭션이 동시에 처리되어도 결과는 단일 트랜잭션을 수행한 결과와 동일하도록 독립 처리를 보장한다.

- **영속성(Durability)**

  트랜잭션이 완료되면 그 결과는 데이터베이스에 영속적으로 저장되어 변경되지 않는다.

02 트랜잭션의 상태

트랜잭션의 상태는 활동, 부분완료, 실패, 철회, 완료의 상태를 거친다. 트랜잭션이 시작되면 활동 상태이고 트랜잭션 내의 명령문이 모두 완료되면 부분완료 상태이다. 부분완료 상태에서 디스크에 반영하는데 이때 하드웨어나 논리적 오류가 발생되면 실패상태로 된다. 실패상태에서는 트랜잭션 처리 이전 상태로 복구하기 위해 철회를 한다. 트랜잭션 내의 명령문을 모두 처리하고 디스크에 적재할 때 오류가 발생하지 않으면 Commit으로 디스크에 영구 저장한다.

- 활동 상태 : 트랜잭션을 시작하여 실행 중인 상태이다.
- 부분 완료 : 트랜잭션의 명령문이 모두 완료된 상태이다.
- 실패 : 트랜잭션의 명령문 처리 오류 혹은 부분 완료 이후에 디스크 적재 오류에 의해 발생된 오류 상태이다.
- 철회 : 트랜잭션 시작 이전의 상태로 돌려주기 위해 Rollback 명령을 처리한 상태이다.
- 완료 : 트랜잭션의 논리적 · 물리적 오류 없이 모두 성공적으로 완료한 상태이고, Commit 명령을 처리한 상태이다.

SECTION 04

● **CHAPTER 02** DBMS 특성

동시성 제어

핵심 요약(Key point summary)

1 트랜잭션 보장, 동시성 제어의 개요

가. 동시성 제어의 개념

다중 사용자 환경에서 동시 트랜잭션 수행 시 간섭을 배제하여 무결성을 보장하기 위한 방법

나. 동시성 제어 목적

- 트랜잭션 처리 시 데이터 일관성, 무결성 보장
- 데이터의 직렬성 보장
- 다중 사용자 환경 트랜잭션 스케줄링

2 동시 접근 시 문제점 및 해결방안

가. 동시 접근 시 문제점

- 갱신 분실(Lost Update) : 일부 갱신내용 손실 오류
- 현황 파악 오류(Dirty Read) : 미완료된 상태 중간값의 Read로 잘못된 값 인식 오류
- 불일치성(Inconsistency) : 갱신 분실, 미완료된 데이터로 모순된 상태 발생 오류
- 연쇄복귀(Cascading Rollback) : 이미 Commit되어 Rollback 불가한 상태 오류

나. 동시성 제어 기법

구분	유형	설명
비관적 기법	Locking	• 데이터 Lock 후 독점 사용 • Shared Lock : 타 트랜잭션 Read 허용 • Exclusive Lock : 타 트랜잭션 Read, Write 불가
	2PL(2 Phase Lock)	• Locking의 동시성 제어 문제 해결 • 확장단계는 Lock만, 축소단계는 Unlock만 수행

비관적 기법	Time Stamp Ordering	• 트랜잭션 순서에 따라 Time Stamp 부여하여 순서 미리 선택 • 논리적 Counter(read_TS, write_TX), System Clock 등 이용
	다중 버전 동시성 제어	데이터 변경 시 데이터 변경 버전별 데이터 보관하여 데이터 직렬성 보장
낙관적 기법		• 사용자는 동시에 트랜잭션을 처리하지 않는다는 가정 • 트랜잭션 제약 없이 진행 후 완료 단계에 확인 • 변경 이전에 지역 사본(local copy) 보관 후 데이터 보정

3 DBMS 도입 시 동시성 제어 고려사항

- DBMS 도입 검토 시 동시성 제어를 위한 성능비교 필요
- 최적 성능하에 동시성 제어를 위한 DB 설계 및 운영 방안 마련

SECTION 04

01 동시성 제어 미수행 시 문제

트랜잭션 관리의 첫 번째 방법으로 동시성 제어가 있다. 동시성 제어는 병행제어라고도 하며, 다중 사용자 환경에서 동시 트랜잭션 수행 시 간섭을 배제하여 무결성을 보장하기 위한 방법이다.

동시성 제어 처리를 하지 않은 경우 다음과 같이 갱신 분실, 오류 데이터 읽기, 모순성, 연쇄 복귀의 문제가 발생하여 트랜잭션의 특성을 만족할 수 없다.

(1) 갱신 분실(Lost Update)

동시에 다중 사용자가 동일한 데이터에 접근하여 사용할 경우 이전 트랜잭션의 갱신 결과 값을 다음 트랜잭션의 갱신값으로 덮어쓰면서 이전 갱신값을 잃어버리는 오류 현상이다.

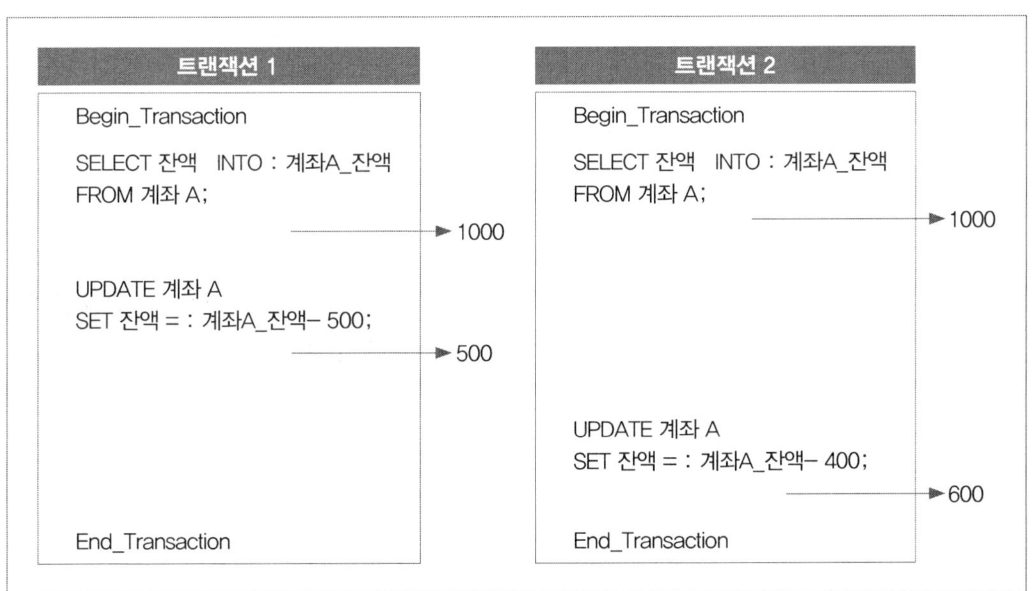

[그림 1-20] Lost Update 예시

트랜잭션 1에서 −500한 값이 트랜잭션 2에 의해 소실되면서 잔액은 100을 예상했지만 600이 남는 오류가 발생하였다.

(2) 오류 데이터 읽기(Dirty Read)

트랜잭션이 미완료된 상태에서 다른 트랜잭션이 데이터를 참조하여 오류 데이터를 읽어서 발생한 오류 현상을 의미한다.

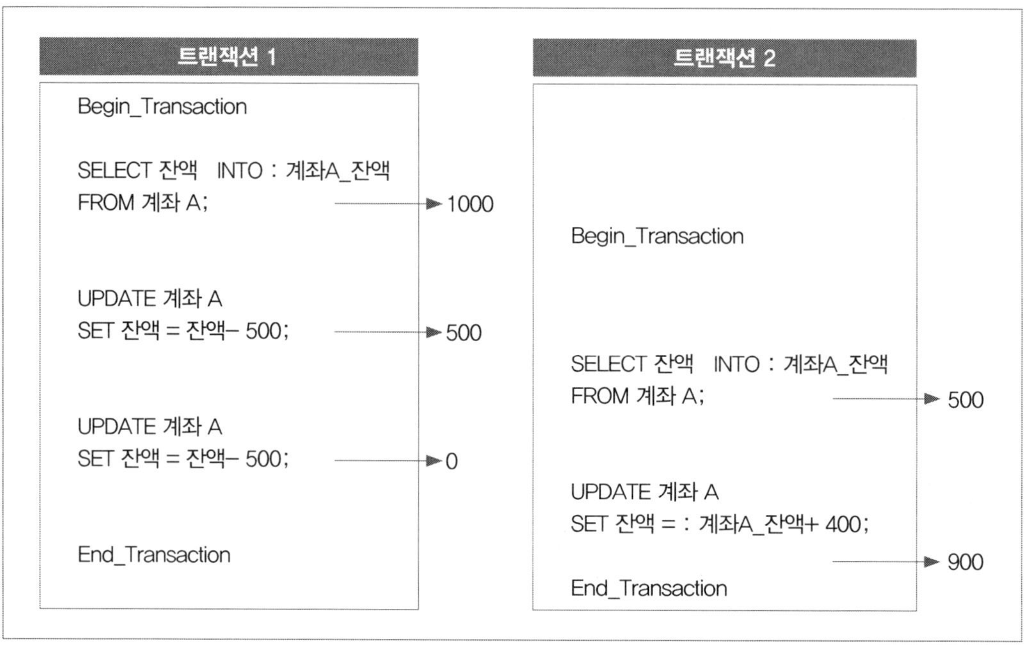

[그림 1-21] Dirty Read 예시

트랜잭션 1이 완료되기 이전에 잔액을 읽어 +400을 해서 900의 값을 얻었으나 실제 값은 400이 되어야 한다.

(3) 모순성(Inconsistency)

두 트랜잭션이 동일 데이터에 동시에 갱신하여 갱신 분실이 일어나고 미완료된 오류 데이터를 읽어 데이터가 모순된 상태로 남게 되는 현상을 말한다.

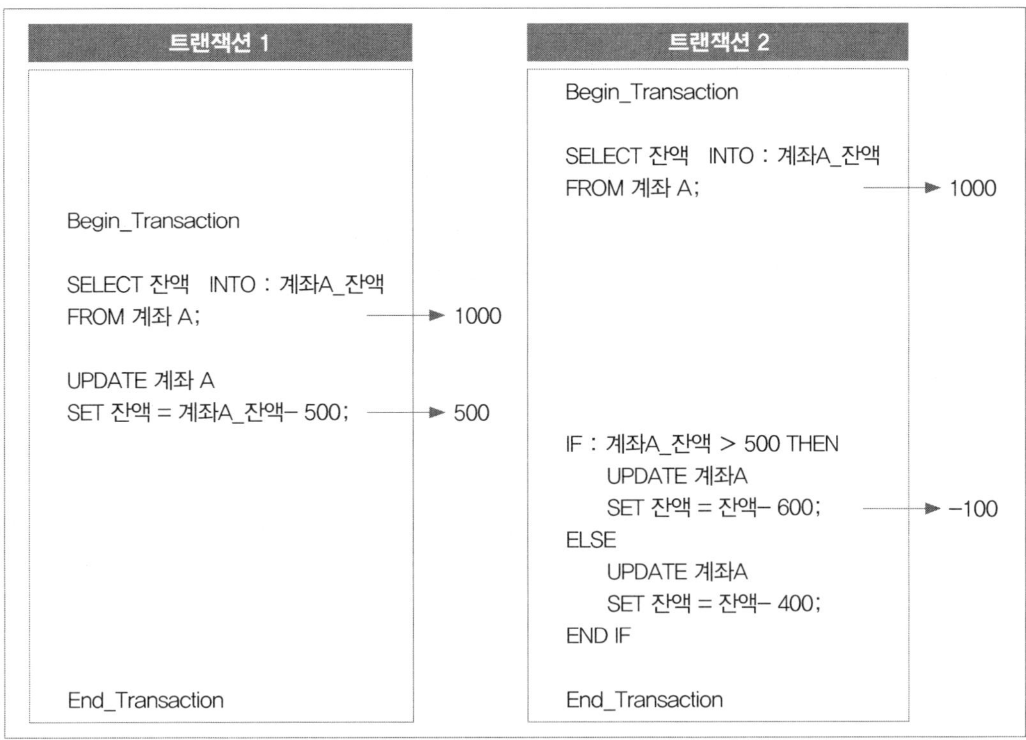

[그림 1-22] Inconsistency 예시

트랜잭션 1에서 －500을 수행하여 트랜잭션 2를 수행하게 되면 잔액이 500보다 크지 않으므로 －400을 수행하여 100을 기대했으나, 결과는 －100의 모순 데이터를 얻게 된다.

(4) 연쇄 복귀(Cascading Rollback)

동시성 제어가 보장되지 않을 경우 상위와 같이 트랜잭션이 동시에 같은 데이터를 접근하여 모순된 데이터를 만든다. 이러한 모순 상태에서 한 트랜잭션이 완료처리(Commit)되고 다른 트랜잭션이 실패하면 이전 상태로 복귀(Rollback)가 불가능한 상태가 된다.

02 동시성 제어 수행기법

동시성 제어를 보장하지 않고는 다중 사용자 환경에서 상위와 같은 오류가 발생하여 데이터베이스를 공유할 수 없다. 동시성 제어 기법에는 로킹(Locking), 2PC, 타임스탬프 오더링 기법, 낙관적 병행제어, 비관적 병행제어가 있다.

(1) 로킹(Locking)

로킹(Locking)은 데이터 처리를 위해서 사용할 데이터를 Lock 처리하여 다른 트랜잭션이 사용할 수 없도록 독점 사용하는 기법이다. 트랜잭션 사용자는 Lock 처리 후 트랜잭션을 사용할 수 있으며, 트랜잭션이 완료되면 Unlock으로 Lock 처리한 트랜잭션에서 풀어야 한다. Lock은 중복 Lock이 불가능하고 Lock된 데이터는 접근할 수 없는 특징이 있다.

Lock은 독점 정도에 따라 공유 록(Shared-Lock)과 전용 록(Exclusive-Lock)으로 나눌 수 있다.

- **공유 록(Shared-Lock)**

  트랜잭션이 읽기(Read)만을 위해 Lock 처리하는 경우이며, 다른 트랜잭션도 읽기 가능하게 공유된다.

- **전용 록(Exclusive-Lock)**

  트랜잭션이 읽기(Read)와 쓰기(Write)를 위해 Lock 처리하는 경우이며, 다른 트랜잭션은 읽기와 쓰기 모두 접근 불가한 Locking 상태이다.

(2) 2PL(2 Phase Lock)

로킹(Locking)기법의 Lock 수가 작으면 동시성 제어 수준은 높아지고 Lock 수가 많으면 동시성 제어 수준이 낮아지므로 단위를 어느 수준으로 결정하느냐가 중요하다. Lock과 Unlock의 범위에 따라서 동시성 문제를 해결하지 못하는 경우가 다음과 같이 존재할 수 있다.

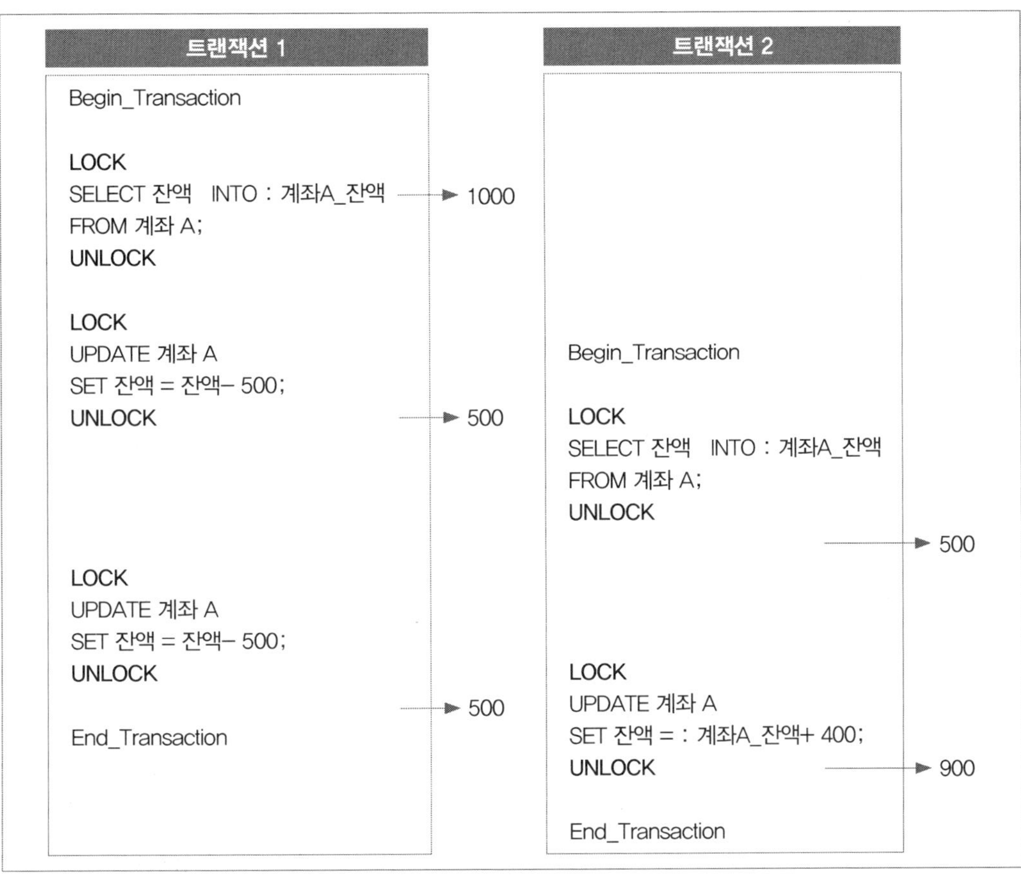

[그림 1-23] 동시성 제어 문제가 미해결된 Locking 예시

2PL은 Lock만 진행하는 확장단계와 Lock을 해제하는 축소단계로 나눠 로킹(Locking)을
더 강화한 동시성 제어기법이다.

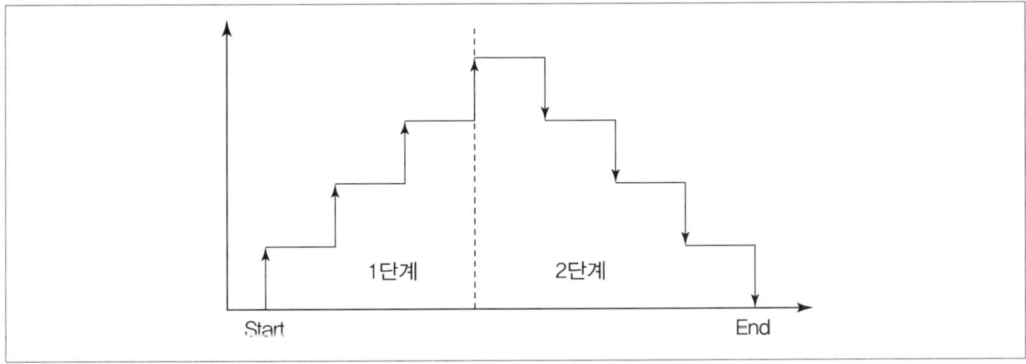

[그림 1-24] 2PL 개념도

- **1단계 확장단계**

  확장단계에서는 데이터의 Lock만 추가적으로 수행할 수 있으며 Lock을 해지할 수 없는 단계이다.

- **2단계 축소단계**

  축소단계에서는 데이터의 Lock을 해지하고 추가 Lock을 해지할 수 있으나 새로운 Lock을 요청할 수 없는 단계이다. 2PL은 Lock의 정도에 따라서 보수적(conservative) 2PL과 엄격한(strict) 2PL으로 분류할 수 있으며 교착상태가 발생할 수 있다.

- **보수적(conservative) 2PL**

  트랜잭션에 필요한 모든 항목을 미리 구성하고 Lock 처리 후 트랜잭션을 시작하여 교착상태가 발생하지 않는다.

- **엄격한(strict) 2PL**

  트랜잭션이 완료되거나 철회될 때까지 트랜잭션의 어떠한 Lock도 해제하지 않아 교착상태가 발생할 수 있다.

(3) 타임스탬프 오더링(Time Stamp Ordering)

2PL의 교착상태는 다른 트랜잭션에서 Lock 혹은 Unlock을 상호 대기하고 있는 상태로 대기, 상호배제, 비선점, 환형 대기의 조건이 만족된 상태이다. 교착상태 회피방법의 하나로 각 트랜잭션에 순서를 지정하는 타임스탬프 오더링 방법을 사용한다.

타임스탬프는 DBMS가 트랜잭션을 식별하기 위해 부여하는 순서로 Lock 처리를 하지 않으므로 교착상태가 발생하지 않는다. 타임스탬프는 다음과 같이 read-TS(X), write_TS(X)가 존재하여 읽기와 쓰기할 때 발행한다.

- **read_TS(X)** : X의 읽기 타임스탬프로서 항목 X를 성공적으로 읽은 트랜잭션 중 가장 최근에 발행한 타임스탬프로 가장 큰 값이다.

- **write_TS(X)** : X의 쓰기 타임스탬프로서 항목 X를 성공적으로 쓴 트랜잭션 중 가장 최근에 발행한 타임스탬프로 가장 큰 값이다.

타임스탬프 순서 알고리즘은 다음과 같다.

```
IF 트랜잭션 T == write_item(X) THEN
    IF read_TS(X) > TS(T) or write_TS(X) > TS(T) THEN
        T를 철회하고 복귀시키고 그 연산을 거부(reject)한다.
    ELSE
        T는 write_item(X) 연산을 수행하고 write_TS(X)를 TS(T)로 설정한다.
    END
ELSE IF 트랜잭션 T == read_item(X) THEN
    IF write_TS(X) > TS(T) THEN
        T를 철회하고 복귀시키고 그 연산을 거부한다.
    ELSE
        T는 read_item(X) 연산을 수행하고 read_TS(X)를 TS(T)와 현재의 read_TS(X) 중 큰 값으로 설정한다.
    END
END
```

(4) 다중 버전 동시성 제어

타임스탬프를 활용하여 동시성 제어하는 또 다른 방법으로 다중 버전 동시성 제어 기법이 있다. 데이터를 변경할 때 데이터값을 버전별로 별도 보관해서 관리한다. 변경 시 read_TS(X), write_TS(X) 연산을 통해서 타임스탬프를 같이 관리해서 타임스탬프를 비교하여 데이터의 직렬성을 보장하는 방법이다.

(5) 낙관적 동시성 제어

지금까지 설명된 동시성 제어 기법은 비관적 기법으로 사용자가 데이터를 동시에 처리할 것이라는 가정하에 Lock이나 타임스탬프를 발행하고 트랜잭션을 수행하였다. 반면 낙관적 동시성 제어 기법은 사용자가 같은 데이터를 동시에 처리하지 않을 것이라는 가정하에 Lock이나 선행처리를 수행하지 않는다.

낙관적 동시성 제어 기법은 트랜잭션을 제약 없이 수행하고 사후 확인하는 방식으로 처리되며 단계는 다음과 같다.

- 읽기 단계(read phase)

  트랜잭션은 데이터베이스의 완료된 데이터를 읽을 수 있으나, 갱신할 경우에는 데이터의 지역 사본(local copy)에 반영한다.

- 확인 단계(validation phase)

  트랜잭션 실행의 마지막 단계에 갱신된 데이터가 데이터베이스에 반영될 때 직렬성을 위배하는지 검사한다.

- 쓰기 단계(write phase)

  검증 단계에서 모순 데이터가 발견되지 않고 성공하면 트랜잭션의 사본 갱신결과를 데이터베이스에 반영하고, 오류가 발견되면 갱신을 철회하고 트랜잭션을 재시작한다.

○ **CHAPTER 01** DB 개념

05 회 복

핵심 요약(Key point summary)

1 이전의 일관된 상태로 데이터 복원하는 과정, 데이터 회복

가. 데이터 회복의 정의

데이터 베이스가 운영 중에 예기치 못한 장애의 발생으로 데이터 소실의 가능성이 있을 시 장애 발생 이전의 일관된 상태로 복원하는 과정

나. 데이터 회복의 중요성

- 비즈니스 영속성 : 끊김 없이 지속적인 서비스 지원
- 신뢰성 유지 : 저장된 데이터의 일관성 · 신뢰성의 유지
- 효율적인 운영 : 효율적 Recovery 정책에 따른 운영

다. 데이터 회복의 원리

원 리	주요 내용
중복성	데이터의 중복 저장을 통한 회복(Copy, Dump, Log 등)
Redo	Forward Recovery, 재실행을 통해 회복된 DB 상태로 복원
Undo	Backward Recovery, 취소 연산을 통해 원래의 DB 상태로 복원

2 데이터 회복기법의 유형

가. 데이터 회복기법의 분류

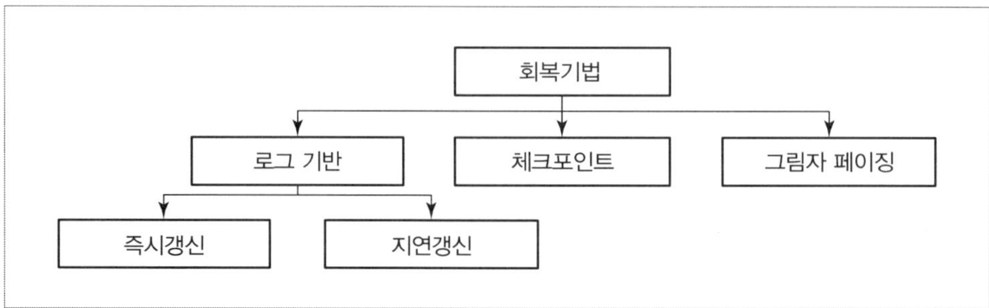

나. 데이터 회복기법의 상세내용

① 즉시 갱신
- 갱신 : 트랜잭션 활동상태에서 갱신결과 DB에 즉시 반영하고 Log에 기록
- 회복 : 트랜잭션 수행 도중에 실패 시, Log에 저장된 내용을 참조하여 Undo 연산 수행

② 지연 갱신
- 갱신 : 트랜잭션 부분 완료상태 전까지 변경 내용을 Log에만 기록하고 DB에 저장하는 것을 지연, 완료 시 DB에 기록
- 회복 : 트랜잭션이 종료된 상태이며 회복 시 Undo 없이 Redo만 실행, 종료가 안 된 상태이면 Log 정보를 무시하고, Undo 과정 불필요

③ 체크포인트 기법
- 갱신 : 일정시간 단위마다 체크포인트를 Log 파일에 기록하고, 장애 발생 시에 활용
- 회복 : 장애 발생 시 체크포인트 이전 처리 트랜잭션은 회복작업에서 제외, 체크포인트 이후 처리된 트랜잭션에 대해서 Redo/Undo 수행

④ 그림자 페이징 기법
- 갱신 : 현재 Page 테이블(주기억장치), 그림자 Page 테이블(디스크)을 이용하여 트랜잭션 시작 시점에 현재 Page 테이블의 내용과 동일한 그림자 Page 테이블을 생성
- 회복 : 트랜잭션 실패 시 트랜잭션 시작 직전의 내용을 담고 있는 그림자 Page 테이블의 내용을 복구

3 데이터 회복기법의 비교 및 고려사항

가. 데이터 회복기법의 비교

구 분	Log 기반	체크포인트	그림자 페이징
개념	Log를 이용한 복구	Log＋체크포인트	그림자 Page 테이블
특징	Rodo, Undo 기반의 Log 이용	Log 기반보다 빠른 성능	• Undo 간단, Redo 불필요 • 수행속도가 빠르고 간편 • 여러 트랜잭션의 병행 가능

나. 데이터 회복의 고려사항

- 백업 전략 수립 및 주기적인 백업 실행
- 데이터 회복 시나리오별 정책 수립 및 사전 훈련 필요
- 자동 백업도구를 이용한 생산성 향상에 기여
- 시스템 운영 특성 및 중요도에 따른 복구정책 수립
- DRS 체계를 병행 도입하여 중단 없는 비즈니스 수행체계 마련

SECTION 05

01 회복의 개념

트랜잭션에 의해 데이터 처리 중 트랜잭션 자체, 시스템, 하드웨어 등의 오류 요인에 의해 장애가 발생했을 때 데이터를 장애 발생 이전의 상태로 복원하여 일관된 데이터 상태를 유지하기 위한 일련의 작업을 회복이라고 한다.

DBMS는 장애 발생 시 신속한 회복을 위하여 회복모듈을 갖고 있고 데이터를 중복으로 관리하고 있다. 장애에 대비해서 데이터베이스를 특정한 주기별로 전체 덤프(Dump)하거나 데이터의 변경부분을 별도의 로그파일에 기록한다.

장애 발생 시점에는 데이터를 데이터베이스에 일부 기록한 상태일 수도 있고 데이터를 갱신하였으나 데이터베이스에 기록하지 않은 상태일 수도 있다. 이러한 상태에 따라 다음과 같이 데이터를 복원하는 Redo 연산을 쓰거나 데이터를 취소하는 Undo 연산을 쓴다.

- **복원(Redo)**

  처리된 데이터가 데이터베이스에 기록된 경우에는 가장 최근에 덤프한 복제본을 적재하고 복제본 이후의 데이터 복원을 위해서 백업 로그를 이용해 재실행한다.

- **취소(Undo)**

  처리된 데이터가 데이터베이스에 기록되지 않은 경우는 백업 로그를 이용해서 변경부분을 취소하여 장애 이전의 상태로 복원한다. 이러한 회복 연산을 기반으로 회복이 수행되며 데이터베이스의 회복 알고리즘은 로그를 이용하는 방법과 체크포인트 방법, 그림자 페이징 방법이 있다.

02 로그기반

DBMS는 트랜잭션 처리 중에 변경되는 데이디를 주기억장치의 버퍼에 보관하고 장애에 의해 시스템이 다운될 경우를 대비하여 로그파일에 백업한다. 로그파일은 로그 순번으로 식별되고 데이터와 별도의 저장장치에 관리되므로 성능 및 메모리에 큰 영향을 미치지는 않는다. 트랜잭션의 변경을 로그에 기록하고 회복에 활용하는 기법으로는 데이터베이스의 반영 시점에 따라 즉시 갱신과 지연 갱신으로 나눈다.

(1) 즉시 갱신(Immediate update)

트랜잭션을 시작하여 활동(Active)상태에서 발생하는 변경 데이터를 데이터베이스에 즉시 반영하고 로그파일에도 기록하는 방법이다. 트랜잭션 처리 시 미완료 상태에서 장애가 발생하면 로그파일을 이용하여 데이터베이스를 복원해야 하므로 취소(Undo)를 실행한다. 대부분 상용 DBMS에서는 즉시 갱신을 사용한다.

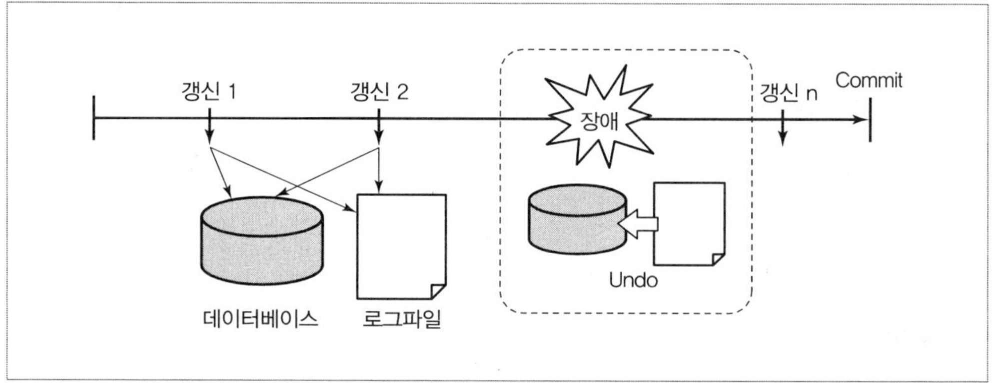

[그림 1-25] 즉시 갱신 회복

(2) 지연 갱신(Deferred Update)

트랜잭션의 모든 명령문이 완료되는 부분 완료(Partially Commit)까지 데이터의 변경 내용을 로그에만 기록하고 실제 데이터베이스에는 부분 완료(Partially Commit)까지 장애가 없을 때 기록한다. 트랜잭션 완료 후 데이터베이스의 데이터파일에 변경 데이터를 기록할 때는 로그의 변경 데이터를 이용한다.

트랜잭션 처리 중에 장애가 발생하면 로그파일의 정보를 폐기 처리한다. 그리고 트랜잭션이 완료된 상태에서 데이터베이스의 데이터를 사용할 수 없을 경우는 취소(Undo) 없이 복원(Redo)만 실행하면 된다.

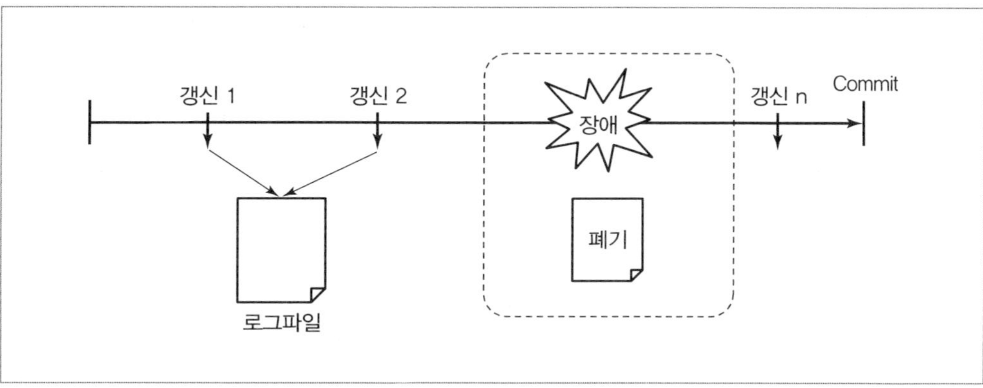

[그림 1-26] 트랜잭션 중 지연 갱신 회복

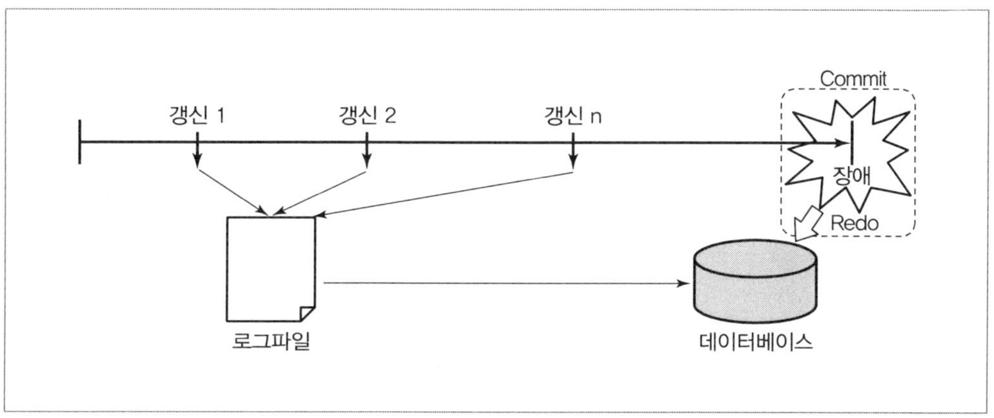

[그림 1-27] 트랜잭션 부분완료 지연갱신 회복

03 체크포인트(Check Point) 기법

데이터 회복을 위하여 로그 회복기법을 적용하면 장애 발생 시 취소(Undo)와 복원(Redo) 대상을 식별해야 한다. 취소(Undo)를 적용하면 대상 트랜잭션을 조사해야 하므로 시간이 많이 소모되고, 복원(Redo)을 적용하여 일괄처리하면 불필요한 트랜잭션도 같이 복원(Redo)되는 단점이 있다. 이러한 로그기반 회복기법의 단점을 보완하고 최적화시키기 위하여 체크포인트를 사용한다.

체크포인트 기법은 데이터베이스 장애 발생 시 재수행할 트랜잭션의 수를 줄이기 위해서 주기적으로 체크포인트를 로그에 기록하는 방법이다. 체크포인트를 특정 간격으로 기록하여 장애가 발생하면 체크포인트 이전에 처리된 트랜잭션은 회복에서 제외하고 체크포인트 이후에 처리된 트랜잭션만 장애 회복작업을 수행하는 방법이다. 체크포인트 이후에 새로 시작하여 미완료된 트랜잭션은 취소(Undo) 처리하고 완료된 트랜잭션은 복원(Redo) 처리한다.

이렇게 체크포인트는 취소(Undo)와 복원(Redo)이 모두 적용되며 취소(Undo) 수행으로 회복하는 것을 후진회복법, 복원(Redo) 수행으로 회복하는 것을 전진회복법이라고 한다.

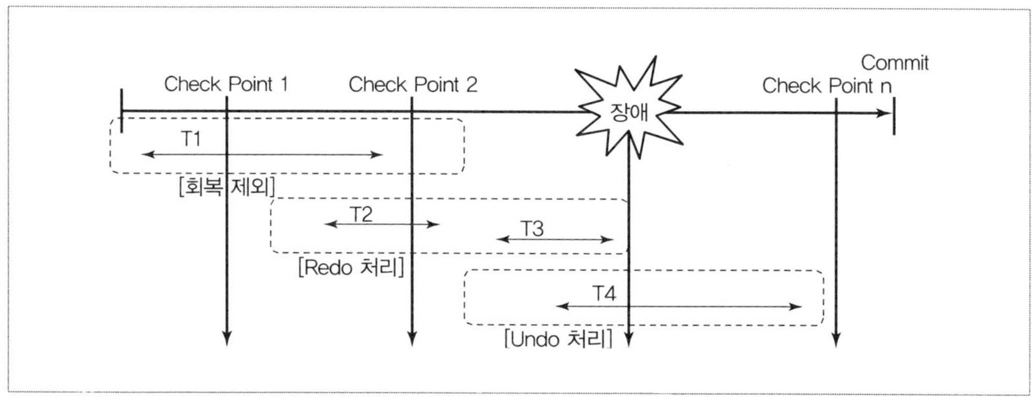

[그림 1-28] 체크포인트 회복

04 그림자 페이징(Shadow Paging) 기법

로그를 이용하지 않고 디스크에 데이터를 저장한 페이지를 기준으로 회복하는 방법이 있다. 트랜잭션 수행 시작 시점에 현 페이지테이블(Current Page Table)을 메인메모리에 위치시키고 동일하게 생성한 그림자 페이지테이블(Shadow Page Table)을 디스크에 위치 시킨다.

트랜잭션 수행 전에는 현 페이지테이블과 그림자 페이지테이블이 가리키는 페이지 포인터를 동일하게 포함하고 있지만, 데이터의 갱신이 발생되면 현 페이지테이블을 변경하여 변경 데이터페이지를 가리키게 한다. 트랜잭션 실행 중에는 그림자 페이지는 그대로 유지하다가 트랜잭션이 정상적으로 완료하면 현 페이지테이블을 그림자 페이지테이블로 대체한다. 그리고 트랜잭션 중 시스템 장애가 발생하면 현 페이지테이블을 폐기하고 그림자 페이지테이블을 이용해 복원한다.

그림자 페이징기법은 연산이 간단한 장점이 있으나 물리적인 주소변경으로 단편화 문제가 발생될 수 있고, 페이지테이블이 크면 오버헤드가 커질 수 있는 단점이 있다.

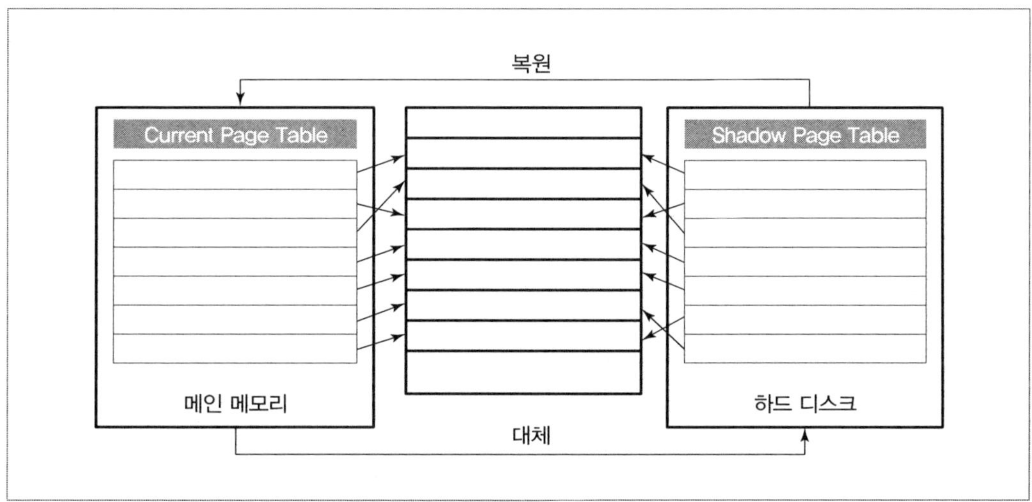

[그림 1-29] 그림자 페이징 회복

PART 02
DB 설계 및 구축

CHAPTER **01** DB 설계

SECTION 01 | 데이터베이스 Life Cycle

SECTION 02 | 데이터 모델링

SECTION 03 | 모델 표기법

SECTION 04 | 이상현상

SECTION 05 | 정규화

SECTION 06 | 반정규화

SECTION 07 | 물리 DB설계

SECTION 08 | 데이터 표준화

◯ CHAPTER 01 DB 설계

데이터베이스 Life Cycle

핵심 요약(Key point summary)

❶ 데이터의 시스템화, 데이터베이스 Life Cycle

데이터의 체계적인 시스템화를 위한 요구사항 분석, 설계, 구현, 운영, 모니터링 및 개선의 5단계 처리 프로세스

❷ 데이터베이스 Life Cycle 절차도

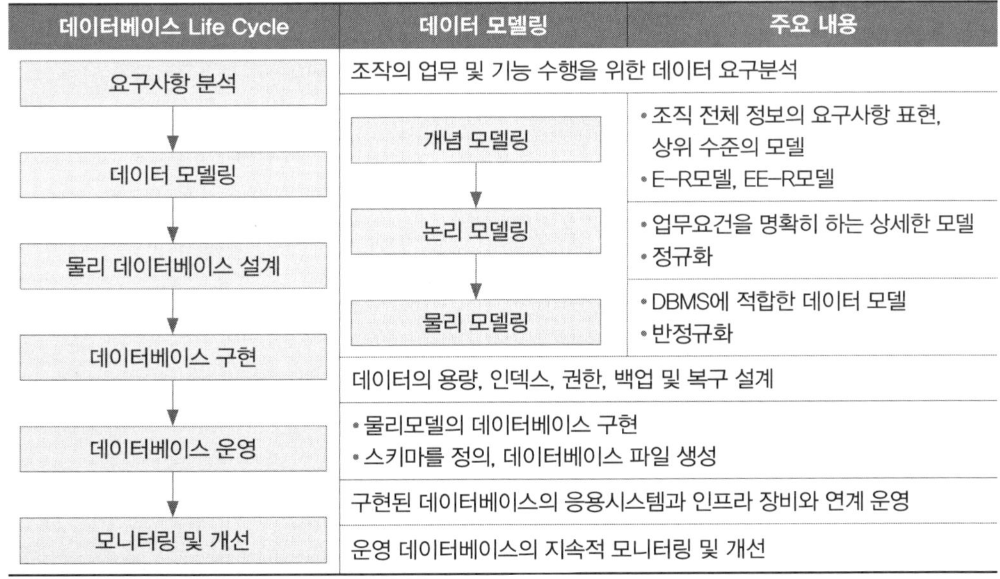

❸ 데이터의 시스템화 시 고려사항

- 데이터의 무결성, 일관성, 회복성, 보안성, 효율성, 확장성 등을 고려한 요구사항 도출 및 설계, 구현 고려
- 충분한 데이터 요구사항 및 현 시스템의 데이터 문제 도출
- 지속적인 고품질의 데이터 관리를 위한 모니터링, 진단, 감리 등의 관리활동 고려

01 데이터베이스 Life Cycle의 개념

데이터베이스 구축은 요구 사항 분석, 설계, 구현, 운영, 튜닝 모니터링 및 개선의 6단계 데이터베이스 Life Cycle을 통해 완성된다. 데이터베이스에 저장할 데이터의 구체화·상세화를 위해 요구사항을 분석한다. 요구사항 분석이 끝나면 데이터베이스 설계단계로 이어지며, 이때 데이터 모델링과 물리 데이터베이스 설계까지 모두 이행한다. 설계를 기반으로 데이터베이스 스키마를 정의하고 데이터베이스 파일을 생성하며 실제 DBMS환경에 맞도록 구현한다. 구현된 데이터베이스는 응용시스템과 인프라 장비와 연계하여 운영되며, 운영 중 데이터베이스는 모니터링을 통해 지속적인 개선 작업을 수행한다.

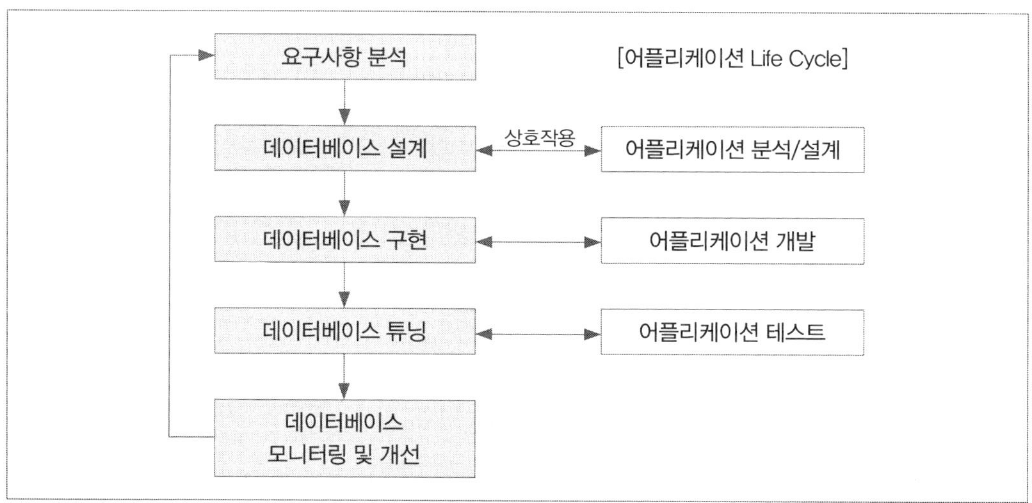

[그림 2-1] 데이터베이스 Life Cycle

02 요구사항 분석

요구사항 분석 단계에는 업무처리를 위해 데이터베이스가 제공해야 할 정보를 식별하고 정의하는 단계이다. 요구사항 분석을 위해서 업무 매뉴얼, 보고서, 장표 등 시스템에 해당하는 자료와 현업 업무 관련 자료, 향후 계획에 대한 자료를 수집해야 한다. 또한 담당자와의 인터뷰를 통해 요구사항을 정의하고, 현행 시스템을 분석하여 요구사항을 구체화 및 상세화 한다.

사용자의 요구사항은 다음과 같은 측면에서 상세히 식별되어야 한다.

[표 2-1] 요구사항 분석 유형

유 형	설 명
외부 인터페이스 요구사항	• 시스템의 입출력에 관한 요구사항과 관련 시스템과의 수신과 송신되는 입출력 방법에 대한 요구사항 • 입출력 항목, 데이터 포맷, 인터페이스 방식 등의 요구사항 식별
기능 개선 요구사항	• 업무 프로세스에 대한 요구사항으로 입력 및 출력 데이터의 요구사항 식별 • 유효한 데이터의 범위, 입력과 출력의 관계 및 순서 등의 요구사항 식별
성능 개선 요구사항	• 시스템의 동시 사용자 수, 처리하는 정보의 양과 종류, 트랜잭션 소요 시간 등에 해당하는 요구사항 • 현 시스템의 성능분석 및 업무에 필요한 성능 품질지수 요구사항 도출
보안 개선 요구사항	• 허가받지 않은 사용자에 의해 데이터의 유출, 변경이 발생되지 않도록 물리적 통제, 사용자 통제에 해당하는 요구사항 • 보안 필요 정책 및 인증, 암호화, 접근권한 등의 요구사항 도출

03 데이터베이스 설계

데이터베이스 설계와 데이터 모델링의 분류를 각종 문헌에서는 다르게 표현하고 있다.

개념 설계단계에 개념 데이터 모델링을, 논리 설계단계에 논리 데이터 모델링을, 물리 설계단계에 물리 데이터 모델링을 진행한다는 모델링 과정과 설계 과정을 동일하게 보는 견해가 있다. 또 다른 견해는 논리 설계단계에는 개념 데이터 모델링과 논리 데이터 모델링을 수행하고, 물리 설계단계에는 물리 데이터 모델링과 물리 데이터베이스 설계를 수행한다는 견해가 있다. 또한 모델링 과정과 설계를 분리하여 데이터 모델링 이후에 데이터베이스 설계를 수행한다는 견해와, 설계를 데이터 모델링과 물리 데이터베이스 설계를 포함한 광의의 개념으로 보는 견해 등 데이터베이스 설계를 바라보는 견해가 상이하게 제시되고 있다.

여기서는 현장에서 사용되는 용어를 고려해서 데이터베이스 설계는 데이터 모델링을 포함하는 광의의 개념으로 본다.

요구사항을 데이터베이스로 표현하기 위해서는 개념 모델링, 논리 모델링, 물리 모델링을 통해 데이터를 개념적 구조, 논리적 구조, 물리적 구조로 변환시켜야 한다. 이러한 모델링

과정을 포함하고 물리데이터 베이스에 적합하게 저장구조 및 물리적 레이아웃에 대한 설계, 데이터표준화를 포함한 모든 일련의 과정을 데이터베이스 설계라고 한다.

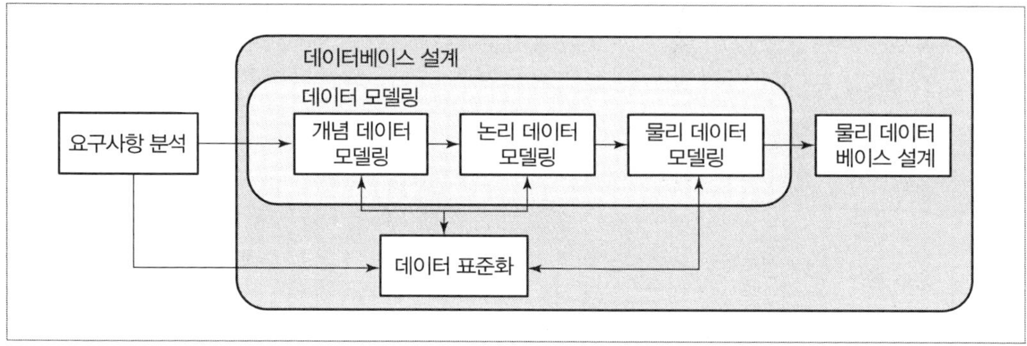

[그림 2-2] 데이터베이스 설계의 범위

데이터베이스 설계를 위해서는 데이터의 무결성, 일관성, 회복성, 보안성, 효율성, 확장성 등을 고려해야 한다. 또한 데이터 관리 및 시스템 관련 요구사항으로 응답시간, 저장 공간, 레코드 변경 빈도, 메인 메모리 및 보조 메모리 정보 등도 설계 시 고려되어야 한다.

[표 2-2] 데이터 설계 시 고려사항

고려사항	설 명
무결성	데이터의 삽입, 삭제, 갱신 이후에도 데이터값에 오류가 없어야 함
일관성	저장된 데이터와 질의응답이 일치하여 모순이 없어야 함
회복성	시스템의 장애 발생 시 발생 이전의 일관된 데이터베이스 상태로 복구가 가능해야 함
보안성	허가 받지 않은 사용자에 의한 데이터의 변경, 손실, 노출에 대해 보호가 가능해야 함
효율성	응답시간 단축, 저장공간의 최적화, 시스템의 생산성 등을 고려해야 함
확장성	업무, 응용시스템, 데이터의 확대 혹은 변경 시 시스템에 영향을 최소화할 수 있도록 고려해야 함

SECTION 02

● **CHAPTER 01** DB 설계

데이터 모델링

핵심 요약(Key point summary)

1 추상화를 통한 현실 개체의 데이터베이스화 과정, 데이터 모델링

가. 데이터 모델링의 정의

현실세계의 업무프로세스를 추상화하여 데이터베이스의 데이터로 표현하는 설계과정의 표현방식

나. 데이터 모델의 구성

구 성	설 명	핵 심
데이터	업무가 어떤 데이터와 관련이 있는지? → 업무정보	정보 분석
프로세스	실제 업무에서 해야 할 일은 무엇인지? → 비즈니스	프로세스 분석
관계	업무처리 방법에 따른 영향도는? → 데이터 간의 관계	연관성 분석

2 데이터 모델링 절차

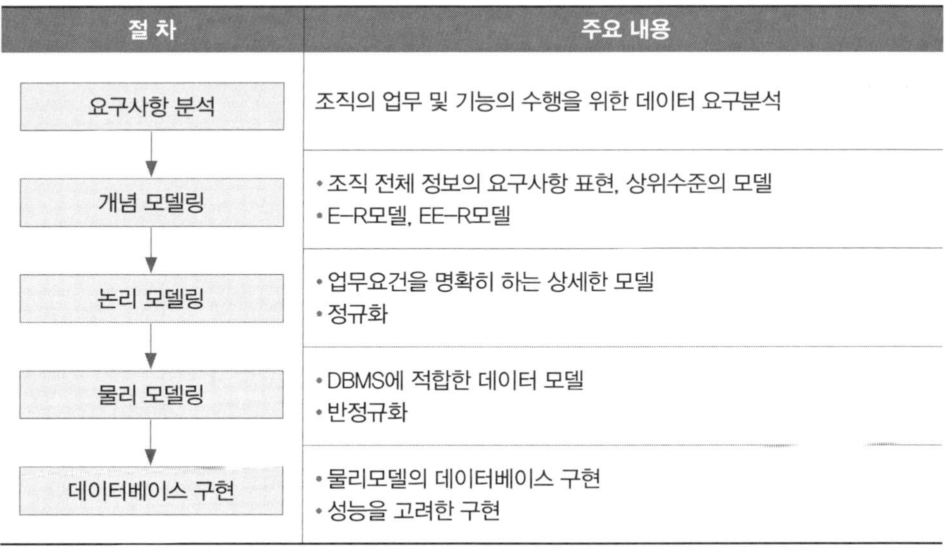

절 차	주요 내용
요구사항 분석	조직의 업무 및 기능의 수행을 위한 데이터 요구분석
개념 모델링	• 조직 전체 정보의 요구사항 표현, 상위수준의 모델 • E–R모델, EE–R모델
논리 모델링	• 업무요건을 명확히 하는 상세한 모델 • 정규화
물리 모델링	• DBMS에 적합한 데이터 모델 • 반정규화
데이터베이스 구현	• 물리모델의 데이터베이스 구현 • 성능을 고려한 구현

3 데이터 모델링의 상세 절차

가. 개념 모델링

주제영역과 핵심 데이터의 집합, 핵심 데이터의 상위수준의 객관적인 관계에 대한 설계 작업

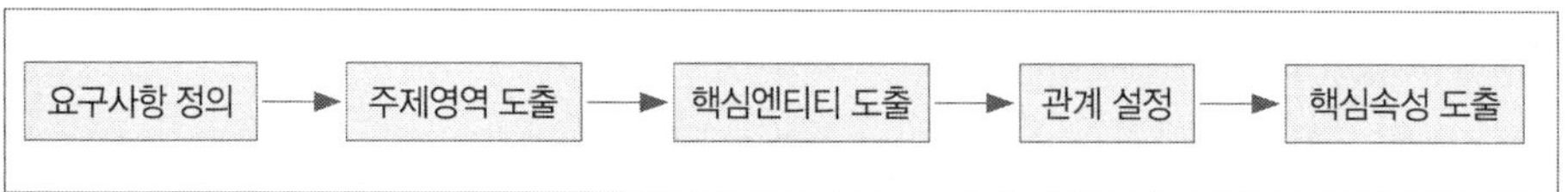

나. 논리 모델링

모든 엔티티와 모든 속성을 도출하고 관계, 식별자 정의 등 상세 설계 작업

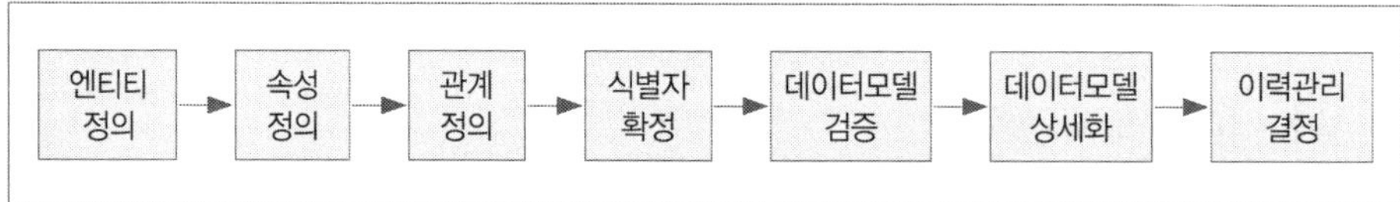

다. 물리 모델링

DBMS의 특성을 고려하여 논리 모델링을 실제 시스템화하는 설계단계

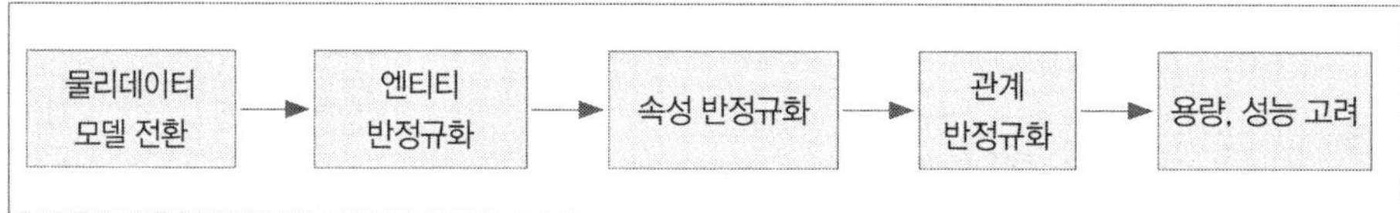

4 데이터 모델링의 중요성 및 고려사항

가. 데이터 모델링의 중요성

- 데이터 모델링은 데이터베이스의 설계도에 해당하는 초석 작업
- 잘못 설계된 데이터 모델은 운영 중에 변경 시 몇 배의 비용과 노력이 필요

나. 데이터 모델링 시 고려사항

- 도메인 전문가의 적극적인 참여를 유도하여 모델의 현실성과 적용성 확보
- 최종 사용자가 이해하기 쉬운 용어를 사용하여 사용자의 이해 용이성 향상
- 데이터 거버넌스를 기반으로 데이터 표준화를 반영한 모델링 작업 수행

SECTION 02

01 데이터 모델링

시스템 구축을 위한 모델링은 데이터 모델링, 프로세스 모델링, 데이터와 프로세스의 상관 모델링으로 이루어진다. 데이터 모델링은 업무가 어떤 데이터와 관련이 있고, 데이터 간의 관계가 무엇인지에 대해 모델하는 방법이고, 프로세스 모델링은 업무를 통해 어떤 일을 처리하는지에 대한 업무기능과 구조에 대해 모델하는 방법으로, DFD나 UML의 다이어그램 등으로 나타난다. 데이터와 프로세스의 상관 모델링은 업무기능과 데이터의 영향에 대해 정의하는 모델이며, CRUD MATRIX 상관 분석 등으로 나타난다.

데이터베이스를 구축하기 위해서는 고객의 요구사항을 도출하여 업무에 필요하고 저장관리 되어야 할 데이터를 시스템화해야 한다. 고객의 요구사항은 현실세계의 데이터이고 이는 무한하고 계속적인 변화를 가져오는 데이터이다. 이러한 현실세계의 데이터를 이해하고 시스템화하여 컴퓨터가 자동으로 통신하기 하기 위해서는 일정한 형식에 맞춰 표현해야 하고 기 정의된 표기법이나 언어로 표현되어야 하며, 누구나 이해하기 쉽고 혼동이 없도록 대상에 대해 정확히 기술해야 한다.

이러한 현실세계 데이터를 컴퓨터에 저장하여 데이터베이스로 표현하기 위해 추상화·단순화·명확화 하는 과정을 데이터 모델링이라고 한다.

(1) 데이터 모델링의 필요성

■ **업무를 분석하는 관점에서 시스템을 현재 또는 원하는 모습으로 가시화**
체계적인 데이터 모델링 과정을 수행함으로써 최적의 데이터 구조를 정의해 갈 수 있고 이러한 과정을 통해서 요구사항을 도식화하여 실제 원하는 모습의 객체를 가시화 시킬 수 있다. 또한 데이터의 구조를 명세화하고 시스템 구축하는 구조화된 틀을 제공하여 개발의 효율성을 제공한다.

■ **사용자, 설계자, 개발자 간의 효율적 의사소통 수단**
요구사항은 프로젝트에 참여한 모든 이해관계자가 명확히 이해하여 최종 목표 데이터베이스를 구축할 수 있도록 해야 한다. 명확한 의사전달은 오류 가능성을 제거하고 고품질의 시스템을 구축하는 데 기본이 된다. 이들 이해관계자는 각자 역할에 필요한 관점에서 다음과 같이 모델을 사용하게 된다.

[표 2-3] 이해관계자별 모델링의 필요성

이해관계자	필요성
End User	• 요구사항이 개념화, 추상화, 정규화 기법을 통해서 중복 없는 정확한 데이터를 보장 확보 • 관리 데이터의 구조에 대한 이해
시스템 분석가	시스템에서 사용될 정확한 데이터 구조 및 데이터가 갖는 업무규칙의 이해
DBMS	• 논리데이터모델 구조의 이해를 통해 물리스키마 설계 • 최종 사용자에게 데이터 제공 및 시스템 분석가에게 물리적 스키마 제공 가능
개발자	논리데이터모델 및 물리데이터모델을 통해 데이터의 입출력 이해 및 프로그래밍 가능
타 시스템 분석가	• 연계 시스템의 데이터와의 연관관계 이해 • 인터페이스 및 데이터 어플리케이션 간의 공유 데이터구조 및 업무 규칙의 이해

■ 고품질 시스템구축으로 비용절감

건설, 토목의 설계와 시공이 부실하면 상당한 피해와 사회적 파장을 초래하게 되듯이, 시스템의 부실한 설계는 기하급수적으로 연계된 시스템 간의 상당한 손실을 가져올 수 있다. 데이터베이스 구축을 위해서는 체계적인 모델링 과정을 거쳐야만 고품질의 시스템을 구축할 수 있으며, 이는 시행착오를 줄여 구축 및 유지보수 비용과 시간을 절약할 수 있다.

(3) 좋은 데이터 모델

그럼 좋은 데이터 모델은 어떤 모델을 의미할까?

■ 완전성(Completeness)

필요한 모든 데이터 요소들이 도출되고 정의되어 있어야 한다.

■ 비중복성(Nonredundancy)

동일한 데이터의 중복 저장은 저장 공간의 낭비를 초래하고 추가적인 처리과정을 필요로 한다. 또한 데이터의 일관성을 유지할 수 없어 데이터 품질이 저하되기 때문에 데이터 요소의 중복저장을 최소화해야 한다.

■ 업무요건 적용성(Business Rules)

업무요건이 정확하게 반영되고, 이를 통해 업무가 올바르게 수행될 수 있어야 한다. 업무요건이 부정확하게 반영되면 향후 이를 바로잡기 어렵고, 추가 비용이 많이 발생한다.

- **데이터 재사용성(Data Reusability)**

  데이터가 특정 어플리케이션에 무관하도록 유연하게 설계하여 다른 목적으로 재사용 가능하도록 데이터 활용도를 높여야 한다.

- **의사 전달성(Communication)**

  다양한 이해관계자 간의 정확한 의사소통을 지원하기 위해서, 업무가 정확하게 이해되고 전달될 수 있도록 표현되고 정의되어야 하며, 개발자들이 정확하게 이해하여 어플리케이션에 반영할 수 있어야 한다.

- **간결함(Elegance)**

  고객이 관리하고자 하는 데이터를 균형있고 단순하게 분류하여 복잡도를 최소화해야 한다.
  모델의 복잡도가 증가하면 유지관리가 어려우며 활용도가 저하된다.

- **통합성(Integration)**

  특정 조직에 국한되지 않고 전사적 관점에서 표준화된 데이터 요소가 정의되어 모든 사용자가 동일한 개념으로 데이터를 이해하고 사용할 수 있어야 한다.

02 개념 데이터 모델링

요구사항의 데이터를 물리적인 데이터베이스에 저장·관리하기 위한 데이터 모델링은 3단계로 구성되며, 이는 개념 데이터 모델링, 논리 데이터 모델링, 물리 데이터 모델링이다.

먼저 개념 데이터 모델링은 사용자 요구사항을 분석하여 전체 데이터 모델의 개괄적인 골격을 잡는 과정으로, 분석된 해당 업무에서 주제영역을 도출하고, 후보 엔티티 데이터 집합을 선정한 이후에 핵심 엔티티를 도출하고 그 엔티티들 간의 관계를 설정하는 단계이다. 이때 모델은 특정한 데이터베이스 혹은 DBMS에 종속되어서는 아니 되며 유연하게 설계되어야 한다. 설계된 모델은 개체-관계 모델(Entity-Relation Model) 혹은 확장된 개체관계 모델(Extensive Entity-Relation Model)로 도식화한다.

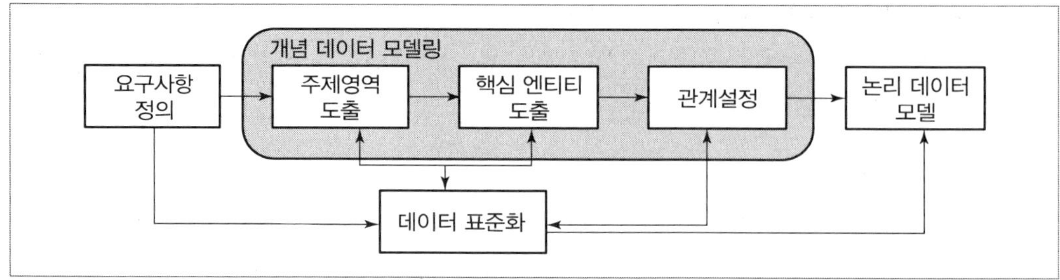

[그림 2-3] 개념 데이터 모델링 절차

(1) 주제영역(Subject Area) 도출

주제 영역은 기업이 사용하는 데이터의 최상위 집합으로 인사, 구매, 자재, 회계 등의 데이터 단위를 의미한다. 주제 영역을 도출하는 이유는 데이터의 계층적 구조 파악이 용이하고, 기업의 전사 업무를 위한 전체 데이터 구성의 청사진을 제공해서 효율적인 데이터 관리에 대한 기준을 제시해 주기 때문이다.

주제 영역은 한 주제 영역 내에 속하는 데이터 간의 관계는 밀집해야 하고, 다른 주제 영역에 속하는 데이터 간의 관계는 최소화되어야 한다.

(2) 핵심 엔티티 도출

업무 요구사항에서 엔티티를 도출하기 위해서는 각종 시스템 관련 문서, 장표, 보고서, 현업 도메인 담당자 인터뷰 등을 통해서 가능하다. 핵심 엔티티를 도출하기 이전에 후보에 해당되는 엔티티를 식별하고 적합한 대상을 찾고 검증해서 핵심 엔티티로 확정한다. 핵심 엔티티는 다음과 같은 특징을 갖고 있다.

- 핵심 엔티티는 명확하고 구체화된 집합 의미를 갖고 있다.
- 핵심 엔티티 명칭은 이름만으로 어떤 집합인지 최대한 나타낼 수 있어야 한다.
- 어떤 엔티티에도 포함되지 않는 독립성이 보장되어야 한다.
- 엔티티의 통합 및 분리는 활용 측면에서 유연성과 단순성을 고려하여 결정된다.

엔티티(Entity, 개체)에 대해서 여러 저명한 데이터베이스 전문가들은 다음과 같이 정의하고 있다.

- Peter Chen(1976) : 변별할 수 있는 사물
- C.J Date(1986) : 데이터베이스 내에서 변별 가능한 객체
- James Martin(1989) : 정보를 저장할 수 있는 어떤 것
- Thomas Bruce(1992) : 정보가 저장될 수 있는 사람, 장소, 물건, 사건 그리고 개념 등
- Raghu Ramarkrishnan(2007) : 실세계에서 다른 객체들로부터 구별될 수 있는 객체

따라서 엔티티는 장소나 사건, 계약처럼 눈에 보이지 않은 행위 혹은 회사, 고객, 직원
등 눈에 보이는 현실세계의 사물들을 모두 포함하여 실세계의 다른 객체(Object)로부터
구별될 수 있는 객체를 의미한다.

(3) 관계 설정

엔티티 간에 존재하는 업무적 연관성을 표현하는 것으로 다음과 같은 특징을 갖고 있다.

- 항상 두 엔티티 간에 관계는 존재해야 한다.
- 항상 두 개의 관점을 가지고 있다.
- 데이터의 업무규칙에 대한 표현이다.
- 외래키로 구현되어 참조 무결성으로 데이터의 정합성을 유지한다.

■ 관계(Relationship)의 개념

두 엔티티 간의 연관성을 의미하며 엔티티 타입의 모든 인스턴스들, 즉 엔티티 집합
들 사이의 매핑을 의미한다. 단순한 엔티티나 인스턴스는 그 집합 자체로도 의미를
나타내지 못하지만 집합들 사이에 관계를 정의하면, 유용한 의미를 갖게 되어 정보
로서의 역할을 할 수 있다. 데이터 모델에서의 관계정의는 업무의 흐름을 정의하는
것이다.

다음과 같이 '학생'과 '과목' 엔티티 타입은 각자 별 의미를 나타내지 못하지만 '수강'
이라는 관계를 정의하면, "학생은 과목을 수강한다."는 의미를 부여하게 된다.

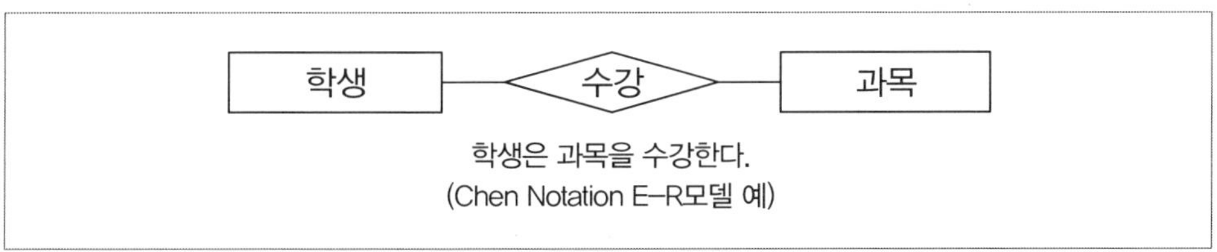

[그림 2-4] 엔티티 관계설정 예시

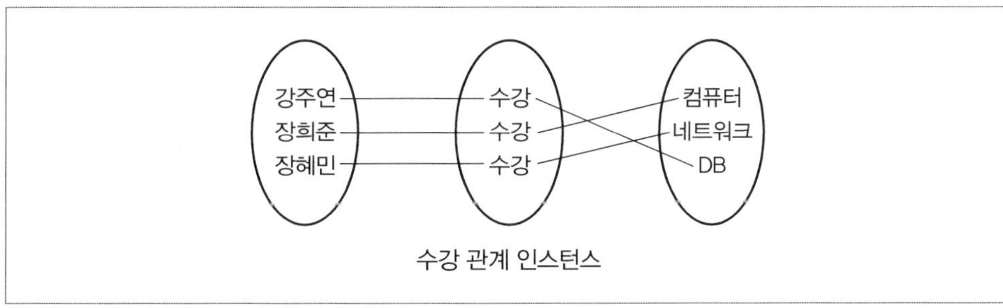

[그림 2-5] 인스턴스의 관계설정 예시

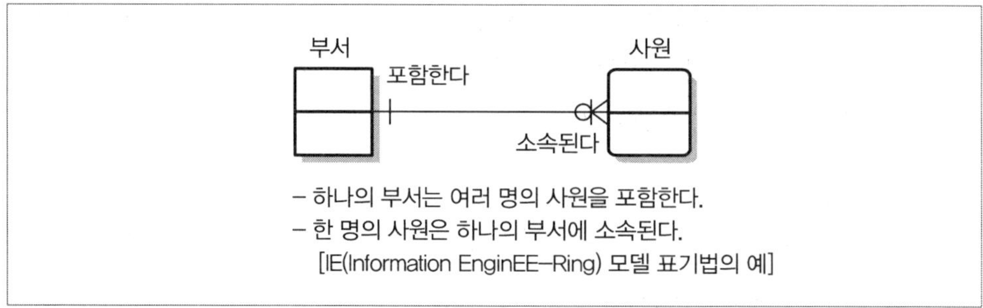

■ 관계유형

● 일 대 일(1:1) 관계

X엔티티 집합(Entity set)과 Y엔티티 집합(Entity set)의 각 구성 인스턴스가 하나씩 관계를 갖는 경우를 의미한다. 예를 들면 신랑과 신부의 관계가 있다.

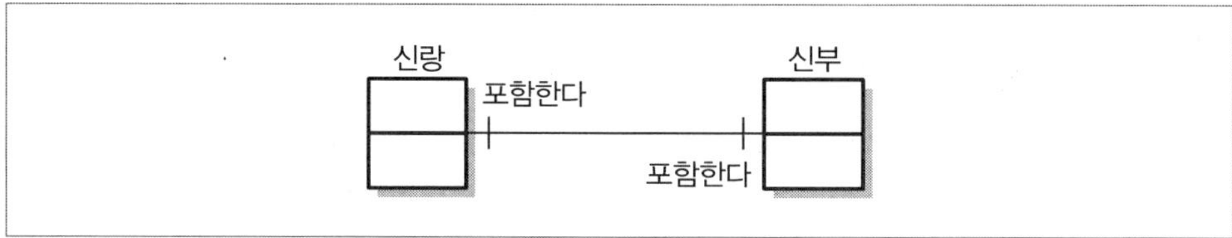

● 일 대 다(1:n) 관계

X엔티티 집합의 한 인스턴스가 Y엔티티 집합의 여러 인스턴스와 관계가 있고, Y엔티티 집합의 한 인스턴스는 X엔티티 집합의 하나의 인스턴스와 관계가 있는 경우를 의미한다. 예를 들면 부서와 사원의 관계가 있다.

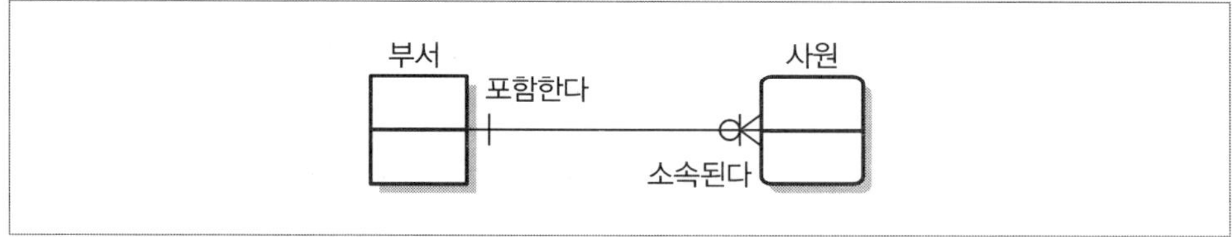

● 다 대 다(m:n)관계

X엔티티 집합의 한 인스턴스가 Y엔티티 집합의 임의의 여러 엔티티와 관계가 있고, 또한 Y엔티티 집합의 한 인스턴스가 X엔티티 집합의 여러 인스턴스와 관계가 있는 경우를 의미한다. 예를 들면 주문과 제품의 관계가 있다.

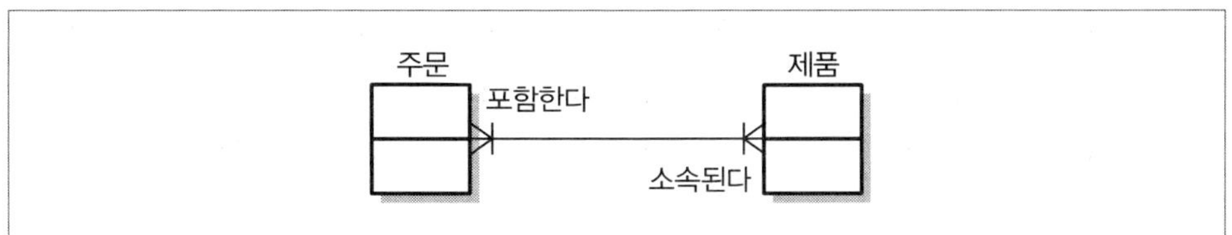

03 논리 데이터 모델링

데이터 모델링 과정에서 가장 중요한 부분이며, 최종 사용자와 커뮤니케이션을 통해서 요구사항을 확정해 나가는 단계이다. 이 단계에서는 개념 모델의 상세화를 위하여, 데이터의 상세하고 구체적인 논리적 구조를 정의해야 한다. 또한 결정해야 될 대부분의 요구사항을 도출하고 정의해야 하는 단계이다.

논리 데이터 모델링은 모든 엔티티를 도출하고, 속성 정의, 식별자 확정, 정규화, M:M 관계 해소, 참조 무결성 규칙 정의, 이력관리에 대한 전략 정의 등의 다양한 과정을 진행한다. 논리 데이터 모델링은 데이터베이스에 종속적으로 설계되어야 하므로 특성을 고려하여 모델링되어야 한다. 따라서 본문의 일부분은 관계형 데이터베이스를 기반으로 제약사항이 설명된 부분도 존재한다.

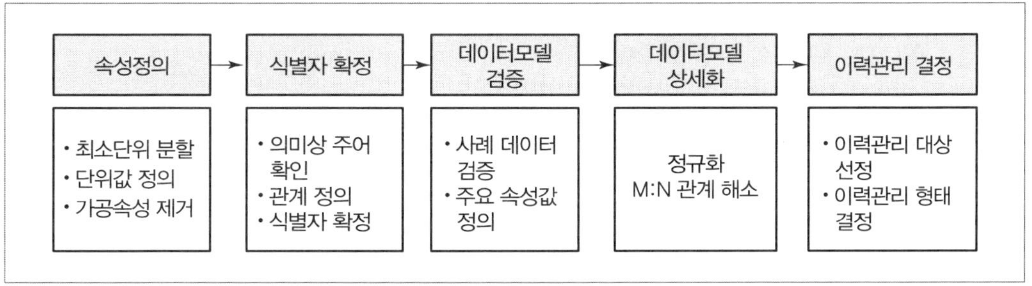

[그림 2-6] 논리 데이터 모델링 절차

(1) 속성(Attribute) 정의

엔티티 내에서 관리하고자 하는 데이터의 최소 단위를 속성(Attribute)이라고 한다. 엔티티는 그 집합에 속하는 엔티티의 특징, 분류, 수량, 상태 등과 같이 저장할 필요가 있는 속성 정보를 갖는다. 예를 들어 '고객' 엔티티는 고객번호, 고객명, 계약일자, 차량번호, 우편번호, 주소, 전화번호 등의 속성으로 관리된다. 이러한 속성은 구 시스템의 문서자료, 현업 장표 혹은 보고서, 인터뷰 결과 등을 통해서 도출한다.

- **속성의 유형**
  - 기초 속성 : 업무에서 추출되는 모든 속성
  - 파생 속성 : 기초 속성을 가공해서 처리하기 위해 혹은 계산을 위해 필요한 속성
  - 설계 속성 : 업무에서 추출된 속성 이외에 모델링을 위해서 추가한 속성

속성 정의 시 유의사항은 의미가 명확한 속성명을 부여해야 하며, 용어를 결합한 복합명사의 단수형으로 만들어 구체적으로 표현한다. 이때 속성명은 전사적인 데이터 표준화 측면에서 표준단어를 정의하여 사용해야 한다.

(2) 식별자 확정

식별자(Identifier)는 하나의 엔티티 타입에서 각각의 엔티티를 구분할 수 있는 결정자이다. 모든 엔티티 타입은 반드시 하나 이상의 식별자를 갖고 있으며, 식별자에는 주 식별자(Primary Identifier), 대체 식별자 혹은 보조 식별자(Alternater Identifier, Secondary Identifier), 인조 식별자(Artificial Identifier, Surrogate Identifier)가 있다.

[표 2-4] 식별자 분류

식별자 구분	설 명
주 식별자(Primary Identifier)	엔티티를 구별할 수 있고 유일성과 최소성을 충족하는 식별자
보조 식별자 (Alternater Identifier, Secondary Identifier)	• 주 식별자에 비해 유일성 혹은 보안 등의 이유로 주 식별자가 되지 못한 속성 • 주 식별자 대신 엔티티를 식별할 수 있는 또 다른 속성
인조 식별자 (Artificial Identifier, Surrogate Identifier)	식별자가 너무 길거나 여러 속성으로 구성되어 인위적으로 추가한 속성

주 식별자는 다음과 같은 특성을 고려하여 지정한다.

- 속성값이 가변적인 속성은 부적당하다.
- 유일성을 보장하고 해당 업무에 자주 사용되는 속성을 지정한다.
- 속성이 조합이 7~8개를 넘지 않아야 한다.
- 널(Null)값을 허용하지 않는다.

부모 엔티티가 없는 경우 대부분 주 식별자를 식별자로 확정하며, 부모 엔티티가 존재하는 경우는 식별자 속성의 개수와 정보로서의 가치를 고려하여 주 식별자를 확정한다. 인조 식별자는 실질 식별자를 인식하기 어렵고 엔티티 가독성이 떨어져서, 개발에 오류를 범할 수 있으므로 가급적이면 실질 식별자를 사용한다.

(3) 정규화(Normalization)

데이터가 일관성을 유지하고 중복된 데이터를 제거하여 오류 없는 성질을 보장할 수 있도록 구조화하는 과정이다. 이는 논리 데이터 모델의 오류로 삽입 이상, 삭제 이상, 갱신 이상이 발생될 경우 이를 제거하기 위함이다. 정규화는 비정규화된 데이터를 1차 정규화, 2차 정규화, 3차 정규화, BCNF 정규화, 4차 정규화, 5차 정규화의 과정을 거친다.

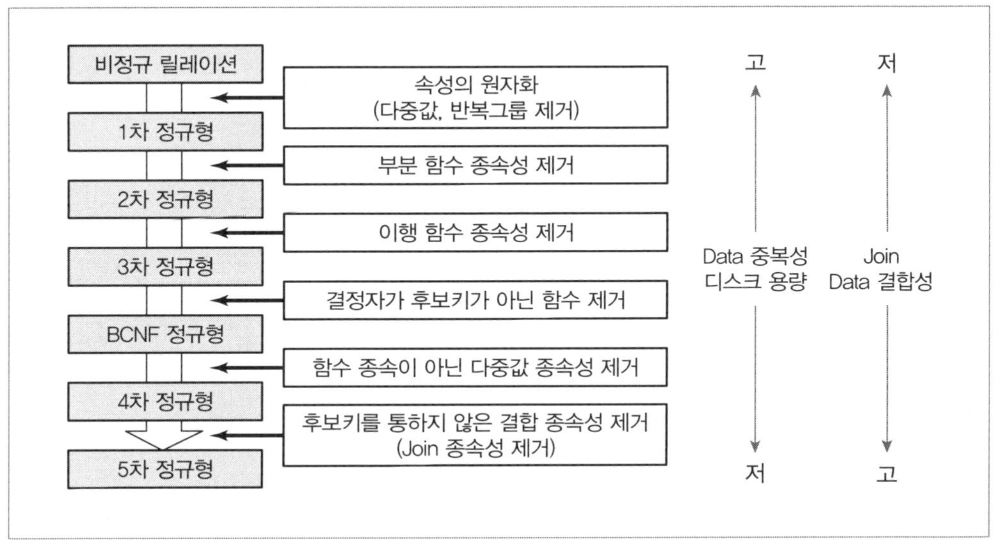

[그림 2-7] 정규화 절차

정규화를 하면 다음과 같은 결과를 얻을 수 있다.

- 중복된 데이터를 최소화할 수 있다.
- 복잡한 업무규칙이 체계화된다.
- 정규화 단계별 진행으로 속성의 위치를 적절히 배치한다.
- 데이터 구조의 안정성을 확보할 수 있다.

정규화에 대한 상세 설명 및 예시는 '정규화 Section'에서 기술한다.

(4) M:N 관계 해소

데이터 모델링이 아직 미완성된 단계에서 발생될 수 있는 M:N 관계 오류를 해소하여 액션 엔티티를 추가로 도출하고, 1:M의 관계로 변경하는 과정이다. M:N 관계를 해소 해야하는 이유는 엔티티의 식별 및 구현이 불가능한 오류를 해소하고, M:N 관계에서 누락될 수 있는 업무 규칙을 재정의하며, 1:M 관계로 분리하여 모델의 정규화 및 구현 을 가능하게 하기 위함이다.

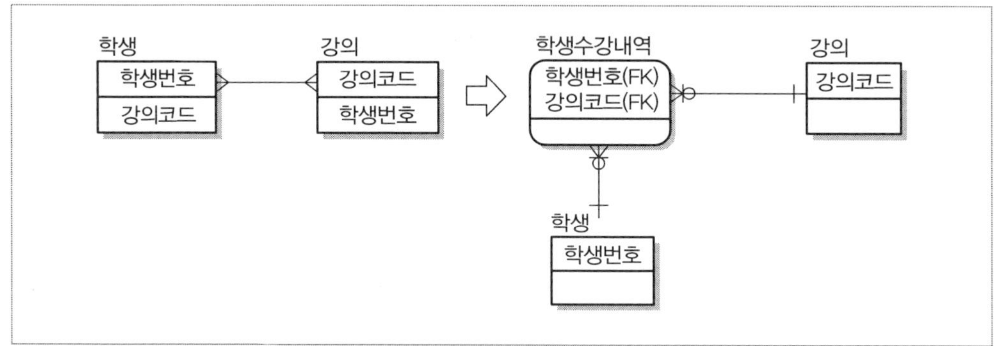

[그림 2-8] M:N 관계 해소 예시

또한 주 식별자를 통합하거나 부모 엔티티에 속성을 추가하는 방법이 있다. 이는 중복 데이터가 발생하게 되는 단점과 조인이 불필요하고 조회 성능을 향상시킬 수 있는 장점 이 있으므로, 업무적인 측면에서 고려할 필요가 있다.

(5) 이력관리

데이터는 지속적으로 변화하기 때문에 과거 데이터가 필요한 경우 이력관리를 해야 한 다. 이력관리는 비용이 많이 들기 때문에, 실제 발생되는 이력 데이터 중에서 필요한 데 이터를 선정해야 한다.

이력 대상은 시간 경과에 따라 변화하는 데이터 혹은 관계의 조회가 필요한 경우, 변경 데이터의 모니터링이 필요한 경우, 과거 버전의 데이터 보관이 필요한 경우 등 업무적 측면에서 고려하여 결정한다. 또한 이력 데이터를 어떤 형태로 관리할지 여부에 따라, 시점이력과 시작과 종료가 존재하는 선분이력 중에 적합한 것을 선택한다.

04 물리 데이터 모델링

물리 모델링은 DBMS 및 인프라 자원을 고려하여, 논리 데이터 모델을 해당 DBMS에 적합한 테이블 구조와 제약사항으로 정의하는 단계이다. 분산 환경이나 기타 사안에 따라 하나의 논리 모델로부터 여러 개의 물리 모델이 생성 가능하고, 데이터베이스에 어떻게 저장할 것인가를 고려하여 물리적 스키마가 정의된다.

논리 데이터 모델링에서 식별되고 정의된 엔티티, 속성, 식별자 등을 다음과 같이 물리 데이터 모델링 과정에서 테이블, 컬럼, 키의 형태로 변환한다.

[표 2-5] 논리 데이터 모델링의 변환

논리 데이터 모델링	물리 데이터 모델링
개체(Entity)	테이블(Table)
속성(Attribute)	컬럼(Column)
주 식별자(Primary Identifier)	주키(PK ; Primary Key)
보조 식별자(Alternater Identifier, Secondary Identifier)	유니크키(UK ; Unique Key)
관계(Relationship)	외래키(FK ; Foreign Key)
인조 식별자(Artificial Identifier, Surrogate Identifier)	인조키(AK ; Artificial Key)
Business Constraints	Check Constraints

(1) 엔티티의 테이블 변환

테이블은 열(Column, Attribute)과 행(Row, Tuple)으로 이루어지며, 논리적으로 지정된 유형의 값을 물리적으로 변환하여 사용한다. 서브 타입(Sub Type)으로 논리 모델링된 경우는 하나의 테이블로 통합하거나, 서브 타입을 별도의 테이블로 분리 혹은 ARC 관계를 생성한다.

논리 모델에서 물리 모델로 변경된 테이블 레이아웃은 다음과 같다.

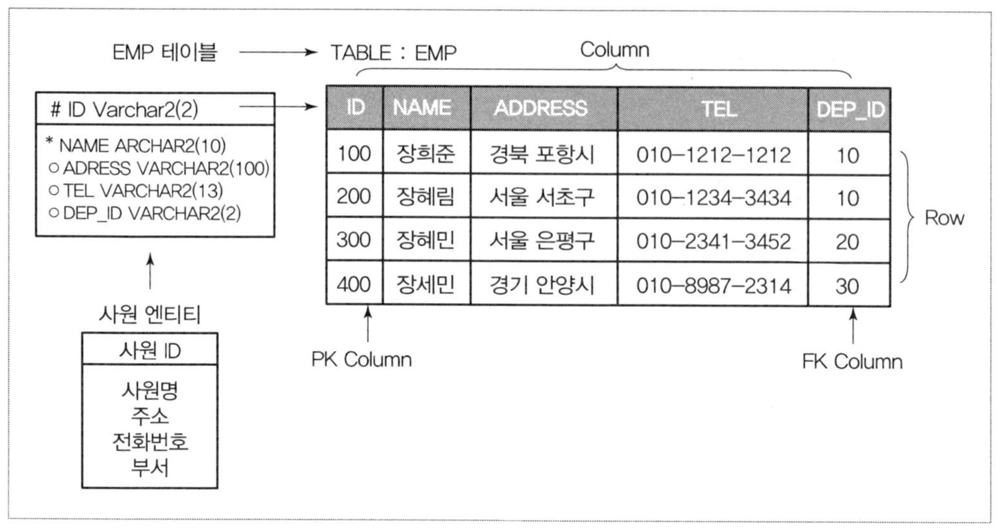

[그림 2-9] 논리모델의 물리모델 변환 예시

(2) 속성의 컬럼 변환

엔티티의 속성을 전사적으로 표준화된 영문 표준용어로 변환하여 사용한다. 또한 컬럼은 데이터 표준화에서 정의된 표준 도메인을 사용하여 일관성 있도록 변환한다. 논리 모델의 모든 속성을 컬럼으로 변환하고 관계상 필요한 컬럼이나 시스템정보를 관리할 정보성 컬럼을 추가할 수 있다. 데이터 타입은 DBMS의 특성과 성능을 고려하여 최적의 데이터 타입을 선택해야 한다.

(3) 식별자의 키 변환

먼저 주 식별자(Primary Identifier)를 PK로 변환한다. PK는 개체 무결성을 제약하여 중복 데이터를 제거하는 역할을 하며, 한 테이블에는 하나의 PK만 존재하고 NULL을 허용하지 않는다.

다음으로 보조 식별자(Alternater Identifier, Secondary Identifier)를 UK로 변환한다. 경우에 따라서는 UK만 설정하고 PK를 설정하지 않는 경우도 있으나, 가능한 PK를 정의하는 것이 좋다. PK가 존재하지 않으면 FK를 생성할 수 없으므로 데이터의 참조 무결성 제약의 설정이 불가능한 경우가 발생하기 때문이다.

논리 모델의 관계(Relation)는 1:1, 1:M 관계로 구성되어 있으며, 다음과 같이 FK를 설정한다.

- 1:1의 관계 : 주체가 되는 테이블의 PK를 객체가 되는 쪽은 FK로 설정한다.
- 1:M의 관계 : 1측 테이블의 PK를 N측 테이블의 FK로 설정한다. N측 테이블에서 PK를 상속받았을 경우 PK의 컬럼 개수는 부모 테이블의 컬럼 개수보다 많다. 주체 와 객체 테이블이 동일한 자기 참조관계의 구성을 위해서는 원래의 PK를 해당 컬럼의 FK로 설정한다.

■ 키의 특성

키는 엔티티 집합에서 엔티티를 유일하게 식별할 수 있는 식별자이다. 엔티티의 기준이 되는 기본 키는 유일성과 불변성, 최소성을 갖고 있어야 한다. 다른 엔티티의 기본 키를 참조하는 외래키는 다른 부모의 키 속성을 자신 엔티티에 모두 사용되는 경우 1:1 관계로 구성되고, 부모의 키 속성을 일부만 자식 엔티티에서 사용하는 경우 1:N의 관계를 갖는다.

키 선정 범위를 기준으로 분류하면 다음과 같이 볼 수 있다.

[표 2-6] 키 선정 범위

유 형	설 명
후보키(Candidate Key)	• 키의 특성인 유일성과 최소성을 만족하는 키 • 예를 들면, 고객 테이블의 고객번호, 주민등록번호
기본키(Primary Key)	• 여러 개의 후보 키 중에서 하나 선정한 키 • 예를 들면, 고객번호를 고객 테이블의 PK로 선정
대체키(Alternate Key)	• 여러 개의 후보 키 중에서 PK로 선정되고 남은 나머지 키 • 예를 들면, 고객테이블의 주민등록번호
슈퍼키(Super Key)	• 유일성은 있으나 최소성이 없는 키 • 예를 들면, 주민등록번호+성명, 고객번호+전화번호

(4) 반정규화(Denormalization)

정규화로 무손실 분해된 테이블은 통합된 결과를 얻기 위해서는 조인(Join)이 발생하게 되며, 이러한 조인은 많은 메모리, CPU자원, 디스크I/O를 사용하여 단일 테이블에서 바로 데이터를 조회하는 것에 비해 성능이 떨어진다. 또한 어플리케이션의 개발 시 복잡하고 관리 및 운영이 어려운 단점도 있다.

따라서 정규화된 테이블의 장점을 희생해서라도 요구되는 성능을 만족시키려는 노력이 반정규화 과정이다. 사례를 통한 상세설명은 '반정규화 Section'에서 계속한다.

○ CHAPTER 01 DB 설계

03 모델 표기법

핵심 요약(Key point summary)

1 개념적 데이터모델기법, ER모델

가. E–R(Entity Relationship)모델의 개념

Entity Set과 Relation Set을 이용하여 현실세계를 개념적으로 표현한 개념적 데이터 모델 기법

나. E–R모델의 특징
- 개념설계 도구 : 개념 모델링 단계 방법 및 도구
- 모든 DBMS 수용 : 특정 DBMS와 무관한 활용
- 의사소통 수단 : 프로젝트에 참여하는 이해관계자의 의사소통수단으로 활용 가능

2 E–R모델의 구성요소 및 작성절차

가. E–R모델의 구성요소

구 성	설 명
Entity(개체)	• 실제 업무에서 의미 있는 사건이나 객체를 의미 • 일반 개체와 의존 개체로 분류
Relationship(관계)	• 2개 이상의 개체 간의 연관성 표현 • 1 : 1, 1 : m, m : n 등 한 개체에서 관련된 다른 개체의 수 • 관계의 강제성 : Mandatory, Optional 관계
Attribute(속성)	• 개체의 기본적인 성질로 개체 내에 관리해야 할 정보 • 기초속성, 유추속성, 단일속성

나. E-R모델의 작성절차

절 차	주요 내용
Entity 도출	• 명사형, 집합형을 이루고 대표성을 갖는 Entity 도출 • 사원, 부서, 주문
Relationship 도출	• Entity와 Entity 간의 관계 도출 • 사원은 부서에 소속된다.
Attribute 도출	• Entity의 상세 속성 도출 • 사원 = {사원번호, 사원명, 소속 부서 … }
Cardinality 도출	• 두 Entity 간의 관계에서 참여자의 수를 비율로 표기 • 1 : 1, 1 : m, m : n

3 E-R모델의 한계 극복, EE-R

가. EE-R(Extensive Entity-Relationship)모델의 이해

E-R모델의 한계를 극복하여 객체지향의 재사용, 상속, 확장성의 개념을 수용한 모델

나. EE-R모델의 특징

특 징	설 명
특수화	한 개체를 Sub Type으로 분리된 하향식 모델 표현 가능
일반화	몇 Sub Type의 개체를 한 개의 상위개체로 통합 표현 가능
상속	특수화 시 상위개체 개념을 하위개체가 상속 모델 표현 가능
집단화	단위 개체를 하나로 묶어 복합개체 구성 가능

01 데이터 모델 표기법의 개념

데이터 모델링 도구는 대표적으로 개체–관계 모델(Entity–Relationship Model)을 사용하고 있으며, 그 이외에도 IE(Information Engineering) 표기법, IDEF1X(Integration DEFinition for Information Modeling) 표기법, 바커 표기법 등이 모델링 도구로 활용되고 있다.

02 개체–관계 모델 표기법

1976년 피터 첸(Peter Chen)이 제안한 것으로 기본적으로 개체(Entity)와 관계(Relationship)를 이용해서 현실세계의 데이터를 개념적으로 도식화하는 방법이다. 개체를 표현하는 사각형과 관계를 표현하는 다이아몬드, 개체나 관계의 속성(Attribute)을 표현하는 타원, 이들을 연결하는 링크(Link)로 구성된다. 관계는 1:1, 1:n, n:1, n:m 관계를 레이블에 붙여 표기한다. 상세한 표기법은 다음과 같다.

[표 2–7] E–R 표기법

표기법	의 미	표기법	의 미
〔사각형〕	엔티티 타입	〔복합 타원 다이어그램〕	복합 어트리뷰트
〔이중 사각형〕	약한 엔티티 타입	〔점선 타원〕	유도된 어트리뷰트
〔다이아몬드〕	관계 타입	E1 —◇ R ◇— E2	E1이 R에 전체 참여 E2가 R에 부분 참여
〔이중 다이아몬드〕	식별 관계 타입	F1 —1◇ R ◇N— F2	R에서 E1:E2의 카디널리티 비율이 1:N
〔타원〕	어트리뷰트	◇ R ◇—(최댓값, 최솟값)— E	R에서 E의 참여에 대한 구조적 제약조건(최댓값, 최솟값)
〔밑줄 타원〕	키 어트리뷰트		
〔이중 타원〕	다중값 어트리뷰트		

E-R모델 표기법을 이용하여 데이터 모델을 도식화하면 다음과 같다.

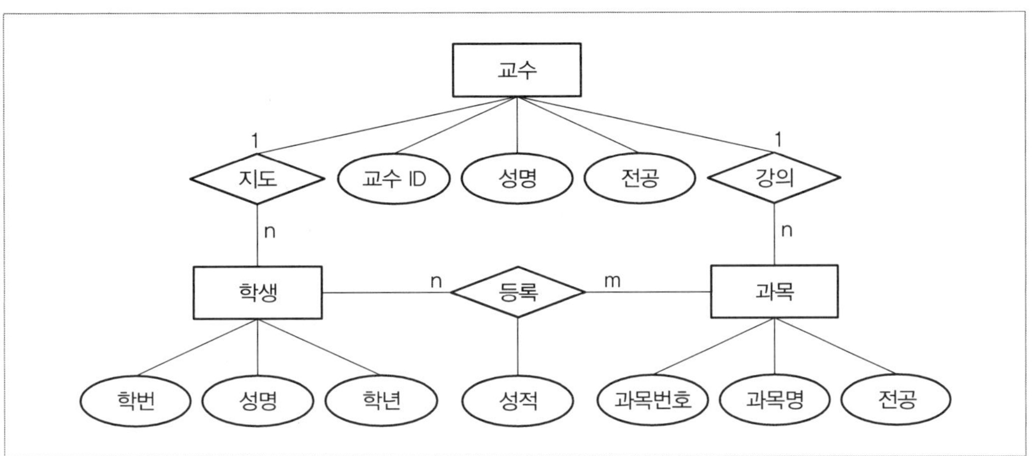

[그림 2-10] E-R 모델 표기 예시

03 IE 표기법

IE(Information Engineering) 표기법은 1970년 제임스 마틴(James Martin)에 의해 개발된 모델로 n관계를 표현하기 위해 까마귀 발을 사용하여 까마귀 발 모델(Crow's Foot Model)이라고도 한다.

엔티티는 사각형으로 표현하며 독립 엔티티는 직사각형, 종속 엔티티는 모서리가 둥근 사각형으로 표기한다. 식별자는 속성의 상단에 표기되고, 속성은 사각형 안에 표시하여 엔티티의 특징을 나타낸다.

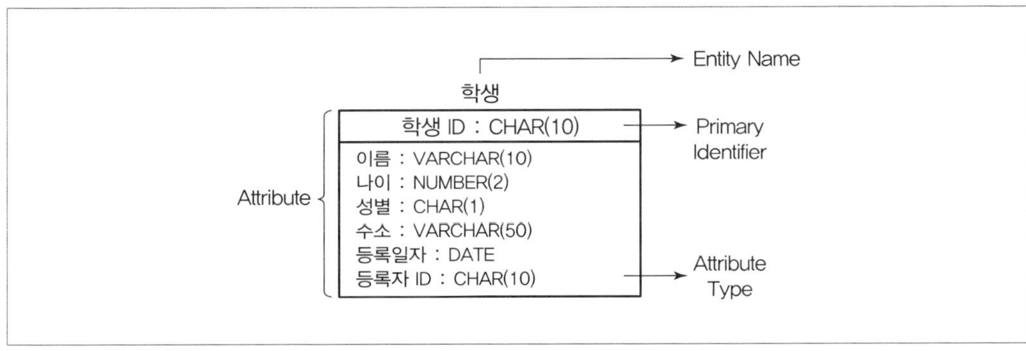

[그림 2-11] IE모델 엔티티 표기 예시

또한 서브타입(Sub Type) 표기는 다음과 같이 배타적 서브타입, 포괄적 서브타입을 표현한다.

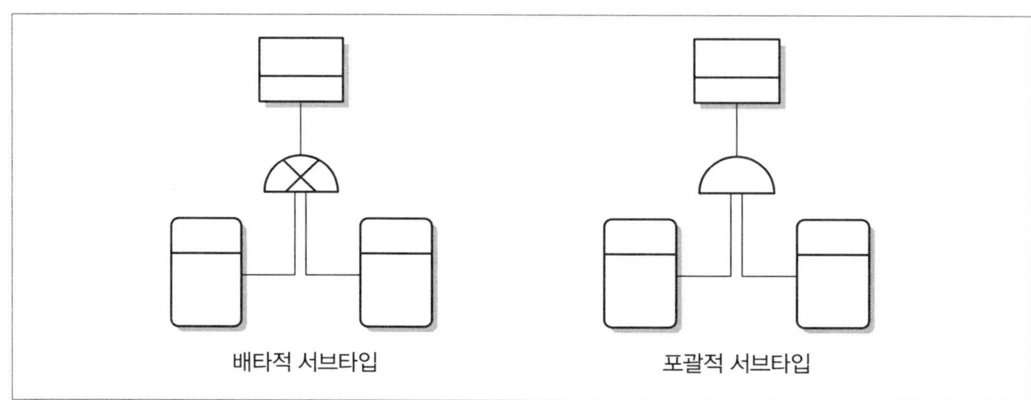

[그림 2-12] IE모델 서브타입 표기 예시

엔티티와 엔티티의 관계는 식별성, 기수성, 선택성으로 표현할 수 있다. 식별성은 부모 엔티티의 식별자를 자식 엔티티가 승계하는 경우를 의미한다. 기수성은 엔티티의 카디넬리티(Cadinality) 속성을 정의하고, 선택성은 엔티티의 관계 존재 여부를 정의하는 것이다.

[표 2-8] IE모델 관계 표현

관계성	표 현	설 명	표 기
식별성	식별적(Identify) 관계	실선으로 식별적 관계 표현	
	비식별적(Non Identify) 관계	점선으로 비식별적 관계 표현	
기수성	하나 이상 관계(One or more)	까마귀 발로 관계 표현	
	하나 관계(One and only one)	바로 관계 표현	
선택성	필수(Mandatory) 관계	기수성 앞에 원 없이 표현	
	선택(Optional) 관계	기수성 앞에 원으로 표현	

IE 표기법을 이용하여 데이터 모델을 도식화하면 다음과 같다.

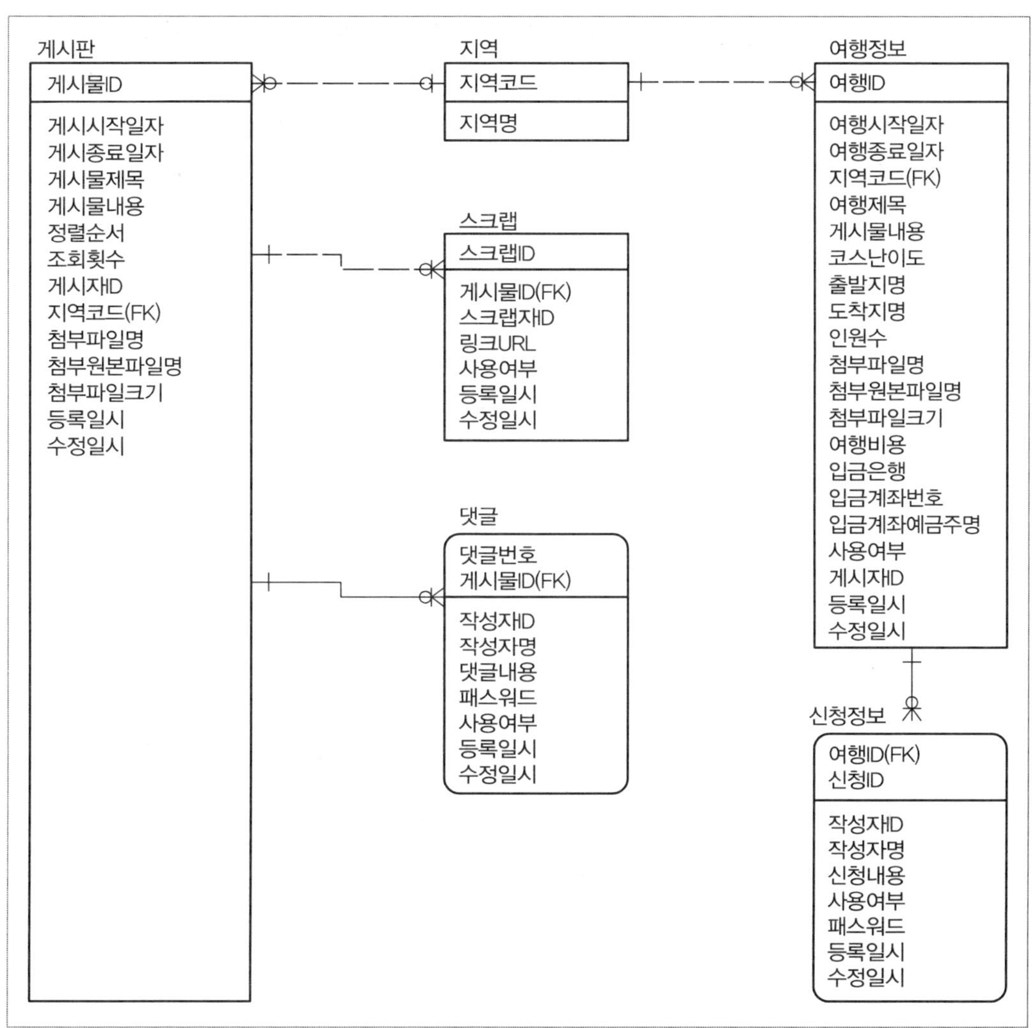

[그림 2-13] IE 표기법 사용 예시

04 바커 표기법

영구 컨설팅회사 CACI에 의해 처음 개발되었고 리차느 바커(Richard Barker)에 의해 업그레이드되어 데이터 모델링에 활용하는 표기법이 바커(Barker) 표기법이다.

엔티티는 모서리가 둥근 사각형으로 표현되며, 사각형 안에 하나 이상의 속성을 포함한다. 속성은 필수(Mandatory) 속성을 * 로 속성 앞에 표기하고, 선택(Optional) 속성을 ○로 속성 앞에 다음과 같이 표기한다. 식별자는 속성 앞에 #을 붙여서 여러 개의 속성들 중 구별하여 사용한다.

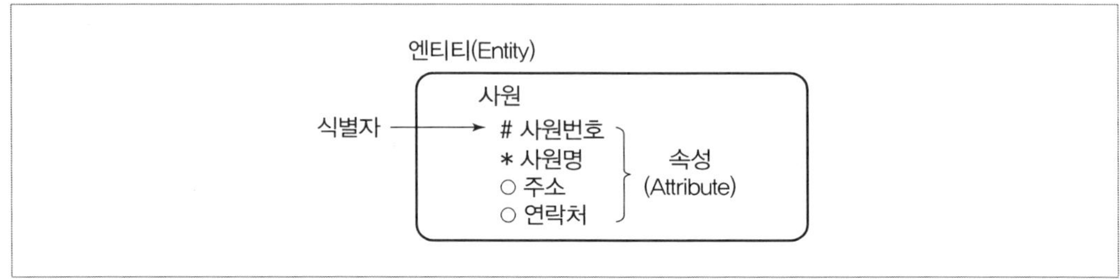

[그림 2-14] 바커 엔티티 표기 예시

서브타입(Sub Type)과 슈퍼타입(Super Type)은 엔티티 사각형 안에 사각형을 중복하여 도식화한다.

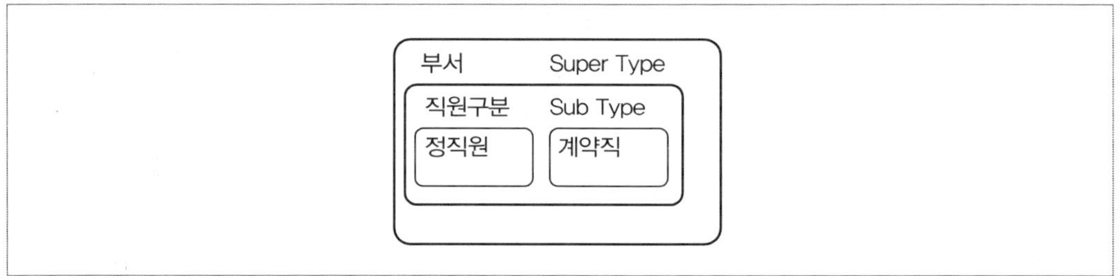

[그림 2-15] 바커 서브타입 표기 예시

관계 설정은 다음과 같이 선분으로 표시하며 점선 부분은 Optional한 관계를 표시하고, 직선 부분은 Mandatory한 관계를 표시한다. 또한 까마귀 발 모양은 다중관계를 표시한다.

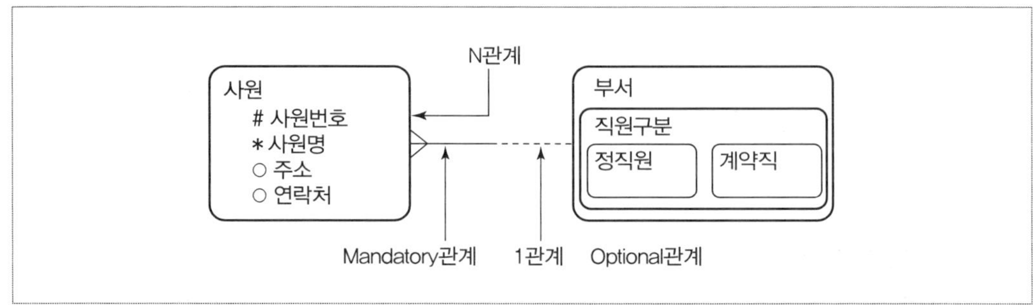

[그림 2-16] 바커 관계 표기 예시

바커 모델의 식별성, 기수성, 선택성에 대한 관계 표현은 다음과 같다.

[표 2-9] 바커 모델 관계 표현

관계성	표 현	설 명	표 기
식별성	식별적(Identify) 관계	바로 식별적 관계 표현	
	비식별적(Non_Identify) 관계	바 없이 비식별성을 표현	
기수성	하나 이상 관계(One or more)	까마귀 발로 관계 표현	
	하나 관계(One and only one)	까마귀 발 없이 관계 표현	
선택성	필수(Mandatory) 관계	실선으로 필수 관계 표현	
	선택(Optional) 관계	점선으로 선택 관계 표현	

바커 표기법을 이용하여 데이터 모델을 도식화하면 다음과 같다.

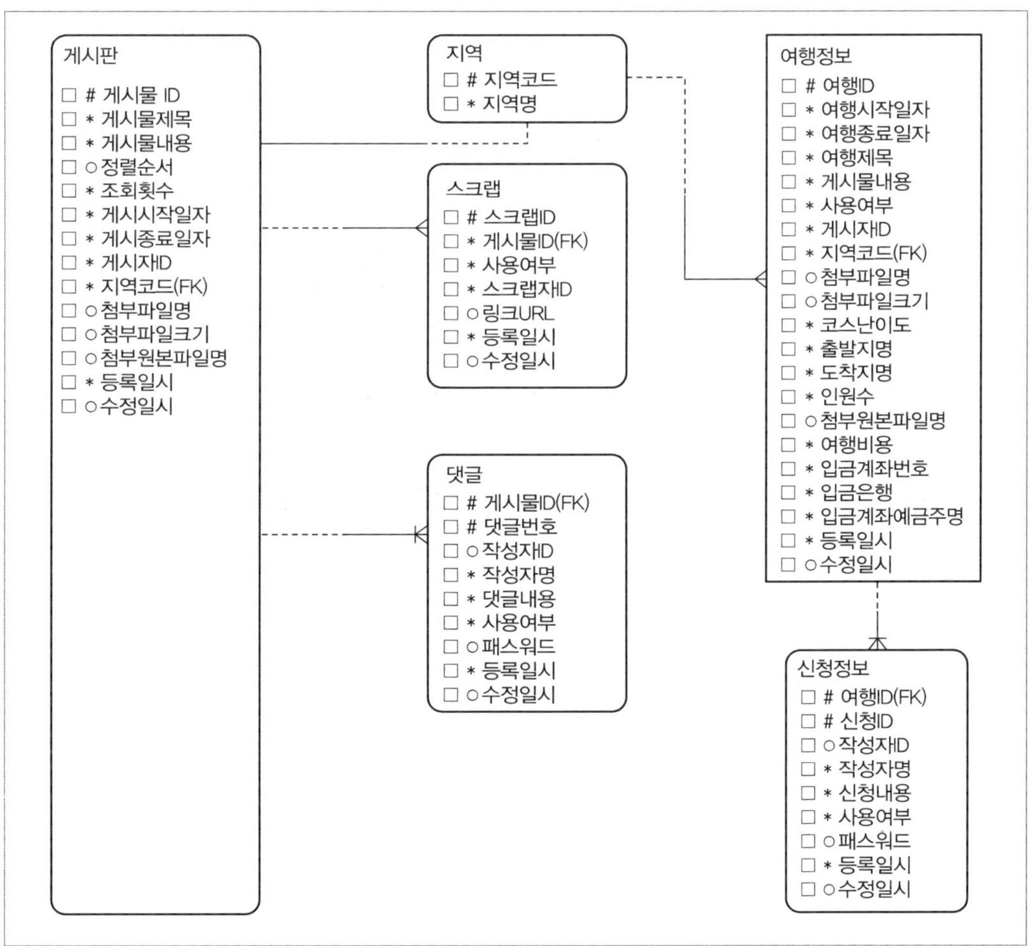

[그림 2-17] 바커 표기법 사용 예시

05 IDEF1X 표기법

IDEF1X(Integration DEFinition for Information Modeling) 표기법은 IDEF방법론에 기반한 모델링 기법의 하나이다. IDEF(ICAM DEFintion)방법론은 미 공군의 ICAM프로젝트의 생산 시스템의 분석 및 설계를 위해 개발된 방법론이며, IDEF0(DEF Function Modeling), IDEF1(DEF Information Modeling), IDEF2(DEF Dynamics Modeling), IDEF3(DEF Process Modeling), IDEF4(DEF Object-Oriented Design), IDEF5(DEF Ontology Description Capture)로 구성되어 있다.

IDEF1X 표기법은 데이터 모델링에 많이 사용하며, 다음과 같이 엔티티는 사각형으로 표현되는데 독립 엔티티는 직사각형으로, 의존 엔티티는 모서리가 둥근 사각형으로 표현된다. 사각형 안에 속성이 추가되고 식별자는 가장 상단에 표시된다. 이렇게 엔티티의 구성은 IE(Information EnginEE-Ring) 표기법과 유사하지만 관계를 도식화하는 부분이 상이하다. 1의 관계 엔티티는 직선으로 표시되고 n의 관계 엔티티는 검은 점으로 표시된다.

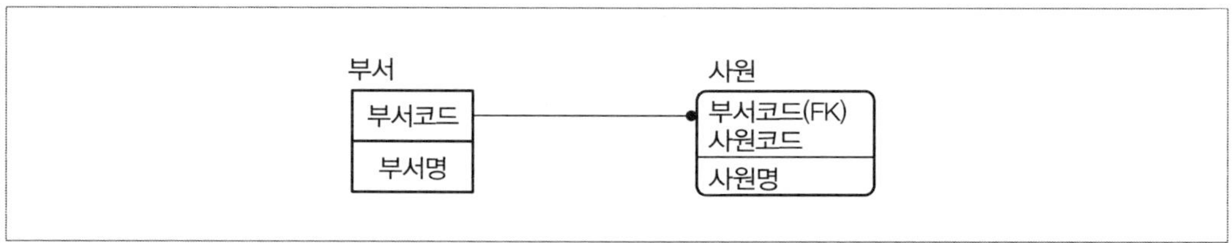

[그림 2-18] IDEF1X 엔티티 표기 예시

IDEF1X 표기법을 이용하여 데이터 모델을 도식화하면 다음과 같다.

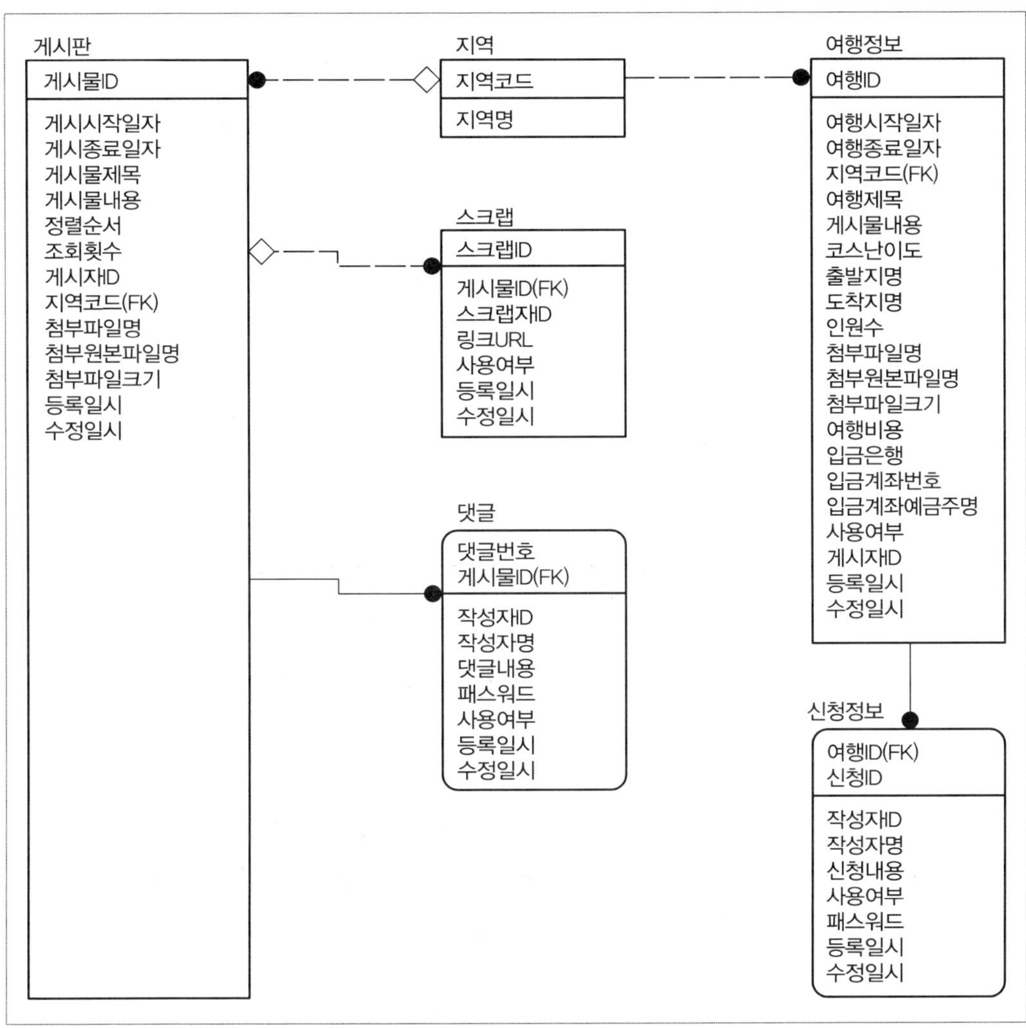

[그림 2-19] IDEF1X 표기법 사용 예시

06 EE-R 표기법

E-R모델은 개체, 관계, 속성으로 객체지향에서 상속과 승계, 부모-자식 개체의 의미를 표현하기 어려웠다. 이를 보완하여 EE-R(Extended E-R model)은 세분화, 일반화, 집단화 등의 개념을 추가하였다.

(1) 세분화(Specialization)

하나의 개체를 여러 개의 작은 그룹으로 분리하여 상위 클래스와 하위 클래스를 표현하는 하향식(Top-down) 개념이다. 개체를 겹치지 않은 서브 클래스로 분해하여 상위 클래스에서 하위 클래스를 바라보는 관점이다.

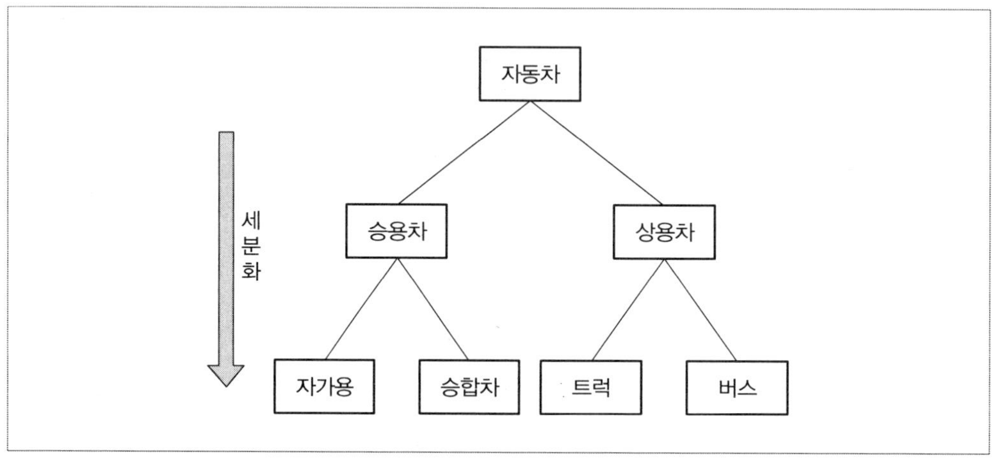

[그림 2-20] 자동차 개체의 세분화 예시

(2) 일반화(Generalization)

상향식(Bottom-up) 개념으로 여러 개의 개체집합에서 공통적인 특징을 하나의 상위 클래스로 표현할 수 있다. 서브 개체에서 하나의 개체로 추상화하는 방식으로 하위 클래스에서 상위 클래스를 바라보는 관점이다.

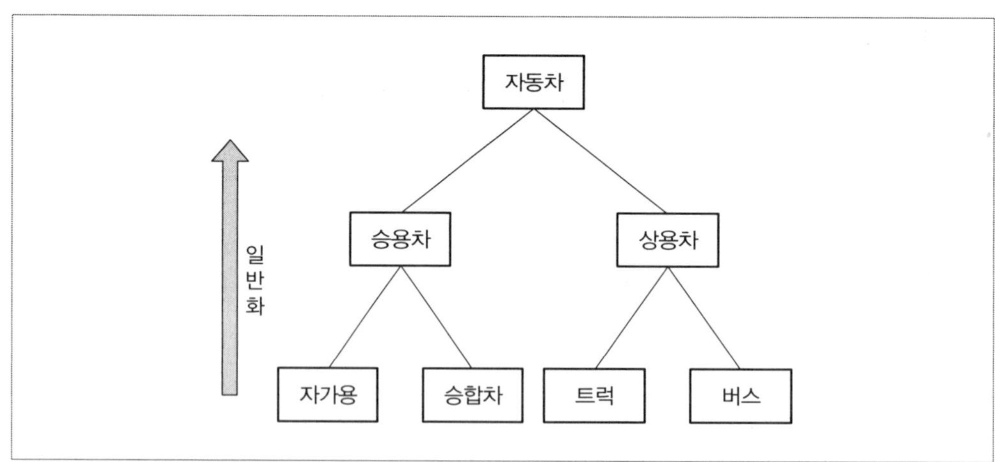

[그림 2-21] 자동차 개체의 일반화 예시

(3) 집단화(Aggregation)

단위 개체들을 하나로 묶어 상위레벨의 복합 개체를 구성하는 것으로 중복되는 관계를 단순하게 표현할 수 있으나 일반화와 달리 상속을 적용할 수 없다. 아래 예시와 같이 '교수는 학과에 소속된다'와 '학생은 학과에 소속된다'에서 교수와 학생을 집단화로 복합개체를 묶어서 교수와 학생은 '학과에 소속된다'로 표현할 수 있다.

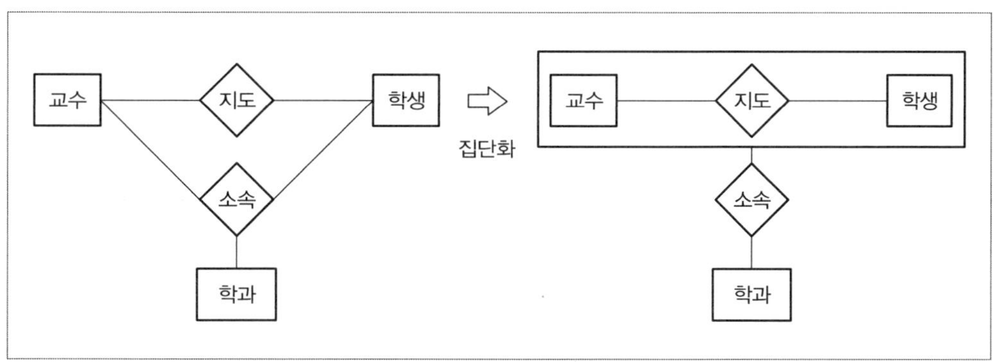

[그림 2-22] 집단화 예시

(4) IS-A관계(IS-A Relationship)

상위 클래스와 하위 클래스의 관계, 상속관계를 표현할 수 있다. 아래와 같이 '승용차는 자동차다'라는 관계가 성립된다. 또한 학생개체는 학부생, 대학원생, 평생교육원생 개체를 포함한다.

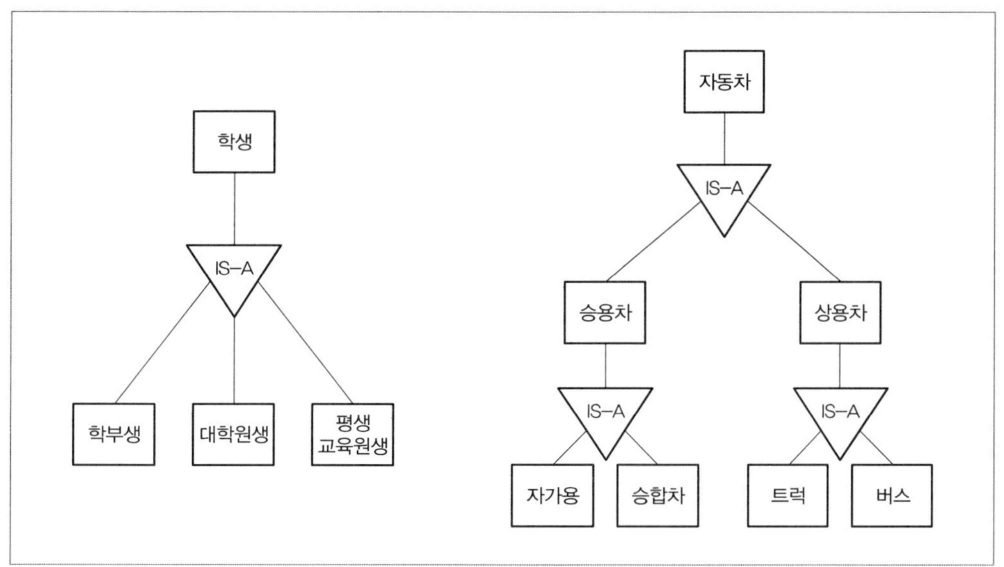

[그림 2-23] IS-A관계 예시

조건을 만족하는 교수와 학생 개체를 EE−R 표기법으로 도식화하면 다음과 같다.

조건 1 : 교수는 학생을 n명 지도할 수 있고 학생은 교수 한 명에게 지도 받을 수 있다.

조건 2 : 교수 개체는 하위 클래스 개체로 정교수, 부교수, 조교수, 강사를 포함한다.

조건 3 : 학생 개체는 하위 클래스 개체로 학부생, 대학원생, 평생교육원생을 포함한다.

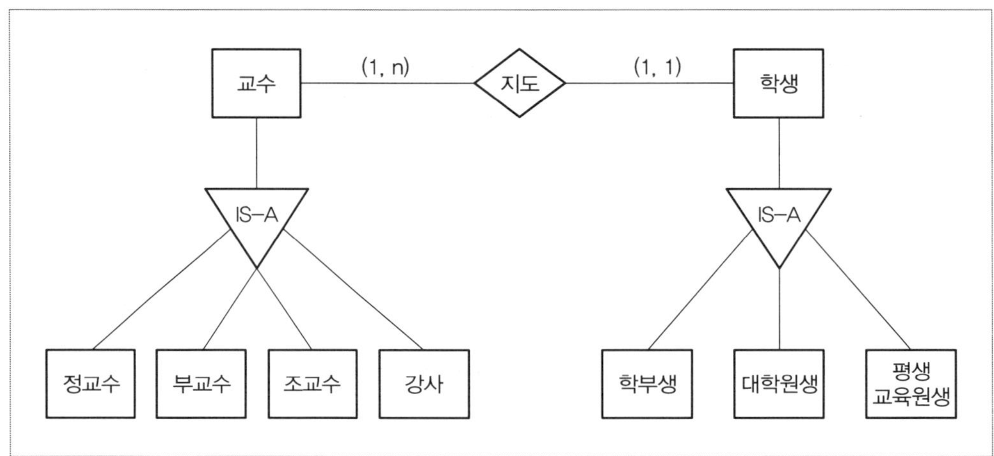

[그림 2-24] EE−R 표기법 사용 예시

○ CHAPTER 01 DB 설계

SECTION 04 이상현상

핵심 요약(Key point summary)

1 논리 데이터 모델링의 오류, 이상현상(Anomaly)

가. 이상현상의 개념

데이터의 중복으로 데이터를 변경할 때 오류 데이터가 발생하는 현상

나. 이상현상의 원인

- 데이터 모델링 오류 : 논리 데이터 모델링의 릴레이션 표현 오류로 중복 데이터 발생
- 다중 표현 오류 : 한 속성에 여러 종속관계의 데이터를 표현하려는 오류

2 이상현상의 유형

이상현상	주요 내용
삽입 이상	릴레이션 R에서 특정 데이터 삽입 시 원하지 않는 불필요한 정보까지 삽입해야 하는 현상
갱신 이상	릴레이션 R에서 특정 속성 갱신 시 중복 저장되어 있는 속성 중에서 일부만 갱신되어 발생하는 데이터 불일치 현상
삭제 이상	릴레이션 R에서 특정 속성을 삭제하는 경우 원하지 않는 정보까지 삭제되는 현상

3 이상현상의 예시

가. 이상현상 존재하는 오류 모델

사원(사번, 성명, 생년월일, 주소, 부서 ID, 부서명, 부서장)

- 삽입 이상 : 사원정보를 등록할 경우 부서정보도 알아야 함
- 갱신 이상 : 부서명이 변경되었을 경우 해당 사원의 부서명을 동일하게 변경해야 함
- 삭제 이상 : 부서의 최종 사원이 삭제될 경우 부서정보 삭제됨

나. 이상현상 해결된 적정 모델

> 사원(<u>사번</u>, 성명, 생년월일, 주소, 부서 ID)
> 부서(<u>부서 ID</u>, 부서명, 부서장)

４ 이상현상의 해결방법

- 정규화 : 릴레이션의 중복에서 발생되는 함수적 종속성을 제거하여 무손실 분해
- 릴레이션 변환 : 오류 릴레이션이 존재할 경우 릴레이션 변환으로 이상현상 제거

SECTION 04

01 이상현상(Anomaly)의 개념

논리 데이터 모델링이 잘못된 경우 데이터 중복으로 인해 예상하지 못한 데이터 오류가 발생하게 되는데, 이러한 현상을 이상현상(Anomaly)이라고 한다. 이런 상태는 식별자에 의해서 속성을 유일하게 식별할 수 없거나, 속성 간의 여러 가지 종속관계 오류에서 발생될 수 있는 현상이다. 이 상태는 불필요한 중복 데이터를 갖고 있어 자원의 낭비를 가져온다.

이상현상은 삽입 이상, 삭제 이상, 갱신 이상으로 나타난다.

02 삽입 이상(Insert Anomaly)

엔티티에 특정한 투플을 삽입할 경우, 원하지 않는 불필요한 정보까지 삽입해야 하는 현상이다. 이때는 불필요한 정보를 함께 저장하지 않고서는 정보 저장이 불가능한 오류 상태가 된다.

사례를 보면 다음과 같이 학번이 1007인 2학년 학생을 삽입하려고 하나, 수강 과목이 하나 이상 존재해야만 삽입할 수 있다.

학 번	학 과	과목번호	성 적	학 년
1001	전산	9101	A	4
1001	전산	9101	B	4
1001	전산	9101	A	4
1002	방송	9102	A	3
1005	전기	9103	B	3
1006	전자	9104	A	2

[그림 2-25] 삽입 이상 예시

03 삭제 이상(Delete Anomaly)

엔티티에 특정한 투플을 삭제할 경우 원하지 않는 정보까지 삭제되는 현상이다. 이때는 유용한 정보를 함께 삭제하지 않고서는 어떠한 정보도 삭제할 수 없는 상태가 된다.

삭제 이상은 다음과 같은 속성이 존재할 때, 1005인 학생이 9103 과목 신청을 취소할 경우 3학년이라는 정보까지 같이 삭제된다.

학 번	학 과	과목번호	성 적	학 년
1001	전산	9101	A	4
1001	전산	9101	B	4
1001	전산	9101	A	4
1002	방송	9102	A	3
1005	전기	9103	B	3
1006	전자	9104	A	2

[그림 2-26] 삭제 이상 예시

04 갱신 이상(Update Anomaly)

엔티티에 특정 속성값을 갱신하고자 할 경우, 중복 저장되어 있는 속성값 중 하나만 갱신하고 나머지는 갱신하지 않아 발생하는 오류 현상이다. 이때는 반복된 데이터 중에 일부만 수정되어 데이터의 불일치 오류가 발생하게 된다.

다음과 같이 학번이 1001인 학생의 정보에서 4학년을 3학년으로 변경할 경우, 전체를 변경하지 않으면 나머지 오류 데이터가 존재하게 된다.

학 번	학 과	과목번호	성 적	학 년
1001	전산	9101	A	4
1001	전산	9101	B	4
1001	전산	9101	A	4
1002	방송	9102	A	3
1005	전기	9103	B	3
1006	전자	9104	A	2

[그림 2-27] 갱신 이상 예시

핵심 요약(Key point summary)

1 이상현상 제거를 위한 무손실 분해과정, 정규화

가. 정규화(Normalization)의 정의

이상현상을 일으키는 속성 간의 종속관계를 제거하기 위해 함수적 종속을 이용하여 릴레이션을 여러 개의 작은 릴레이션으로 무손실 분해하는 과정

나. 정규화의 필요성

- 데이터의 이상현상을 제거 : 삽입 이상, 갱신 이상, 삭제 이상
- 데이터 중복 저장 예방을 통한 저장공간 사용의 최적화
- 데이터 불일치성 최소화를 통한 데이터 무결성 확보

2 정규화의 개념도 및 원칙

가. 정규화의 개념도

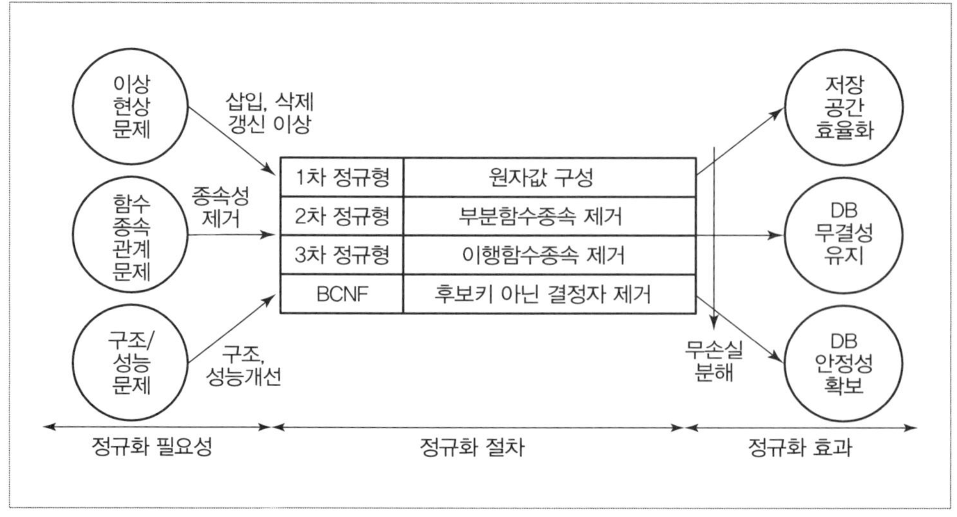

나. 정규화의 원칙

- 분리의 원칙 : 하나 이상의 릴레이션을 두 개 이상의 릴레이션으로 분리
- 무손실 분해(Lossless Decomposition) : 분해한 릴레이션을 조인하여 저장 정보의 손실 없이 원래의 릴레이션 정보를 생성할 수 있어야 함
- 종속성 유지 : 릴레이션 분해 후에도 종속성 유지(완전함수 종속성)

③ 정규화의 절차

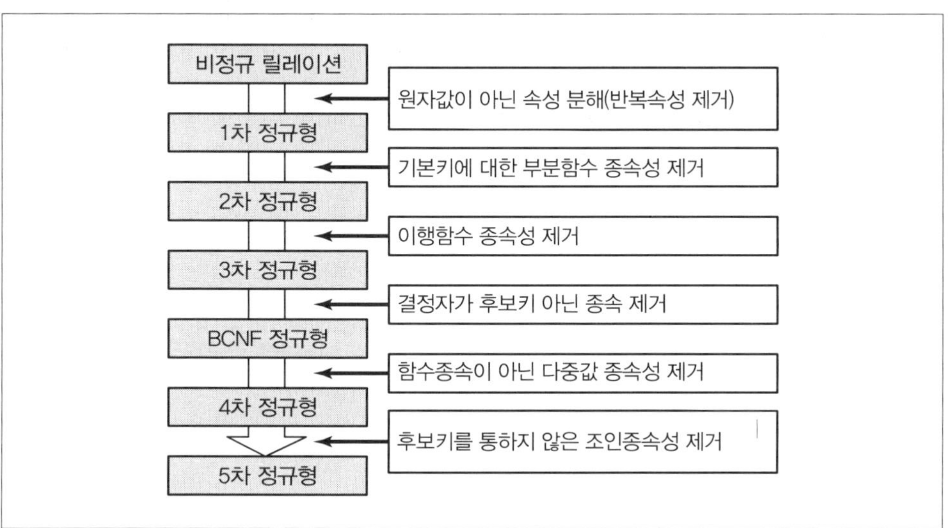

④ 정규화의 장단점 및 고려사항

가. 정규화의 장단점

장 점	단 점
• 이상현상의 제거 • 데이터 일관성/무결성 보장 • DB 저장공간의 최소화 • 유연성/유지보수성 증가	• 빈번한 Join으로 응답속도 저하 • 과다하고 복잡한 검색 조건문으로 어플리케이션 구현 복잡도 증가 • DB 스키마 이해 용이성 저하

나. 정규화 시 고려사항

- 무결성과 성능을 고려하여 적절한 수준의 정규화를 해야 하나 일반적으로 3NF나 BCNF까지는 수행해야 함
- Join으로 인한 성능 저하를 막기 위해 반정규화를 수행하기도 하나, 반드시 정규화 수행 후 실시하고 철저한 문서화 관리가 필요

💻 함수적 종속성의 종류

함수적 종속성 : 릴레이션 R에서 속성 X가 속성 Y를 결정, X → Y

종 류	설 명
완전함수 종속성	X, Y → Z일 때, X → Z이고 Y → Z인 경우
부분함수 종속성	X, Y → Z일 때, X → Z이거나 Y → Z인 경우
이행함수 종속성	X → Y이고 Y → Z이면, X → Z인 경우
다중값 종속성	릴레이션에 둘 이상의 독립적 다중값 속성이 존재할 경우 X, Y, Z 속성을 가진 릴레이션 R에서 (X, Z)에 대응하는 Y값을 집합이 X에만 종속되고 Z값에 독립이면 Y는 X에 다중값 종속 X → Y
조인 종속성	둘로 나누면 원래의 관계를 회복할 수 없으나, 셋 또는 그 이상으로 분리 시에는 원래의 관계를 복원할 수 있는 특수한 경우

01 정규화의 개념

대부분 프로젝트에서는 짧은 일정을 맞추기 급급하거나 혹은 필요성을 느끼지 못해, 정규화 과정을 단계적으로 진행하지 않는다. 업무 프로젝트 경험자가 모델링 단계에서 엔티티 분석과 식별자 선정 과정에서 대부분 3정규화까지 진행된 엔티티를 도출하기 때문이다. 이러한 오류는 대부분 엔티티 검증 시점에서 보완될 수 있지만, 프로젝트가 실제 운영되면서 데이터 중복 및 정합성 오류가 나타나기도 한다.

이러한 데이터 중복 오류에 의해 발생되는 이상현상을 해결하는 과정으로, 속성 간의 종속 관계를 제거하여 무손실 분해하는 것을 정규화(Normalization)라고 한다.

정규화의 각 단계를 설명하기 이전에 함수적 종속(Functional Dependency)에 대해서 알아보고자 한다.

02 함수적 종속(FD ; Functional Dependency)

어떤 속성 X가 항상 속성 Y값을 유일하게 결정할 경우, X가 결정되면 Y가 따라서 결정되므로 X는 Y를 결정하고 Y는 X에 종속된다. 이때 Y는 X에 함수적 종속이라고 하고, X→Y로 표기한다. X는 결정자이고 Y는 종속자이다.

함수적 종속(FD ; Functional Dependency)은 수학에서 이야기하는 것처럼 완전 함수 종속과 불완전 함수 종속이 있다. 여기서 속성 X의 다중 종속관계가 제거되어야 데이터의 정합성을 보장할 수 있다.

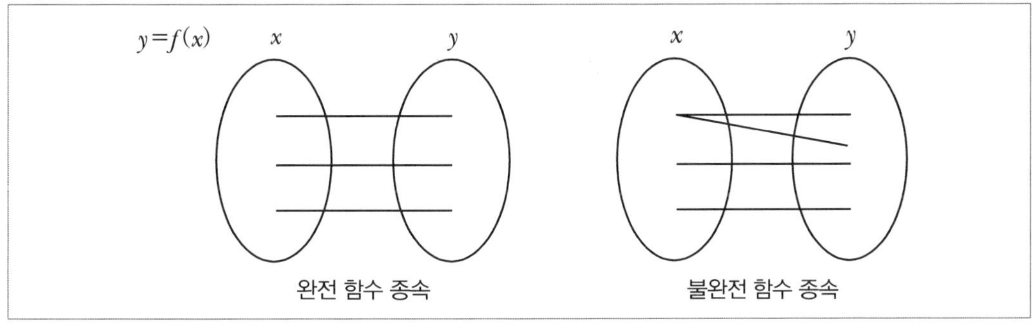

[그림 2-28] 수학적 함수 종속성

완전 함수 종속은 다음과 같이 추론 규칙이 성립되어야 한다.

반사규칙 : X ⊇ Y이면 X → Y이다. 또한 X → X이다.

첨가규칙 : X → Y이면 XZ → YZ이고 XZ → Y이다.

이행규칙 : X → Y이고 Y → Z이면 X → Z이다.

분해규칙 : X → YZ이면 X → Y이다.

결합규칙 : X → Y이고 X → Z이면 X → YZ이다.

다음과 같은 속성에서 종속 관계를 찾아보면,

사원번호 → 사원명,

사원번호 → 주소,

부서번호 → 부서명의 관계가 있다.

사원번호	사원명	주 소	부서번호	부서명
1001	홍길동	서울 관악구	9001	홍보부
1002	김길동	경기 파주시	9002	개발부
1003	박길동	전라 광주시	9003	회계부

[그림 2-29] 종속관계 포함 데이터

이러한 한 릴레이션에서 속성들 간의 함수적 종속 관계를 도식화한 표현을 함수 종속 다이어그램(FD diagram)이라 하고 다음과 같이 표기한다.

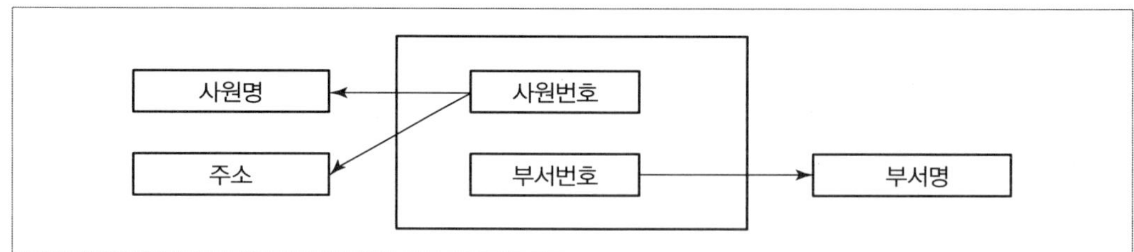

[그림 2-30] 함수 종속 다이어그램 예시

함수적 종속에는 완전 함수적 종속성, 부분 함수적 종속성, 이행 함수적 종속성, 결정자 함수적 종속성이 있으며 사례를 들어 도식화하면 다음과 같다.

[표 2-10] 함수적 종속성 유형

함수적 종속성	사례의 도식화
완전 함수적 종속성 : {학번, 과목번호} → 성적 부분 함수적 종속성 : 학번 → 학과	학번 → 학과 성적 ← {학번, 과목번호}
이행 함수적 종속성 : 학번 → 지도교수 지도교수 → 학과 학번 → 학과	학번 → 지도교수, 학번 → 학과
결정자 함수적 종속성 : 교수 → 과목	학번 → 교수, 과목 → 교수

03 정규형

정규화 과정은 비정규 릴레이션을 제1정규형(1NF), 제2정규형(2NF), 제3정규형(3NF), BCNF, 제4정규형(4NF), 제5정규형(5NF)으로 분해하는 것이다.

(1) 제1정규형(1NF)

모든 속성은 단일값을 갖고 있어야 한다. 그래서 한 릴레이션에는 속성이나 속성값의 반복 그룹이 존재해서는 안 된다. 식별자가 지정되지 않아 중복 레코드를 갖게 되거나 혹은 식별자가 지정되어 있어도 컬럼 내 속성값이 복합으로 정의되어 있을 경우는 1NF를 만족하지 못한 상태이며 이상현상이 발생하게 되므로 분리해야 한다.

학 번	이 름	과목 ID	주 소	전화번호
1000	강주연	A001	경기 안양시	010-2314-3333
1000	강주연	B001	경기 안양시	010-2314-3333
2000	장희준	B001	전라 광주시	010-1314-1111
2000	장희준	C001	전라 광주시	010-1314-1111
2000	장희준	C001	전라 광주시	010-1314-1111

〈식별자 미지정으로 데이터 중복 오류〉

학 번	이 름	과목 ID	주 소
1000	강주연	A001, B001	경기 안양시, 010-2314-3333
2000	장희준	B001, C001	전라 광주시, 010-1314-1111

〈중복 속성 값 존재 오류〉

학 번	이 름	과목 ID1	과목 ID2	주 소
1000	강주연	A001	B001	경기 안양시, 010-2314-3333
2000	장희준	B001	C001	전라 광주시, 010-1314-1111

〈중복 속성 존재 오류〉

[그림 2-31] 제1정규화 필요 예시

(2) 제2정규형(2NF)

제2정규형은 1정규형을 만족하면서, 식별자가 아닌 모든 속성은 식별자 전체에 완전 함수적 종속되어야 한다. X → Y의 종속관계에서 Y가 X의 부분 집합에 대해서 함수적 종속인 경우를 부분 함수적 종속성이라고 하며, 2NF는 1NF의 원자화를 만족하면서 부분 함수적 종속이 제거된 형태이다.

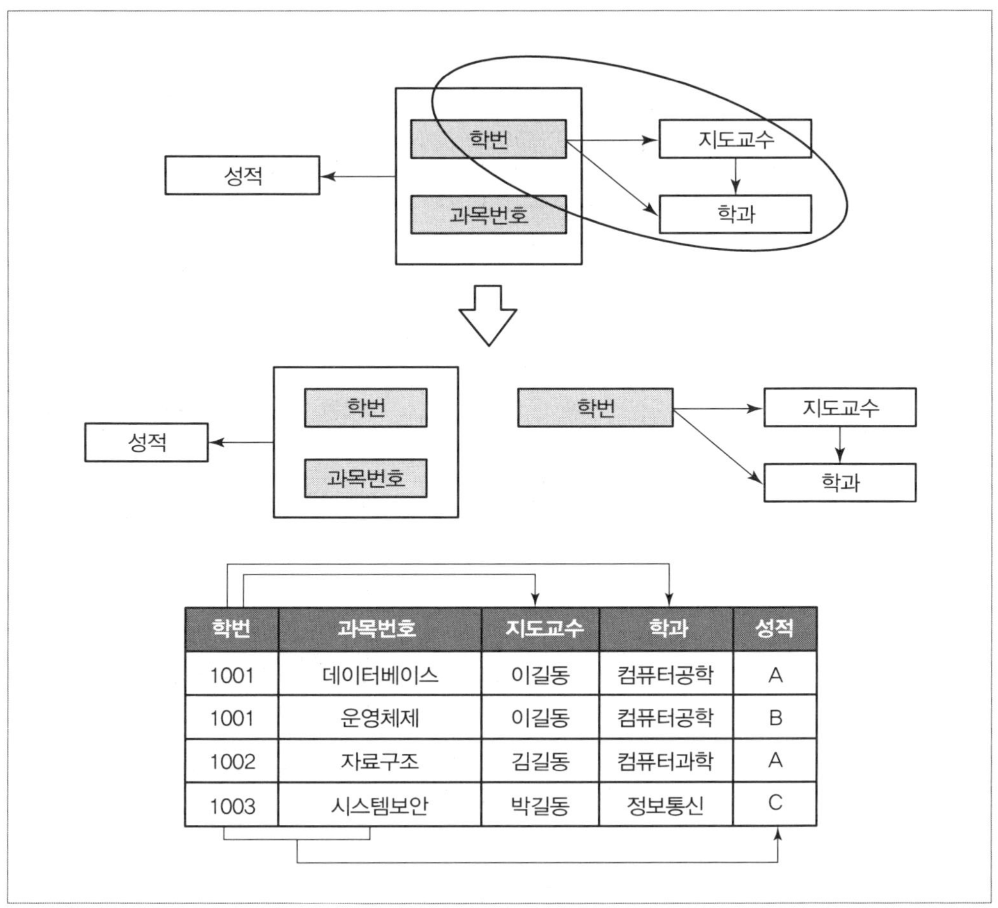

학번	과목번호	지도교수	학과	성적
1001	데이터베이스	이길동	컴퓨터공학	A
1001	운영체제	이길동	컴퓨터공학	B
1002	자료구조	김길동	컴퓨터과학	A
1003	시스템보안	박길동	정보통신	C

[그림 2-32] 제2정규화 수행 예시

(3) 제3정규형(3NF)

제3정규형은 2정규형을 만족하면서 식별자를 제외한 나머지 속성들은 모두 식별자에 직접 종속되어야 한다. X → Y의 종속관계에서 X → Y이고 Y → Z이면 X → Z인 종속관계를 이행함수적 종속성이라고 하며, 3NF는 2NF의 부분함수적 종속성이 제거되고 이행함수적 종속이 제거된 형태이다.

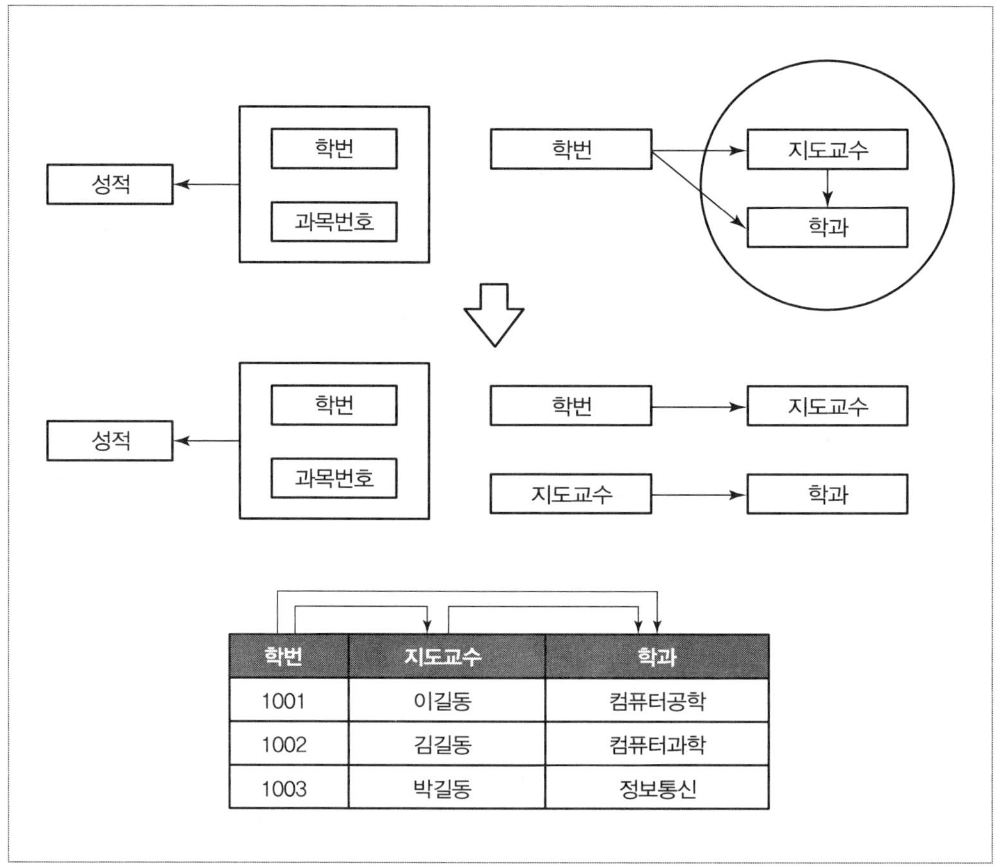

학번	지도교수	학과
1001	이길동	컴퓨터공학
1002	김길동	컴퓨터과학
1003	박길동	정보통신

[그림 2-33] 제3정규화 수행 예시

(4) BCNF

3NF를 만족하는 릴레이션이 모두 BCNF 수행 대상은 아니며, BCNF를 만족하는 정규형은 3NF도 만족하는 상태이다. BCNF는 속성을 결정하는 결정자가 후보키가 아닌 종속을 제거해야 한다.

3NF와 BCNF의 차이를 살펴보면, 3NF은 R(A, B, C, D)에서 C → D 종속관계가 존재할 경우 R1(A, B, C), R2(C, D)로 분해하는 것이고, BCNF는 R(A, B, C, D)에서 C → B 종속관계가 존재할 경우 R1(A, C, D), R2(C, B)로 분해되는 것이다.

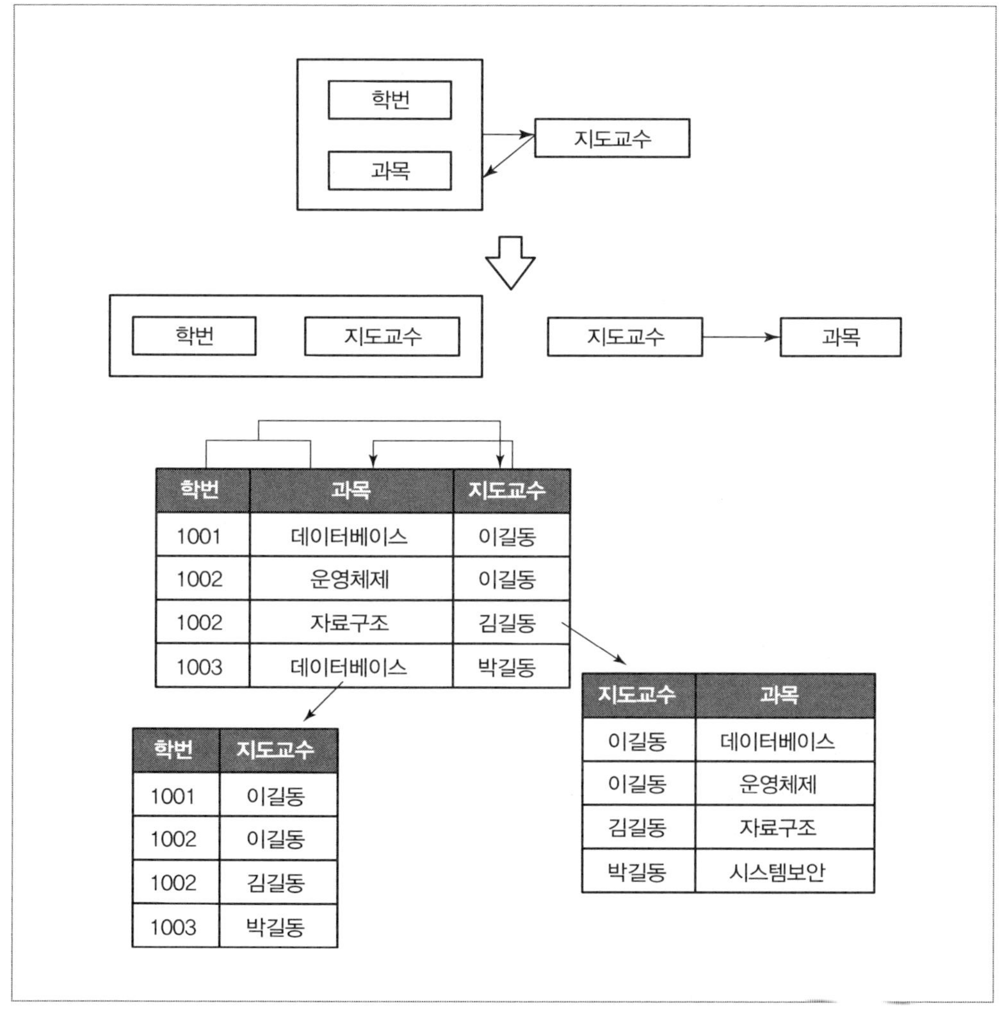

학번	과목	지도교수
1001	데이터베이스	이길동
1002	운영체제	이길동
1002	자료구조	김길동
1003	데이터베이스	박길동

학번	지도교수
1001	이길동
1002	이길동
1002	김길동
1003	박길동

지도교수	과목
이길동	데이터베이스
이길동	운영체제
김길동	자료구조
박길동	시스템보안

[그림 2-34] BCNF 수행 예시

(5) 제4정규형(4NF)

함수적 종속이 아닌 다중값 종속성을 제거한 상태이다. 모든 속성이 식별자로만 구성되어 있는 릴레이션 R(X, Y, Z)에서 X → Y, X → Z의 종속관계를 갖고 있으나, Y와 Z는 아무런 관계가 없을 경우를 다중값 종속성이라고 한다. 다중값 종속은 X → Y|Z로 표기하고 R1(X, Y), R2(X, Z)로 무손실 분해한다.

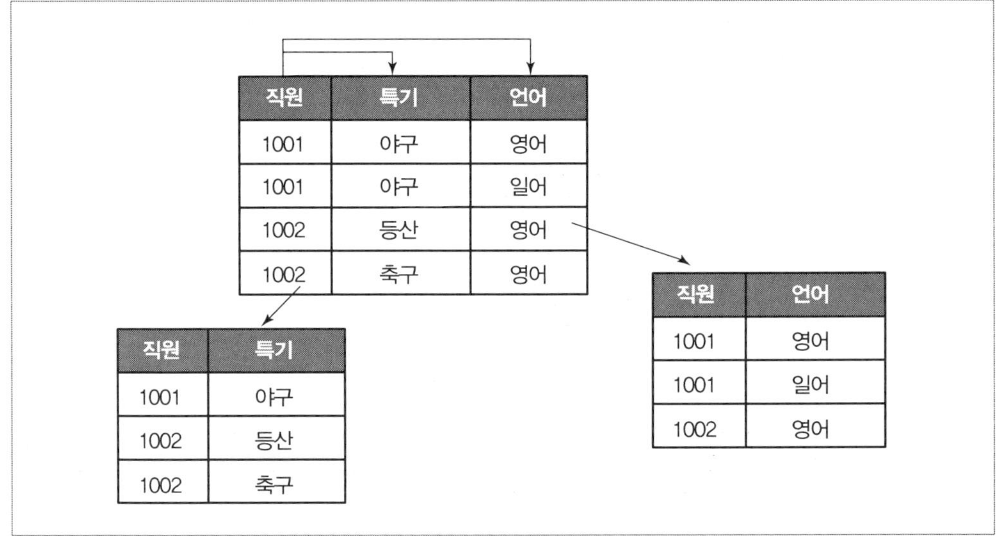

(6) 제5정규형(5NF)

2개 이상의 릴레이션으로 분해해야 무손실 분해가 가능한 정규형을 5NF라고 한다. 이는 n개 이상의 릴레이션으로 분해되야 되므로 n분해 릴레이션이라고도 한다.

(7) 정규화의 장점

- 중복된 속성값이 줄어든다.
- 널(Null)값의 사용을 최소화하여 성능을 높일 수 있다.
- 업무 규칙 및 요구사항의 추가 확정이 가능하다.
- 엔티티를 목적에 맞게 효율적으로 관리할 수 있다.
- 데이터 모델의 품질을 보장할 수 있다.

[표 2-11] 정규형 간의 비교

구 분	내 용
2NF	R(A, B, C, D)관계에서 A → C 종속관계가 존재하면, R1(A, B, D), R2(A, C)로 분해
3NF	R(A, B, C, D)에서 C → D 종속관계가 존재할 경우 R1(A, B, C), R2(C, D)로 분해
BCNF	BCNF: R(A, B, C, D)에서 C → B 종속관계가 존재할 경우 R1(A, C, D), R2(C, B)로 분해

04 정규화 풀이

문제1 관계형 데이터베이스 설계 시 테이블 스키마[R]와 함수종속성[FD]이 아래와 같이 주어졌을 때, 다음 질문에 답하시오.[84회 정보관리 1교시]

R(A, B, C, D, E, F, G, H, I)
FD : 1. A → B   2. A → C
     3. D → E   4. AD → I
     5. D → F   6. F → G
     7. AD → H

스키마 R(A, B, C, D, E, F, G, H, I)은 원자값(Atomic Value)으로 구성되어 있는 1차 정규 테이블이다.

가. 함수종속도표(FDD ; Functional Dependency Diagram)를 작성하시오.

나. 스키마 R(A, B, C, D, E, F, G, H, I)에서 키값을 찾아내고 그 과정을 설명하시오.

다. 2차 정규형 테이블을 설계하고 각 테이블의 키값을 명시하시오.

라. 3차 정규형 테이블을 설계하고 각 테이블의 키값을 명시하시오.

✅ 1. 정규화 문제를 풀 경우 아래와 같이 주어진 테이블의 종속성을 분석한 후 문제를 푸는 것이 좋다.

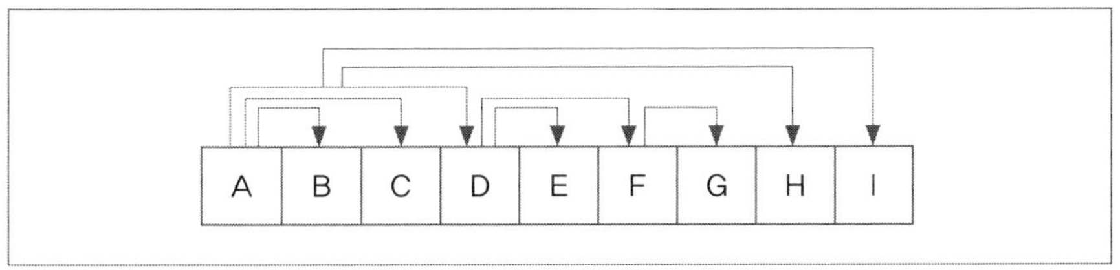

✅ 2. 정규화 문제나 수치해석 문제의 경우 목차에 연연하지 말고, 물어본 내용에 대하여 바로 풀어나가는 것이 좋다.

풀이

1. 함수종속도표 및 릴레이션 키 선정

가. 주어진 릴레이션의 함수종속도표

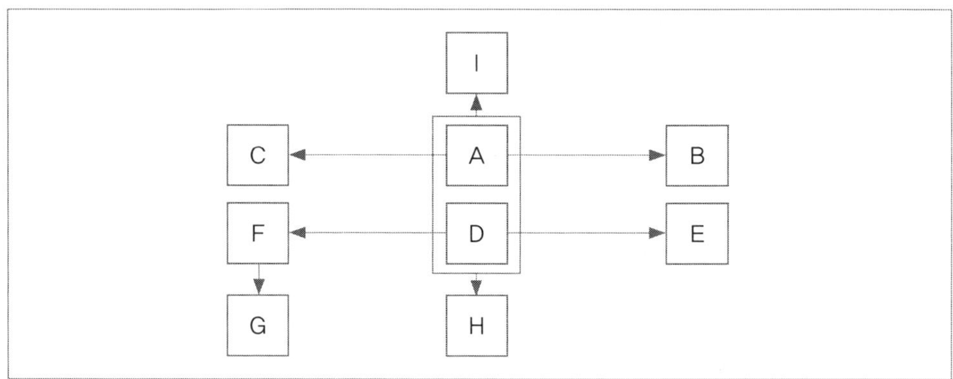

나. 스키마 R에서의 키값 선정
- 릴레이션의 함수종속관계에서 각 속성을 결정짓는 결정자를 도출 : A, D, (A, D), F
- 릴레이션 R의 모든 속성을 결정짓는 결정자 선택 : (A, D)

  이행규칙 : F에 종속되는 G는 F를 결정짓는 D에도 종속

  첨가규칙 : A 또는 D에 종속되는 B, C, E, F, G는 (A, D)에도 종속
- 결정자 (A,D)는 릴레이션 R의 결정자를 제외한 B, C, E, F, G, I, H의 모든 속성을 결정. 따라서 릴레이션 R의 전체 속성을 결정짓는 결정자 (A, D)를 기본키로 선정

2. 2차 정규형 테이블 설계 및 키값 명시

가. 2차 정규형의 개념
- 1차 정규형을 만족(원자값이면서 Repeat Value가 없는 형태)
- 부분 함수적 종속성을 제거
- 키에 속하지 않는 모든 속성은 키에 완전 함수 종속 성립

나. 2차 정규형 설계

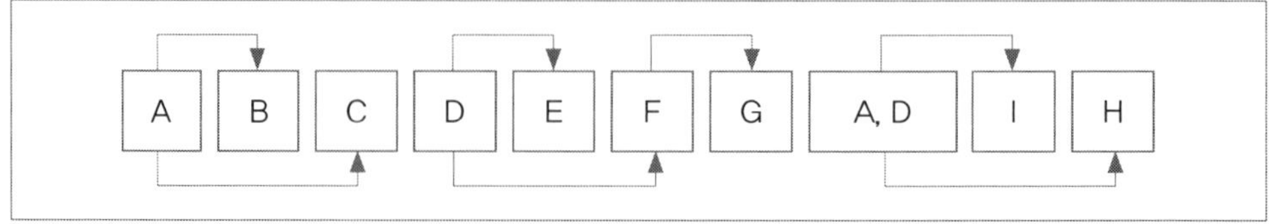

다. 2차 정규형 테이블의 키값

릴레이션	키	설 명
R(A, D, I, H)	(A, D)	릴레이션의 속성 I, H를 결정하는 복합속성 (A, D)는 결정자
R(A, B, C)	A	릴레이션의 속성 B, C를 결정하는 속성 A는 결정자
R(D, E, F, G)	D	릴레이션의 속성 E, F, G를 결정하는 속성 D는 결정자

3. 3차 정규형 테이블 설계 및 키값 명시

가. 3차 정규형의 개념

2차 정규형을 만족하고, 이행 함수 종속성을 제거

나. 3차 정규형 설계

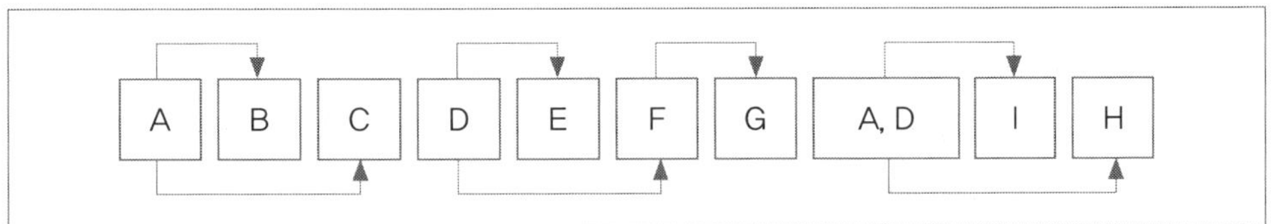

다. 3차 정규형 테이블의 키값

릴레이션	키	설 명
R(A, D, I, H)	(A, D)	릴레이션의 속성 I, H를 결정하는 복합속성 (A, D)는 결정자
R(A, B, C)	A	릴레이션의 속성 B, C를 결정하는 속성 A는 결정자
R(D, E, F)	D	릴레이션의 속성 E, F를 결정하는 속성 D는 결정자
R(F, G)	F	릴레이션의 속성 G를 결정하는 속성 F는 결정자

문제2 '학번 · 지도교수' 릴레이션은 학생들이 수강한 과목의 성적을 나타내는 릴레이션이다. 또한 이 릴레이션은 지도교수 정보로서 지도교수명과 지도교수의 소속학과 정보도 함께 가지고 있다. 즉, 한 학생은 여러 과목을 수강할 수 있기 때문에 특정 투플을 유일하게 식별하기 위해서는 학번과 과목번호가 복합 애트리뷰트의 형태로 기본키가 되어야 성적을 식별할 수 있다. 스키마와 함수종속성(Functional Dependency)은 다음과 같다.[81회 정보관리 2교시]

> '수강 · 지도' 릴레이션 : (학번, 과목번호, 지도교수명, 학과명, 성적)
>
> 함수종속성(FD) : 1. 학번 | 과목번호 → 성적
>
> 2. 학번 → 지도교수명
>
> 3. 학번 → 학과명
>
> 4. 지도교수명 → 학과명

가. 함수종속도표를 작성하시오.

나. 1차 정규형 스키마인 '수강지도' 테이블에서 부분종속성을 제거하여 2차 정규형 테이블을 설계하시오.

다. '나'항에서 생성된 2차 정규형 테이블에서 이행종속성을 제거하고 3차 정규형 테이블을 설계하시오.

라. 1차 정규형 테이블에서 2차, 3차 정규화 과정을 수행하지 않고 한 번에 보이스–코드 정규형 테이블을 설계할 수 있는 방법을 설명하시오.

문제를 풀기 전에 다음과 같이 함수적 종속성을 분석해 본다.

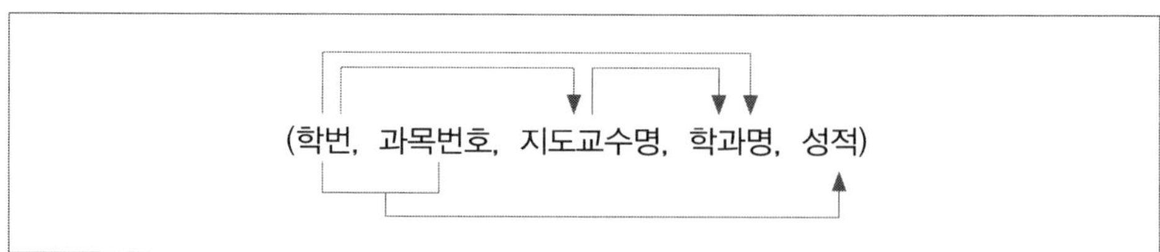

풀이

1. 데이터 이상현상 방지를 위한 정규화

가. 정규화의 개념
이상현상(삽입, 삭제, 갱신)이 발생하지 않도록 하나의 릴레이션을 여러 개의 릴레이션으로 무손실 분해하는 과정

나. 주어진 문제의 함수종속도표

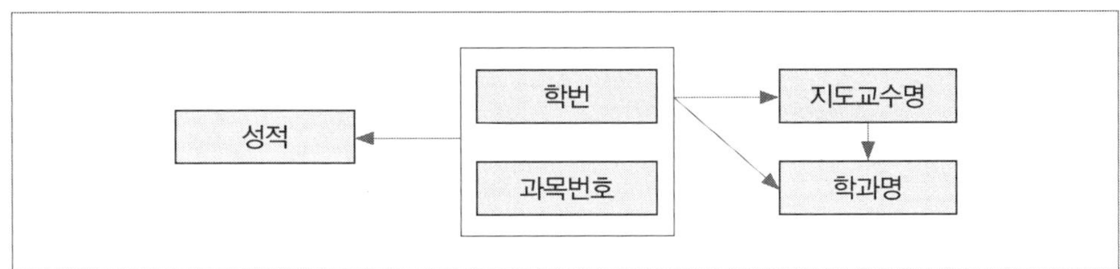

2. 2정규형 및 3정규형 수행

가. 2정규형 수행
부분함수 종속성을 제거하여 2차 정규형 테이블을 설계

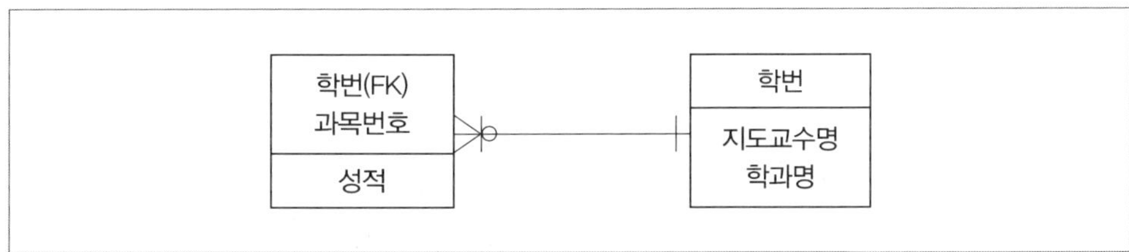

나. 3정규형 수행
이행함수 종속성을 제거하여 3차 정규형 테이블을 설계

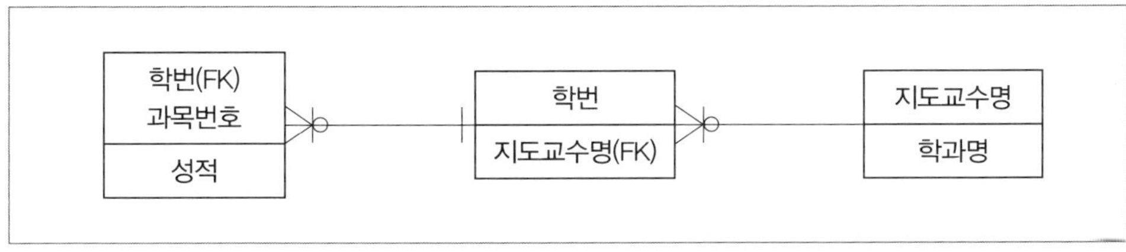

3. 1차 정규형 테이블에서 한 번에 BCNF 정규형으로 전환하는 방법

가. 엔티티와 릴레이션의 이름을 빼고 애트리뷰트를 모두 나열하여 함수적 종속 관계 특성으로 BCNF 생성

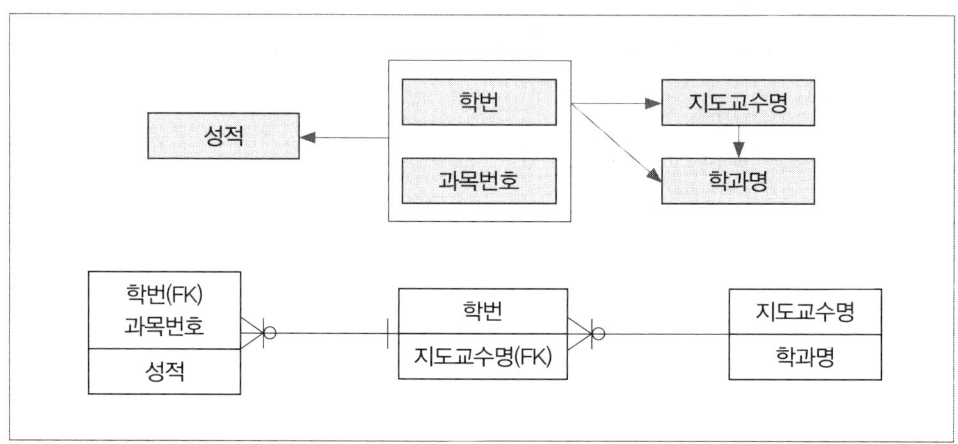

나. 모든 속성을 결정자로 가정하고 BCNF 구현

- 학번＋과목번호＋지도교수명＋학과명 → 성적
- 학번＋과목번호 → 성적
- 학번＋지도교수명 → 학과명
- 지도교수명 → 학과명

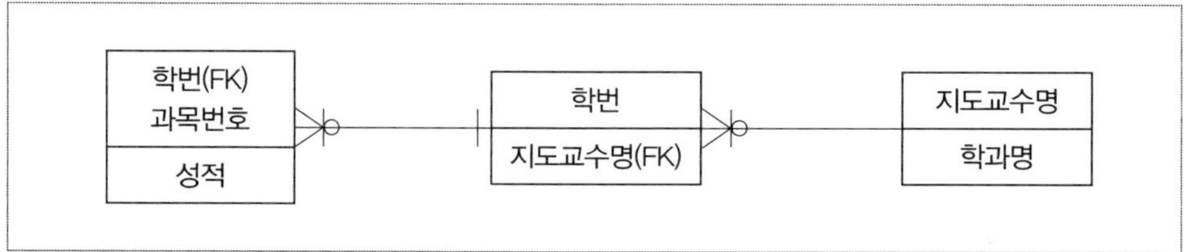

문제3 SS물산의 상품주문판매 관리시스템의 주문목록 릴레이션 스키마가 다음과 같을 때 물음에 답하시오.[80회 정보관리 4교시]

> 주문목록(<u>제품번호</u>, 제품명, 재고량, 주문번호, 고객번호, 주소, 주문량)
> 단, 밑줄 친 속성은 기본키이다.

가. '주문목록' 릴레이션이 제1정규형이 아닌 이유를 설명하시오.

나. '주문목록' 릴레이션에서 반복되는 주문번호를 분리하여 제1정규형으로 구성한 2개의 릴레이션을 기술하시오. 단, 릴레이션 이름은 제품과 제품주문으로 하고, 기본키는 속성 밑에 줄을 친다.

다. 제1정규형 과정으로 생성된 '제품주문' 릴레이션에서 기본키는 2개이므로 함수적 종속관계가 성립한다. 이 함수적 종속관계를 기술하시오.

라. 제2정규형이 되기 위한 요건을 기술하고, 제2정규형의 릴레이션을 작성하시오.

풀이

1. 주문목록이 제1정규형이 아닌 이유

- 모든 제품 하나당 주문이 한 번만 발생할 수는 없는데 제품번호만이 기본키라는 것은 주문번호, 고객번호, 주소, 주문량 속성 각각이 어떠한 구분자(Delimiter)에 의해 구분되어 배열형태로 정보를 가지고 있다고 볼 수밖에 없음
- 즉, 주문번호, 고객번호, 주소, 주문량속성들이 원자값도 아니고, 반복되는 주문정보를 가지고 있으므로 1정규형에 위배됨

2. '주문목록'에서 반복되는 주문번호를 분리하여 제1정규형으로 구성한 2개의 릴레이션

- 제품(제품번호, 제품명, 주문번호)
- 제품주문(제품번호, 주문번호, 고객번호, 주소, 주문량)

3. 릴레이션의 함수적 종속관계 기술

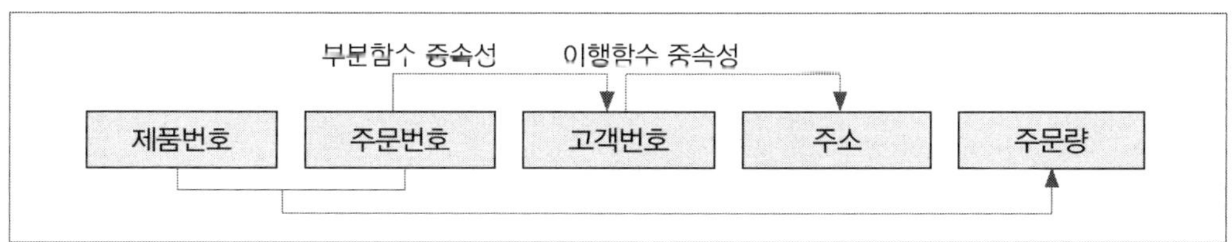

4. 제2정규형이 되기 위한 요건 및 제2정규형의 릴레이션

- 제2정규형이 되기 위해서는 부분함수 종속성이 제거되어야 함
- 부분함수 종속성이 제거된 제2정규형 릴레이션은 다음과 같음

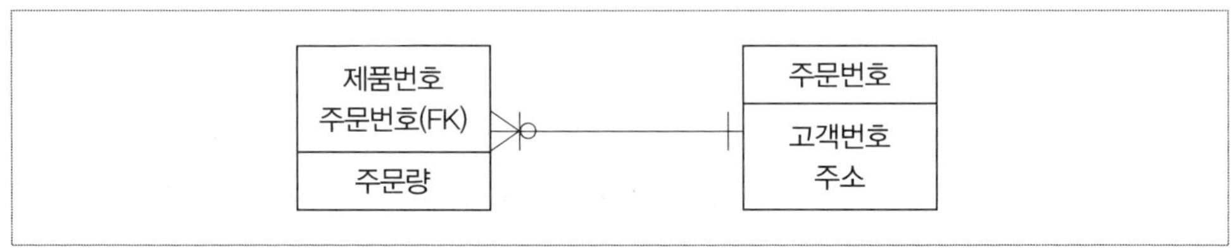

문제 4 다음은 하나의 제품에 대해 여러 개의 주문서가 접수된 내용을 보여주는 '주문목록' 초기 테이블이다. 각각의 물음에 답하시오.

제품 번호	제품명	재고 수량	주문 번호	수출 여부	고객 번호	사업자 번호	우선 순위	주문 수량
1001	모니터	1,990	AB345	X	4520	398201	1	150
1001	모니터	1,990	AD347	Y	2341	–	3	600
1007	마우스	9,702	CA210	X	3280	200212	8	1,200
1007	마우스	9,702	AB345	X	4520	398201	1	300
1007	마우스	9,702	CB230	X	2341	563892	3	390
1201	스피커	2,108	CB231	Y	8320	–	2	80

가. 1차 정규화된 테이블과 E-R 다이어그램을 표현하시오.

나. 2차 정규화된 테이블과 E-R 다이어그램을 표현하시오.

다. 정규화의 목적, 효과, 문제점에 대하여 설명하시오.

풀이

1. 데이터 중복성 제거를 위한 정규화

가. 정규화의 목적

관계형 데이터베이스에서 데이터의 일관성, 최소한의 데이터 중복, 최대한의 데이터 안전성을 확보하기 위하여 릴레이션을 여러 개의 작은 릴레이션으로 무손실 분해(Lossless Decompo-sition)하는 과정을 수행

나. 정규화의 효과

- 중복에 따른 갱신 이상현상의 제거로 일관성 유지(갱신 이상, 삽입 이상, 삭제 이상, 변경 이상 현상 제거)
- 자료구조의 안전성 확보, 자료 불일치성 최소화
- 효율적인 검색이 가능
- 중복의 제거로 인한 저장공간의 최소화
- 데이터 신규 발생 시 DB 재구성의 필요성 감소(유연한 구조)

2. 주어진 문제의 1차 정규화된 테이블과 E-R 다이어그램

가. 1차 정규화

모든 속성이 원자값으로 구성되고 반복 그룹이 존재하지 않으므로 제1정규형을 만족함

나. 1차 정규화 E-R 다이어그램

ERD를 그리면 하나의 표만 나오는 관계로 Function Diagram으로 표시함

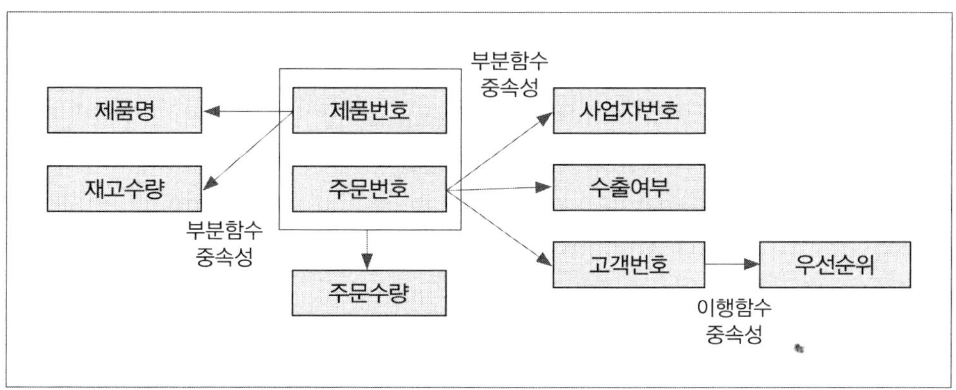

3. 주어진 문제의 2차 정규화된 테이블과 E-R 다이어그램

가. 2차 정규화

기본키 속성에 부분 종속되는 속성을 제거

나. 2차 정규화 E-R 다이어그램

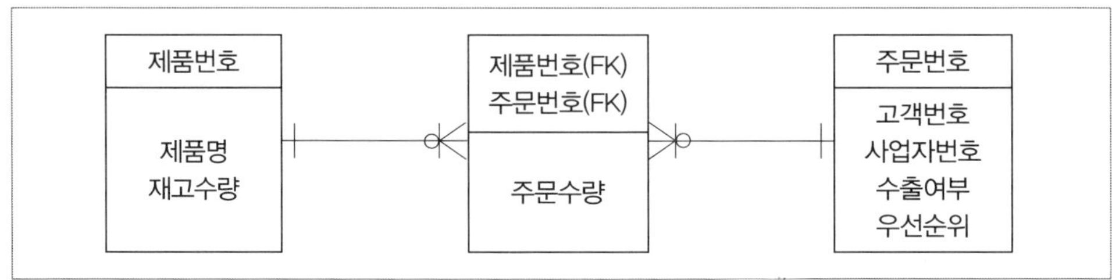

4. 정규화의 문제점과 해결방안

가. 정규화의 문제점

- 과도한 정규화는 빈번한 join으로 인한 응답속도 저하
- 빈번한 join으로 인한 성능 저하
- 프로그램 작성 시 과다하고 복잡한 검색 조건문 작성 필요

나. 정규화 문제의 해결방안

- 무결성과 성능을 고려하여 적절한 수준의 정규화를 수행(3NF나 BCNF까지 수행)
- Join으로 인한 성능 저하를 막기 위해 필요시 반정규화를 수행

문제 5 관계형 데이터베이스 설계 시에 부분종속성으로 인하여 발생되는 이상현상(Anomaly) −입력 이상, 삭제 이상, 갱신 이상−을, 아래에 주어진 테이블과 함수종속성(Functional Dependency)을 근거로 하여 '예'를 들어서 설명하고, 부분 종속성을 제거함으로써 이상현상이 해소되는 과정을 설명하시오.

학 번	지도교수명	교수전공	과목번호	성 적
100	P1	산업공학	K1	A+
100	P1	산업공학	K2	C−
200	P2	전자공학	K1	D−
300	P3	전기공학	K1	A−
300	P3	전기공학	K2	C+
300	P3	전기공학	K3	A0
400	P4	전자계산학	K1	B+
400	P4	전자계산학	K2	C+
400	P4	전자계산학	K3	B−
400	P4	전자계산학	K4	A0

함수종속성(FD) 1. 학번 | 과목번호 → 성적
               2. 학번 → 지도교수명
               3. 지도교수명 → 교수전공

풀이

1. 데이터의 중복으로 인한 비합리적 현상, 이상현상(Anomaly)

가. 이상현상(Anomaly)의 개념

데이터의 중복성으로 인해 릴레이션을 조작할 때 발생하는 예기치 못한 비합리적 현상

나. 이상현상의 종류

유 형	설 명
입력 이상	릴레이션 R에서 특정 투플을 삽입할 경우 원하지 않는 불필요한 정보까지 삽입해야 하는 현상
삭제 이상	릴레이션 R에서 특정 투플을 삭제할 경우 원하지 않는 정보까지 삭제되는 현상
갱신 이상	릴레이션 R에서 특정 속성값 갱신 시 중복 저장되어 있는 속성값 중 하나만 갱신되고 나머지는 갱신되지 않아서 발생하는 데이터의 불일치 현상

2. 주어진 문제의 이상현상 사례 및 해결방안

가. 주어진 문제의 이상현상 사례

- 입력 이상 : 500번 학생의 과목번호와 성적을 입력하고자 할 때, 필요하지 않은 지도교수명과 교수전공을 입력해야 함
- 삭제 이상 : 200번 학생이 과목 K1을 취소할 경우, 지도교수 정보와 교수전공 정보도 함께 사라짐
- 갱신 이상 : 100번 학생이 지도교수를 변경할 경우, 수강과목과 성적이 일치하지 않는 현상 발생

나. 주어진 문제의 해결방안

부분함수 종속성을 파악하여 테이블을 분리함

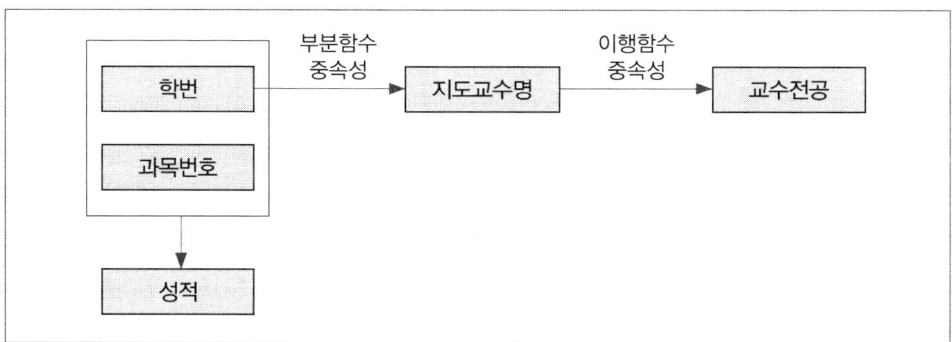

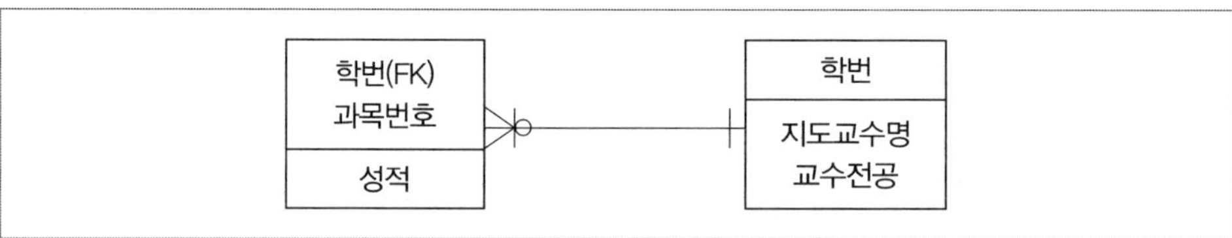

◐ CHAPTER 01 DB 설계

06 반정규화

PART 02 DB 설계 및 구축

핵심 요약(Key point summary)

1 조인 감소를 통한 성능 향상 기법, 반정규화

가. 반정규화(Denormalization)의 정의

정규화로 분해된 데이터 모델을 관련 있는 릴레이션으로 통합하여 DB 성능을 향상시키는 기법

나. 반정규화의 필요성

- 검색 성능 향상 : 정규화로 분해된 테이블 간 조인(Join) 증가로 검색 성능 저하
- 모델링 이해 증대 : 분해된 테이블 간 복잡한 릴레이션으로 모델링 이해의 어려움
- 개발 생산성 증대 : SQL 개발 시 해당 테이블의 잦은 조인으로 개발분량 및 생산성 저하

2 반정규화의 주요 기법

구 분	주요 기법	설 명
테이블 레벨	테이블 병합	• Join이 자주 일어나는 테이블 병합 • 자식테이블 합병
	테이블 분할	• 테이블 수직분할 : 잦은 Access 컬럼과 낮은 컬럼을 분리 • 테이블 수평분할 : 동일한 컬럼을 데이터를 기준으로 수평 분할, Partition 적용으로 성능 향상
	테이블 추가	• 통계 테이블 추가 : 통계정보를 위해 조회 빈도가 높은 컬럼을 테이블로 생성 • 이력 테이블 추가 : 이력성 정보 조회를 위한 별도 테이블 생성
컬럼 레벨	중복컬럼 추가	조인해야 될 컬럼을 양쪽 테이블에 추가
	계산된 컬럼 추가	여러 테이블 조인 후 계산이 필요한 경우 미리 계산된 컬럼 추가
	이력컬럼 추가	변경이력 정보를 위한 정보컬럼 추가
관계 레벨	중복관계 추가	부모−자식관계를 추가하여 데이터 접근경로 단축

3 반정규화의 장단점 및 수행 시 고려사항

가. 반정규화의 장단점

장 점	단 점
• Join 횟수를 줄일 수 있어 검색 성능 향상 • 개발 생산성 및 운영의 편의성 향상 • 모델링 이해의 용이	• 데이터 신규생성, 변경 시 성능 저하 • 동일 데이터의 분산으로 데이터 정합성 무결성 저하 우려 • 분산된 데이터 관리의 어려움

나. 반정규화 수행 시 고려사항

- 무결성 고려 : 데이터의 무결성을 유지하는 범위 내에서 성능 향상을 위한 반정규화 필요
- 테이블 용도 고려 : 조회는 빈번하지만 갱신은 적게 발생되는 테이블 위주로 반정규화
- 정규화 선 진행 : 기본 정규화를 진행한 이후 성능 저하 요소를 식별하여 반정규화 수행
- 변경이력 관리 : 정규화 테이블에서 반정규화 수행 사유 및 이력관리를 통한 업무 보조

SECTION 06

01 반정규화의 개념

반정규화(Denormalization)는 정규화로 무손실 분해된 테이블이 조인에 의해 성능이 저하되고 관리 및 개발이 복잡해지는 문제를 해결하기 위해 수행되는 과정이다.

반정규화는 논리 데이터 모델이 확정된 후 물리 데이터 모델링 과정에서 사용의 효율성을 얻기 위한 과정이다. 그러나 반정규화로 인해서 중복 데이터가 발생될 수 있으므로, 개발 및 유지보수 시 모델링의 정확한 이해가 필요하다.

반정규화가 필요한 경우는 다음과 같다.
- 실시간 조회가 필요한 통계정보
- 복잡한 계산이 필요한 계산 컬럼
- 빈번한 액세스 혹은 사용자들이 많이 조회하는 컬럼

02 테이블 단위 반정규화

반정규화는 업무와 데이터의 특성을 고려하여 테이블 단위로 반정규화를 할지 혹은 컬럼 단위로 반정규화를 할지 결정한다. 테이블 단위 반정규화 방법에는 테이블 추가, 테이블 분할, 테이블 통합이 있다.

(1) 테이블 추가

추가 테이블이 필요한 경우는 다음과 같다.

- 테이블의 대량 범위를 자주 조회해야 하는 경우
- 특정 범위의 컬럼만 자주 처리되는 경우
- 치리범위를 줄이지 않고는 수행속도를 개선할 수 없는 경우
- 테이블의 데이터 중 요약 정보만 주로 요구하는 경우

[표 2-12] 테이블 추가 유형

테이블 추가 유형	설 명
집계용 테이블	• 단일 테이블의 GROUP BY가 많이 사용되는 테이블 • 여러 테이블의 조인 GROUP BY가 많이 사용되는 테이블
이력관리용 테이블	과거 데이터 분석, 통계 데이터 및 모니터링 데이터 활용 등을 위해 과거와 현재에 발생된 데이터를 관리
INDEXING 테이블	조인이 많이 발생하는 경우 관련 릴레이션 정보를 통합 · 관리하여 상호 연결
Statement 테이블	• 흩어진 데이터를 통합하여 양쪽 OUTER JOIN의 문제에 대응 • 자주 사용되는 정보 중 검색조건과 조인, 처리량이 많은 경우
특수목적 테이블	• 큰 테이블 컬럼의 특정 부분만 자주 사용되는 경우 • 다중 테이블을 조인하여 필요한 부분만으로 만든 특수목적 테이블 • 코드 데이터를 별도로 분리하여 코드테이블 생성 가능

(2) 테이블 분할

테이블 분할은 컬럼의 사용 빈도 차이가 많거나, 데이터의 시간대별로 사용이 다르게 집중될 경우, 수직분할 혹은 수평분할이 필요하다.

■ 수평분할

수평분할은 레코드 기준으로 테이블을 분할하는 것으로 다음과 같은 경우 적용한다.

* 각 다른 업무에서 특정 로(Row) 데이터만 사용하는 경우
* 하나의 트랜잭션이 분할된 여러 테이블을 동시에 처리하는 경우가 없을 경우
* 로 수가 지나치게 많은 경우
* 분할 이후 전체 조회로 UNION이 빈번히 사용될 가능성이 없는 경우

[표 2-13] 테이블 분할의 장단점

장 점	단 점
• 데이터 조회 시 액세스양 감소 • 분할된 부분만 Backup, Recovery 등의 작업을 수행하게 되므로 테이블 관리 용이 • 경량으로 보안 유지 용이	• 전체 데이터의 처리가 필요할 경우 UNION 발생 • 처리 속도가 나빠질 수 있고, SQL이 복잡해질 수 있음 • 기본키의 유일성 관리가 어려움

[그림 2-35] 수평분할 예시

■ 수직분할

하나의 테이블이 가지는 컬럼 수가 많거나, 사용 빈도가 상이한 경우 테이블을 컬럼 단위로 분할한다. 수직분할이 필요한 경우는 다음과 같다.

- 조회 위주의 컬럼과 갱신 위주의 컬럼으로 나눠지는 경우
- 특정 용도로 자주 사용되는 컬럼이 존재하는 경우
- 특정 컬럼의 크기가 커서 관리가 어려운 경우
- 특정 컬럼의 보완이 필요해 별도 분리해야 하는 경우

TABLE : EMP

ID	NAME	ADDRESS	TEL	ENTER_YEAR
100	강주연	대구 수성구	010-2321-4156	2000
200	장희준	경북 포항시	010-1212-1212	2001
300	장혜림	서울 서초구	010-1234-3434	2001
400	장혜민	서울 은평구	010-2341-3452	2002
500	장세민	경기 안양시	010-8987-2314	2002
600	장보겸	경기 인천시	010-2324-1456	2003

TABLE : EMP_NAME

ID	NAME
100	강주연
200	장희준
300	장혜림
400	장혜민
500	장세민
600	장보겸

TABLE : EMP_DETAIL

ADDRESS	TEL	ENTER_YEAR
대구 수성구	010-2321-4156	2000
경북 포항시	010-1212-1212	2001
서울 서초구	010-1234-3434	2001
서울 은평구	010-2341-3452	2002
경기 안양시	010-8987-2314	2002
경기 인천시	010-2324-1456	2003

[그림 2-36] 수직분할 예시

(3) 테이블 통합

조인이 자주 일어나는 부모-자식테이블을 부모 테이블에 자식 테이블의 속성을 통합하고 자식테이블을 제거하는 방법이다. 조인이 발생하지 않아 액세스 성능은 증대되지만, 부모 테이블의 컬럼은 중복 데이터가 발생된다.

TABLE : ORD

OR_ID	ORD_DATE
100	2001-01-10
200	2009-09-27
300	2009-10-25
400	2010-03-06
500	2011-03-03
600	2013-05-10

TABLE : ORD_DTL

ID_ID	ORD_SEQ	ORD_PRODUCT	ORD_SATA
100	1	컴퓨터	완료
100	2	키보드	완료
200	1	노트북	완료
300	1	책상	완료
300	2	의자	완료
400	1	마우스	완료
500	1	모니터	완료
600	1	노트북	진행

TABLE : ORD

ID_ID	ORD_SEQ	ORD_DATE	ORD_PRODUCT	ORD_SATA
100	1	2001-01-10	컴퓨터	완료
100	2	2009-09-27	키보드	완료
200	1	2009-10-25	노트북	완료
300	1	2010-03-06	책상	완료
300	2	2011-03-03	의자	완료
400	1	2013-05-10	마우스	완료
500	1	2011-03-03	모니터	완료
600	1	2011-03-03	노트북	진행

[그림 2-37] 테이블 통합 예시

03 컬럼 단위 반정규화

(1) 중복 컬럼 추가

갱신 빈도에 비해 조회 빈도가 높은 경우, 조인에 의한 성능 저하를 방지하기 위해서 조인을 해서 읽어 올 속성을 양쪽 테이블에 중복으로 저장하는 방법이다.

(2) 계산된 컬럼 추가

여러 컬럼을 조합하여 계산이 필요한 경우, 계산컬럼을 미리 추가하여 데이터 생성 시 계산된 값을 저장하도록 한다. 비록 갱신 비용은 증대되지만 계산 결과의 조회 성능은 증대된다.

컬럼을 중복 추가할 경우에는 다음 사항을 고려한다.

- 저장 공간의 지나친 낭비를 고려해야 한다.
- 데이터의 일관성 보장에 유의하여 모델링의 정확한 이해가 필요하다.
- 다중 테이블 클러스터링으로 해결이 가능한지 검토한 후 추가한다.
- 경우에 따라서는 ROWID의 복사를 사용할 수도 있다.
- 지나친 중복으로 데이터 처리의 오버헤드가 발생되지 않도록 한다.

◯ **CHAPTER 01** DB 설계

07 물리 DB설계

핵심 요약(Key point summary)

1 물리 환경의 최적화를 위한, 물리 데이터베이스 설계

가. 물리 데이터베이스 설계의 개념

데이터의 모델링 이후에 데이터베이스를 구축하기 위하여 데이터베이스의 용량, 성능, 보안, 장애 등을 고려한 일련의 물리 측면의 데이터베이스 설계 활동

나. 물리 데이터베이스 설계의 필요성

필요성	설 명
시스템의 구체화	논리적 모델링을 시스템화하기 위한 다양한 각도의 설계
물리적 최적화	용량, 백업, 복구, 보안, 성능 등 최적화된 데이터베이스 설계
운영 예외 상황 대비	데이터베이스 운영 시 발생될 환경에 대비한 설계

2 물리 데이터베이스 설계 범위

가. 물리 데이터베이스 설계의 개념도

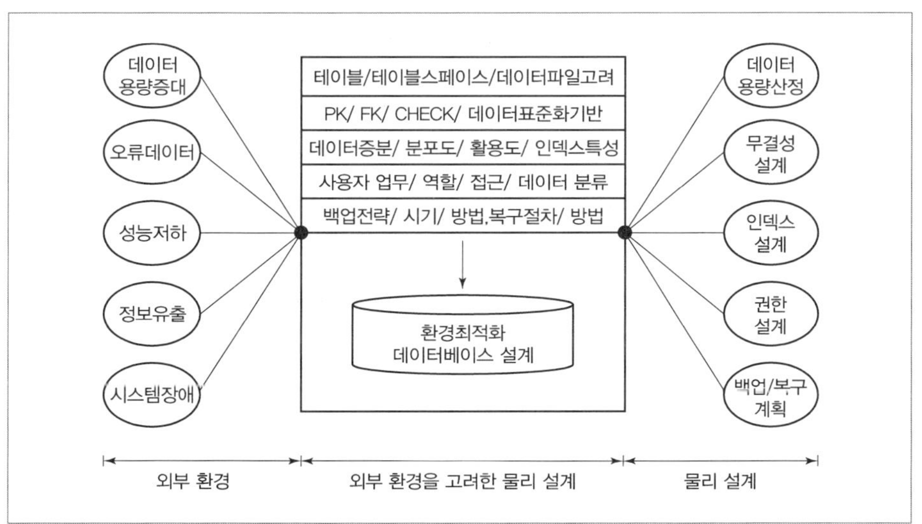

나. 물리 데이터베이스 설계의 범위

설계 범위	설 명
데이터 용량 설계	테이블 레코드 기준 테이블 용량산정, 테이블스페이스 용량산정, 데이터파일 용량산정
무결성 설계	데이터의 무효갱신으로부터 데이터를 보호하여 정확성, 일관성, 신뢰성 확보
인덱스 설계	데이터 처리 성능 향상을 위한 데이터 발생량, 컬럼의 분포도, 활용도에 적합한 인덱스 설계
권한 설계	허가 받지 않은 사용자로부터 데이터베이스를 보호하기 위한 설계
백업 및 복구설계	장애 발생 시 신속한 복구를 위해 상시 백업과 장애 발생 대응전략 수립

3 물리 데이터베이스 설계 절차

물리 설계	주요 절차
데이터 용량 설계	테이블 레코드 산정 → 테이블 용량 산정 → 테이블스페이스 용량 산정 → 데이터파일 용량 산정
무결성 설계	개체무결성 설계 → 참조무결성 설계 → 속성무결성 설계 → 사용자무결성 설계
인덱스 설계	접근경로 수집 → 분포도 조사 → 인덱스 후보 컬럼 설정 → 인덱스 컬럼 순서 결정 → 중복 인덱스 배제 → 인덱스 검증 및 확정
권한 설계	사용자 설계 → 권한 설계 → 역할 설계 → 권한 매핑 할당
백업 및 복구설계	백업 전략 수립 → 백업 대상 및 시기 정의 → 백업 종류 및 방법 선정 → 복구 조직 정의 → 복구 절차 정의 → 복구 방법 선정

4 물리 데이터베이스 설계 시 고려사항

- 업무담당자, 데이터 모델링 전문 DA, 데이터베이스관리자 DBA, 운영 담당자의 협업 설계 실시
- 데이터베이스 시스템의 CPU, 디스크, 메모리 등 하드웨어 장비의 선행 이해를 기반한 물리 데이터베이스 설계
- 데이터베이스 유지비용 절감 및 데이터베이스의 안정적 운영, 장애 발생 복구 시간 최소화를 고려한 설계

01 물리 데이터베이스 설계의 개념

데이터 모델링을 완료하였다고 해서 바로 데이터베이스를 생성할 수는 없다. 데이터 모델링에서 구조화된 객체를 생성하기 위해서는 DBMS의 특성을 포함한 운영환경, 성능, 무결성, 가용성 등을 고려하여 데이터베이스가 설계되어야 한다. 이러한 설계 작업에는 데이터 용량 설계, 무결성 설계, 인덱스 설계, 접근통제 설계, 데이터베이스 백업 및 복구 전략 수립 등이 필요하다.

02 데이터 용량 설계

오라클을 기준으로 데이터베이스의 저장 구조를 살펴보면 다음 그림과 같다. 물리적 데이터파일은 논리적으로 하나 이상의 테이블스페이스를 포함하고 있다. 또한 테이블스페이스는 하나 이상의 세그먼트(Segment)를 포함한다. 세그먼트는 저장되는 데이터 구조에 따라 데이터 세그먼트, 인덱스 세그먼트, 임시 세그먼트 등으로 나눠진다. 세그먼트는 데이터 구조를 저장하기 위해 할당되는 익스텐트(Extent)의 집합이며, 익스텐트는 데이터 블록으로 구성되어 있다. 데이터 블록은 데이터의 입출력 시 사용하는 가장 작은 데이터 이동 단위이며, 블록의 크기는 데이터베이스 생성 시 결정된다.

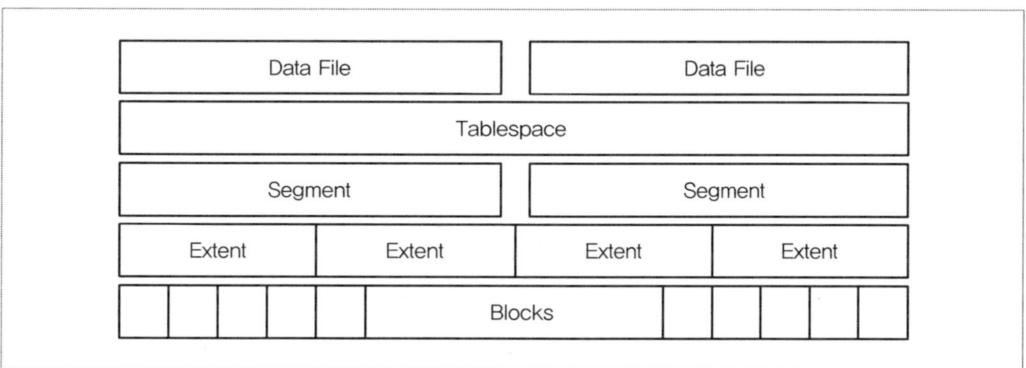

[그림 2-38] 데이터베이스의 저장 구조(오라클 기반)

데이터 용량 설계는 데이터베이스 구조의 이해를 바탕으로 데이터베이스에 관리될 데이터 양 및 증가분에 대한 산정을 수행하는 것이다. 데이터 용량 산정이 부적절할 경우, 데이터베이스 운영 시 성능저하 및 장애의 요인이 될 수 있으므로 데이터 용량 설계는 중요한 과정이다. 데이터 용량 설계를 위해서는 데이터 레코드 길이 기준으로 테이블 용량을 산정하고, 테이블 용량을 기준으로 테이블스페이스 용량을 산정하며, 테이블스페이스 용량을 기준으로 데이터파일의 용량을 산정한다.

(1) 테이블 용량 산정

먼저 테이블의 용량 산정을 위해서 컬럼의 데이터 타입과 자릿수를 가변길이와 고정길이를 고려하여 전체 합한다. 이렇게 통합된 로(ROW) 길이와 초기 데이터 정보, 연간 증가예상 정보, 최대예상용량, 보존기간 등을 통해서 데이터의 용량 산정을 수행한다. 테이블 용량 설계를 기반으로 데이터베이스를 구축하여 향후 용량증가에 따른 운영상 문제를 미연에 방지할 수 있도록 한다.

1. 각 컬럼의 사이즈를 합하여 테이블의 레코드 길이를 산출한다.
2. 테이블의 최대 저장 데이터 건수를 산출한다.
3. 초기 증가치를 고려한 필요 사이즈를 산출한다.

[표 2-14] 테이블 용량 산정서 예시

테이블명	ROW 길이	초기건수	발생주기	발생건수	보존기간	연간 증가건수	레코드 사이즈 (Byte)	최대예상 건수	초기용량 (KB)	증가용량 (KB)

테이블의 용량을 산정하면서 데이터베이스 설계에 필요한 블럭사이즈를 산정한다. 산정된 레코드 길이를 기준으로 최적의 블럭사이즈를 정하고 부가정보의 길이를 추가하여 한블록당 저장 레코드 수를 산출한다. 또한 추가 및 갱신 빈도를 고려하여 블록당 Free space size를 정한다.

(2) 테이블스페이스 용량 산정

테이블은 논리적 테이블스페이스에서 관리되고 테이블스페이스는 데이터파일에 저장된다. 테이블스페이스에는 논리적으로 서로 연관된 데이터를 묶어 관리하고 있다. 테이블스페이스는 저장되는 데이터에 따라 데이터 테이블스페이스, 인덱스 테이블스페이스, 임시 테이블스페이스 등으로 구성된다. 테이블스페이스 용량은 테이블용량을 기준으로 저장되는 데이터 종류에 따라 유연하고 확장 가능하도록 산정한다.

[표 2-15] 테이블스페이스 용량 산정서 예시

테이블명	테이블 용량	테이블스페이스명	테이블스페이스 용량 (○○% 확장 고려)

(3) 데이터파일 용량 산정

테이블스페이스의 데이터는 하나 이상의 데이터 파일에 구성될 수 있고, 하나 이상의 데이터파일이 한 테이블스페이스에 구성될 수 있는 구조이다. 따라서 산정된 테이블스페이스의 용량을 기준으로 데이터파일의 용량을 산정하고 디스크 용량을 설계하여 디스크의 추가도입을 결정한다.

[표 2-16] 데이터파일 용량 산정서 예시

디스크	테이블스페이스명	테이블스페이스 용량	데이터파일 디렉터리	데이터파일명	데이터파일용량

03 무결성 설계

데이터 모델링에 따라 데이터의 입력, 수정, 삭제 등의 변경 작업이 발생할 때 트랜잭션의 ACID 성질을 보장하고 오류 없는 데이터로 보호하기 위해서는 데이터베이스의 제약사항 설계가 필요하다. 이때 데이터베이스가 보장해야 하는 오류 없는 정확한 데이터의 성질이 무결성(Integrity)이다.

데이터 무결성의 제약사항에는 다음과 같이, 개체 무결성, 참조 무결성, 속성 무결성, 사용자 정의 무결성이 있다.

(1) 개체 무결성(Entity Integrity)

개체가 중복된 값을 제거해서 오류 없는 성질을 보장하기 위한 방법으로 기본키를 적용한다. 개체의 기본키 속성은 널(Null)값을 허용하지 않는다. 또한 기본키는 유일성과 최소성을 보장해야 하며 투플을 식별할 수 있어야 한다.

예를 들면, 데이터의 중복제거를 위해서 PK를 지정하고 속성은 NOT NULL제약을 설정한다. 또는 UNIQUE를 속성에 제약할 수 있다.

```
CREATE TABLE EMP
( EMPNO NUMBER NOT NULL,
  EMPNM VARCHAR2(10) UNIQUE,
  PRIMARY KEY (EMPNO));
```

(2) 참조 무결성(Referential Integrity)

개체 간의 관계설정 시 관계 엔티티 데이터의 무결성을 보장하는 방법이 참조 무결성이다. 무결성 보장을 위해서 외래키(FK)를 사용하며, 외래키는 릴레이션 테이블의 기본키 값이거나 널값을 허용하나, 외래키 속성은 참조할 수 없는 값을 가질 수 없다.

외래키 개수만큼 FK제약이 명시되어야 하고, 데이터 조작에서 관련 개체의 참조 무결성이 위배될 경우 데이터의 처리를 더 이상 진행하지 않는다. 혹은 기본키 개체의 데이터가 변경될 때 참조 개체의 데이터를 연쇄 변경하는 CASCADE를 사용하여 무결성을 보장하도록 한다.

```
CREATE TABLE EMP
(EMPNO NUMBER NOT NULL,
 EMPNM VARCHAR2(10) UNIQUE,
 DEPT_NO CHAR(4),
PRIMARY KEY (EMPNO),
FOREIGN KEY(DEPT_NO) REFERENCES DEPARTMENT(DEPT_NO)
AND DELETE SET DEFAULT ON UPDATE CASCADE);
```

(3) 속성 무결성(Attribute Integrity)

컬럼은 지정된 도메인을 만족하는 값과 DBMS에서 제공하는 데이터 타입만 사용하여 속성 무결성을 보장해야 한다.

예를 들면, 데이터 타입은 정수형, 실수형, 문자형 등을 제한하고, 속성의 DEFAULT값을 지정할 수 있고, 나이 속성을 0~110까지 제한할 수 있다. 또한 데이터가 필수적으로 필요한 속성은 저장 제약에 NOT NULL을 설정한다.

```
CREATE TABLE EMP
(EMPNO  NUMBER NOT NULL,
 EMPNM VARCHAR2(10) UNIQUE,
 AGE    NUMBER CHECK(AGE BETWEEN 0 AND 110),
 CLASS  CHAR(1) CHECK (CLASS IN (1,2,3)) DEFAULT 1),
PRIMARY KEY (EMPNO);
```

(4) 사용자정의 무결성(User Define Integrity)

처리되는 모든 데이터는 요구되는 업무규칙(Business Rule)을 준수해야 한다. 이러한 제약조건을 만족하기 위해 응용 프로그램에서 미리 데이터의 유효성을 체크해서 무결성을 보장하려는 노력해야 한다.

예를 들면, 트랜잭션 처리 시 필수항목의 속성이 입력값을 체크해서 NULL이면, "주민 번호는 필수 입력항목 입니다."라는 메시지를 출력한다. 날짜를 입력할 경우 1보다 작거나 32보다 큰 경우, "날짜 형식을 확인하시기 바랍니다."라는 메시지를 출력한다. 좀 더 강화된 무결성으로 TRIGGER를 사용 제약이 만족할 경우 해당 테이블에 데이터를 생성한다.

```
급여가 1000000보다 작을 경우 급여 10% 자동 인상 제약설계는 다음과 같다.

CREATE TRIGGER ADD_SAL
AFTER INSERT ON EMP
REFERENCING NEW AS newEmployee
FOR EACH ROW
WHERE (newEmployee.SAL<1000000)
UPDATE EMP
SET SAL=SAL*1.1
WHERE EMPNO=newEmployee.EMPNO;
```

데이터 무결성을 확보하기 위해 제약사항을 설정하면 정확하고 일관되며 유효한 데이터를 얻을 수 있으나, DBMS의 성능저하를 유발할 수 있으므로 성능을 고려한 설계가 필요하다.

04 인덱스 설계

데이터양이 지속적으로 늘어남에 따라 데이터 처리 성능에 대한 이슈가 증대되고 있다. 데이터 처리의 성능을 향상시키기 위해서는 100만 건의 데이터를 전체 읽어서 원하는 데이터를 찾는 것보다는, 해당 키값을 미리 정렬해서 저장해 두고 검색 시 키값에 바로 접근해서 데이터를 찾도록 인덱스를 활용한다.

인덱스는 특성에 따라 트리 기반 인덱스, 해싱 기반 인덱스, 비트맵 기반 인덱스, 함수 기반 인덱스, 조인 기반 인덱스, 도메인 기반 인덱스 등으로 나눌 수 있다.

(1) 트리 기반 인덱스

인덱스의 구조화에 많이 사용되는 트리에는 B트리와 B트리의 저장공간 및 성능 문제를 보완한 B⁺트리, B*트리가 있다. B⁺트리는 노드를 Index set과 Sequence set으로 구성하여 B트리의 검색 속도를 개선한 트리이다. 이때 Sequence set의 모든 노드를 연결하여 접근의 성능 향상시켰으며 이로 인해 인덱스의 내부 알고리즘으로 많이 쓰이고 있다. B*트리는 B트리가 데이터양이 늘어나면서 리프노드의 분할이 많이 발생하는 단점을 보완하여, 노드에 데이터가 2/3 이상 일 때 분할하도록 변형한 트리이다.

트리에 대한 상세한 설명은 '자료구조와 파일구조 Section tree'를 참조하기 바란다.

(2) 해싱 기반 인덱스

해시함수를 이용하여 레코드 키를 디스크의 물리적 주소로 변환하여 그 기억 공간의 주소에 레코드를 저장하는 과정을 해싱(Hashing)이라고 한다. 해싱에 의해 저장된 데이터는 키값에 해시함수를 적용해서 해당 물리적 버킷을 식별하여 검색할 수 있다. 이 방법의 인덱스는 데이터양이 적을 때는 저장 공간이 낭비될 수 있으나, 대용량의 액세스에서는 빠른 검색을 지원한다.

해싱에 대한 상세한 설명은 '파일구조 Section'을 참조하기 바란다.

(3) 비트맵 기반 인덱스

인덱스가 데이터에 해당하는 0, 1로 구성된 비트맵을 구성하고 있고, 비트맵의 조합에 의해서 데이터를 매핑할 수 있다. DBMS가 비트맵의 위치를 물리적인 데이터 주소로 변환하여 탐색 가능하게 지원한다. 비트맵을 활용하면 Rowid를 저장하는 트리기반 인덱

스 대비, 저장 공간을 절약할 수 있고 연산 횟수도 줄어 넓은 범위의 대량 데이터 검색
시 적합하다.

(4) 인덱스 설계 절차

1. 접근 경로 수집

- 반복 수행되는 조인 컬럼을 추출한다.
- 분포도가 좋은 주민번호, 여권번호, 청구번호 등의 컬럼을 추출한다.
- 조회 조건이 많이 사용되는 컬럼을 추출한다.
- 결합되는 컬럼의 분류를 추출한다.
- 데이터 정렬 및 그룹이 자주 필요한 컬럼을 추출한다.
- 일련번호가 부여된 컬럼을 추출한다.

2. 분포도 조사로 후보 컬럼 선정

접근 경로 수집된 컬럼 중 분포도가 10~15%되는 컬럼을 후보로 선정한다.

$$분포도(\%) = \frac{데이터\ 평균\ Row}{데이터\ 총\ Row} \times 100$$

3. 인덱스 컬럼 순서 결정

- 사용 빈도가 높은 컬럼을 선두에 둔다.
- 조건에 "="의 연산을 사용하는 컬럼을 선두에 둔다.
- 분포도가 좋은 순으로 컬럼을 조합한다.
- 정렬 및 그룹에 자주 쓰이는 컬럼의 순서로 컬럼을 조합한다.

인덱스 설계는 설계단계에 모든 대상을 도출할 수 없으며 PK, FK, UK를 기본으로 설정하고 접근경로가 분명한 컬럼에 대해서 분포도를 고려하여 인덱스를 설계한다. 구현 단계에 SQL문장의 PLAN을 확인하여 필요 인덱스를 기 설계된 인덱스와 검토하여 인덱스를 변경하거나 추가한다. 또한 운영하면서 실 데이터에서 인덱스 사용 여부를 모니터링하고 인덱스를 조정하는 지속적인 과정이 필요하다.

05 권한 및 역할 설계

허가 받지 않은 사용자에 의한 데이터의 변경, 소실, 유출을 방지하기 위해서는 데이터 접근자의 권한을 부여하여 접근을 통제해야 한다. 그러기 위해서는 조직의 권한정책에 따라 데이터베이스 사용자에게 적정한 권한이 부가되어야 한다.

(1) 권한(Grant) 설계

DBMS가 관리하는 권한은 시스템 권한과 오브젝트 권한으로 분류할 수 있다. 시스템 권한은 특정 사용자에게 데이터베이스의 오브젝트를 생성, 변경, 삭제에 대한 작업을 할 수 있도록 권한을 부여한다. 오라클에서 관리하고 있는 시스템 권한을 예로 살펴보면 다음과 같다.

[표 2-17] 오브젝트별 시스템 권한 오라클 기반 예시

오브젝트	권 한
TABLE	CREATE TABLE CREATE ANY TABLE ALTER ANY TABLE DROP ANY TABLE SELECT ANY TABLE
INDEX	CREATE ANY INDEX ALTER ANY INDEX DROP ANY INDEX
TABLESPACE	CREATE TABLESPACE ALTER TABLESPACE DROP TABLESPACE

다음으로 오브젝트 권한은 사용자가 특정 객체에 대해 특정 연산을 수행할 수 있도록 오브젝트에 권한을 부여하는 것이다. 오브젝트 권한에는 SELECT, UPDATE, DELETE, EXECUTE, INSERT 등이 있다.

사용자에게 권한 부여를 할 때는 GRANT명령으로, 권한을 취소할 때는 REVOKE명령으로 설정한다. 예를 들어 AA사용자에게 EMP테이블의 조회 권한을 허가하려면 다음과 같이 명령을 설정한다.

```
GRANT SELECT
ON EMP
TO AA;
```

AA사용자에게 EMP테이블의 특정 컬럼을 변경할 수 있도록 허가하려면 다음과 같이 명령을 설정한다.

```
GRANT UPDATE( TITLE)
ON EMP
TO AA:
```

EMP테이블을 모든 사용자에게 조회를 허가할 경우 다음과 같이 명령을 설정한다.

```
GRANT SELECT
ON EMP
TO PUBLIC;
```

(2) 역할(Role) 설계

공통의 업무를 사용하는 사용자들에게 연관된 권한을 설정하기 위해서, 사용자를 그루핑하고 역할을 부여한다. 역할을 부여하면 동일한 역할을 부여 받은 사용자들의 권한을 생성 및 취소가 용이하다.

데이터베이스의 역할기반 권한 설정을 하기 위해서 다음과 같은 절차를 수행한다.

- 데이터베이스를 접근하는 사용자를 식별한다.
- 사용자의 업무 특성을 고려하여 사용자를 그루핑한다.
- 그루핑에 역할을 부여한다.
- 역할에 해당하는 데이터베이스 접근 권한을 부여한다.
- 역할을 사용자에게 허가한다.

데이터 보안을 위한 접근제어 모델은 '데이터베이스 보안'에서 다룬다.

06 백업 및 복구 전략 수립

데이터베이스의 안정적인 운영과 장애 발생 시 신속한 조치를 취할 수 있도록, 운영 이전에 데이터베이스 백업 및 복구에 대한 전략 수립이 필요하다. 데이터의 백업을 위해서는 백업 전략, 백업 시기, 백업 종류를 선정해야 하고 구체적인 백업 절차와 기술적 방법이 선행 준비되어야 한다.

(1) 데이터베이스 백업

장애가 발생할 경우 데이터를 손실 없이 복구하기 위해 운영 시 주기적으로 백업을 수행한다.

■ 백업 전략

백업 전략은 조직의 시스템 운행 특성을 감안하여 수립되어야 하며 백업 시기, 백업 종류 등 구체적인 방안 수립의 기본이 되도록 한다. 간략한 백업 전략을 살펴보면 다음과 같다.

> (가) 데이터베이스의 아카이브(Archive) 모드 운영을 기본으로 한다.
> (나) 아카이브 로그 파일은 백업 후 1일 이후 디스크에서 삭제한다.
> (다) 매주 금요일 오프라인 백업을 실시한다.
> (라) 단, 오프라인 백업이 월말과 겹치면 익일에 진행한다.
> (마) 365일 무중단 운영을 위해서 핫(Hot) 백업을 실시한다.
> (바) 핫(Hot) 백업은 배치작업 시간을 피해서 실시한다.
> (사) 백업은 업무 시작시간 8시 이전에 완료되어야 한다.

[그림 3-39] 백업전략 예시

■ 백업 대상 및 시기

데이터베이스의 백업 대상을 선정하고 대상에 따른 백업 주기, 백업 위치 등을 정의하여, 주기적으로 백업이 이행되어 장애 복구 시 누락되는 데이터가 없도록 해야 한다.

■ 백업 종류

백업 시기에 따라 일간 백업, 주간 백업, 월간 백업, 수시 백업으로 분류할 수 있다.
- 일간 백업은 DBMS나 백업 소프트웨어를 통해서 Full 백업으로 수행되며 전일 백업 종료시점부터 백업을 실시한다.

- 주간 백업은 1주간의 데이터를 오프라인으로 Full 백업을 실시하며 시스템의 부하를 주지 않은 시간대에 실시한다.
- 월간 백업은 주간 백업에 대한 보완으로 오프라인으로 Full 백업 실시한다.
- 수시 백업은 하드웨어의 교체나 패치 작업에 의한 변경, 환경 설정의 변경 등이 발생된 시점을 기준으로 변경분을 백업한다.

또한 백업의 방법에 따라 핫(Hot) 백업, 로그(Log) 백업, 콜드(Cold) 백업 등으로 분류할 수 있다.

- 핫 백업은 운영 데이터베이스의 데이터 파일과 컨트롤 파일을 대상으로 온라인 백업을 실시한다.
- 로그 백업은 아카이브 로그 파일을 대상으로 주간 단위 백업을 실시한다.
- 콜드 백업은 데이터베이스가 중단된 상태에서 백업을 실시하며 대부분의 시스템은 무중단 상태를 유지해야 하므로 신중히 고려해야 한다.

■ 백업 방법

정의된 백업 대상, 백업 주기, 백업 종류를 실제 이행하기 위한 방법으로 DBMS의 백업 기능, 백업 자동화 도구, 스크립트 등을 활용한다.

(2) 데이터베이스 복구

장애 발생 시 백업본을 이용하여 신속히 복구할 수 있는 방법 및 절차를 마련해 두어야 한다. 데이터 파일이 손상되었을 경우, 시스템 테이블스페이스의 복구가 불가능할 경우, 제어 파일 및 로그 파일이 손상되었을 경우 등 장애 상황을 고려하여 다양한 경우의 수를 도출하여 복구 방법을 제시해야 한다.

복구 방법은 스크립트, 백업 파일의 Import, DBMS에 의한 Full 백업 복구 등 실행 가능한 방법을 구체적으로 명시해야 한다.

○ CHAPTER 01 DB 설계

08 데이터 표준화

핵심 요약(Key point summary)

1 데이터의 품질향상을 위한, 데이터 표준화

가. 데이터 표준화의 개념

데이터의 각 요소에 전사적인 데이터 표준 기본 원칙을 적용하여 데이터 품질 향상을 시키는 일련의 활동

나. 데이터 표준화의 목적

- 데이터 품질확보 : 단어, 용어, 코드, 도메인 표준화를 통한 데이터 일관성 유지
- 전사적 표준화 : 전사적 데이터 품질 정책 및 지침 마련
- 데이터 접근 효율화 : 데이터의 구조적 품질관리, 자원에 대한 접근 효율성 증대

2 데이터 표준화 구성요소 및 관리 대상

가. 데이터 표준화 구성요소

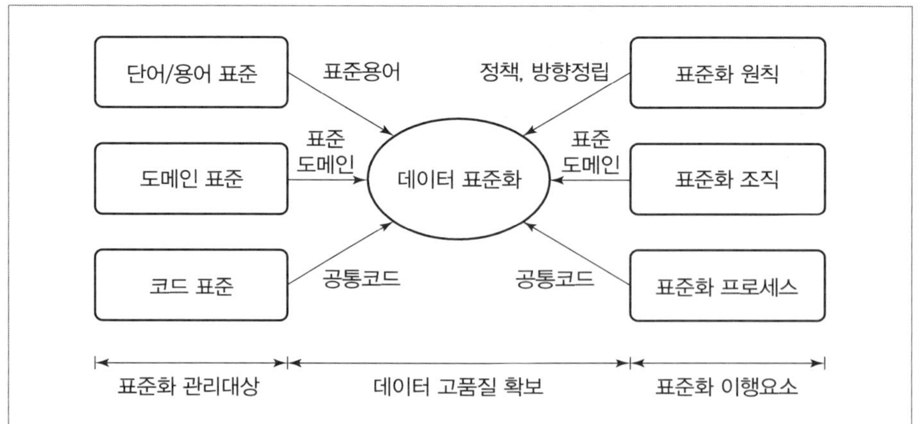

나. 데이터 표준화 관리 대상

표준화 구성	설 명
단어 표준화	업무적으로 유의미한 최소 단위로 용어를 세분화하여 표준어를 선정하고 관리
도메인 표준화	시스템 속성의 데이터 성격을 분류하여 속성의 데이터 타입 및 길이를 표준화 관리
코드 표준화	모든 모드를 식별하여 동일성을 파악, 통합하여 표준코드를 정의하고 관리
용어 표준화	표준단어, 표준도메인, 표준코드의 조합으로 용어의 표준화 및 용어의 수준관리

❸ 데이터 표준화의 기준, 데이터 표준 지침서

가. 데이터 표준 지침서의 의미

전사적인 데이터 표준화의 원칙을 수립하고 데이터 모델링 및 데이터베이스 구축 시 표준 적용을 위한 가이드 제공

나. 데이터 표준 지침서의 구성요소

1. 데이터 표준 기본 원칙
   - 전사적 측면의 데이터 표준화의 목적 및 기본 원칙을 정의
2. 데이터 표준 범위
   - 데이터 표준 기본 원칙을 적용하는 프로젝트의 범위를 정의
3. 데이터 표준화 담당 조직
   - 표준화를 위한 관련자를 구성하고 역할과 책임을 부여
4. 데이터 표준 관리 절차
   - 데이터 표준화를 위한 표준화 정의, 가이드 제공, 모니터링, 변경 승인 절차 등
5. 상세 표준화 규칙
   - 단어 표준화, 도메인 표준화, 코드 표준화, 용어 표준화의 요소별 규칙 제공

❹ 데이터 표준화 효과 및 고려사항

가. 데이터 표준화의 효과

- 구조 오류 최소화 : 데이터 표준화로 데이터 일관성 유지, 시스템 간 연계 시 오류 최소화
- 의사소통 원활 : 데이터 표준화로 업무 용어가 통일되면서 의사소통 명확화

- 데이터의 인식변화 : 데이터를 자산으로 관리하면서 데이터가 실체화되고 데이터 관리 인식 증대

나. 데이터 표준화 시 고려사항

- 전사적 측면의 데이터 품질 문제를 도출하여 데이터 표준화 실시 필요
- 임시적 프로젝트 특성의 진행이 아닌 점진적이고 지속적인 모니터링과 통제 필요
- 표준데이터 변경을 위한 형상관리, 승인절차 등을 미리 수립해야 함

SECTION 08
01 데이터 표준화의 개념

데이터의 각 요소에 표준 기본 원칙을 적용하여 데이터의 품질을 향상시키는 일련의 활동을 데이터 표준화라고 한다. 데이터 표준화는 표준에 해당하는 요구사항을 수집하고, 전사적인 데이터 표준 원칙을 정의하여 데이터 모델링에 반영되어야 한다.

전사적 데이터 표준 원칙은 데이터 표준 지침서로 명세화되며, 다음과 같은 내용이 포함된다.

(1) 데이터 표준 기본 원칙

데이터 표준화의 요구사항과 현 데이터의 문제를 분석하고 표준 개선 방안을 기준으로 데이터 표준화 정책을 수립한다. 데이터 표준화 정책에 근간이 되는 데이터 표준 기본 원칙을 정의하고 전사적 데이터 표준화의 기본 방향으로 삼는다.

(2) 데이터 표준 범위

데이터 표준화 지침서에 명시된 표준화가 적용되는 대상 및 범위를 구체적으로 설명한다. 기존 시스템 및 데이터에 적용 여부, 솔루션 또는 패키지 적용 여부, 데이터 모델의 항목, 문서 용어에 적용 여부 등을 명확히 기술한다.

(3) 데이터 표준화 관련자의 R & R

데이터 표준화를 위해 관련자를 구성하고 관련자들의 역할과 책임을 규정한다. 데이터 표준 관련자들에는 일반적으로 전사 데이터 관리자, 데이터 표준 관리자, 데이터 아키텍트, 데이터베이스 관리자 등이 있다.

전사 데이터 관리자는 전사적 데이터 관리 및 지침을 마련하고 데이터의 전반적인 관리의 총괄자 역할을 수행한다. 데이터 표준관리자는 표준을 확정하고 데이터 표준화를 위한 절차를 수립한다. 또한 표준개발 및 표준변경관리, 배포관리 및 표준 준수여부를 점검하고 통제하는 역할을 한다. 데이터 아키텍트는 정의된 표준을 기반으로 전사적 데이터 모델을 통합하고 데이터 관련 요구사항을 조정하고 확정하는 일을 한다. 데이터베이스 관리자는 표준에 기반한 설계를 통한 데이터베이스를 생성하고 모니터링을 수행한다. 성능 개선을 위한 튜닝활동과 사용자 통제관리를 통해 데이터베이스를 보호한다.

(4) 데이터 표준 관리 절차

데이터 표준화를 위한 작업 프로세스를 규정하고 각 프로세스에 데이터 표준관리 조직을 배치시켜서 해당 역할을 수행하도록 한다. 데이터 표준화 프로세스를 데이터 표준정의 단계, 데이터 표준변경 단계, 데이터 표준관리 단계로 나눠볼 수 있다.

데이터 표준정의 단계에서는 데이터의 요구사항과 문제를 분석하여 단어표준, 코드표준, 용어표준, 도메인표준을 정의한다. 데이터 표준변경 단계에서는 표준 변경 프로세스관리 및 승인 절차를 정의한다. 데이터 표준관리 단계에서는 정의된 표준데이터를 배포하고 교육 및 가이드를 제공한다. 또한 표준 준수여부를 지속적으로 모니터링하고 통제활동을 수행한다.

(5) 상세 표준화 규칙

데이터 표준화를 위하여 데이터 표준정의에 해당하는 요소별 규칙을 상세히 정의하고 가이드를 제공한다. 데이터 표준화를 위한 단어 표준화, 도메인 표준화, 코드 표준화, 용어 표준화의 기준과 규칙을 제시한다. 이때 금칙어, 유사어를 정의하여 사용을 통제하고 표준어 사용을 유도한다. 또한 테이블, 컬럼, 인덱스 등 기업이 보유하고 있는 데이터 자원에 대한 명명규칙을 정의한다.

02 단어 표준화

업무적 의미를 포함하는 최소의 단위를 단어라고 한다. 표준화의 시작은 업무적으로 사용하는 용어를 단어로 세분화하여 표준화를 진행하는 것이다. 분해된 단어는 유사어, 파생어, 표준어로 분류하고 표준단어를 사용할 수 있도록 관리한다.

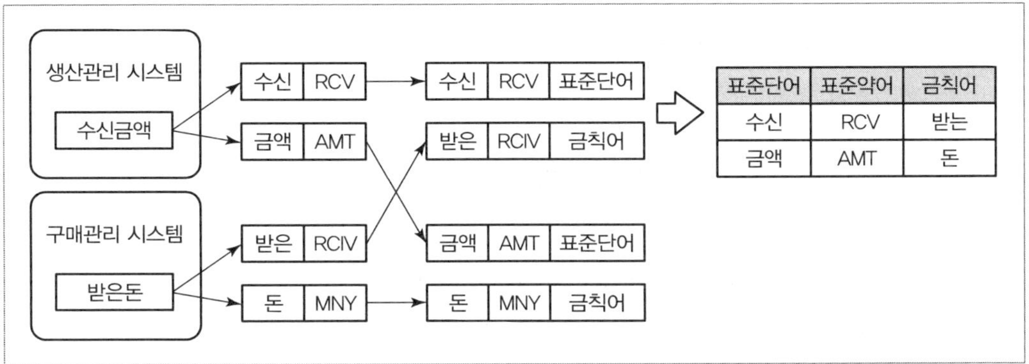

표준단어	표준약어	금칙어
수신	RCV	받는
금액	AMT	돈

[그림 2-40] 단어 표준화 과정 예시

단어 표준화의 상세 규칙은 다음과 같은 내용을 포함한다.

- 숫자, 알파벳, 특수문자, 전각 및 반각 문자 등의 사용 규칙을 정의한다.
- 접두사 및 접미사 처리 방안을 정의한다.
- 동음이의어 및 이음동의어 허용 여부를 정의한다.
- 단어를 영문 약어로 변환 시 대문자 및 소문자 사용 규칙을 정의한다.
- 한글 약어 및 영문 약어에 대한 제약 길이를 정의한다.

예를 들어보면 다음과 같이 규칙을 적용할 수 있다.

- 표준단어 한글명은 최대 5자리를 넘지 않아야 하고 특수문자를 조합하지 않는다.
- 영문 Full Name은 표준단어 한글명을 영문으로 상세히 표기하고 첫 글자는 대문자로 나머지는 소문자로 작성한다.
- 표준단어 영문명은 영문 Full Name의 첫 글자를 조합해서 사용하며 3자리를 넘지 않게 조합한다.
- 유사어는 제시된 표준단어를 참조하여 표준단어를 쓰도록 한다.

[표 2-18] 표준단어사전 작성 예시

표준단어명	영문 Full Name	영문 약어명	유사어	금칙어	단어 설명

03 도메인 표준화

업무를 만족하는 속성의 데이터 타입과 자릿수를 정의한 것이 도메인이다. 데이터 도메인은 전사적으로 표준화되어야 하며, 유사한 도메인을 통합하여 표준화 규칙을 제시한다. 도메인 표준화는 현행 시스템이나 업무적으로 사용되는 용어를 도출하여 데이터 타입을 분석하고 유사한 분류로 그룹화하여 업무를 충족하는 범위를 정하는 것이다.

도메인 표준화를 수행하면 정보시스템별 상이하게 정의된 컬럼명, 데이터 타입, 데이터 길이 등이 표준화되어 시스템 간 연계 시 오류를 최소화하고 데이터 무결성을 보완할 수 있다.

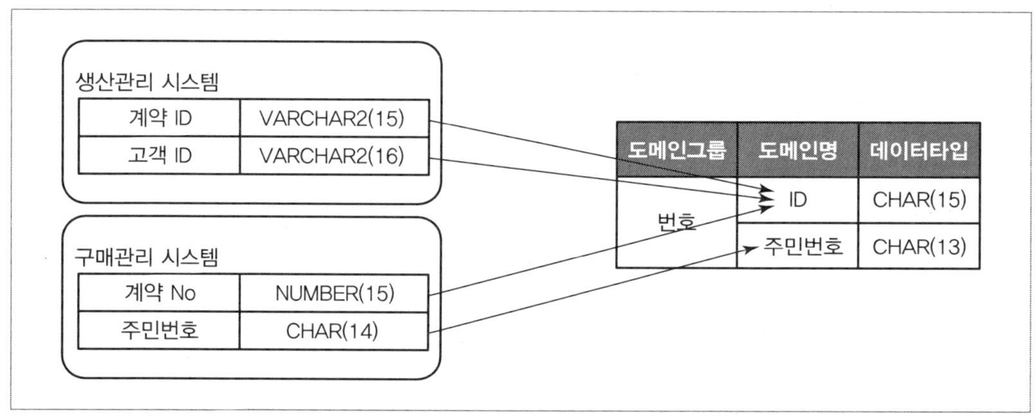

[그림 2-41] 도메인 표준화 과정 예시

표준화 규칙을 예로 들면 다음과 같다.

- 도메인 용어는 표준용어를 사용한다.
- 하나의 속성은 하나의 도메인을 지정한다.
- 도메인명은 최대 30자리 이하이며, 중복되지 않게 작성한다.
- 일자는 'YYYYMMDD' 형태이고 CHAR(8)로 정의하고, 일시는 DATE형으로 정의한다.

[표 2-19] 표준 도메인사전 작성 예시

도메인그룹	도메인명	데이터 타입	설 명

04 코드 표준화

코드 표준화는 업무적으로 사용하는 모든 코드를 식별하여 동일성을 파악하고 통합하여 재사용할 수 있도록 하는 작업이다. 현행 시스템의 코드 중 동일코드가 상이하게 정의되어 있을 경우 통합하여 하나로 재정의되어야 하고, 신규 모델링된 코드컬럼에 대해서 공통코드 요구사항을 도출하여 표준코드를 정의해야 한다.

표준코드는 향후 확장성과 일관성을 보장할 수 있도록 정의해야 하고, 반드시 공통코드를 식별하여 데이터베이스화하여 관리되어야 하며, 응용 시스템의 소스 코드에 하드코딩으로 포함하는 것을 금한다.

코드 표준화의 상세 규칙은 다음과 같은 내용을 포함한다.

- 코드번호 체계의 규칙을 정의한다.
- 코드 자릿수에 대한 표준화 기준을 정의한다.
- 코드 명칭에 대한 체계와 기준을 정의한다.

[표 2-20] 표준 코드사전 작성 예시

코드명	코드조합 체계	유효값	유효값 설명	오너십 주제영역	사용 주제영역

05 용어 표준화

용어 표준화는 표준단어의 조합으로 표준 용어를 정의하고, 정의된 표준용어에 표준 도메인과 표준 코드를 직용하여 데이터베이스에 저용 가능한 수준까지 표준화하는 과정이다.

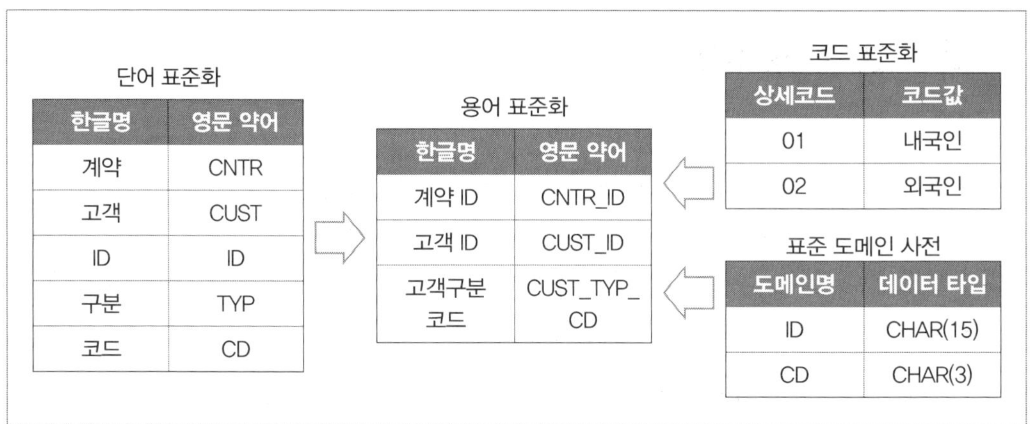

[그림 2-42] 용어 표준화 과정 예시

용어 표준화를 수행하면 이음동의어 사용을 금지하고 동음이의어 사용을 최소화하여 업무의 용어가 통일되므로 데이터 품질뿐 아니라 의사소통도 명확히 할 수 있다.

용어 표준화의 상세 규칙은 다음과 같은 내용이 포함될 수 있다.

- 표준단어를 조합하는 단어구조 체계를 정의한다.
- 조합된 한글 및 영문 약어의 허용 길이를 정의한다.
- 컬럼에 사용되는 용어는 해당되는 표준 도메인을 정의한다.

예를 들어보면 다음과 같은 규칙을 적용할 수 있다.

- 단어와 단어의 조합은 '_'로 연결한다.
- 표준 용어의 한글 길이는 10자를 넘지 않으며, 특수문자, 전각/반각 문자의 사용을 금한다.
- 테이블명은 'T'로 시작하고 시노님(Synonym)명은 'S'로 시작한다.
- 이음동의어 사용을 금하고 기준으로 제시된 표준 용어를 사용한다.
  (◉ 에러, 오류 → 오류)

[표 2-21] 용어사전 작성 예시

용어명	용어영문 Full Name	용어영문 약어	도메인명	데이터 타입	용어 구분

CHAPTER **02** DB 구현

SECTION 01 | SQL

SECTION 01

● **CHAPTER 02** DB 구현

SQL

핵심 요약(Key point summary)

1 데이터베이스와 사용자의 소통, SQL

가. SQL(Structured Query Language)의 정의
데이터베이스로부터 정보를 얻거나 갱신하기 위한 표준 대화식 프로그래밍 언어

나. SQL의 발전과정

명 칭	설 명
SQL-86, SQL-89	1986년 ANSI가 IBM에서 개발한 SQL을 표준으로 채택
SQL-92(SQL2)	관계형 데이터베이스 구조 수용한 SQL
SQL-99(SQL3)	객체지향 데이터 질의 가능한 SQL
SQL4	XML 특성 데이터 질의 가능한 SQL, X-Query 내용 결합

2 SQL의 구성

가. DDL(Data Definition Language)
- 오브젝트의 생성 및 삭제를 통해 데이터베이스를 구현
- DDL로 정의된 스키마는 데이터 사전 및 데이터 카탈로그 정보로 관리됨
- 해당 SQL : CREATE, DROP, ALTER 등

나. DML(Data Mainpulation Language)
- 오브젝트에 데이터를 생성, 삭제, 갱신, 조회를 수행할 수 있는 조작언어
- 사용자와 데이터베이스의 인터페이스 제공
- 해당 SQL : SELECT, INSERT, UPDATE, DELETE 등

다. DCL(Data Control Language)
- 데이터베이스의 보안, 무결성, 회복, 병행성 등을 제어하기 위한 언어
- DBA가 데이터베이스 관리 차원에서 주로 활용
- 해당 SQL : GRANT, REVOKE, COMMIT, ROLLBACK 등

3 SQL 사용 시 유의사항

- DBMS의 제공 기능을 이해하고 업무 및 성능을 고려한 SQL문 작성
- 전사적 표준 및 유지보수의 용이성을 위하여 개발 표준을 준수한 SQL문 작성

01 SQL의 개요

1986년 미국규격협회(ANSI)가 IBM에서 개발한 SQL을 표준으로 채택하면서 SQL(Structured Query Language)활성화의 기반을 만들었다. 이후 1992년 관계형 데이터베이스의 데이터 구조를 정의할 수 있는 SQL-92(SQL2)를 정의하였다. 1999년에는 객체지향 데이터를 질의할 수 있도록 발전하였으며, 이 단계의 SQL을 SQL-99 또는 SQL3라고 한다. SQL3은 2003년에 XML데이터를 관리할 수 있도록 기능이 추가되어 SQL4의 표준으로 발전되었다. SQL4는 2006년 XML을 조작할 수 있는 XQuery와 결합하여 XML의 활용도를 더 넓혔다. SQL은 관계형 데이터와 객체지향 데이터, XML 데이터까지 수용할 수 있는 단계로 발전되었다.

SQL은 비절차적 언어로 데이터의 처리 순서와 단계를 구분하여 단계별 처리하는 절차적 언어와 구별된다. SQL은 한꺼번에 질의어를 통해서 집합적으로 처리하여 원하는 결과를 효율적으로 얻을 수 있으며, 언어가 쉽게 구성되어 있으면서도 표현력이 우수하다.

SQL은 단순 검색으로만 사용되지 않고 데이터를 정의하는 DDL, 데이터를 조작하는 DML, 데이터를 제어하는 DCL로 구성되어 있다.

02 DDL

데이터 정의 언어 DDL(Data Definition Language)은 테이블, 도메인, 인덱스, 뷰, 시퀀스, 시노님 등의 오브젝트를 생성하고 삭제하면서 데이터베이스를 구현한다. DDL로 정의된 스키마는 데이터 사전 및 데이터 카탈로그에 명시된 데이터베이스 정보로 관리되어 DML, DCL 수행 시에 활용한다.

(1) CREATE

오브젝트를 신규로 생성할 경우 CREATE문을 사용한다. 옵션으로 제약조건을 추가할 수도 있다.

[표 2-22] CREATE SQL문 예시

오브젝트	SQL문

테이블	**CREATE TABLE** DEPT
	 (DEPT_NO CHAR(10) **NOT NULL**,
	  DEPT_NM VARCHAR2(30),
	  PRIMARY KEY(DEPT_NO));

도메인	**CREATE DOMAIN** DEPT_ID CHAR(10) **DEFAULT** '000');
인덱스	**CREATE INDEX** DEPT_IDX1 **ON** DEPT(DEPT_NM);

뷰	**CREATE VIEW** DEPT_VIEW1
	 AS SELECT A.DEPT_NO, A.DEPT_NM, B.EMP_NO, B.EMP_NM
	   FROM DEPT A, B
	    WHERE A.DEPT_NO=B.DEPT_NO;

(2) DROP

생성된 오브젝트를 제거할 경우 DROP문을 사용한다. 제거 시 사용하고 있는 오브젝트
가 존재하면 제거할 수 없도록 제약하는 RESTRICT와 참조로 사용하고 있는 오브젝트
를 같이 제거하는 CASCADE문을 같이 쓸 수 있다.

[표 2-23] DROP SQL문 예시

오브젝트	SQL문
테이블	**DROP TABLE** DEPT **CASCADE**;
도메인	**DROP DOMAIN** DEPT_ID **RESTRICT**;
인덱스	**DROP INDEX** DEPT_IDX1;
뷰	**DROP VIEW** DEPT_VIEW1;

(3) ALTER

생성된 오브젝트의 특성을 변경하고자 할 경우 ALTER문을 사용한다. View는 기존
CREATE된 내용을 재생성하므로 CREATE OR REPLACE VIEW를 쓴다.

[표 2-24] ALTER SQL문 예시

오브젝트	SQL문
테이블	ALTER TABLE DEPT ADD(MANGER_ID CHAR(5) NOT NULL); ALTER TABLE DEPT MODIFY (MANGER_ID CHAR(10));
도메인	ALTER DOMAIN DEPT_ID CHAR(5) DEFAULT '99999');
인덱스	ALTER INDEX DEPT_IDX1 REBUILD TABLESPACE DATA2;

뷰	CREATE OR REPLACE VIEW DEPT_VIEW1
	 AS SELECT A.DEPT_NO, A.DEPT_NM, B.EMP_NO, B.EMP_NM
	  FROM DEPT A, B
	   WHERE A.DEPT_NO=B.DEPT_NO
	    AND A.DEPT_NO='10000';

DDL을 통해 정의된 오브젝트는 다음과 같이 데이터 딕셔너리에 정보가 정의되어 있고 데이터 조작 및 제어 시 활용한다.

[표 2-25] Data Dictionary 예시(오라클 기반)

Data Dictionary	설 명
ALL_CATALOG	사용자가 접근할 수 있는 테이블, 뷰, 시노님 정보
ALL_CONSTRAINTS	사용자가 접근할 수 있는 오브젝트 제약에 대한 정보
ALL_CONS_COLUMNS	사용자가 접근할 수 있는 오브젝트 제약이 정의된 컬럼 정보
ALL_SYNONYMS	사용자가 접근할 수 있는 시노님 정보
ALL_TABLES	사용자가 접근할 수 있는 테이블 정보
ALL_VIEWS	사용자가 접근할 수 있는 뷰 정보
DICTIONARY	데이터 사전 테이블, 뷰 정보
TABLE_PRIVILEGES	사용자가 소유한 테이블의 권한정보
USER_CATALOG	사용자가 소유한 테이블, 뷰, 시노님 정보
USER_COL_PRIVS	사용자가 소유한 권한 정보
USER_CONSTRAINTS	사용자가 소유한 제약조건에 관한 정보
USER_CNS_COLUMNS	사용자가 소유한 제약조건의 컬럼 정보
USER_SYNONYMS	사용자가 소유한 시노님 정보
USER_TABLES	사용자가 소유한 테이블 정보
USER_TAB_COLUMNS	사용자가 소유한 컬럼 정보
USER_TAB_PRIVS	사용자가 소유한 권한정보
USER_VIEWS	사용자가 소유한 뷰 정보

03 DML

DDL에 의해서 생성된 데이터베이스의 오브젝트를 활용하여 데이터를 조작할 때 필요한 언어가 데이터 조작 언어, DML(Data Mainpulation Language)이다. DML에 의해 생성된 오브젝트 정보는 데이터 사전과 데이터 카탈로그에서 수집하고 DML을 통해 실행된 SQL은 오라클에서는 라이브러리 캐시에 저장하여 디스크 I/O효율화를 기한다.

DML은 데이터 검색에 SELECT, 데이터 삽입에 INSERT, 데이터 갱신에 UPDATE, 데이터 삭제에 DELETE가 있다.

[표 2-26] DML SQL문 예시

구 문	SQL문
SELECT	SELECT DEPT_NO, DEPT_NM FROM DEPT WHERE DEPT_NO = '10000';
INSERT	INSERT INTO DEPT(DEPT_NO, DEPT_NM, MANGER_ID) VALUES ('10000', '총무부', '10001');
UPDATE	UPDATE DEPT SET MANGER_ID ='10001' WHERE DEPT_NO = '10000';
DELTE	DELETE FROM DEPT WHERE DEPT_NO = '10000';

04 DCL

DCL(Data Control Language)은 데이터베이스를 제어 · 관리하기 위하여 데이터를 보호하기 위한 보안, 데이터 무결성, 시스템 장애 시 회복, 다중사용자의 동시접근 제어를 통한 트랜잭션관리 등에 사용되는 SQL이다.

DCL에는 트랜잭션을 제어하는 COMMIT, ROLLBACK, SAVEPOINT, SET 등이 있고, 데이터를 보호하기 위한 GRANT, REVOKE가 있다.

[표 2-27] DCL SQL문 예시

구 문	SQL문
COMMIT	EXEC SQL SELECT DEPT_NO, DEPT_NM 　　　　FROM DEPT 　　　　WHERE DEPT_NO='10000'; EXEC SQL COMMIT;
ROLLBACK	error_exit: EXEC SQL ROLLBACK;
GRANT	GRANT SELECT ON DEPT TO KIM;
REVOKE	REVOKE SELECT ON DEPT FROM KIM;

05 분석 SQL

데이터를 분석하여 집계를 도출하는 방법에는 단순한 GROUP BY에서부터 다차원분석에 사용되는 ROLLUP, CUBE가 있고 순위 부여나 구획을 나누는 RANK, PARTITION BY 등이 있다.

- GROUP BY : 데이터를 조건별로 그루핑한다.
- ROLLUP : 그루핑한 그룹의 전체 집계와 부분집계를 도출할 수 있다.
- CUBE : 그루핑 이외에 조합 가능한 모든 그룹의 전체 집계, 부분집계를 도출할 수 있다.
- RANK : 데이터 집합의 순위를 부여한다.
- PARTITION BY : 조건별 데이터를 분류하고 데이터와 집계를 도출할 수 있다.

[표 2-28] 분석 SQL문 예시

구분	SQL문
GROUP BY	SELECT DEPT_NO, COUNT(EMP_NO) AS EMP_CNT FROM EMP GROUP BY DEPT_NO;
ROLLUP	SELECT DEPT_NO, CLASS, SUM(SAL) FROM EMP GROUP BY ROLLUP (DEPT_NO, CLASS);
CUBE	SELECT DEPT_NO, CLASS, SUM(SAL) FROM EMP GROUP BY CUBE (DEPT_NO, CLASS);
RANK	SELECT DEPT_NO, RANK() OVER(ORDER BY SUM(SAL)) AS RANK FROM EMP GROUP BY DEPT_NO;
PARTITION BY	SELECT DEPT_NO, CLASS, SUM(SAL) OVER(PARTITION BY DEPT_NO) AS DEPT_SAL SUM(SAL) OVER(PARTITION BY CLASS) AS CLASS_SAL FROM EMP;

PART 03

DB 운영

CHAPTER **01** 데이터 품질

SECTION 01 | 데이터 거버넌스
SECTION 02 | 데이터 품질관리
SECTION 03 | DB 튜닝
SECTION 04 | DB 감리
SECTION 05 | DB 보안

● **CHAPTER 01** 데이터 품질

데이터 거버넌스

핵심 요약(Key point summary)

1 전사적 데이터의 체계적 통제, Data Governance

가. Data Governance의 개념

데이터를 전사적으로 관리하기 위한 기업의 데이터 아키텍처, 정책, 지침, 표준 등에 근거한 데이터의 모든 구성요소에 대한 체계적인 통제활동

나. Data Governance의 필요성

- 데이터의 체계적 관리 : 전사적 관점에서 데이터의 구성요소를 체계화
- 데이터 관리비용 절감 : 전사적인 데이터를 통합 관리하여 자원의 재사용, 자원 낭비 최소화
- 데이터 품질관리 : 중복 데이터 제거, 데이터 일관성 및 정합성 확보
- 이기종 시스템 간 표준화 : 상이한 표준화에 의해 이기종 시스템 간 인터페이스 어려움

2 Data Governance의 구성 및 구성요소

가. Data Governance의 구성도

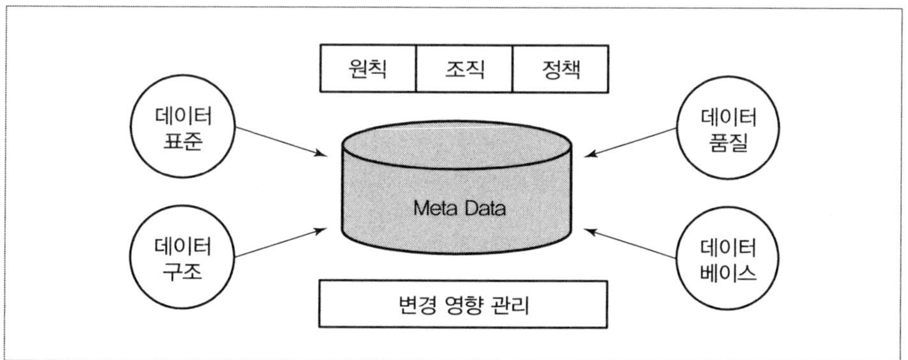

나. Data Governance의 구성요소

구성요소	설 명
데이터 표준 관리	용어, 도메인, 코드 표준화를 위한 관리체계 수립, 표준화 활동
데이터 구조 관리	데이터 모델 통합관리, 개념 모델/논리 모델/물리 모델
메타데이터 관리	데이터 요소에 대한 신속한 접근을 위해 데이터 요소정보 저장
데이터 품질 관리	데이터 품질향상을 위해 품질목표, 프로세스, 조직, 성숙수준 관리
데이터베이스 관리	데이터베이스 스키마, 오브젝트 정보를 통합관리
데이터 변경영향 관리	어플리케이션 변경, 데이터 요소 변경에 대한 영향도 파악
원칙/조직/정책	전사적 데이터 관리 원칙, 관리조직 구성 및 정책 정의

3 Data Governance의 구축 절차 및 고려사항

가. Data Governance의 구축 절차

구축절차	설 명
정의	Data Governance 기본원칙, 목표, 전략 정의, 현 문제 분석
통합	분산된 데이터 시스템의 메타 데이터를 수집하여 전사적 메타시스템 구축
개선	현 데이터의 문제를 구체적으로 도출하여 개선 수행
모니터링 및 통제	지속적인 품질 수준 유지를 위한 모니터링 및 변경에 대한 통제관리

나. Data Governance의 구축 시 고려사항

- 데이터 관리의 중요성 공감 확산 : 데이터의 중요성 및 현 기업의 문제에 대한 구성원의 공통 인지
- 기업에 적합한 도구 선정 : 기업의 시스템과 호환 고려한 시스템 및 솔루션 도입, 검증 및 통제도구 도입
- 관리 구성원 역량 : Governance를 추진하고 운영할 인력의 역할과 능력 중요
- 마스터 데이터 연계 : 기존 마스터 데이터와 연계한 메타데이터 및 품질관리 수행

01 데이터 거버넌스의 개념

데이터를 시스템의 부산물로 여기던 시대에서 데이터가 기업의 매출을 결정하는 시대로 변화되면서 데이터의 중요성이 증대되었다. 따라서 기업이 데이터를 자산으로 인식하게 되었고 기업이 추구하고자 하는 목표에 부합하도록 체계적인 데이터를 관리하는 활동이 요구되었다. 데이터를 전사적으로 관리하기 위해서는 기업의 데이터 아키텍처, 정책, 지침, 표준 등에 근거한 데이터의 모든 구성요소에 대한 체계적인 통제활동이 필요한데 이를 데이터 거버넌스(Data Governance)라고 한다.

(1) 데이터 거버넌스의 필요성

요구 시점마다 생성한 개별 시스템이 늘어나면서 이기종 시스템이 다양하게 구성되었다. 이러한 이기종 시스템 간의 인터페이스 시 데이터 명명규칙이 상이하거나 시스템 간 데이터 이해 및 공유 등의 문제가 발생하게 된다.

또한 무분별하게 축적되고 관리되지 않은 대량의 데이터는 데이터 정합성이 맞지 않고 오류 데이터가 존재하며, 중복된 데이터 관리로 인해 자원이 낭비되는 문제를 초래한다. 더욱이 데이터에 대한 전사적인 관리를 수행하지 않으면 각 시스템의 데이터 구조 및 내용은 개발자만 인지하게 되어 잠재된 문제를 도출하기 어려운 상황이 된다.

조직에서 데이터의 관리, 표준 및 통제를 통한 전사적인 모니터링을 수행하지 않게 되면, 데이터는 시간이 지날수록 복잡해지고 문제가 가중되면서 지속적인 관리비용이 증대된다. 이러한 여러 가지 어려운 상황을 해결하기 위하여 전사적인 데이터 통제활동인 데이터 거버넌스가 필요하다.

(2) 데이터 거버넌스의 목적

데이터 거버넌스 기반하에 각 시스템에 대한 메타데이터를 수집하여 원천 데이터를 통합하고 관리하는 메타데이터를 시스템화한다. 메타데이터를 통하여 전사적인 데이터 표준과 기준을 정의하고 이를 통하여 전사적 데이터 표준화를 수행한다.

또한 체계적인 데이터 통합관리 시스템을 구축하여 개별 데이터 모델을 통합 관리할 수 있는 체계를 마련한다. 데이터의 고품질화를 위하여 전사적 데이터 품질관리 조직을 구축하고 품질관리 원칙과 프로세스를 정의한다. 그리고 데이터베이스의 보안, 성능을 고려한 목표를 정의하고 달성할 수 있도록 데이터베이스를 통합하여 효율적으로 관리한다.

데이터 거버넌스 체계하에서는 데이터의 표준, 구조, 메타, 레파지토리 등이 관리되므로, 데이터가 변경될 경우 전사적인 시스템의 영향도를 분석할 수 있고 빠른 대응을 할 수 있다.

02 데이터 거버넌스의 구성

데이터 거버넌스를 위해서는 데이터에 해당하는 모든 자산을 통합하여 관리체계하에 둘 수 있어야 하므로, 데이터 아키텍처를 구성하여 해당 구성요소를 레파지토리에 관리하고 데이터를 이해하고 신속하게 접근할 수 있도록 메타를 관리한다. 또한 지속적으로 축적되고 변화되는 데이터의 품질을 유지하기 위한 데이터 품질관리체계, 데이터베이스 관리 등이 필요하다.

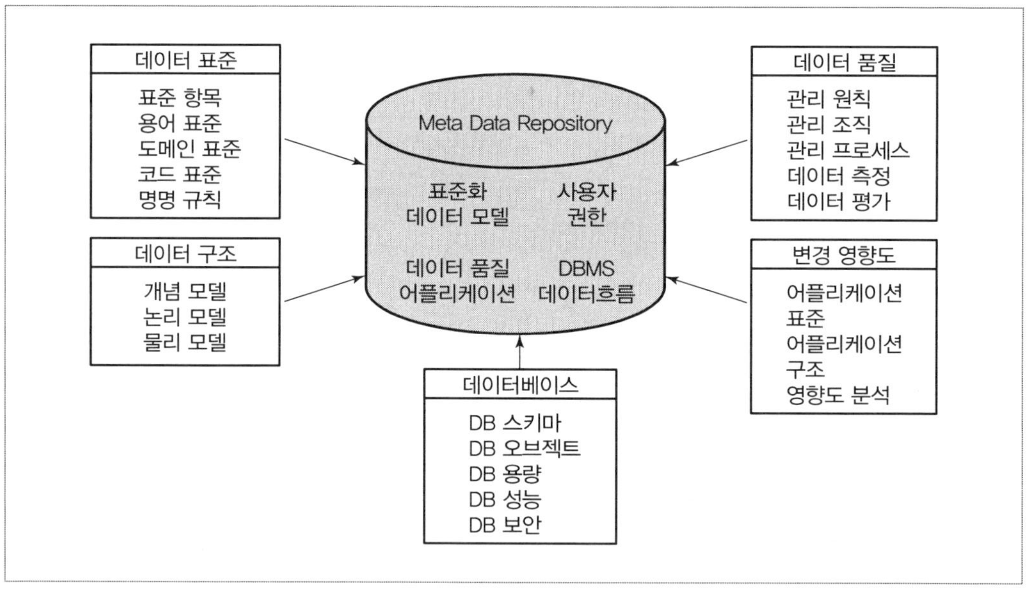

[그림 3-1] 데이터 거버넌스의 구성도

(1) 데이터 표준관리

표준 데이터를 개발하고 표준 데이터의 관리체계를 수립하며 표준 데이터 관리 시스템을 구축, 표준화 활동을 수행한다.

(2) 데이터구조 관리

모든 데이터 모델을 통합하여 데이터로 관리하며 데이터구조의 버전관리, 변경에 대한 이력관리, 오너십 및 주제영역을 관리한다.

(3) 메타데이터 관리

기간계 및 정보계 시스템의 메타데이터를 수집하고 전사적 표준데이터를 정의한다. 데이터 모델, 데이터베이스, 데이터 품질관리를 위한 대상 데이터, 변경관리를 위한 어플리케이션 정보 등을 레파지토리에 저장·관리한다.

(4) 데이터 품질관리

데이터 품질향상을 위한 데이터 품질관리 원칙, 품질관리 조직, 품질관리 프로세스를 정의하여 관리한다. 또한 데이터 품질관리 성숙수준을 정의하여 기업의 데이터 품질의 수준을 진단하고 목표 달성을 위해 노력한다.

(5) 데이터베이스 관리

전사적 모든 데이터베이스를 통합 관리하여 데이터베이스의 오브젝트와 변경이력을 관리한다. 또한 오브젝트에 해당하는 용량의 증가를 예측하고 증설에 대비한다. 데이터 구조와 데이터베이스를 자산으로 관리하면서 데이터 모델과 데이터베이스의 일치를 위한 노력을 수행할 수 있다.

(6) 변경 영향도 관리

기업의 업무의 변화로 어플리케이션의 변경이 불가피할 경우 메타데이터, 데이터 구조, 데이터 표준을 기준으로 영향도를 분석하여 신속한 대응을 할 수 있다. 형상관리를 통해서 버전관리, 이력관리에 필요한 신속한 검색기능을 제공한다.

03 데이터 거버넌스의 구축

데이터 거버넌스를 구축하고자 할 경우 경영진이 데이터 관리의 중요성을 인식하고 데이터 거버넌스의 목적과 방향에 대해서 구체적으로 정의해야 한다. 데이터 거버넌스의 기본 원칙과 조직, 정책을 수립하기 위해서는 현 데이터 시스템을 분석하여 문제점을 도출해야 한다. 이를 통해 데이터 거버넌스 구축을 수행하는 단계는 정의, 통합, 개선, 모니터링 및 통제이다.

(1) 정의 단계

데이터 거버넌스의 기본원칙, 데이터 거버넌스의 목표 및 전략을 정의한다. 이때 데이터 거버넌스 목표를 달성하기 위한 관리기준을 정의하고 관리조직을 구성하며 프로세스를 정의한다. 데이터 거버넌스 목표와 전략은 현 데이터 시스템을 분석하고 도출된 문제점을 참고하여 수립한다. 먼저 조직 데이터의 중요 우선순위에 따른 핵심 데이터 항목, 핵심 데이터 관리 기준을 정의하여 데이터 시스템을 분석한다. 분석 결과를 통해서 원인을 규명하고 개선방안을 데이터 거버넌스의 목표에 포함시킨다.

(2) 통합 단계

분산된 데이터 시스템의 메타데이터를 수집하여 전사적 메타데이터 시스템을 구축한다. 시스템별 데이터 모델, 데이터베이스 정보, 어플리케이션 정보 등을 수집한다. 데이터 관리에 필요한 모든 자산을 수집하여 메타데이터가 데이터의 구성요소를 설명할 수 있고 쉽게 검색하여 접근할 수 있도록 시스템을 구축한다.

(3) 개선 단계

현 데이터 시스템에서 도출된 문제를 기반으로 정의된 데이터 관리 목표를 달성하기 위한 데이터 전략을 수행한다. 데이터의 표준화, 데이터 구조의 오류 보완, 데이터 품질 구조 및 조직 구성 등의 구체적인 활동을 통해 현 문제를 개선한다.

(4) 모니터링 및 통제 단계

개선 수행결과를 통해 개선 후의 효과를 분석하고 지속적으로 품질 수준을 유지할 수 있도록 통제한다. 데이터 표준, 데이터 모델, 데이터베이스, 어플리케이션 등 데이터에 관련된 요구사항에 의해 데이터 구성요소가 변경될 경우 정의된 데이터 관리 기준에 부합하는지 체크한다. 또한 지속적인 모니터링을 통해서 데이터 관리의 기본 원칙을 준수하여 고품질을 유지할 수 있도록 한다.

● **CHAPTER 01** 데이터 품질

데이터 품질관리

핵심 요약(Key point summary)

1 데이터 유효성/활용성 확보를 위한, 데이터 품질관리

가. 데이터 품질관리(Data Quality Management)의 정의

기관이나 조직 내외부의 정보시스템 및 DB 사용자의 요구를 만족시키기 위해 지속적으로 수행하는 데이터 관리 및 개선 활동

나. 데이터 품질관리의 필요성

- 부문별 · 업무별 정보시스템의 데이터 간 중복성, 불일치성 대두
- 기업 내외부의 데이터 공유를 위한 데이터 표준, 일관성 중요
- DW, CRM 등의 추진 시 데이터 품질 및 고객 데이터의 일관성 유지가 어려움

2 데이터 품질관리의 3요소 및 데이터 품질관리 대상

가. 데이터 품질관리의 3요소

- 품질관리 원칙 : 데이터 품질관리의 전사적인 원칙은 준수성, 불가변성, 이해성, 완전성, 일관성에 따라 기준 제시
- 품질관리 조직 : 원칙을 준수하여 데이터 품질 목표를 달성하기 위한 프로세스 진행 조직
- 품질관리 프로세스 : 데이터 품질 목표 달성을 위한 품질관리의 지속적인 절차

나. 데이터 품질관리의 대상

대 상	설 명	실 례
데이터	전산화된 데이터 또는 전산화에 필요한 데이터	현상적 · 구조적 값
데이터 구조	데이터가 담겨져 있는 모양, 틀(단계별/조직 단위별)	사용자 뷰, 모델, DB 파일
데이터 관리 프로세스	데이터 및 데이터 구조의 품질 유지, 개선을 위한 활동	절차, 조직, 인력 등 포함

3 데이터 품질관리 프레임워크 및 조직 구성원의 책임과 역할

가. DQM 프레임워크

조직＼대상	데이터	데이터 구조	데이터 관리 프로세스
CIO/EDA[1] (개괄적)	데이터 관리 정책		
DA(개념적)	표준데이터	개념데이터모델 데이터참조모델	데이터 표준관리 요구사항 관리
Modeler(논리적)	모델데이터	논리데이터모델	데이터 모델관리 데이터 흐름관리
DBA(물리적)	관리데이터	물리데이터모델 데이터베이스	DB 관리 DB 보안관리
User(운용적)	업무데이터	사용자 View	데이터 활용관리

나. 데이터 품질관리 조직 구성원의 책임과 역할

구성원	책임과 역할
CIO (최고정보화임원)	• 데이터 관리 총괄, 데이터 관리 정책 및 자원 마련 • 데이터 관리자 간 이슈사항 조정 등
DA (데이터관리자)	• 표준개발 및 형상관리, 검증/표준화 절차 수립 및 운영 • 전사 데이터 모델 통합, 데이터 요구사항 정리 및 기능별 데이터 관리자 (FDA[2]) 지원
Modeler (분석가)	• 해당 기능 영역의 데이터 요구사항 및 이슈사항 조정/통합 • 데이터 모델링 수행, 데이터 표준 확인 및 적용
DBA (DB 관리자)	• DB 설계, DB와 데이터 형상관리 • DB 모니터링/튜닝/보안 관리 수행
User (사용자)	• 데이터 소스, 운영 데이터 및 분석 데이터 활용 • 데이터에 대한 추가요건 요청

---

1) EDA : Enterprise Data Architect, 전사 데이터 관리자
2) FDA : Functional Data Architect, 기능별 데이터 관리자

4 데이터 품질관리 프로세스

가. 데이터 품질관리 프로세스 개념도

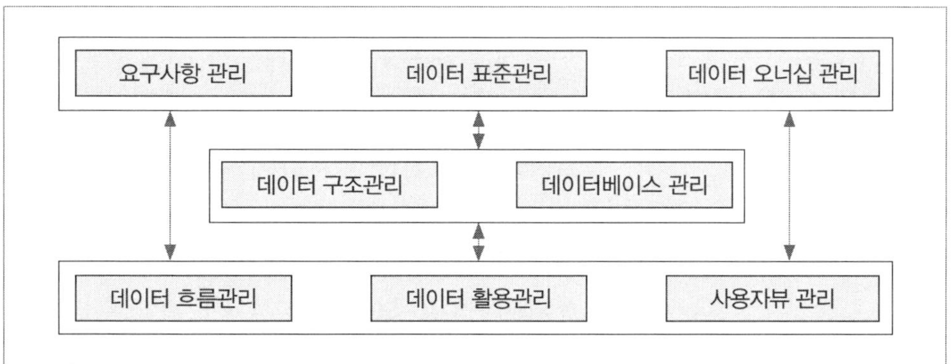

나. 데이터 품질관리 프로세스 구성요소

구 분	내 용
요구사항 관리	데이터에 대한 사용자의 요건 도출 및 관리(기능적 · 비기능적 요구사항 관리)
데이터 표준관리	데이터에 대한 공통된 시각을 유지하도록 데이터 표준화 원칙 정의, 표준 정의/변경/적용 통제(용어/도메인/코드 표준 관리)
데이터 오너십 관리	데이터에 책임과 권한을 가진 오너를 중심으로 데이터 품질 관리의 절차, 과정 정의 및 실행
데이터 구조관리	데이터모델 및 데이터베이스 설계 · 관리(유연성/중복/참조 무결성/통합 관리)
데이터베이스 관리	데이터값이 실제 저장되는 데이터베이스 운영 및 관리(성능관리, 보안관리)
데이터 흐름관리	소스데이터를 타깃에 생성, 추출, 변환, 적재하는 제반과정 관리(흐름 주기 및 흐름 대사 관리)
데이터 활용관리	사용자의 데이터 활용현황 파악, 활용의 극대화를 위한 환경 구현 수행(업무규칙 검증, 활용 모니터링)
사용자뷰 관리	사용자가 최종적으로 데이터를 이용하는 환경관리

5 데이터 품질관리 성숙수준 모델 및 적용 시 고려사항

가. 데이터 품질관리 성숙수준 모델(DQM3 ; Data Quality Management Maturity Model)

성숙단계	설 명
5. 최적화	개선요소의 지속적인 도출 및 적용 단계
4. 정량화	정량적 측정을 통해 데이터 품질관리 수행
3. 통합화	전사적, 연계통합 관점에서 일관된 데이터 품질관리
2. 정형화	데이터 품질관리 프로세스가 정형화되는 단계
1. 도입	품질관리의 필요성 인식, 부분적으로 데이터 품질관리 수행

나. 데이터 품질관리 적용 시 고려사항

- 조직의 문제에 기반한 정확한 구축과 적시의 구축 필요
- 전사적 구현분석 후 품질관리 대상 및 핵심업무 선정에 적용
- 지속적인 관리활동, 품질향상의 핵심지표 선정이 중요

Data Profiling

① Data Profiling 정의

데이터의 품질 보증을 목적으로 데이터의 구조 위반, 무결성 위반 등 유효하지 않은 값을 발견해서 보완하는 일련의 작업

② Data Profiling의 기법

기 법	설 명
컬럼 속성 분석	컬럼 내 유효한 값의 범위를 분석하여 오류 데이터 발견 ◉ 작업월은 1~12까지 가능하며 그 이상의 값은 오류 데이터, 성별의 남 · 여 이외 값은 오류 데이터
구조 분석	테이블과 테이블 간의 Relation을 분석 ◉ • 공통코드에 정의되지 않은 코드 사용은 오류 • 주문 Master에 존재하지 않은 주문 Detail 정보는 오류
데이터 룰 분석	비즈니스를 통해 컬럼과 컬럼의 값의 유효성 분석 ◉ 시작일자 ← 종료일자 Null, blank의 빈도와 특정 값의 수치 비교

01 데이터 품질관리의 개념

정보기술의 발전으로 구축된 정보시스템은 대량의 데이터를 누적하고 있다. 이제 기업의
문제는 정보시스템의 구축을 통한 생산성 향상보다는, 누적된 데이터의 효율적인 관리와
데이터의 품질 향상을 위한 노력을 필요로 한다.

데이터 품질은 데이터가 가지고 있는 명시적 또는 묵시적인 요구를 만족시키는 능력에 관
한 특성 전체를 의미한다. 부정확한 데이터는 조직의 의사결정에 잘못된 판단을 하게 하고
이는 조직의 중대한 과실이 된다. 따라서 기업의 전략과 목표를 달성하기 위해서는 구축 및
운영되는 정보시스템과 관련된 모든 데이터의 품질관리가 이루어져야 한다.

데이터 품질관리를 위해서는 기업 내의 데이터 관리원칙을 수립하고, 데이터 품질관리를
수행할 관리 조직을 선정하고 관리 프로세스를 체계적으로 정립해서 수행해야 한다.

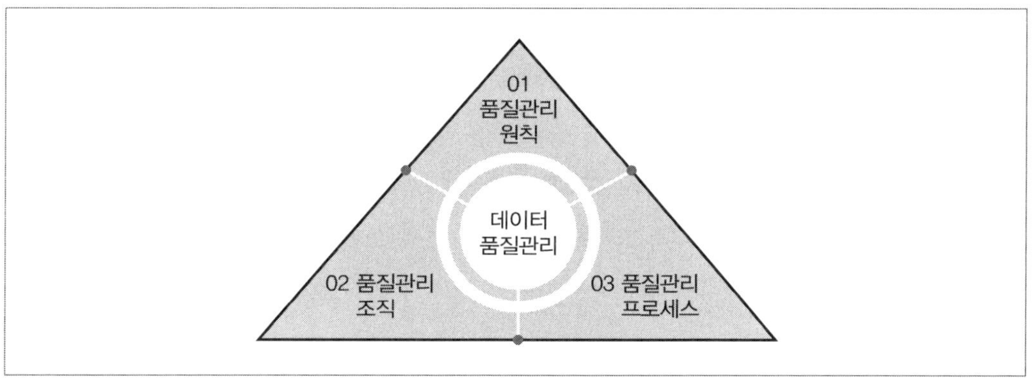

[그림 3-2] 데이터 품질관리 3요소

(1) 데이터 품질관리 원칙

데이터 품질관리를 위해서는 관리기준, 조직, 프로세스에 대한 규정이나 지침 등 데이
터를 관리할 방향을 정립하는 원칙이 필요하다. 데이터 품질관리 원칙은 준수성, 불가변
성, 이해성, 완전성, 일관성의 원칙을 따라 수립되고 관리되어야 한다.

- 준수성 : 데이터 품질관리 원칙은 기업의 비전과 목표에 맞도록 수립되어야 한다.
- 불가변성 : 데이터 품질관리 원칙은 불가피한 경우를 제외하고는 변경되어서는 안 된다.
- 이해성 : 데이터 품질관리 원칙은 명확하게 명시하여 애매모호하지 않도록 한다.

- 완전성 : 데이터 품질관리 원칙은 정책 및 지침에 필요한 모든 사항을 기술해야 한다.
- 일관성 : 데이터 품질관리 원칙 간에 정의 및 규정이 일관되도록 기술되어야 한다.

(2) 데이터 품질관리 조직

데이터 품질관리 조직은 데이터 품질관리 원칙을 준수하여 데이터 품질 목표 달성을 위해 관리 프로세스를 진행할 조직 및 담당자를 의미한다. 담당자의 역할과 책임을 명확히 하여 데이터 품질관리 조직을 구성해야 하며, 품질관리 프로세스를 원활히 수행할 수 있도록 지원해야 한다. 데이터 품질관리 조직 구성원에는 CIO, DA, Modeler, DBA 등이 있다.

- **CIO(Chip Information Office)**

  데이터 관리를 총괄하고 데이터 관리정책 및 자원마련을 수행하는 최고 정보화 임원이다.

- **DA(Data Architect)**

  전사적 데이터 모델을 통합하고 데이터 요구사항을 식별하여 모델에 반영한다. 또한 데이터 표준 정의 및 형상관리, 검증 프로세스를 수행한다.

- **Modeler**

  데이터 요구사항을 분석하고 데이터 표준을 기준으로 모델링을 수행하는 데이터 분석가이다.

- **DBA(DataBase Administrator)**

  데이터베이스를 설계하고 구축하며 데이터의 백업 및 복구를 수행한다. 운영 데이터베이스를 지속적으로 모니터링하여 성능의 이슈가 발생할 경우 튜닝을 수행한다.

(3) 데이터 품질관리 프로세스

데이터 품질관리 프로세스는 정립된 데이터 품질관리 원칙을 준수하여, 데이터 품질 목표를 달성할 수 있도록 관리하는 절차를 의미한다. 데이터 품질은 일시적인 목표 달성이 아니라, 프로세스를 통해서 지속적으로 유지될 수 있도록 관리되어야 한다.

[표 3-1] 데이터 품질관리 구성요소

구 분	내 용
요구사항관리	• 데이터에 대한 사용자의 요건 도출 및 관리 (기능적 · 비기능적 요구사항관리)
데이터 표준관리	• 데이터에 대한 공통된 시각을 유지하도록 데이터 표준화 원칙 정의, 표준 정의/변경/적용/통제(용어/도메인/코드 표준 관리)

데이터오너십 관리	• 데이터에 책임과 권한을 가진 오너를 중심으로 데이터 품질관리의 절차, 과정 정의 및 실행
데이터 구조관리	• 데이터모델 및 데이터베이스 설계 및 관리(유연성/중복/참조무결성/통합관리)
데이터베이스 관리	• 데이터값이 실제 저장되는 데이터베이스 운영 및 관리(성능관리, 보안관리)
데이터 흐름관리	• 소스데이터를 타깃에 생성, 추출, 변환, 적재하는 제반과정 관리 (흐름 주기 및 흐름 대사관리)
데이터 활용관리	• 사용자의 데이터 활용현황 파악, 활용의 극대화를 위한 환경 구현 수행(업무규칙 검증, 활용 모니터링)
사용자뷰 관리	• 사용자가 최종적으로 데이터를 이용하는 환경관리

데이터 품질관리는 데이터 요구사항, 표준, 오너십, 구조, 흐름, 활용, 사용자뷰, 데이터베이스 등이 있다. 이러한 대상을 기준으로 다음과 같은 단계별 데이터 품질관리 프로세스를 수행한다.

[표 3-2] 데이터 품질관리 프로세스

프로세스	설 명
1. 요구사항 정의	데이터 사용자의 품질 요구사항을 도출하고 적용 우선순위를 정한다.
2. 관리정책 수립	품질목표 달성을 위한 데이터 수집, 분석, 운영, 관리체계를 수립한다.
3. 표준 정의/평가	데이터 단어, 도메인, 코드, 용어 표준을 정의하고 모델의 준수 여부를 평가한다.
4. 모델 정의/평가	개념 모델, 논리 모델, 물리 모델을 통해서 요구사항을 구체화하고, 모델 오류를 평가한다.
5. 흐름 정의/평가	데이터 이관 혹은 분석을 위한 추출, 변환, 적재, 데이터 클린징 작업을 수행하고 오류데이터를 식별하여 수정한다.
6. DB 정의	데이터베이스의 구축 및 백업, 복구, 보안, 성능 작업을 정의한다.
7. DB 변경관리	요구사항 변경, 모델 변경, 성능 및 보안의 개선 등에 의해 DB의 변경 이력을 관리한다.
8. DB 평가	데이터 품질 요구사항을 충족 여부, 성능 목표 달성 등의 평가를 실시한다.
9. DB 활동도 평가	데이터 활용도 측정기준 마련 및 활용도를 평가한다.
10. DB 개선활동	DB의 품질진단 주기를 계획하고 품질진단을 수행하여 품질 저하요인을 지속적으로 개선한다.

02 데이터 품질진단

데이터는 실시간 변화하고 있으며 과거의 데이터 품질이 현재의 데이터 품질을 보장할 수 없으므로, 지속적이고 체계적인 데이터 품질진단을 전사적인 측면에서 수행해야 한다.

데이터 품질진단 절차는 다음과 같이 품질진단의 계획단계, 품질기준 및 대상의 정의 단계, 데이터 품질의 측정 실시 단계, 데이터 오류분석 및 조치계획 수립 단계, 데이터 품질개선 활동 실시 단계로 나눠진다.

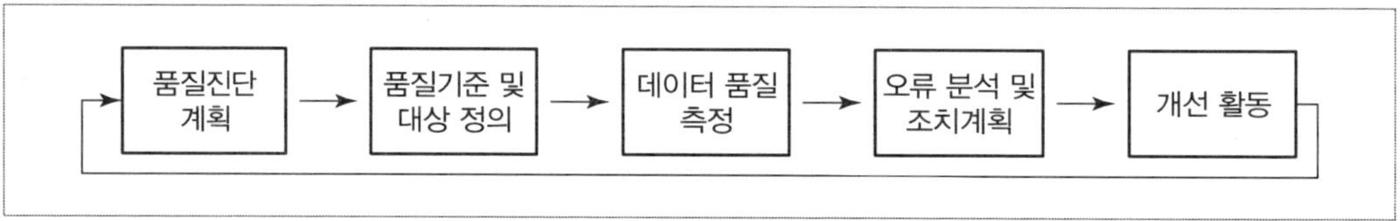

[그림 3-3] 데이터 품질진단 절차

(1) 품질진단 계획

- 업무 담당자와 인터뷰를 통해서 기업 내 중요시하는 데이터 품질관리 방향과 오류 데이터를 파악한다.
- 데이터 품질진단 프로젝트의 목표, 방향, 범위를 정의한다.
- 품질진단 수행조직을 구성하고, 진단방법론 및 프로세스를 정의한다.
- 진단방법론 및 절차에 따른 인력, 기간, 자원 등 세부진단 계획을 수립한다.

(2) 품질기준 및 대상정의

- 데이터의 완전성, 유일성, 유효성, 일관성, 정확성 등의 품질 기준을 정의한다.
- 업무 담당자와 면담을 통해서 데이터의 품질이슈를 조사한다.
- 진단 대상 시스템의 관련 문서를 수집하고, 중요도 및 가중치를 산정한다.
- 진단 대상을 선정하고 우선순위에 따라 핵심 품질항목을 정의한다.
- 데이터 프로파일링을 수행하여 품질문제를 이슈화하고, 업무규칙을 정의한다.

(3) 데이터 품질 측정

- 도출된 업무규칙을 기준으로 데이터 품질 측정의 계획을 수립한다.
- 업무규칙을 대상 데이터베이스에 적용하여 오류데이터, 오류율을 측정한다.
- 측정결과 보고서를 작성하고 품질관리 의사결정자에 보고한다.

(4) 오류분석 및 조치 계획

- 품질 측정에서 도출된 오류의 원인을 분석한다.
- 오류 데이터의 변경 영향도를 분석하고 조치 계획을 수립한다.

(5) 개선 활동

- 데이터 품질 개선안과 우선순위에 따라 품질개선 계획을 수립한다.
- 개선 계획에 따라 중요도, 우선순위, 영향도 등을 고려하여 개선 활동을 수행한다.
- 개선이 완료되면 결과를 평가하고 지속적인 개선 계획을 수립하여 결과를 보고한다.

03 데이터 프로파일링

프로파일링은 데이터의 품질문제를 도출하여 개선점을 찾기 위하여, 데이터의 구조, 값, 관리요소 등을 분석하는 일련의 활동을 의미한다. 프로파일링을 위해서는 대상 데이터 수집 및 분석, 데이터 도메인 분석, 프로파일링 대상 선정, 프로파일링 수행, 결과보고서 작성 단계를 수행한다.

(1) 대상 데이터 수집 및 분석

데이터베이스 구축 및 운영에서 관리되고 있는 테이블정의서, 엔티티정의서, 코드정의서 등 데이터베이스 관련 문서를 수집하고, 데이터베이스에 접속하여 스키마 정보를 추출한다.

■ **메타데이터 일치 여부 분석**

관련 문서와 스키마 정보의 테이블명, 컬럼명, 데이터타입, 도메인, 제약조건 등이 누락 없이 일치하는지 분석한다.

■ **표준화 준수 여부 분석**

수집된 대상 데이터가 전사적으로 정의된 데이터 용어, 도메인, 코드 표준을 준수하고 있는지 여부를 분석한다.

(2) 데이터 도메인 분석

수집된 대상 데이터에서 도메인 그룹과 도메인 항목, 데이터 타입별로 그루핑하고 동일한 도메인 그룹의 컬럼이 동일한 도메인을 사용하고 있는지 여부를 분석한다. 동일한 도메인을 사용하는 컬럼이 상이한 데이터 타입일 경우 데이터 무결성을 유지할 수 없으므로 도메인 분석이 필요하다.

(3) 프로파일링 대상 선정

프로파일링 수행 대상 테이블 및 컬럼을 선정하고 분석유형을 선택한다. 프로파일링 분석 유형은 데이터의 구조적 · 업무적 특성을 고려하여 데이터 Null 체크, 날짜 유효성 체크, 숫자 범위 유효성 체크, 포맷 체크, 중복데이터 체크 등으로 분류될 수 있다.

(4) 프로파일링 수행

데이터베이스에 접속해서 선정된 대상 테이블, 컬럼의 프로파일링을 수행한다. 프로파일링 분석유형과 데이터 특성을 기반으로 컬럼분석, 패턴분석, 날짜분석, 코드분석, 무결성 분석 등을 수행한다.

- **컬럼분석**

  대상 컬럼의 총 건수, 개별 건수, NULL 건수, 공백 건수, 길이, 최댓값, 최솟값, 최대빈도, 최소빈도 등의 유효범위 분석을 수행한다.

- **패턴분석**

  이메일, 주민등록번호, 우편번호 등 정형 패턴과 ID, 번호 등의 비정형 패턴을 분석한다.

- **날짜분석**

  날짜 유효값과 포맷의 적정성을 분석한다.

- **관계분석**

  부모–자식 테이블 간의 데이터 누락 여부를 통해 데이터 무결성 분석을 수행한다.

- **코드분석**

  공통코드에 미정의된 코드 데이터 사용 여부 및 공통코드로 관리되지 않은 코드의 존재 여부를 분석한다.

(5) 결과보고서 작성

프로파일링 결과 유형별 오류 데이터를 분석하여 프로파일링 결과보고서를 작성한다. 해당 담당자와 오류 데이터를 확인한 후 보고서를 배포한다.

○ CHAPTER 01 데이터 품질

SECTION 03 DB 튜닝

핵심 요약(Key point summary)

1 시스템 성능 향상의 핵심, DB 튜닝

가. DB 튜닝의 개념

데이터베이스의 응용, 데이터베이스 자체, 그리고 OS 조정 등을 통해 데이터베이스를 최적의 자원으로 최적의 성능을 얻도록 개선하는 작업

나. DB 튜닝의 필요성

- 변화에 따른 성능 저하 : 새로운 기능의 추가, 어플리케이션의 구조적 문제, 데이터와 사용자의 증가 등
- 문제 발생 시 임기응변식 대처가 아닌 주기적이고 지속적인 성능관리 필요

2 DB 튜닝의 대상 및 원칙

가. DB 튜닝의 대상

구 분	설 명
H/W	CPU, Memory, N/W, Disk, System Resource 등
S/W	DBMS, DB Design, Optimizing 전략, SQL, AP 구조 등
업무프로세스	업무처리방식, Load Balancing 정책 등

성능저하의 가장 큰 원인은 SQL 비효율, I/O 비효율

나. DB 튜닝의 원칙

- 전체를 대상으로 생각, 해결은 단계적으로 수행
- 비용 대비 효과가 큰 순서부터 적용(DB Design, SQL 튜닝, H/W 튜닝)
- 공간적 부분화, 논리적 부분화, 시간적 부분화 등을 활용
- 업무 프로세스를 파악하고 병목현상을 분힐

3 DB 튜닝의 절차

시스템 성능 진단	분석/튜닝 단계	결과정리 단계
• 사용자 인터뷰 • 설계 검토 • 시스템 구성 검토 • 자원 사용현황 분석 • SQL Trace 분석	• DB 설계 튜닝 • SQL 튜닝 • DBMS 튜닝 • OS 튜닝 • H/W 튜닝 • N/W 튜닝	• 튜닝 후 자료수집 및 분석 • 튜닝결과 평가 • Lessons Learned 기록

4 DB 튜닝의 주요기법

가. DB 설계 측면의 튜닝

- 테이블의 분할/통합(반정규화) : 수평분할, 수직분할 등 파티션 기능을 적용하여 DB I/O 최적화 수행
- 식별자 지정 및 효율적인 인덱스 전략 수립
- 적절한 데이터 타입 선택 : 타입에 따라 조인 순서 및 방식을 달리 선택하는 비효율 발생 가능(Varchar보다 Char 활용 등)

나. SQL 튜닝기법

- 인덱스 조정 : 분포도에 따른 인덱스 조정 및 추가, 컬럼 추가 등
- 조인 방식/순서 : Execution Plan 분석을 통한 조인 방식과 순서 조정
  - **예** Order 힌트 사용, From 문 순서 조절, Outer join 삭제, 작은 테이블부터 조인
- 부분 범위 처리 : 전체가 아닌 일부분만 액세스하도록 조정
  - **예** Order by 삭제, 불필요한 Group by 삭제, Sort merge join 활용
- 힌트 사용 : 힌트문을 사용하여 원하는 실행계획으로 유도
- 다중 처리 및 병렬 쿼리 : 여러 건을 동시에 처리하는 다중 처리 활용 및 하나의 SQL을 여러 개의 CPU가 병렬로 분할 처리하도록 조정
- Static SQL 사용 : Parsing 부하를 고려하여 Dynamic SQL을 지양하고 Binding하기 이전에 실행계획을 수립하는 Static SQL을 가급적 사용

다. DBMS 튜닝

- 환경 최적화 : DBMS의 Configuration Parameter 값 조정으로 DBMS 자원 최적 활용
- 메모리 사용 최적화 : 시스템 사용 영역, 버퍼 크기, Shared Pool 조정
- 데이터베이스의 물리적 저장 단위 및 DISK I/O 단위 조정
- 자원 경합 최적화를 위한 CPU 할당 : Paralleled Query Process 등

라. OS 튜닝

- CPU, Memory, Disk 등 시스템 자원을 최대한 활용
- I/O 분산을 위한 데이터 파일 재배치, RAID 구성
- 디스크상 자료를 읽을 경우 첫 번째 바이트의 검색 속도 개선

마. H/W 튜닝

CPU, Memory, Disk 등 H/W 자원의 배치, 증설 등을 통한 튜닝

바. N/W 튜닝

N/W의 트래픽 분석을 통한 병목구간 해소, Load Balancing 등을 적용한 N/W 튜닝

5 DB 튜닝의 기대효과 및 고려사항

가. DB 튜닝의 기대효과

- Application 및 DB 응답속도 향상 및 잠재적인 시스템 장애 방지
- 자원의 최적 활용을 통한 유지보수비용 절감 및 개발자 능력 향상

나. DB 튜닝 시 고려사항

- DB 성능관리를 위한 상시 모니터링 및 관리체계 마련
- 개발자에 대한 데이터베이스 원리 교육 및 주기적 · 지속적인 튜닝 실시
- 튜닝결과에 대한 Lessons Learned 기록을 통해 Historical 정보 구축

01 데이터베이스 튜닝의 개념

데이터베이스의 성능 향상을 위해서는 요구 정의 단계부터 성능을 고려해야 한다. 시스템의 동시 사용자 수, 처리하는 정보의 양과 종류, 트랜잭션 소요시간 등 해당 요구사항을 식별해야 한다. 또한 식별된 요구사항을 충족시키기 위하여 현행 시스템의 성능을 분석하고 필요한 성능·품질목표를 수립해야 한다.

성능·품질목표를 달성하는 데이터베이스를 구축하기 위해는 데이터 모델링, 물리 데이터베이스 설계, 구현 단계마다 주어진 자원 내에서 처리능력을 최대화하고, 응답시간 및 데이터 로드시간을 최소화할 수 있도록 지속적인 활동을 한다.

또한 DBMS의 구조와 데이터 처리방식의 이해를 통해 데이터베이스 성능 향상 방안을 수립한다. DBMS의 구조는 다음과 같이 메모리와 프로세스로 구성된 인스턴스 부분과 데이터파일, 로그파일 등을 관리하는 파일영역으로 구성되어 있다.

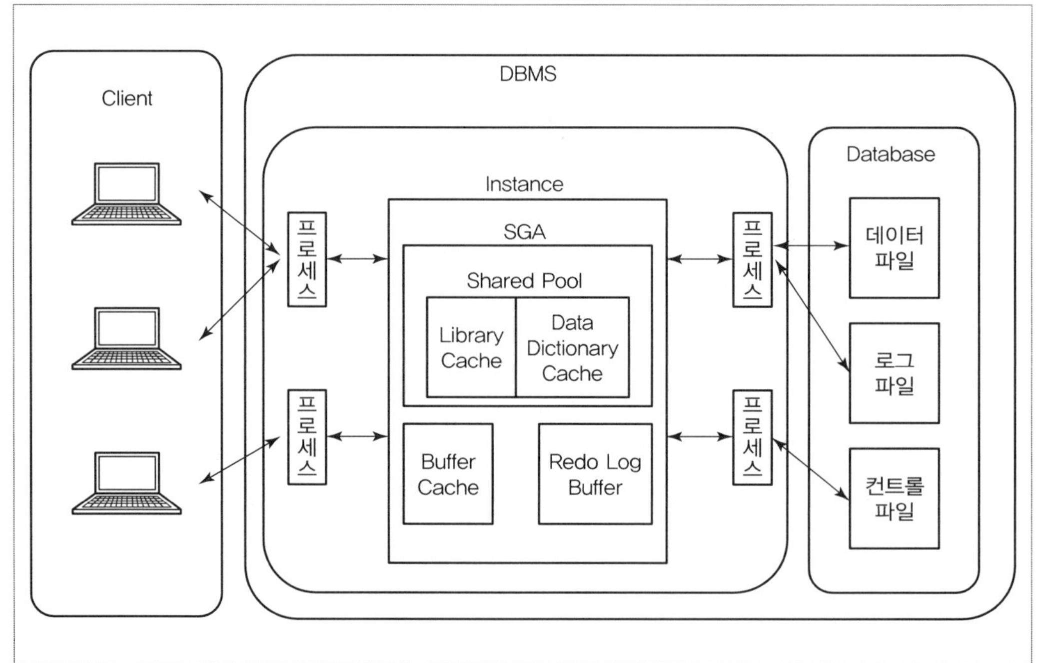

[그림 3-4] DBMS 메모리 구조

DBMS는 Oracle의 경우 SGA(System Global Area)라고 하고, SQL Server의 경우는 Memory pool이라고 하는 메모리 영역을 갖고 있다.

SGA의 Shared Pool영역은 SQL문과 데이터베이스 구조를 공유하고 있으며, Library Cache와 Data Dictionary Cache 영역으로 나눠진다. Library Cache는 SQL문, 실행코드, 실행계획을 저장하고 있으며, 이 영역을 공유하여 SQL 및 실행계획이 동일하면 재사용할 수 있다. Data Dictionary Cache는 데이터 딕셔너리 정보를 저장해두는 캐시영역으로 테이블, 인덱스, 테이블스페이스, 제약, Sequence, DB Link 등 정보를 저장하고 있다. 이를 통해서 SQL 실행 및 데이터 검색 시 딕셔너리 구조를 참조한다.

Buffer Cache는 데이터파일로 읽은 데이터파일의 복사본을 저장하고 있다. 데이터 검색 시 먼저 Buffer Cache에 데이터가 존재하는지 검색하고 미존재 시 디스크의 데이터파일에서 데이터를 읽어 들인다. 읽은 데이터는 LRU 알고리즘에 의해 빈 Buffer를 찾아 저장하고 결과를 반환한다. Redo Log Buffer는 데이터의 변경정보를 저장하고 있어 장애 발생 시 복구에 사용한다. 또한 DBMS는 프로세스를 이용해서 사용자와 메모리, 데이터베이스 간 통신을 가능하게 한다.

데이터베이스 튜닝은 자원 투입을 최소화하면서 효과를 극대화 할 수 있는 순서로 진행되며, SQL 튜닝, 설계 튜닝, DBMS 튜닝, 서버환경 튜닝 등을 실시한다.

02 데이터베이스 진단

(1) SQL 실행계획 및 Trace 확인

모델링과 업무 룰을 기반으로 SQL을 작성하고 실행하였으나, 목표 성능을 달성할 수 없을 때는 문제가 되는 SQL의 실행계획을 확인해야 한다. 실행계획을 확인하는 방법은 다음과 같다.

- Explain plan

'Plan_table'테이블을 생성하고 SQL을 실행하면, plan_table에 SQL의 실행계획이
저장되므로 데이터를 포매팅해서 다음과 같이 확인할 수 있다.

ID	Operation	Name	Rows	Bytes	Cost(%CPU)
0	SELECT STATEMENT		1	16	1(%0)
1	TABLE ACCESS BY INDEX ROWID	EMP	1	16	1(%0)
2	INDEX UNIQUE SCAN	EMP_PK	1		0(%0)

실행계획을 읽는 순서는 형제 노드 간은 위에서 아래로, 부모자식 노드 간은 안쪽에
서 바깥쪽으로하며, 다음과 같이 해석한다.

```
Execution Plan

0 SELECT STATEMENT
1   SORT ORDER BY SAL
2     NESTED LOOPS
3       TABLE ACCESS BY INDEX ROWID EMP
4         INDEX RANGE SCAN EMP_EMPNO_IDX
5       TABLE ACCESS BY INDEX ROWID DEPT
6         INDEX RANGE SCAN DEPTNO_IDX
```

1. emp_empno_idx 인덱스 범위 스캔(ID=4)
2. 인덱스 rowid로 emp 테이블 액세스(ID=3)
3. deptno_idx 인덱스 범위 스캔(ID=6)
4. 인덱스 rowid로 dept테이블 액세스(ID=5)
5. SAL기준 오름차순 정렬(ID=1)

- AutoTrace

'set autotrace on' 명령을 통해서 trace를 설정하고 SQL문을 실행하면, SQL 실행
결과, 실행계획, 실행통계를 확인할 수 있다. 이때 'plan_table'테이블이 생성되어
있어야 하고, v_$sesstant, v_$statname, v_$mystat뷰의 읽기권한이 설정되어 있
어야 한다.

■ SQL 트레이스

'alter session set sql_trace = true' 명령과 SQL을 실행하면, 실행 SQL의 트레이스를 user_dump_dest 파라미터의 지정경로 아래에 .trc 파일이 생성된다. 생성된 .trc파일은 tkprof 유틸리티를 사용해서 다음과 같이 결과를 확인할 수 있다.

```
SELECT * FROM EMP WHERE EMPNO=10;
```

call	count	cpu	elapsed	disk	query	current	row
Parse	1	0.00	0.00	0	0	0	0
Execute	1	0.00	0.00	0	0	0	0
Fetch	2	0.00	0.00	0	2	0	1
Total	4	0.00	0.00	0	2	0	1

트레이스에 나타난 각 항목의 의미는 다음과 같다.

[표 3-3] 트레이스 항목별 설명

트레이스 항목	설 명
call	• Parse : 커서를 파싱하고 실행계획을 생성 시 통계 데이터 • Execute : 커서 실행 단계의 통계 데이터 • Fetch : select문의 레코드 반환 시 통계 데이터
count	Parse, Execute, Fetch에 수행 횟수
cpu	커서가 Parse, Execute, Fetch에 사용한 cpu time
elapsed	커서가 Parse, Execute, Fetch에 소요된 시간(cpu time + wait time)
disk	디스크로부터 읽은 블록 수
query	• Consistent모드에서 읽은 버퍼 블록 수 • SQL이 실행되는 시작 시점 데이터 기준으로 블록 수 산정
current	• current모드에서 읽은 버퍼 블록 수 • 데이터를 찾아간 시점의 데이터 기준으로 블록 수 산정
rows	Parse, Execute, Fetch에 처리한 건 수

(2) 통계정보 분석

성능 측정을 위해서 누적된 통계치를 v$sysstat, v$sesstat뷰를 조회하여 분석할 수 있으며, 통계치의 의미는 다음과 같다.

[표 3-4] 통계 비율의 유형

통계 Ratio	설 명
Buffer Nowait%	Buffer busy waits 없이 바로 읽기에 성공한 비율
Redo NoWait%	Log 저장공간을 요청하지 않고 바로 Redo 엔트리를 저장하기에 성공한 비율
Buffer Hit%	디스크를 읽지 않고 Buffer cache에서 바로 블록찾기에 성공한 비율
Latch Hit%	Latch 경합 없이 바로 Latch 잡기에 성공한 비율
Library Hit%	이미 적재된 SQL을 Library cache에서 검색 시 Heap 영역에서 찾기에 성공한 비율
Soft Parse%	실행계획이 Library cache에 바로 찾은 비율
Execute to Parse%	Parse Call 없이 바로 SQL을 실행한 비율
Parse CPU to Parse Elapsd%	파싱 총 소요시간 중 CPU가 차지한 시간의 비율
%Non-Parse CPU	SQL수행 전체 CPU 시간 중 파싱 이외의 작업이 차지한 비율
In-memory Sort%	전체 소트 횟수 중 In-Memory 소트방식으로 수행한 비율
Memory Usage%	Shared Pool 내에서 현재 사용 중인 메모리 비중
%SQL with executions>1	전체 SQL 개수 중 두 번 이상 수행된 SQL 수의 비율
%Memory for SQL w/exec>1	전체 SQL 개수 중 두 번 이상 수행된 SQL이 차지하는 메모리 비중

(3) AWR Report 해석

오라클의 경우 10g 이후부터 일정한 주기로 모든 통계와 작업 로드 정보에 대한 스냅샷을 만들어 AWR(Automatic Workload Repository)에 저장한다. 통계치를 확인하기 위해서는 $ORACLE_HOME/rdbms/admin 디렉터리의 awrrpt.sql을 실행하거나 DBMS Tool을 통해서 보고서 형식으로 조회할 수 있다. AWR Report를 해석하여 데이터베이스 전반적인 현 상태를 분석하고, 성능저하 부분을 식별하여 DBMS 튜닝을 수행한다.

DB Name	DB Id	Instance	Inst num	Startup Time	Release	RAC
DEVUEXPO	1475701188	DEVUEXPO	1	31-10월-11 16:00	DEVUEXPO	NO

Host Name	Platform	CPUs	Cores	Sockets	Memory(GB)
disdb1	HP-UX IA (64-bit)	4	4	2	11.97

	Snap Id	Snap Time	Sessions	Cursors/Session
Begin Snap:	12135	01-11월-11 01:00:10	181	1.5
End Snap:	12150	01-11월-11 16:00:33	286	2.0
Elapsed:		300.39(mins)		
DB Time:		44.98(mins)		

Foreground Wait Class

- s-second, ms - millisecond - 1000th of a second
- ordered by wait time desc, waits desc
- %Timeouts : value of 0 indicates value was $<$ .5%. Value of null is truly 0
- Captured Time accounts for 143.7% of Total DB time 2,698.92 (s)
- Total FG Wait Time : 920.91 (s) DB CPU time : 2,956.18 (s)

Wait Class	Waits	%Time -outs	Total Wait Time (s)	Avg wait (ms)	%DB time
DB CPU			2,956		109.53
Commit	91,203	0	521	6	19.29
User I/O	129,040	0	356	3	13.18
Network	4,539,536	0	18	0	0.66
System I/O	69,549	0	8	0	0.30
Other	189,220	100	8	0	0.29
Application	20,044	0	7	0	0.25
Configuration	8	75	4	508	0.15
Concurrency	29	0	0	7	0.01

[그림 3-5] AWR Report 예시

AWR Report에 나타나는 통계항목의 의미를 살펴보면 다음과 같다.

[표 3-5] AWR Report의 통계항목 해석

통계항목	설 명
Report Summary	스냅샷 기간 동안 Instance의 전체적인 요약정보를 제공하고 중요한 통계정보가 있으면 포함시킨다.
Cache Sizes	초기 init.ora에 설정한 Cache 사이즈와 현 SGA 영역의 사이즈를 비교해서 보여준다.
Load Profile	초당 처리되는 트랜잭션 건수와 비율을 보여준다.
Instance Efficiency Percentages	SGA 영역에서 각 Hit 율을 보여준다.
Shared Pool Statistics	스냅샷 기간 동안 shared pool 영역의 변화된 통계정보를 보여준다.
Top 5 Timed Events	wait 이벤트나 DB의 병목영역을 보여주며, AWR report에서 가장 중요한 영역이다.
Wait Events Statistics Section	foreground, background database의 wait 이벤트, OS, 서비스 등에 대한 wait 이벤트 통계정보를 보여준다.
Time Model Statistics	DB 처리에 포함된 각 요소의 시간 통계정보를 보여준다.
Operating System Statistics	I/O, CPU, 메모리, 네트워크 usage를 포함한 외부 자원을 보여준다.
SQL Statistics	실행 시간에 따라 정렬하여 중요 확인이 필요한 SQL Top 10을 보여준다.
Instance Activity Stats	스냅샷 동안 DB가 어떻게 작동되었는지 보여준다.
I/O Stats	테이블스페이스, 데이터 파일, 버퍼의 I/O activity를 보여준다.
Latch Activity	latch에 의해서 sleep, miss 등 상태와 child, parents latch 통계를 보여준다.
init.ora Parameters	init.ora parameter가 snapshot 기간 동안 바뀐 정보를 보여준다.

03 SQL 튜닝

(1) 옵티마이저의 이해

옵티마이저(Optimizer)는 SQL의 실행을 위해 최소의 비용으로 최적의 접근 경로를 선택하여, 사용자가 원하는 작업을 가장 효율적으로 수행할 수 있는 프로시저를 자동으로 생성해 주는 DBMS의 엔진을 말한다. 이렇게 옵티마이저는 SQL의 성능에 영향을 미치는 요소이기 때문에 옵티마이저의 이해는 SQL 튜닝에 중요하다.

옵티마이저에는 Rule-based 옵티마이저와 Cost-based 옵티마이저가 있으며, 그 특징은 다음과 같다.

- **RBO(Rule-based Optimizer)**

  Rule-based 옵티마이저는 아래 도표와 같이 접근 경로의 우선순위를 정해두고, 그 규칙 기반으로 실행계획을 사용한다. 데이터양이나, 분포도 등 외부 요인을 고려하지 않고 실행되기 때문에 경우에 따라 비현실적인 처리 경로를 수립하기도 한다. 그러나 수립될 처리 경로를 예측할 수 있고, 사용자가 원하는 처리 경로로 유도가 용이하며, SQL문 구사 능력이 우수한 경우 유리한 방법이라고 할 수 있다.

[표 3-6] RBO의 접근 규칙

순서	접근 경로
1	ROWID에 의한 단일 Row
2	클러스터 조인에 의한 단일 Row
3	유일하게 PK를 가진 해시 클러스터 키에 의한 단일 Row
4	유일하거나 PK에 의한 단일 Row
5	클러스터 조인
6	해시 클러스터 Key
7	인덱스 클러스터 Key
8	복합 컬럼 인덱스
9	단일 컬럼 인덱스
10	인덱스가 구성된 컬럼의 제한된 범위 검색
11	인덱스가 구성된 컬럼의 무제한 범위 검색
12	Sort-Merge 조인
13	인덱스가 구성된 컬럼의 MAX 혹은 MIN
14	인덱스가 구성된 컬럼의 ORDER BY
15	Full 테이블 스캔

■ CBO(Cost-based Optimizer)

Cost-based 옵티마이저는 통계정보, I/O 비용, CPU 비용 등을 고려하여 실질적인 비용을 계산하고 최소비용의 실행계획을 선택하는 방법이다. SQL 작성의 전문지식이 부족하더라도 옵티마이저에 의해 최적의 경로를 얻을 수 있다. 그러나 통계 데이터에 의해 실행계획이 영향을 받을 수 있으며 사용자가 원하는 처리 경로로 유도하기 어렵다.

옵티마이저는 주어진 자원에 따라 분석이 이루어지므로 수집된 통계정보의 불충분, 히스토그램의 버킷 개수 한계, 하드웨어 사양의 불일치 등의 여러 가지 요인에 의해서 현실에서 최적의 경로를 선택할 수 없는 한계를 갖고 있다. 따라서 사용자의 모니터링을 통한 튜닝과 관리가 필요하다.

(2) SQL 실행 단계

응용프로그램에서 SQL을 실행하면 SQL은 파싱, 최적화, 로 소스 생성, SQL 실행의 단계를 거쳐서 결과를 도출하게 된다. 수행내용을 단계별로 살펴보면 다음과 같다.

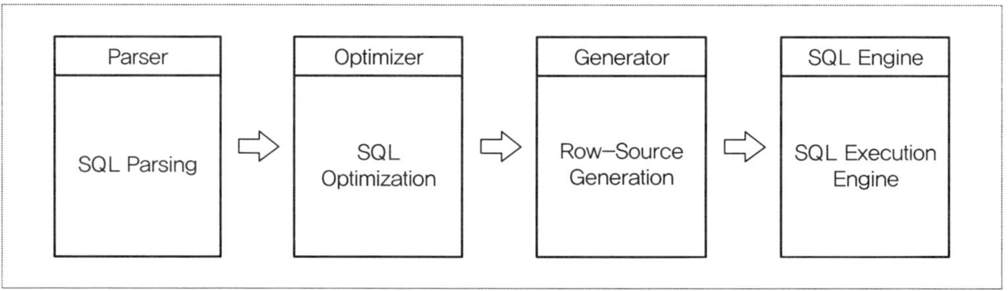

[그림 3-6] SQL 실행 단계

■ 1단계 : SQL Parsing

SQL 파서는 입력된 SQL의 문법오류, 구문오류를 체크해서 오류를 처리하고, SQL을 토큰화하여 Library cache에서 동일한 SQL을 찾는다. 동일한 SQL이 존재하면 기존의 실행계획을 기준으로 실행 처리하고, 존재하지 않으며 SQL 최적화 단계 수행을 위해서 옵티마이저(Optimizer)에 전달한다.

■ 2단계 : SQL Optimization

옵티마이저는 쿼리 변환, 실행계획 생성, 검증 단계를 통해 SQL의 실행계획을 최적화 한다. 파서에게 전달받은 SQL의 실행계획을 생성하기 위해서 동일한 결과의 최적화된 SQL로 쿼리 변환을 수행하고 실행계획을 생성한다. 생성된 실행계획은 데이터베이스 통계정보와 시스템 성능 통계정보를 기반으로 I/O, CPU, 메모리, 응답속도, 접근경로, 조인방식, 조인순서 등을 고려하여 검증한다.

쿼리 변환단계에서 RBO는 동일한 결과가 보장되는 최적의 SQL로 변환하여 사용한다. 반면 CBO는 SQL의 비용을 고려하여 비용을 최소화할 수 있을 때만 변환된 SQL을 사용하고 그렇지 않으면 원본 SQL을 사용한다.

- **3단계 : Row-Source Generation**
  옵티마이저가 최적으로 검증된 SQL의 실행계획을 내부적으로 처리 가능하도록 실행코드, 프로시저 형태로 변환하여 처리방법을 생성한다.

(3) SQL 실행계획의 재사용(Library cache의 최적화)

Shared Pool영역에 존재하는 Library cache는 SQL 공유커서 및 데이터베이스 오브젝트에 관한 정보를 관리하고, 사용자가 던진 SQL과 실행계획을 저장해 두는 캐시영역이다. 앞서 설명한 SQL 실행계획을 생성하기 위해 상당한 작업이 진행되므로, 캐시영역에 저장된 SQL 실행계획을 재사용할 수 있어야 SQL의 성능을 향상시킬 수 있다.

이러한 노력 중 가장 중요한 기법은 커서를 공유할 수 있도록 바인드 변수를 사용해 SQL 하드파싱이 발생되지 않도록 하는 것이다. 바인드 변수를 사용하는 SQL문은 다음과 같이 v$SQL을 통해서 SQL의 실행통계를 확인하고 SQL을 튜닝할 수 있다. 이때 SQL 실행 결과에서 loads 횟수가 최소화되어야 한다.

```
SELECT sql_text, loads, parse_calls, executions, invalidations
FROM v$SQL
WHERE sql_text='test';
```

SQL_TEXT	LOADS	PARSE_CALLS	EXECUTIONS	INVALIDATIONS
select empno......	1	500	500	0

- parse_calls : 라이브러리 캐시에서 SQL 커서를 찾으려는 요청 횟수
- loads : 하드파싱 후 SQL 실행계획을 라이브러리 캐시에 적재한 횟수
- executions : SQL 수행 횟수
- invalidations : 커서 무효화 횟수

(4) Call 최소화

SQL문을 실행하면 다양한 서비스 간의 Call이 발생된다. 앞서 설명한 SQL 실행 후 통계정보를 분석해 보면 파싱하는 과정에서 Parse call이, 커서를 실행하는 과정에서 Execute call이, select문의 결과를 반환하는 과정에서 Fech call이 발생되었다.

또한 Client에서 WAS로 발생시키는 Service call, WAS에서 DBMS로 발생시키는 User call, DBMS 자체에서 발행하는 Recursive call이 발생한다. DB 성능을 위해서 이러한 Call을 최소화할 수 있도록 튜닝해야 한다.

Call을 줄이는 방법으로는 바인드 변수를 사용해서 SQL문을 작성하는 방법, Array processing을 활용해서 동시 처리하는 방법, 부분범위 처리로 전체 데이터를 조회하지 않고 필요한 데이터만 Fetch하는 방법 등이 있다.

[표 3-7] Call 유형별 최소화 방법

Call유형	User call	Recursive call
Parse call	어플리케이션 커서 캐싱 공유	바인드 변수를 사용한 SQL문 작성
Execute call	• Array 단위 처리 • One · SQL문 작성	• Array 단위 처리 • 조인, 스칼라, 서브쿼리 사용
Fetch call	• Array 단위 Fetch • 부분범위 처리 • 화면 페이지 처리	Cursor For Loop 활용

(5) I/O효율화

오라클은 하나의 레코드를 읽으려고 해도 그 레코드가 속한 한 블록을 읽어야 하는 블록 단위 I/O로 이루어져 있다. 따라서 한 블록을 읽어 올 때 해당되는 모든 레코드를 순차적으로 읽어 올 수 있어야 효율적이다. 또한 읽어야 될 데이터가 Buffer cache에 존재할 경우의 수, 즉 버퍼 캐시 히트율을 높여야 한다. DBMS에 영향을 미치는 I/O는 메모리 I/O, 디스크 I/O, 네트워크 I/O 등도 고려하여 튜닝되어야 한다.

I/O의 효율화를 위한 튜닝 방법은 다음과 같다.
- Sequential 액세스의 선택도를 높인다.
- Random 액세스의 발생량을 줄인다.
- 논리적 블록 I/O를 줄인다.
- 물리적 디스크에 읽어야 될 블록 수를 줄인다.

이를 위해서는 최소 블록만 읽도록 SQL문을 작성하거나, 옵티마이저의 모드를 Full scan한 후 정렬하는 all_rows 방식, 혹은 first_rows 방식을 선택해서 정렬을 최소화하고 scan하도록 선택적으로 사용할 수 있다. 또한 H/W 방법을 통한 I/O 성능 개선 방법으로는 비동기 I/O, 고대역 인터커넥터 사용 등의 방법도 있다.

(6) 인덱스의 효율화

데이터베이스는 효율적으로 데이터를 액세스하여 대량의 데이터를 고속으로 탐색할 수 있도록 인덱스를 사용한다. 인덱스는 데이터 접근 경로, 데이터 분포도 등을 고려하여 설계된다. 인덱스를 설계 목적에 적합하게 사용하기 위해서는 인덱스의 구조, 스캔방식을 이해하고, 인덱스가 사용되지 않는 경우의 SQL문을 수정해야 한다.

인덱스의 내부구조는 DB 개념에서 설명되어 있으므로, 본 장에서는 튜닝 관점의 인덱스에 중점을 두어 설명한다.

인덱스 스캔방식은 다음과 같이 여러 가지가 있으며, 의미를 이해하고 적절하게 사용되어야 한다.

[표 3-8] 인덱스 스캔 방식

인덱스 스캔 방식	설 명
인덱스 Range scan	정렬된 인덱스 중 필요한 범위까지 탐색하는 방식
인덱스 Full scan	정렬된 인덱스 전체를 탐색하여 필요한 결과값을 리턴하는 방식, 인덱스 Range scan을 할 수 없을 경우, 테이블 Full scan 대비 효율적
인덱스 Unique scan	해당 인덱스를 '=' 조건으로 탐색하는 방식
인덱스 Fast Full scan	인덱스를 물리적인 순서로 읽는 방식으로, 인덱스 Full scan보다 고속
인덱스 Join	사용된 인덱스 간 조합으로 탐색하는 방식

데이터 분포도와 '=' 조건을 고려하여 인덱스 Range scan을 의도하였으나, 실제 실행계획을 확인해보면 다른 방향으로 인덱스 스캔되는 경우가 존재한다. 이렇게 인덱스 Range scan이 사용되지 않은 경우는 다음과 같다.

- 인덱스 선두 컬럼이 조건절에 사용되지 않은 경우

```
EMP_ID만 인덱스 컬럼인 경우
SELECT * FROM EMP WHERE EMP_NM LIKE 'IT%'
                        AND EMP_ID = '01';
```

- 인덱스 컬럼이 조건절에서 가공되어 사용되었을 경우

```
SELECT * FROM EMP WHERE SUBSTR(MANAGER,1,1) = '0';
```

- 인덱스 컬럼이 부정형의 비교를 사용하는 경우

```
SELECT * FROM EMP WHERE MANAGER()'01';
```

- 인덱스 컬럼이 is not null 비교를 사용하는 경우

```
SELECT * FROM EMP WHERE MANAGER IS NOT NULL;
```

또한 상이한 데이터 타입으로 비교할 경우 인덱스 스캔방식과 결과가 변경된다.

- 문자형 컬럼을 계산해서 비교하면 숫자형으로 변환되므로 인덱스 스캔방식이 변경된다.

```
START_YY, END_DT의 데이터 타입은 문자형이다.
SELECT * FROM EMP WHERE START_YY = SUBSTR(END_DT,1,4)-1;
```

- 숫자형 컬럼의 LIKE 비교는 문자형으로 변환되므로 결과값이 상이하게 나올 수 있다.

```
EMP_CNT는 데이터 타입이 숫자형이다.
SELECT * FROM EMP WHERE EMP_CNT LIKE 3||'%';
```

상위의 사항을 고려하여 SQL문을 작성하여도 성능 향상이 어려울 경우 인덱스 분포도, 활용도를 모니터링하여 추가 인덱스를 생성하거나 인덱스를 변경할 수 있다.

- 자주 사용되고 Range를 줄일 수 있는 컬럼을 인덱스에 추가한다.
- 컬럼 수가 적고 대량의 데이터 탐색을 효율적으로 하기 위해서 인덱스 구조로 데이터를 관리하는 IOT(Index Organized Table)의 사용을 고려한다.

```
CREATE TABLE EMP (EMP_NO VARCHAR2(10),
                  EMP_NM VARCHAR2(50),
                  CONSTRAINT EMP_PK PRIMARY KEY(EMP_NO)) ORGANIZATION INDEX;
```

- 인덱스 클러스터 테이블 활용하여 Sequential scan으로 성능 향상을 고려한다.

(7) 힌트 사용

힌트는 옵티마이저에게 개발자가 원하는 실행계획으로 유도하는 방식이고, '/*+ */' 혹은 '--'를 사용해서 힌트 명령을 제공한다.

■ 옵티마이저 힌트

힌 트	설 명
ALL_ROWS	전체 리소스를 최소화하는 비용 기반 모드로 실행
FIRST_ROWS	첫 번째 로(Row)를 가장 빨리 반환하는 접근 방식으로 실행
CHOOSE	데이터 딕셔너리 정보를 보고 CBO와 RBO를 선택해서 실행
RULE	RBO로 실행계획 실행

■ 접근방식 힌트

힌 트	설 명
INDEX	인덱스를 이용한 접근
INDEX_JOIN	인덱스 조인을 이용한 접근
INDEX_ASC	인덱스를 이용해서 오름차순 스캔을 접근 , order by
INDEX_DESC	인덱스를 이용해서 내림차순 스캔을 접근, order by desc
FULL	지정 테이블의 전체 스캔방식으로 접근
USE_CONCAT	where 절에 In이나 Or을 사용할 경우 이를 Union all을 이용해 접근
HASH	클러스터가 된 오브젝트에 적용, 지정된 테이블에 해시를 이용한 접근

■ 조인방식 힌트

힌 트	설 명
USE_NL (Nested Loop Join 사용)	• driving 테이블의 row를 기준으로 driven 테이블의 row를 탐색하는 방식 • Random 액세스로 대량의 데이터 조인 시 비효율적 ⑩ /*+ordered use_nl(a)*/, /*+ordered use_nl(a) use_hash(b)*/, /*+ordered use_nl(a,b)*/
USE_MERGE (Sort Merge Join 사용)	• Nested Loop Join의 단점을 보완하여 미리 테이블을 정렬하고 Merge하는 방식 • Sort 부하가 존재하고 각 Sort 테이블의 drive 값을 탐색할 때는 Random 액세스 처리되는 비율성이 존재하나, USE_NL보다 빠름 ⑩ /*+ ordered use_merge(a)*/
USE_HASH (Hash Join 사용)	• Nested Loop Join과 Sort Merge Join의 단점을 보완하여 두 테이블 중 작은 테이블에 해시함수를 적용하여 해시테이블 생성하고, 다른 테이블이 해시테이블을 탐색하도록 하는 방식 • 해시테이블 생성 비용이 발생될 수 있으나 해시테이블이 PGA 영역에 위치하여 탐색 시간이 빠름 • 작은 데이터 테이블에 사용하며, USE_NL, USE_MERGE에서 비효율적일 경우 사용 ⑩ /*+ use_hash(a) */, /*+ leading(a,b) use_hash(b)*/
LEADING	조인을 위해서 driving 테이블의 순서를 조정하는 방식

04 설계단계 튜닝

데이터베이스 성능에 대해 지속적으로 노력해야 성능 목표를 유지할 수 있다. 설계단계에서 정규화, 반정규화, Key 및 인덱스 설계, 테이블의 분할 및 통합 등의 활동에서 성능을 고려한 설계가 적정하게 수행되었다 하더라도, 운영 및 유지보수 시 성능저하 요인은 발견될 수 있다. 따라서 고품질의 데이터를 유지하기 위해서는 운영 및 유지보수 시 주기적으로 성능을 진단하여 튜닝을 실시해야 한다.

(1) 정규화 · 반정규화를 통한 튜닝

데이터 모델링 과정에서 중요한 부분이 되는 정규화와 반정규화를 통한 튜닝은 업무 룰과 저장될 데이터의 충분한 분석 없이는 성능을 향상시킬 수 없다. 단순히 입력, 수정, 삭제가 빈번한 테이블은 정규화를 통해서만 성능이 향상되고, 조회가 빈번히 발생하는 테이블은 반정규화를 수행해야만 성능이 향상되는 것은 아니다.

정규화 · 반정규화를 통해 성능저하 요인을 식별하고 개선하는 방법은 다음과 같다.

- 정규화된 테이블로 분해된 속성이 업무적으로 동시에 생성 · 조회 · 변경이 많을 경우, 반정규화 처리한다.
- 정규화된 테이블과 조인되는 테이블이 빈번하게 사용되나 물리적으로 분리되어 성능 저하될 경우 반정규화 처리한다.
- 반정규화된 테이블의 중복 속성이 사용빈도가 높지만 인덱스의 중복 생성이 어려울 경우, 정규화 처리한다.
- 반정규화된 속성값을 SUM, DISTINCT 등 함수를 처리하여 집합적으로 조회되는 빈도가 높을 경우, 정규화 처리한다.

(2) Key 및 인덱스 조정에 의한 튜닝

데이터 모델링과 Key 및 인덱스 설계를 적정하게 이행하였다 하더라도 데이터베이스 운영에서 실제 트랜잭션이 발생하게 되면 예상치 못한 성능저하를 발견하게 된다.

데이터의 성능저하 요인은 활용도가 떨어지는 Key의 선정 혹은 정의된 인덱스의 활용도 저하 등이 문제이다. Key 설계를 잘못할 경우 데이터 처리 성능이 떨어지고 데이터 무결성을 해친다.

- **■ Key는 다음을 고려하여 점검을 수행한다**
  - PK가 여러 컬럼의 조합으로 이루어졌을 경우 해당 컬럼 데이터의 분포도와 활동도에 따라 순서를 재정의한다.
  - 본 식별자가 6개 이상의 컬럼을 조합하여 PK를 구성한 경우는 인조 식별자로 단일화를 고려한다.
  - 정의된 인조 식별자의 조인이 발생되지 않고 본 식별자로 조인이 자주 발생될 경우 본 식별자를 PK로 재정의한다.
  - PK로 정의된 컬럼이 전체 조인보다 분해해서 부분으로 조인되는 경우가 자주 발생될 경우 PK의 컬럼을 분해한다.

- **■ 인덱스 활용도에 따라 다음을 고려한 점검을 수행한다**
  - 정의된 인덱스 개수가 너무 많아 인덱스의 활용도가 낮을 경우 중복 인덱스를 삭제한다.
  - 운영에서 활용되는 컬럼의 순서를 고려하여 인덱스 순서를 조정한다.
  - 조인에서 함수를 사용하거나 데이터 타입을 변경하는 등의 조건 컬럼의 변형은 인덱스의 활용도를 떨어뜨린다.
  - FK 인덱스를 지정할 경우 자식 테이블 값을 연쇄 변경하거나 혹은 삭제에 효과를 높일 수 있다.

(3) 테이블 분할/통합에 의한 튜닝

운영 중 데이터양이 지속적으로 늘어나 검색 성능을 저하시킬 경우, 데이터 처리 패턴을 분석하여 테이블을 분할 및 통합 가능하다. 전체 테이블의 저장 데이터양이 많고 처리하는 데이터의 범위가 최근 몇 년 내의 데이터인 경우는 연도 기준으로 수평분할을 실시한다. 수평분할은 전체 테이블 컬럼의 활용도가 비슷하고 Row 단위로 활용 패턴이 차이가 날 경우 실시하는 방법이다.

반면 전체 데이터를 사용하지 않고 특정 컬럼을 자주 사용할 경우, 검색 패턴에 따라 컬럼 단위의 수직분할을 수행한다. 분할된 테이블의 조인 빈도가 높을 경우 혹은 유사한 테이블의 데이터는 통합하여 관리한다.

(4) 데이터 표준화에 의한 튜닝

데이터 표준화는 업무적으로 사용하는 용어를 단어로 세분화하여 표준단어, 표준용어를 정의하고 그 이외의 단어 사용을 금하여 통일된 용어를 사용하게 한다. 업무의 용어가 통일되므로 데이터 품질 향상과 의사소통을 빠르게 할 수 있다.

조인 시 연결되는 컬럼의 데이터 타입이 서로 다를 경우에는 내부적으로 변형이 일어나 정의된 인덱스가 적용되지 않는다. 그러므로 데이터베이스에 상이하게 정의된 컬럼명, 데이터 타입, 데이터 길이 등을 표준화하여 상이한 데이터 타입의 조인 시 성능저하를 막을 수 있다. 또한 데이터 표준화를 실시하면 시스템 간 연계 시 오류를 최소화하고 데이터 무결성 및 성능을 보완할 수 있다.

(5) 기타 튜닝

그 이외에도 분산환경을 구축하여 접근시간을 줄일 수 있고, 업무적인 분석을 통해서 데이터 모델을 단순화시키면 조인 횟수가 감소되어 성능을 향상시킬 수 있다.

05 DBMS 튜닝

공유 메모리를 효율적으로 활용하고 데이터 처리 프로세스의 부하를 분산시키는 등의 튜닝 활동으로 DBMS의 성능을 향상시킨다.

(1) Invalid Object 점검

Invalid Object는 사용 여부를 확인해서 사용하지 않는 경우에는 삭제하여 메모리 효율을 증대시키고 사용하는 경우는 컴파일을 해서 활성화시켜야 한다. Invalid Object는 Export나 Import 작업수행 이후, 버전 upgrade나 patch 적용 후 많이 발생하므로 주기적으로 점검하여 재컴파일을 해야 한다.

(2) Buffer Cache Hit Ratio 점검

데이터베이스 버퍼 캐시의 적중률은 어플리케이션의 특성에 따라 권장값이 다를 수 있다. OLTP 시스템은 90% 이상이면 좋고, DSS나 DW 시스템은 80~85% 이상, 배치업무는 50% 이상이면 적정하다.

데이터베이스 버퍼 캐시의 적중률이 기준값보다 낮을 경우, 파라미터 db_block_buffers의 값을 늘려줘야 한다. 이때 O/S상에 메모리가 여유 있는지 확인하여 메모리 부족으로 인한 Paging, Swapping이 발생하지 않도록 주의한다.

(3) Library Cache Hit Ratio 점검

전체 라이브러리 캐시의 적중률은 99% 이상을 유지하는 것이 좋고, Namespace별 라이브러리 캐시 적중률을 90% 이상을 유지하는 것이 좋다.

이 값이 권장값보다 낮을 경우에는 초기화 파라미터 shared_pool_size의 크기를 증가시켜 주면 된다. 또한 SQL의 공유도를 높일 수 있도록 SQL을 바인드 변수를 사용하는 등의 SQL 튜닝을 실시해야 한다.

(4) Dictionary Cache Hit Ratio 점검

전체 딕셔너리 캐시 적중률은 90% 이상을 유지해야 하고, 파라미터별 적중률은 각 90% 이상을 유지하는 것이 좋다.

권장값보다 낮을 경우 shared_pool_size를 변경하여 Shared Pool의 크기를 증가시켜 주며, 각 파라미터별 낮은 적중률은 항목 특성에 따라 원인을 분석해야 한다.

(5) Shared Pool Free Space 점검

큰 사이즈를 일괄 사용하면 Shared Pool 메모리의 단편화가 발생될 수 있으므로, 사이즈가 큰 SQL 블록의 사용을 자제한다. 또한 성능 향상을 위해서 Literal SQL을 바인드 변수를 사용하도록 변경하고, shared_pool_reserved_size를 증가시키는 노력이 필요하다.

(6) Redo Buffer 경합상태 점검

log buffer space를 할당받기 위해 Wait한 비율과 Wait event의 발생횟수를 점검한다. Redo Buffer Space Wait Ratio와 Redo Log Space Request가 0에 가까우면 좋고, 값이 높으면 init.ora의 log_buffers를 1~10M 사이에서 조정한다.

(7) Latch Hit Ratio 점검

모든 Latch의 Hit Ratio가 98% 이상 유지되는 것을 권장한다. Hit Ratio가 낮은 경우 Latch에 대한 Resource를 늘려주거나, 해당 Latch를 많이 사용하는 Application의 사용도를 점검한다.

(8) Block Waits 점검

Wait는 블록에 따라 조치를 취해야 하는데 'data block'의 Wait가 높으면, Insert가 많은 세그먼트를 찾아 freelists를 증가시켜 준다. 'segment header'나 'free list'의 Wait가 높으면 경합이 잦은 세그먼트를 찾아 freelist groups를 증가시켜 준다. 'undo header'나 'undo block'의 Wait가 높으면 롤백 세그먼트의 개수를 증가시켜 줄 수 있다.

'data block'의 wai는 전체 request 횟수(db block gets + consistent gets)의 1%를 넘지 않으면 적정하다고 본다.

(9) Session Wait 점검

Session의 Wait가 발생되면 현재 접속 중인 Session정보를 확인하여 Wait Event에 따라 조치를 취한다.

(10) Memory Sort Ratio 점검

정렬작업 시 메모리에서 수행한 비율이 99%가 넘지 않을 경우에는 init.ora의 sort_area_size를 증가시킨다. OLTP 시스템은 500K~10M, DW 시스템은 1~50M까지 지정한다. 또한 sort_area_retained_size는 sort_area_size의 1/2이나 1/4로 지정한다.

(11) Rollback Segment Hit Ratio 점검

Rollback Segment의 개수보다 동시 Transaction의 수가 많은 경우 Rollback segment의 Waiting이 발생하므로 Online Rollback Segment의 개수를 늘려준다.

(12) Session Index Scan Ratio 점검

인덱스 스캔 비율을 90% 이상으로 유지하는 것이 좋고, 권장값 이하의 세션이 Full Scan인 경우 적절한 Index Scan으로 유도해야 한다.

06 서버환경 튜닝

서버환경 튜닝은 SQL 튜닝, 설계 튜닝, DBMS 튜닝을 완료 후 마지막에 시행하는 튜닝으로 네트워크 및 하드웨어적인 튜닝방법이다. 서버환경 튜닝은 장비의 교체가 수반되어 비용 투자가 많아지나 투자 대비 효율은 높지 않다.

- **CPU 튜닝**
  - CPU의 사용도를 평가해서 70~80% 사용할 경우 적정하다고 판단한다.
  - CPU를 과다 점유하는 프로세스를 모니터링해서 프로세스 튜닝을 실시한다.

- **메모리 튜닝**
  - 페이징을 최소화하고 스와핑이 발생되지 않는지 모니터링을 수행한다.
  - 페이징의 최소화를 위해서 DBMS의 사용 메모리가 50%를 유지할 수 있도록 한다.

- **I/O 튜닝**
  - I/O를 최소화하고 부하를 감소시킬 수 있도록 데이터파일을 배치한다.
  - 테이블의 관리 테이블스페이스 설계, 데이터파일 설계 시 I/O를 고려한다.

- **네트워크 튜닝**
  - 네트워크의 병목을 제거하여 데이터 전송에 부하를 감소시킨다.
  - 고속 통신을 보장하는 조직의 네트워크 아키텍처를 구축한다.

SECTION

○ CHAPTER 01 데이터 품질

04 DB 감리

핵심 요약(Key point summary)

■ 정보시스템 효율성과 안전성을 위한, 정보시스템 감리

가. 정보시스템 감리의 정의

감리 발주기관 및 피감리인의 이해관계로부터 독립된 자가 정보시스템의 효율성을 향상시키고 안전성을 확보하기 위하여 제3자적 관점에서 정보시스템의 구축 및 운영에 관한 사항을 종합적으로 점검하고 문제점을 개선하는 활동

나. 정보시스템 감리의 목적

목 적	설 명
효과성	정보시스템이 사전에 설정한 목표를 달성토록 함
효율성	정보시스템 품질 목표 수준 달성(처리시간, 응답시간, 처리율 등)
보안성	정보시스템의 무결성 · 가용성 · 기밀성 확보
준거성	각종 법규, 규정, 지침 및 표준 등의 준수
경제성	정보시스템의 적정한 비용 지출 및 평가

■ 정보시스템 감리의 유형

유 형	종 류	감리 내용
감리분야	기술감리	• 기술 측면의 정보기술 타당성 검토, 신기술에 대한 유연성 • 정보기술 자원의 품질 검토 • 제품평가를 통한 문제점 식별 및 프로세스에 반영
	비용감리	• 정보시스템사업의 계약내용과 비용 간의 타당성, 실행의 적정성을 검토 • 정보시스템 도입 관련 사전 원가계산과 사업 종료 단계의 정산작업 수행
	성과감리	• 성과관리의 효과성/효율성 검토 평가 • 정보기술 활용의 최종 성과를 평가
감리대상	사업감리	사업의 성공적 수행 목적
	운영감리	정보시스템의 안정성 · 효과성 · 보안성

감리시기	사전감리	착수하기 전 일정, 조직, 예산에 대한 감리
	진행감리	프로젝트 진행에 대한 감리, 표준절차 준수, 프로젝트 관리
	사후감리	종료시점에 감리 실시 : 요구사항 충족도, 투입비용, 기간의 적정성, 품질, 성능, 사용자 교육, 문서화 평가
감리시점	정기감리	• 정보시스템의 개발 각 단계 말에 수행 • 기본감리, 단계별 감리
	상시감리	• 주기적으로 감리인이 개발현장을 방문하여 수행 • 수시감리
	상주감리	사업착수 시점부터 완료 시점까지 개발현장에 상주하여 수행

3 정보시스템 감리 절차

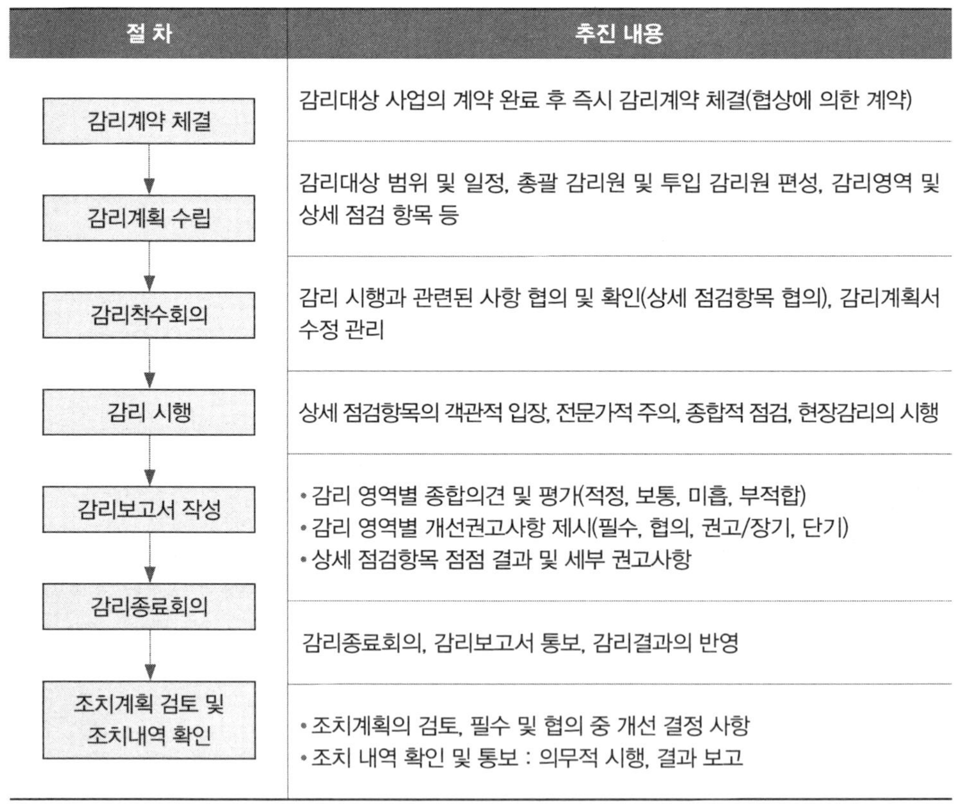

절차	추진 내용
감리계약 체결	감리대상 사업의 계약 완료 후 즉시 감리계약 체결(협상에 의한 계약)
감리계획 수립	감리대상 범위 및 일정, 총괄 감리원 및 투입 감리원 편성, 감리영역 및 상세 점검 항목 등
감리착수회의	감리 시행과 관련된 사항 협의 및 확인(상세 점검항목 협의), 감리계획서 수정 관리
감리 시행	상세 점검항목의 객관적 입장, 전문가적 주의, 종합적 점검, 현장감리의 시행
감리보고서 작성	• 감리 영역별 종합의견 및 평가(적정, 보통, 미흡, 부적합) • 감리 영역별 개선권고사항 제시(필수, 협의, 권고/장기, 단기) • 상세 점검항목 점점 결과 및 세부 권고사항
감리종료회의	감리종료회의, 감리보고서 통보, 감리결과의 반영
조치계획 검토 및 조치내역 확인	• 조치계획의 검토, 필수 및 협의 중 개선 결정 사항 • 조치 내역 확인 및 통보 : 의무적 시행, 결과 보고

4 정보시스템 감리 사업유형/감리시점/감리영역별 점검 상세

가. 시스템 개발 사업/구조적 · 정보공학적 모델(SD)

감리시점	감리영역	설 명
분석	시스템아키텍처	현행 시스템 운영환경을 분석하고, 시스템 관련 사용자 요구사항을 충분히 도출하였으며, 요구사항을 만족하기 위한 기술, 아키텍처의 구성, 용량 등을 분석하였는지 점검
	응용시스템	현행 업무 및 시스템을 분석하고, 사용자 요구사항을 충분히 도출하였으며, 이를 토대로 업무 프로세스, 이벤트 모델링, 보안 관련 분석을 적정하게 수행하였는지 점검
	데이터베이스	현행 업무 및 시스템의 데이터베이스 관련 현황을 분석하고, 사용자 요구사항을 충분히 도출하여 엔티티 정의, 관계 설정 등 데이터 모델링을 적정하게 도출하였는지 결정
설계	시스템아키텍처	사용자 요구사항 및 분석결과에 근거하여 시스템의 구조적인 설계와 시스템 구성요소들 간의 상세 설계를 수행하고, 시스템 설치, 검증 및 전환 계획을 적정하게 수립하였는지 점검
	응용시스템	사용자 요구사항 및 분석결과에 근거하여 업무기능, 사용자 인터페이스 및 내/외부 인터페이스 등을 구현 가능한 수준으로 적정하게 설계하였는지 점검
	데이터베이스	사용자 요구사항 및 분석 결과에 근거하여 데이터 분산, 무결성 및 성능 등을 고려한 데이터베이스 상세 설계를 수행하고, 초기데이터 구축 및 전환을 위한 계획을 적정하게 수립하였는지 점검
구현	시스템아키텍처	설계에 따라 시스템 도입, 설치를 위한 시험 및 검증을 수행하고, 시스템 시험계획을 적정하게 수립하였는지 점검
	응용시스템	설계에 따라 응용시스템 기능의 충분성 · 완전성 · 무결성 · 편의성 · 적정성을 확보할 수 있도록 구현하고, 단위 기능에 대한 검증을 수행하였는지 점검
	데이터베이스	설계에 따라 데이터의 무결성, 성능, 보안성을 확보할 수 있도록 구현하고, 응용시스템의 기능에 따른 데이터 정합성을 검증하였는지 점검
시험	시험활동	통합시험, 시스템시험을 통하여 구현된 시스템이 통합적인 관점에서의 기능 완전성과 성능, 안전성, 보안성 확보 여부를 검증하였는지 점검
전개	운영준비	시스템을 운영하기 위한 시스템 설치 및 배포, 초기데이터 구축 등의 준비를 완료하고, 시스템이 사용자에게 이관 및 운영될 수 있도록 준비하였는지 점검

나. 시스템 개발 사업/객체지향 · 컴포넌트 기반 모델(SD)

감리시점	감리영역	설 명
분석	시스템아키텍처	현행 시스템 운영환경을 분석하고, 시스템 관련 사용자 요구사항을 도출 및 분석하여 상위 수준의 시스템 아키텍처를 정의하고 기술하였는지 점검
	응용시스템	업무영역에 대한 분석과 사용자 요구사항을 도출 · 분석하고, 시스템 기능에 대한 Use Case 모형 정의 및 분석 클래스 도출을 적정하게 수행하였는지 점검
	데이터베이스	현행 업무 및 시스템의 데이터베이스 관련 현황을 분석하고, 사용자 요구사항을 충분히 도출하였는지 확인하며, 이를 토대로 개념적 수준의 엔티티 클래스를 충분히 도출하였는지 점검
설계	시스템아키텍처	프로토타이핑 등 기술 검증을 통하여 최종적인 시스템 아키텍처를 적정하게 설계하고, 전반적인 시스템 전환계획을 수립하였는지 점검
	응용시스템	요구분석 결과와 업무 및 사용자 요구사항에 대한 상세 분석에 따라 시스템 기능에 대한 Use Case 모형 및 클래스를 충분히 정제하고, 시스템 기능을 구현 가능한 수준으로 설계하였는지 점검
	데이터베이스	요구분석 결과 및 상세 분석에 따라 엔티티 클래스를 충분히 정제하고, 데이터의 분산, 무결성, 성능, 백업/복구 등을 고려한 상세 설계와 초기데이터 구축 및 전환계획 수립을 적정하게 수행하였는지 점검
구현	시스템아키텍처	설계에 따라 시스템 도입, 설치를 위한 시험 및 검증을 수행하고, 시스템 시험계획을 적정하게 수립하였는지 점검
	응용시스템	설계에 따라 응용시스템 기능의 충분성 · 완전성 · 무결성 · 편의성 · 적정성을 확보할 수 있도록 컴포넌트 도입 또는 개발에 의해 구현하고, 단위기능에 대한 검증을 수행하였는지 점검
	데이터베이스	설계에 따라 데이터의 무결성, 성능, 보안성을 확보할 수 있도록 구현하고, 기능에 따른 데이터 정합성을 검증하였는지 점검
시험	시험활동	통합시험, 시스템시험을 통하여 구현된 시스템이 통합적인 관점에서의 기능 완전성과 성능, 안전성, 보안성 확보 여부를 검증하였는지 점검
전개	운영준비	시스템을 운영하기 위한 시스템 설치 및 배포, 초기데이터 구축 등의 준비를 완료하고, 시스템이 사용자에게 이관 및 운영될 수 있도록 준비하였는지 점검

다. 데이터베이스 구축사업(DB)

감리시점	감리영역	설 명
준비	데이터 수집 및 시범 구축	충분한 현황조사를 통하여 데이터 구축자료 유형 및 범위를 설정하고, 데이터 구축요건, 품질기준, 구축공정, 작업지침 등을 마련하여 시범구축 공정을 통한 검증을 수행함으로써, 목표 일정 내에 사업목표를 달성할 수 있도록 준비가 되었는지 점검
구축	데이터 구축	데이터 유형별 구축공정, 작업지침, 구축계획 등에 의거하여 품질목표를 만족하는 데이터를 누락 없이 정확하게 구축하였는지 점검
	품질검사	공정별 품질보증계획에 따라 품질보증활동이 적정하게 수행되고, 전수검사 또는 표본추출검사를 통하여 최종적인 데이터의 품질목표가 달성되었는지 점검

5 정보시스템 감리의 문제점 및 개선방향

가. 정보시스템 감리의 문제점

- 감리대상 범위가 불분명하고 결과에 책임감리가 시행되지 않아 감리의 품질 저하 및 발주자의 불신 등 초래
- 저가 수주관행 및 감리업무 과부하에 따른 감리 품질 저하
- 신기술, 융합화 등의 외부환경 변화에 대한 적극적 대응이 미흡

나. 정보시스템 감리의 개선방향

- 감리의 권한 및 책임 강화 등 감리품질 제고 : 감리의 시정지시 권한 및 법적 책임 강화, 감리결과 평가 등
- 품질 위주의 감리 수행방식 개선 : 감리의 역할 명확화 및 실시방법 등 개선, 불합리한 저가 수주 관행 개선 등
- 신기술에 대한 적응력 제고 등 감리 역량 강화 : 감리 인력의 역량 강화를 위한 지속적인 감리원 교육 강화, 전문 분야별 감리지침 개발 등

01 정보시스템 감리의 정의

정보시스템 감리란 감리발주자 및 피감리인의 이해관계로부터 독립된 자가 정보시스템의 효율성을 향상시키고 안전성을 확보하기 위하여 제3자적 관점에서 정보시스템의 구축에 관한 사항을 종합적으로 점검하고 문제점을 개선하는 것으로 "정보시스템의 효율적인 도입 및 운영 등에 관한 법률, 제2조, 제3조"에서 명시하고 있다.

정보시스템 감리는 사업유형에 따라 EA 감리, ISP 감리, 시스템개발 감리, 데이터베이스 구축 감리, 시스템운영 감리, 유지보수 감리로 나눠진다. 감리영역은 각 사업유형에 따라 정의되며 시스템 개발인 경우에는 시스템아키텍처, 응용시스템, 데이터베이스, 품질보증활동 및 사업관리로 분류해서 각 관점별로 점검한다.

정보시스템 감리의 수행절차는 계약체결 이후 감리계획 수립, 착수회의, 현장감리 수행, 감리보고서 작성, 종료회의, 조치내역 확인 및 확인보고서 작성 단계를 수행한다.

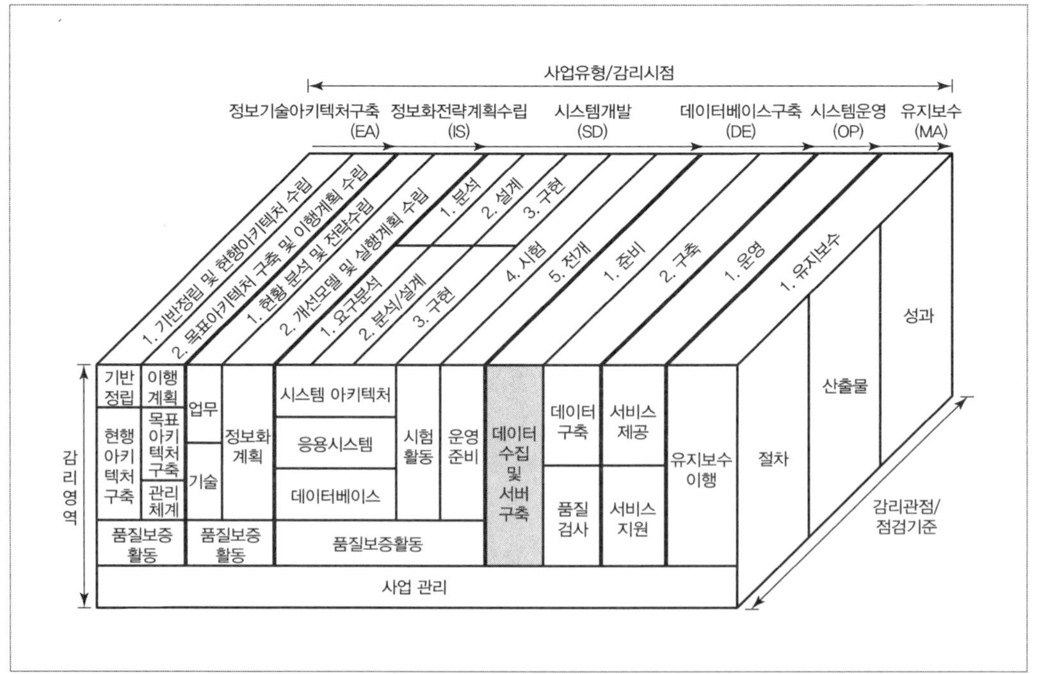

[그림 3-7] 감리점검 프레임워크

[표 3-9] 정보시스템 감리 수행절차

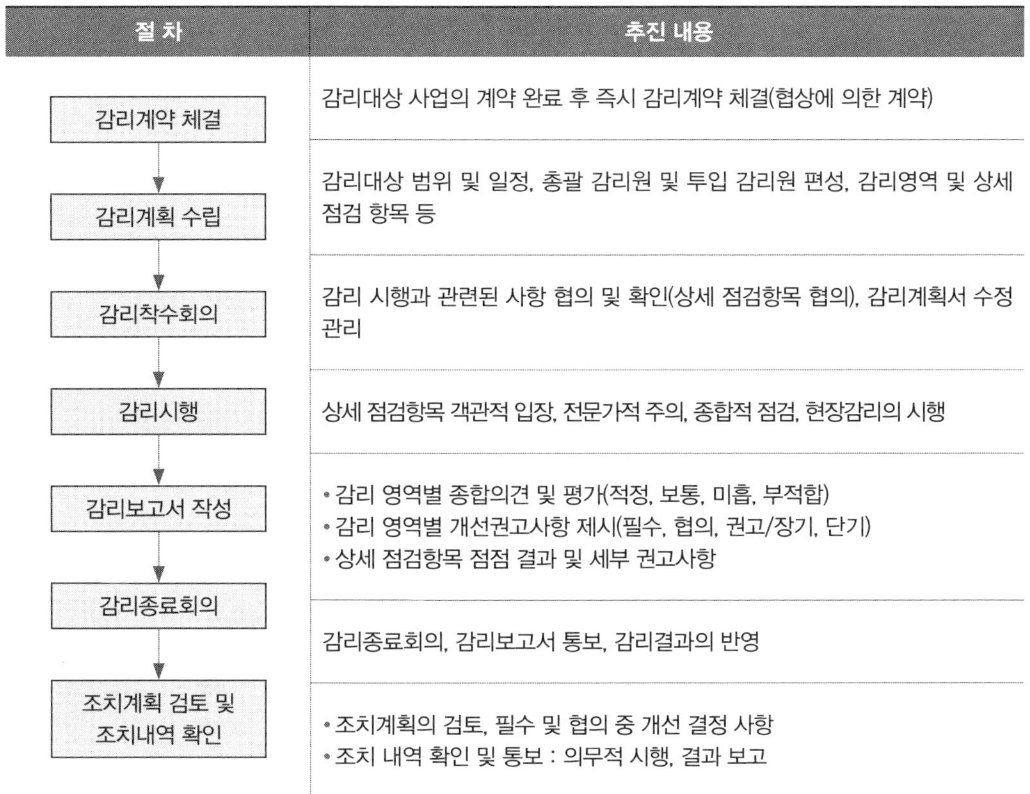

감리영역에서 데이터베이스 감리가 별도로 분리된 사업은 시스템개발 사업과 데이터베이스 구축사업이다. 데이터베이스 감리는 시스템 개발사업의 분석, 설계, 구현 각 단계별 데이터베이스 사업의 적정성을 점검하고, 데이터베이스 구축사업의 준비와 구축에 대한 적정성을 점검한다. 그 이외의 정보시스템 사업에서는 해당 감리영역에서 데이터베이스 부분을 포함하여 점검한다.

한국정보화진흥원에서 제시하는 정보시스템 감리지침을 기준으로, 감리유형별 데이터베이스 감리의 점검항목과 점검대상 산출물을 살펴보면 다음과 같다.

02 시스템 개발사업의 데이터베이스 감리

(1) 구조적/정보공학적 모델

- **분석단계 데이터베이스 부문 점검항목**

  현행 업무 및 시스템의 데이터베이스 관련 현황을 분석하고, 사용자 요구사항을 충분히 도출하여 엔티티 정의, 관계 설정 등 데이터 모델링을 적정하게 도출하였는지 점검한다.

[표 3-10] 구조적/정보공학적 모델 분석단계의 데이터베이스 점검항목

점검항목	주요 검토 산출물
01. 현행 업무 데이터 분석 02. 현행 시스템 데이터 분석 03. 사용자 요구사항 도출 및 분석 04. 데이터 흐름 05. 엔티티 관계 06. 데이터에 대한 접근권한 및 통제	01. 현행 시스템 분석서 02. 사용자 요구사항 정의서 03. 프로세스 정의서 04. 업무배경도 05. 데이터 흐름도 06. 이벤트 시나리오 07. 엔티티 정의서 08. 엔티티 관계도 09. 엔티티/프로세스 매트릭스 10. 전환데이터 분석서 11. 데이터베이스 표준설계 지침서

- **설계단계 데이터베이스 부문 점검항목**

  사용자 요구사항 및 분석 결과에 근거하여 데이터분산, 무결성 및 성능 등을 고려한 데이터베이스 상세 설계를 수행하고, 초기데이터 구축 및 전환을 위한 계획을 적정하게 수립하였는지 점검한다.

[표 3-11] 구조적/정보공학적 모델 설계단계의 데이터베이스 점검항목

점검항목	주요 검토 산출물
01. 데이터베이스 테이블을 적정하게 설계하였는지 여부 02. 공통 코드를 적정하게 설계하였는지 여부 03. 데이터베이스 성능을 고려하여 설계하였는지 여부 04. 접근권한 및 통제 설계를 적정하게 수행하였는지 여부 05. 백업 및 복구대책을 적정하게 수립하였는지 여부 06. 초기데이터 구축에 대한 계획을 적정하게 수립하였는지 여부 07. 기존 데이터에 대한 전환계획을 적정하게 수립하였는지 여부	01. 데이터베이스 설계서 02. 테이블/프로그램 연관도 03. 백업 및 복구계획서 04. 초기데이터 구축 계획서 05. 데이터 전환계획서 06. 데이터 전환 프로그램

■ 구현단계 데이터베이스 부문 점검항목

설계에 따라 데이터의 무결성, 성능, 보안성을 확보할 수 있도록 구현하고, 응용시스템의 기능에 따른 데이터 정합성을 검증하였는지 점검한다.

[표 3-12] 구조적/정보공학적 모델 구현단계의 데이터베이스 점검항목

점검항목	주요 검토 산출물
01. 데이터베이스 테이블 구현을 적정하게 수행하였는지 여부 02. 데이터베이스 성능을 충분히 고려하여 구현하였는지 여부 03. 데이터 접근권한 및 통제를 정확하게 구현하였는지 여부 04. 단위시험을 실시하였는지 여부	01. 데이터베이스 설계서 02. 테이블 정의서 03. 데이터베이스 테이블 04. 프로그램 코드 05. 단위시험 결과서

(2) 객체지향 컴포넌트 모델

■ 요구분석단계 데이터베이스 부문 점검항목

현행 업무 및 시스템의 데이터베이스 관련 현황을 분석한다. 사용자 요구사항을 충분히 도출하였는지 확인하고 개념적 수준의 엔티티 클래스를 충분히 도출하였는지 점검한다.

[표 3-13] 객체지향 컴포넌트 모델 요구분석단계의 데이터베이스 점검항목

점검항목	주요 검토 산출물
01. 현행 업무관련 데이터를 충분히 식별하였는지 여부 02. 사용자 요구사항 도출 및 분석의 충분성, 적정성 03. 개념적 수준의 엔티티 클래스를 충분히 도출하였는지 여부	01. 기존 시스템 데이터모형 분석서 02. 사용자 요구사항 정의서 03. 엔티티 클래스 모형

■ 분석설계단계 데이터베이스 부문 점검항목

요구분석 결과 및 상세 분석에 따라 엔티티 클래스를 충분히 정제하고, 데이터의 분산, 무결성, 성능, 백업/복구 등을 고려한 상세 설계와 초기데이터 구축 및 전환계획 수립을 적정하게 수행하였는지 점검한다.

[표 3-14] 객체지향 컴포넌트 모델 분석설계단계의 데이터베이스 점검항목

점검항목	주요 검토 산출물
01. 현행 업무 관련 데이터를 충분히 식별하였는지 여부 02. 엔티티 클래스 정제 및 상세의 설계 충분성 · 적정성 03. 테이블, 성능, 보안, 코드 등 데이터베이스 상세설계를 적정하게 수행하였는지 여부 04. 백업 및 복구대책을 적정하게 수립하였는지 여부 05. 초기데이터 구축계획을 적정하게 수립하였는지 여부 06. 기존 데이터에 대한 전환계획을 적정하게 수립하였는지 여부	01. 기존 시스템 데이터 모형 분석서 02. 엔티티 클래스 설계서 03. 데이터베이스 설계서 04. 테이블 정의서 05. 코드설계서 06. 데이터 백업 및 복구계획서 07. 초기데이터 구축계획서 08. 데이터 전환계획서

■ 구현단계 데이터베이스 부문 점검항목

설계에 따라 데이터의 무결성, 성능, 보안성을 확보할 수 있도록 구현하고, 기능에 따른 데이터 정합성을 확보하였는지 점검한다.

[표 3-15] 객체지향 컴포넌트 모델 구현단계의 데이터베이스 점검항목

점검항목	주요 검토 산출물
01. 데이터베이스 테이블 구현을 적정하게 수행하였는지 여부 02. 데이터베이스 성능을 충분히 고려하여 구현하였는지 여부 03. 데이터 접근권한 및 통제를 정확하게 구현하였는지 여부 04. 단위시험을 실시하였는지 여부	01. 데이터베이스 설계서 02. 테이블 정의서 03. 데이터베이스 테이블 04. 프로그램 코드 05. 단위시험 결과서

03 데이터베이스 구축사업의 데이터베이스 감리

(1) 준비단계

■ 데이터수집 및 시범구축 부문 점검항목

충분한 현황조사를 통하여 구축자료 유형 및 범위를 설정하고 데이터 구축요건, 품질기준, 구축공정, 작업지침 등을 마련하여 데이터 구축을 위한 준비를 충분히 수행한다. 필요시 시범구축을 통한 검증을 수행하여 데이터 구축방안, 계획 등을 보완함으로써 목표 일정 내에 사업목표를 달성할 수 있도록 충분한 준비가 되었는지 점검한다.

[표 3-16] 데이터베이스 구축사업의 준비단계 시 데이터베이스 점검항목

점검항목	주요 검토 산출물
01. 구축대상 조사 및 선정의 충분성 02. 데이터 구축요건 및 데이터 구축계획이 적정하게 수립되었는지 여부 03. 품질기준, 검사지침 및 품질보증활동 계획이 적정하게 수립되었는지 여부 04. 데이터 구축 공정 및 작업지침이 적정하게 수립되었는지 여부 05. 시범 데이터 구축을 통한 문제점/해결방안의 도출과 데이터 구축 공정 및 계획 보완의 적정성	01. 제안요청서 02. 제안서 03. 사업수행계획서 04. DB 구축계획서 05. 원시자료목록 06. 자료선정기준표 07. DB 구축대상조사서 08. 데이터 구축요건 정의 09. 품질요건 정의

| 06. 데이터 구축계획에 따라 원시 자료가 충분히 수집되고 적정하게 관리되고 있는지 여부
07. 작업공정, 지침 등에 대한 작업자 교육을 충분하게 실시했는지 여부 | 10. DB 구축공정도
11. 시범 DB 구축보고서
12. 전체 일정계획표
13. 복사지침
14. 원시자료 이송지침
15. 반출입보고서
16. 변환처리보고서
17. 인수인계증
18. 데이터 유형별 작업지침서
19. 메타데이터 작업지침서 |

(2) 구축단계

■ 데이터 구축 부문 점검항목

구축 대상 데이터 유형별 구축공정, 구축계획 등과 확정된 구축 작업지침을 준수하여 데이터가 정확하고 충분하게 구축되었는지 점검한다.

[표 3-17] 데이터베이스 구축사업의 구축단계 시 구축부문 데이터베이스 점검항목

점검항목	주요 검토 산출물
01. 데이터 유형별 구축 작업지침의 확정 및 지속적인 관리 여부 02. 공정진척 관리와 작업장 관리 여부 03. 데이터 유형별 작업지침에 따라 데이터를 정확하게 구축했는지 여부 04. 데이터 구축계획 대비 구축량 목표를 달성했는지 여부	01. 데이터 유형별 작업지침서 02. 메타데이터 작업지침서 03. 메타데이터 항목결정협의서 04. 교정확인서 05. 워크시트(입력/저장/백업/교정 등 작업서) 06. 변환처리보고서 07. 구축 데이터

■ 품질검사 부문 점검항목

공정별 품질보증 계획에 따라 품질보증활동이 적정하게 수행되고, 검사지침에 따라 전수검사 또는 표본 추출검사를 수행하여 최종적인 데이터의 품질목표를 달성했는지 여부를 점검한다.

[표 3-18] 데이터베이스 구축사업의 구축단계 시 품질검사 데이터베이스 점검항목

점검항목	주요 검토 산출물
01. 계획에 따라 품질보증활동이 적정하게 수행되었는지 여부 02. 검사지침에 따른 검사실시의 적정성 03. 구축된 데이터의 품질 목표 달성 여부	01. 검사지침서 02. 검사확인서 03. 교정확인서 04. 납품 데이터목록 05. 품질보증계획서 06. 품질보증결과서 07. 구축 데이터 08. 적재 데이터

◆ CHAPTER 01 데이터 품질

05 DB 보안

핵심 요약(Key point summary)

1 데이터의 원천적 보호를 위한 관리, DB 보안

가. 데이터베이스 보안의 정의

데이터베이스 내에 저장되어 있는 데이터에 대한 기밀성·무결성·가용성을 확보하기 위한 사용자 최종단의 정보보호 수단

나. 데이터베이스 보안의 중요성 부각 이유

- 개인정보 유출 사고의 증가와 이에 대응한 개인정보 보호 관련 법률 시행
- 각종 IT Compliance 대응과 핵심 고객정보 보안 요구의 지속적인 증가
- 최종단 핵심 관리 대상인 DB를 비인가된 변경·파괴·유출로부터 보호

2 데이터베이스 보안의 접근전략 및 보호방법

가. 데이터베이스 보안의 접근전략

구 분	접근전략
접근 제어	사용자의 직접적 DB 접근에 대한 통제
정보흐름 제어	정보의 분배, 흐름상에서의 부당한 데이터 전달 통제
추론 제어	추론 채널, 통계 추론 등 간접적 수단에 대한 접근 통제

나. 데이터베이스 보호방법

구 분	보호방법	적용사례(기술)
DBMS 계층	• 계정 및 암호를 부여하여 접근 통제 • 정당 사용자에게 데이터 접근 규칙 제공	Grant, Revoke, View 활용
데이터 암호화	전치, 대치 등 암호화를 통한 데이터 보호	비밀키, * 처리
접근제어/감사	• 접근 권한 및 역할에 따른 통제 • 트랜잭션 및 오브젝트별 접근 감사	DAC, MAC, RBAC, Auditing 도구 등
기업 통합 보안	내외부의 네트워크 침입 시도 차단	Firewall, IDS, ESM 등

❸ 데이터베이스 보안의 적용 현황 및 고려사항

- 정보 보호를 위해 사용자 인증, 네트워크, AP, DB 보안에 이르는 E2E 관점에서의 통합적인 보안대책 마련 중요성 인식 확산
- 데이터의 보안을 유지하면서 정보 제공의 신속, 정확성을 확보할 수 있는 기술적·관리적 방안 마련이 필요함

💻 데이터베이스 보안기법

구분	보안기법
데이터 암호화	전치, 대치 등 데이터 암호화 알고리즘을 이용한 데이터 보호
접근제어기법	DAC(Discretionary Access Control) : 임의적 접근제어, 사용자 또는 그룹의 식별자를 기반으로 접근 제한(ID기반 통제)
	MAC(Mandatory Access Control) : 강제적 접근제어, 비밀성을 갖춘 객체에 대한 사용자 권한에 근거하여 객체 접근제어
	RBAC(Role Based Access Control) : 역할기반 접근제어, 사용자의 역할 할당 뒤 역할에 대한 접근 권한 부여
권한부여기법	View : 특정 테이블로부터 조건에 맞는 자료를 추출하여 생성한 가상 Table
	Grant/Revoke : 데이터별 사용권한 부여/철회

핵심 요약(Key point summary)

1 개인정보 도용/침해/유출 방지를 위한, 개인정보 보호

가. 개인정보의 정의

생존하는 개인에 관한 정보로서 당해 정보 또는 다른 정보와 결합하여 개인을 식별할 수 있는 부호 · 문자 · 음성 · 음향 및 영상정보

나. 개인정보의 종류

유 형	개인정보 내용
개인신상	이름, 주민등록번호, 주소, 전화번호, 가족/교육/병역정보 등
경제 관련	부동산 정보(주택, 토지), 동산 정보(주식, 채권), 소득 정보(급여) 등
신용정보	대부, 저당, 신용카드 정보 등
부가정보	법적 정보(전과, 납세), 의료 정보(병력, 의료기록) 등

2 개인정보 보호의 필요성 및 개인정보 노출 이슈

가. 개인정보 보호의 필요성

- 개인정보 접근/가공/활용 용이 : IT 기술 발전과 인터넷 서비스 확대
- 개인정보 이관/악용/3자 제공 문제 : 개인정보 법률 위반사례 증가
- 개인정보 도용/침해/유출 피해 증가 : 수집주체의 기술적/관리적 조치 미비

나. 개인정보 노출이슈

주요 이슈	설 명
익명성 및 필명	책임 추적성과 익명성 보장의 동시 충족 요구
사용자 동의	사용자 동의 아래 필요한 곳에만 사용 보장 필요
정보수집 및 제어	자신의 개인정보에 대한 접근/변경 용이, 동의 없는 개인정보 수집에 대한 제도적 · 기술적 접근제어 필요
정보보안	•개인정보 활용 측면 : 기술적/제도적/관리적 위험예방 필요 •모니터링/교정 측면 : 정보보안기술/정책/절차/지침 활용 필요

3 개인정보침해기술(PIT ; Privacy Invading Technology)

침해기술유형	설 명
프로토콜 취약점 이용	• TCP/IP 주소 : 주소 분배/관리 체계 특성 이용하여 개인신원 파악 가능 • 도메인 네임 : e−mail 계정 ID와 도메인 이용 추적 가능 • IPv6 : 모든 장치에 유일한 고정주소 할당 → 추적에 노출
웹 어플리케이션	Cookie : 쿠키정보와 DB 정보 이용으로 신원 확인 가능
취약점 이용	• Web Bug : 웹 페이지상에 심어 놓은 악성 파일을 통해 개인정보 유출 및 시스템 파괴 가능 • 웹 메일 첨부파일 유출 : 인코딩으로 우회 기밀정보 유출
스파이웨어	• 유/무료 배포 소프트웨어에 포함된 모듈 형태로 정보 유출 • 고성능 스파이웨어 : 백신, 안티스파이웨어 우회 위해 수집정보를 조각 분할하여 틈새공간 저장 후 전송
WLAN 환경 취약점 이용	가상의 Access Point 이용하여 개인정보 Sniffing 가능
스테가노그래피	이미지/오디오 파일에 파일/메시지를 첨부하여 비밀 전송
접속세탁	Connection Laundering, 가명경로를 이용하여 해커 역추적 우회
위치측정 정보침해	GPS, 휴대폰 위치측정을 이용하여 개인위치정보 유출

4 개인정보보호기술(PET ; Privacy Enhancing Technology)

보호기술	설 명
정책협상 기술	• P3P : W3C의 개인정보보호 표준, 자신의 정보제공 수준을 미리 정의하고, 웹 사이트는 그 수준에 맞게 정보를 획득 • 프라이버시 정책 생성 : OECD 지침에 의거 개발된 프라이버시 정책 문구를 자동 생성하는 기능 제공
암호화 기술	• 암호화 알고리즘을 이용하여 개인정보/파일 암호화 • 디지털 키 사용 : 브라우저, 생체인식, 스마트 카드와 결합생성
필터링 기술	• 사전에 정의된 키워드 기반으로 정보를 차단하는 기술 • 패킷/메시지/URL 필터링 등
익명화 기술	Client와 웹 사이트 간 중개자 역할을 수행하는 서버를 두어 이용자가 익명으로 웹을 이용하게 하는 기술
쿠키 통제	이용자 본인이 쿠키 수용 여부를 결정하게 하여 개인정보 유출 방지

5 개인정보보호 아키텍처 구현방안

구현단계	구현방안
개인정보 분류 및 정의	• 개인정보 관련법/제도 및 국내의 가이드 참조 • 개인정보 보호 원칙 수립, 개인정보 분류 및 정의
개인정보 보호정책	개인정보 보호정책 마련 : 목적, 범위, 책임/역할 등
기반 접근제어 방안 마련	• 개인정보 보호 절차 마련 : 정책기반 세부절차 명시 • 개인정보 보호 가이드라인 마련 : 운영자, 관리자용
개인정보 기반 프레임워크 구축	• 개인정보 보호 시스템 확립 및 관련 기술 연동방안 수립 • 정책/관리 통제 : 보호정책기술(P3P 등 활용), 정책관리(쿠키관리, 개인정보 제거 등) • 운영/기술 통제 : 데이터 보호/접근 통제(DB/Data 접근제어, 그룹통제), N/W기반 통제(F/W, IDS, IPS, TMS), AP/시스템 기반 통제(암호화, PKI, PMI, 접근제어 등)

6 개인정보 보호를 위한 기술사로서의 제언

E2E 관점의 정보보호관리 체계 마련	각 보안영역 간 Seamless 연계
• 정책부터 적용기술 단계까지의 자사 환경에 맞는 ISMS 선정립 • ISO 27000, ITIL 등 참조	• 통합적 정보보호를 위해 관리적/물리적/기술적 보안 연계 • ESM, RMS 등 활용
효율적 예방/대응/방지체계 구축	**정보 Life Cycle 기반 보안기술 적용**
• 사전 예방 : 취약점 점검, 주기적 모니터링, 모의훈련 등 • 실시간 대응 : 프로세스/조직/R&R 마련, IDS/ESM 기술 적용 • 재발 방지 : 침입유형/사례분석을 통한 재발 방지책 수립	• 정보의 생성/활용/저장/폐기의 정보흐름 특성기반 기술 적용 • N/W : Firewall, N-IDS, VPN • H/W : H-IDS, IPS • AP : 백신, PET, P3P • DB : 암호화, 접근제어 등

01 데이터베이스 보안의 개념

데이터베이스에 관리되는 데이터는 기업의 기밀 뿐 아니라 고객정보까지 포함되어 있어 허가받지 않은 사용자에 의해 유출 · 변경 · 오용 · 파괴될 경우 손실이 크게 된다. 이러한 손실을 막기 위해서 데이터를 보호하는 것을 보안이라고 한다. 데이터베이스 보안은 적용 범위에 따라 물리적 보안, 기술적 보안, 관리적 보안으로 나눠 볼 수 있다.

(1) 데이터베이스 보안의 적용범위

■ 물리적 보안

물리적 보안은 데이터 자산에 대한 물리적인 보호대책을 수립하는 것을 의미한다. 데이터센터의 분리, 서버실 및 전산실의 잠금 강화, 출입통제 및 경비원 배치, CCTV 설치 및 생체인식 ID카드 등을 이용하여 물리적으로 데이터를 허가받은 책임자에게만 접근할 수 있도록 통제한다.

■ 기술적 보안

기술적 보안은 네트워크, 데이터베이스, 하드웨어 등 총체적인 기술을 동원한 보안을 의미한다. 네트워크를 통한 방화벽, IDS, IPS를 통해 침입 탐지를 하고 VPN, 전용망을 설치하여 전송되는 데이터를 보호한다. 데이터베이스 접근을 위한 접근제어, 접근된 데이터의 암호화, 가상테이블 사용 등의 기술로 보호한다. 하드웨어 저장장치의 접근 보호키, PKI 및 PMI 인증을 통한 허가 등의 기술이 적용된다.

■ 관리적 보안

관리적 보안은 내부 직원의 보안교육을 실시하고 외부 조직을 감독하는 행정적인 대책이 필요하다. 전사적인 측면의 데이터 보안을 위하여 보안조직 구성, 보안지침서 작성, 지속적인 교육 및 관리 감독을 실시한다. 또한 보안점검과 사고 발생에 대비한 대책 수립이 필요하고 취약성 분석 및 보안 패치를 통해서 최신 버전을 유지하도록 관리해야 한다.

(2) 데이터베이스의 기술적 보안

허가받지 않은 사용자의 데이터 침해사고에 대응하기 위해서 데이터베이스의 기술적 보안은 접근제어, 허가 규칙, 가상 테이블, 암호화 등으로 단계별로 적용하고 있다.

- **접근 제어(Access Control)**

  데이터베이스 접근 권한을 부여받은 사람에게만 접근하도록 허용한다. 접근 제어 모델에는 MAC, DAC, RBAC가 있다.

- **허가 규칙(Authorization Rules)**

  허가받은 절차에 의해 데이터베이스에 접근되었다고 하더라도 허가받지 않은 데이터에는 접근하지 못하도록 통제하는 방법이다.

- **가상 테이블(Views)**

  테이블에 접근 가능한 사용자라고 하더라도 물리적인 데이터 전체에 접근하지 않고도 필요한 항목만을 검색할 수 있도록 가상 테이블을 제공한다.

- **암호화(Encryption)**

  데이터베이스에 불법적으로 접근하였다 하더라도 데이터를 암호화하여 형태를 알아볼 수 없도록 변형시키는 방법이다.

02 데이터 접근제어

네트워크를 통해 데이터를 공유하면서부터 비인가된 불법적인 접근에 의한 데이터의 유출·변형·파괴 등의 피해가 증가되었다. 따라서 조직 내에서는 데이터 보호를 위하여 사용자의 접근에 대한 체계적인 통제가 필요하다.

데이터 접근제어는 데이터베이스 시스템과 내부 데이터의 허가받지 않은 접근을 감시하고 기업 내의 보안정책에 근거하여 권한을 부여하며 사용자를 인증하는 등의 기술 및 관리절차를 의미한다. 접근제어 정책은 신분 기반 접근제어 DAC(Discretionary Access Control)과 규칙 기반 접근제어 MAC(Mandatory Access Control), 역할 기반 접근제어 RBAC(Role Based Access Control)로 분류한다.

(1) DAC

신분 기반(Identity-based) 접근제어 정책은 데이터의 소유자(Owner)가 사용자나 사용자 그룹에 데이터의 접근 권한을 부여하는 방식이다. 데이터는 사용자 계정이나 그룹

식별 ID로 접근할 수 있다. 데이터나 오브젝트를 생성한 생성자나 그룹 생성자는 다른 사용자에게 자신의 판단에 의해 임의로 권한을 부여할 수 있다.

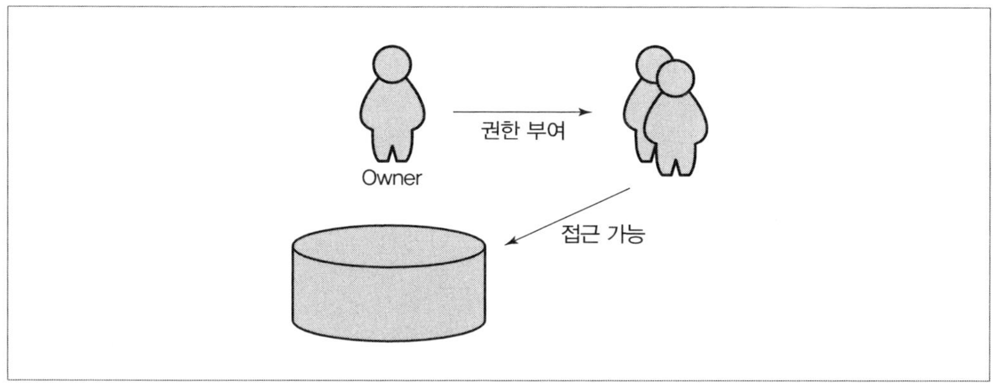

[그림 3-8] DAC 접근제어 개념도

(2) MAC

규칙 기반(Rule-based) 접근제어 정책은 데이터의 기밀성의 정도에 근거하여 데이터의 보안등급을 정의하고 보안등급에 따라 접근 가능한 사용자를 통제한다. 데이터의 접근 권한은 관리자만 부여할 수 있으며 사용자가 본인의 권한을 변경하여 데이터에 접근하지 못하도록 한다. 관리자가 부여한 권한이 보안등급에 부합될 경우에만 데이터에 접근할 수 있다.

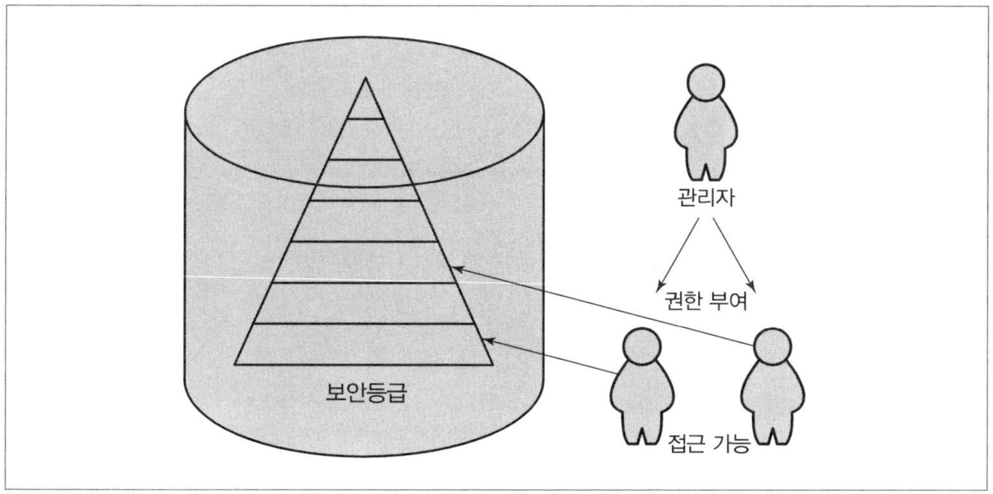

[그림 3-9] MAC 접근제어 개념도

(3) RBAC

역할 기반(Role-based) 접근제어 정책은 조직 내에 업무의 역할에 기반하여 접근 권한을 결정하는 방법이다. RBAC은 사용자의 역할에 기반하여 관리자가 데이터의 접근 권한을 할당한다. RBAC은 특정 권한에 따라 강제적일 수도 있고 임의적일 수도 있어 DAC과 MAC의 중립적 정책이다.

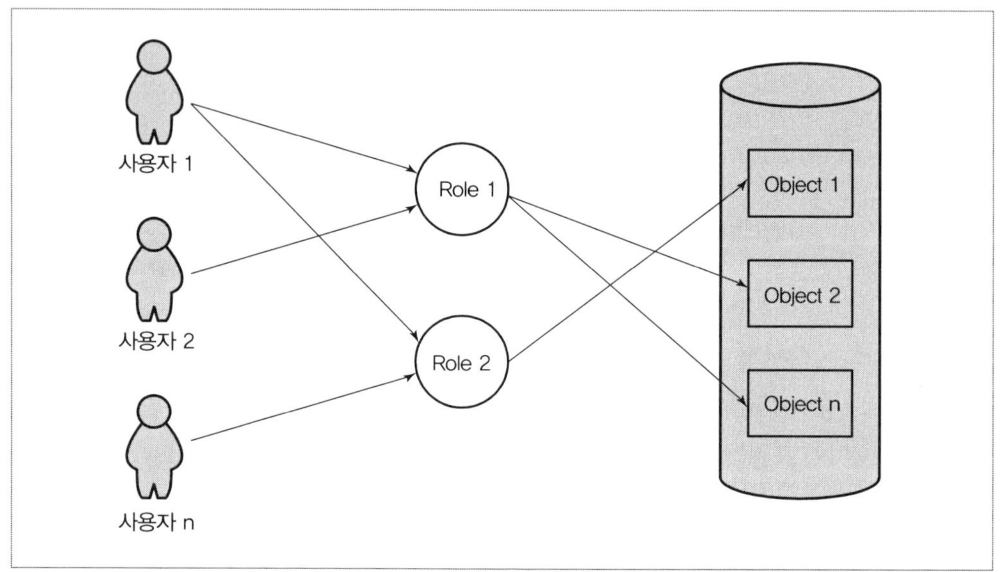

[그림 3-10] RBAC 접근제어 개념도

03 데이터 암호화

데이터 암호화는 데이터베이스에 허가받지 않은 사용자가 접근하였을 경우 데이터 자체를 암호화하여 판독할 수 없도록 봉쇄하는 방법이다. 암호화는 데이터를 판독할 수 없는 문자로 대체하여 데이터의 기밀성·무결성을 보장할 수 있도록 한다. 암호화 기법은 전치법, 대치법, 혼합법으로 분류할 수 있다.

(1) 암호화 기법

- **전치법(Transposition)**

  문자의 순서를 바꾸거나 공백을 추가하는 방법으로 교환규칙을 모르는 상태에서는 원문을 알아볼 수 없도록 하는 암호화 방법이 전치법이다.

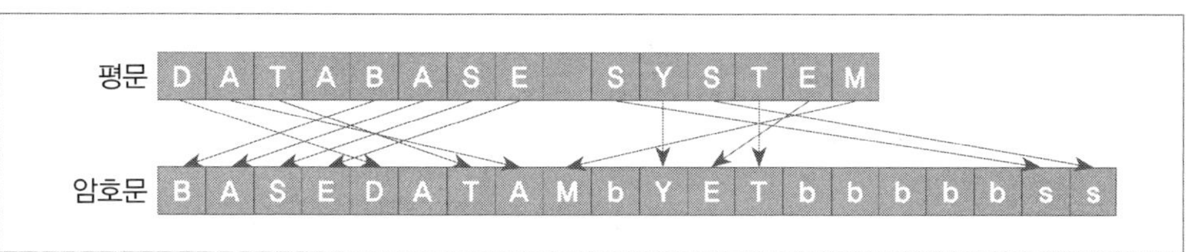

[그림 3-11] 전치법 예시

- **대치법(Substitution)**

  대치법은 평문을 보호하기 위하여 평문의 문자를 다른 문자로 대체하여 원문을 보호하는 방법이다. 평문의 각 단어를 분할하고 각 단어별로 대체 문자를 매칭시킨 후 암호키와 연산하여 암호문을 얻는 방법이다.

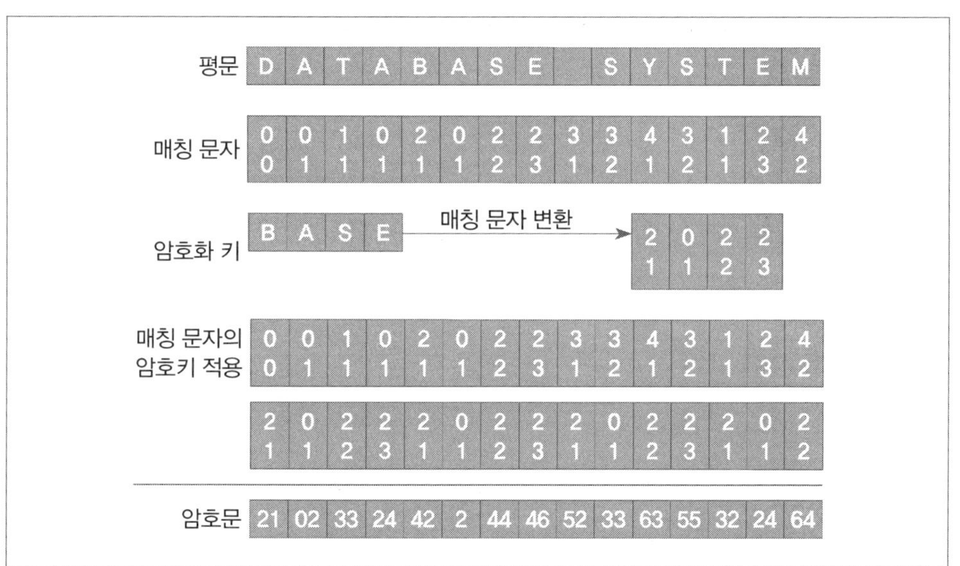

[그림 3-12] 대치법 예시

- **혼합법(Hybrid)**

  혼합법은 대치법과 전치법을 혼합한 방법으로, 문자의 순서를 바꾸고 매핑되는 문자열로 대체하여 암호문을 만들어 해독을 더 어렵게 하는 방법이다.

(2) 암호화 알고리즘

데이터 보호를 위하여 복호화는 어려우면서 암호화의 연산속도는 빠르고, 메모리 사용량까지 고려한 다양한 방법의 암호화 알고리즘이 개발되고 있다. 암호화 알고리즘에는 암호키와 복호키가 같은 비밀키 암호화 알고리즘과 암호키와 복호키가 다른 공개키 암호화 알고리즘이 있다.

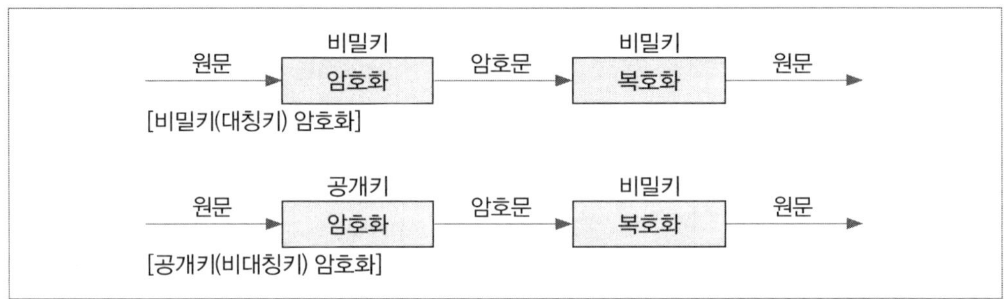

■ 비밀키 암호화

비밀키 암호화는 암호키를 이용해서 암호문을 만들고 복호화 때도 동일한 암호키로 복호화하는 알고리즘으로 대칭키 암호화라고도 한다. 연산속도가 빠르고 구현이 용이한 장점이 있으나 키가 노출되면 모든 정보가 침입자에게 노출되는 위험이 존재한다. 비밀키 암호화의 종류에는 RC4, DES, SEED, ARIA, RC2, AES, IDEA 등이 있다.

• DES(Data Encryption Standard) 방식

DES는 순열과 대치법을 이용한 혼합 암호화 기법으로 64bit의 평문 블록을 56bit의 암호키를 이용해서 암호문 블록으로 만드는 방식이다. DES는 블록 암호화 기법을 사용하므로 데이터 전송이나 관리에 효율적이다. 그러나 최근에는 컴퓨터 연산 성능의 향상으로 DES 암호화 알고리즘을 해독할 수 있어 보안을 더 강화한 2-DES, 3-DES를 사용한다.

• SEED

SEED는 1999년 한국정보보호진흥원(현 한국인터넷진흥원)의 주도로 개발된 128bit의 블록 암호화 알고리즘으로 안정성과 신뢰성이 우수하며 3-DES보다 고속처리가 가능하다. SEED는 128bit 평문 블록과 128bit 키를 사용해 16라운드를 수행하여 128bit 암호화 블록을 만든다. 라운딩 과정은 128bit 암호키를 64bit씩 나누고 이를 8bit씩 좌우로 회전하며 산술연산을 적용하고 라운드 처리한다.

■ 공개키 암호화

공개키 암호화는 암호키와 복호키가 상이하여 공개키가 노출되어도 암호문을 해독할 수 없도록 하는 방식이다. 공개키와 비밀키를 생성하여 공개키로 원문을 암호화하고 비밀키로 원문을 복호화하는 방법의 알고리즘으로, 비대칭키 암호화라고도 한다. 비대칭키 암호화의 종류에는 RSA, ECC, DSA 등이 있다.

- RSA(Rivest Shamir Adleman)

  RSA는 1977년 MIT교수가 개발한 알고리즘으로 큰 소인수의 곱을 인수분해하는 어려움을 적용한 알고리즘이다. RSA는 안정성과 신뢰성이 높으나 수행시간이 과다 소요되는 단점이 있다.

  RSA의 공개키와 비밀키를 생성하는 알고리즘은 다음과 같다.
  1. p와 q의 서로 다른 큰 소수를 선택한다.
  2. 두 수를 곱하여 N=pq, R=(p−1)(q−1)을 구한다.
  3. R보다 작고 R과 서로소인 정수 e를 구한다.
  4. 확장된 유클리드 호제법을 이용하여 d * e를 R로 나누었을 때 나머지가 1인 정수 d를 구한다.
  5. 이때 공개키는 N, e이고 비밀키는 N, d이다.

- ECC(Elliptic Curve Cryptosystems)

  ECC는 1985년 밀러와 코블리츠가 개발한 타원곡선 암호 알고리즘이다. 이산대수에 근간한 알고리즘체계로 키값의 사이즈가 짧고 안정적이며 타원곡선에 따라 다양한 암호시스템 설계가 가능한 방법이다. RSA 방식 대비 계산시간을 단축시킬 수 있어 저전력 환경에서 용이하게 사용된다.

- DSA(또는 DSS : Digital Signiture Standards)

  DSA는 미국 국립기술연구소(NIST)가 공포한 디지털 서명 알고리즘이다. 그 후 미연방표준(FIPS 186)으로 발전되었고 디지털서명표준(ASS)으로 알려져 있다.

04 개인정보 데이터 암호화

데이터의 보안을 위해서는 암호화하는 것이 안전하지만 암호화된 데이터를 활용하기 위해서 복호화할 경우 성능저하의 문제가 발생될 수 있고 관리의 어려움이 존재한다. 따라서 데이터의 중요 우선순위를 부가하여 암호화 대상을 식별해야 한다.

서비스의 제공 및 위탁을 위해 수집된 고객의 개인정보는 유출 및 오 · 남용으로 인하여 재산적 · 정신적 피해가 급증하면서 「개인정보보호법」(2012.03.30 시행)과 「정보통신망 이용촉진 및 정보보호 등에 관한 법률」(2012.09.02 시행)(이하 정보통신망법)에서 암호화 대상을 법으로 규정하고 있다.

(1) 개인정보의 정의

개인정보는 다음 법률에서 정의한 것과 같이 살아있는 개인을 대상으로 개인을 식별할 수 있는 정보를 의미한다.

[개인정보보호법 제2조 제1호]

"개인정보"란 살아있는 개인에 관한 정보로서 성명, 주민등록번호 및 영상 등을 통하여 개인을 알아볼 수 있는 정보(해당 정보만으로는 특정 개인을 알아볼 수 없더라도 다른 정보와 쉽게 결합하여 알아볼 수 있는 것을 포함한다)를 말한다."

[정보통신망법 제2조 제1항 제6호]

"개인정보"란 생존하는 개인에 관한 정보로서 성명, 주민등록번호 등에 의하여 특정한 개인을 알아볼 수 있는 부호 · 문자 · 음성 · 음향 및 영상 등의 정보(해당 정보만으로는 특정 개인을 알아볼 수 없어도 다른 정보와 쉽게 결합하여 알아볼 수 있는 경우에는 그 정보를 포함한다)를 말한다.

법률에 근거된 개인을 식별할 수 있는 개인정보의 범위는 개인의 이름, 주민등록번호, 전화번호에서 신상정보, 신념정보, 경제정보 등 상당히 넓다.

[표 3-19] 개인정보의 유형

유 형	종 류
개인신상	이름, 주민등록번호, 주소, 전화번호, 생년월일, 출생지, 이메일 주소, 가족관계, 병력 사항 등
신체 정보	키, 몸무게, 얼굴, 지문, 홍채, 음성, 유전자정보, 건강상태, 진료기록, 신체장애 등
신념 정보	신조, 가치관, 종교, 사상, 정당 및 노조 가입, 물품구입 정보 등
경제 정보	부동산 정보(주택, 토지), 동산 정보(주식, 채권), 소득 정보(급여), 대출, 담보 내역, 신용카드, 통장 계좌번호 정보 등

(2) 법률의 적용 범위 및 특징

■ 「개인정보보호법」

개인정보보호법은 2011년 09월 30일 공공부문과 민간부문을 통합하여 모든 공공기관과 사업자의 개인정보 보호에 관한 법률로서 일반법에 해당된다. 개인정보 보호에 관해서 「정보통신망법」, 「신용정보보호법」 등의 특별법에 해당되는 사업자는 그 대상을 우선적용하고 추가보호는 「개인정보보호법」에 따른다.

■ 「정보통신망법」

적용 대상자는 전기통신사업자와 영리를 목적으로, 유·무선 통신망을 통하거나 컴퓨터 및 그 이용기술을 활용하여 정보를 제공하거나 정보 제공을 매개로 하는 서비스를 제공하는 자와 그로부터 이용자의 개인정보를 제공받는 자를 말한다.

- 전기통신사업자와 영리 목적의 기간통신사업자, 별정통신사업자, 부가통신사업자
- 기간통신사업자 : 초고속인터넷기업, 이동통신사, 유·무선통신사업자
- 별정통신사업자 : 국제전화서비스, 재판매 사업자
- 부가통신사업자 : 포털사이트, 게임사이트, 온라인쇼핑몰, 경매, 커뮤니티, 미니홈피, 블로그 등 인터넷웹사이트, P2P사업자, 은행·금융기관 웹사이트(신용정보보호법 우선 적용, 정보통신망법 후 적용)
- 이용자: 정보통신서비스 제공자가 제공하는 통신서비스를 사용하는 자

■ 「개인정보보호법」과 「정보통신망법」의 특징 비교

「개인정보보호법」은 일반법으로 특별법에 존재하지 않는 항목을 추가하여 포괄적이면서 구체적으로 강화한 법령이다. 「개인정보보호법」에는 정보주체 이외로부터 개인정보 수집 시 정보주체 고지의무, 정보 수집 시 동의 획득, 거부 시 불이익 내용 등이 추가되었다.

[표 3-20] 「개인정보보호법」과 「정보통신망법」 비교

구 분	정보통신망법	개인정보보호법
정보주체 이외 수집 고지	없음	• 정보주체 이외로부터 개인정보 수집 시 정보주체 고지의무
정보 수집 동의	정보 수집 시 동의 획득	• 정보 수집 시 동의 획득 • 고지사항의 동의를 거부할 수 있으며, 거부할 경우 불이익에 대한 고지의무
주민등록 수집	주민등록번호 회원가입 불가	• 주민등록번호 등 고유식별번호의 수집 시 별도 동의 획득
정보 위탁	위탁 시 동의 획득	• 위탁 시 위탁목적, 이용 사항 명시 • 위탁사실 공개, 정보주체 고지 • 위탁 외 목적 사용 금지 의무
정보관리	개인정보관리책임자 지정	• 개인정보보호책임자 지정
파기	수집목적 달성 시 파기	• 처리 목적 달성 시 복구 또는 재생 불가능한 상태로 파기
CCTV	–	• 영상정보처리기기의 설치·운영 제한
영향평가	–	• 영향평가를 위해 적극 노력해야 함
유출통지	–	• 유출 사실 인지 시 통지 및 피해 최소화 대책 강구 의무

(3) 개인정보 데이터 관리 및 암호화 대상

「개인정보보호법」 및 「정보통신망법」에서는 개인정보의 수집, 이용, 저장, 관리, 파기, 제공의 전반적인 사항을 명시하고 있다.

그중에서 개인정보의 데이터 암호화에 해당되는 부분을 살펴보면 「개인정보보호법」에서는 주민등록번호, 여권번호, 운전면허번호, 외국인등록번호, 바이오정보, 비밀번호가 암호화 대상이고 비밀번호는 일방향 암호화를 하도록 명시하고 있다. 「정보통신망법」에서는 비밀번호, 바이오정보, 주민등록번호, 신용카드번호, 계좌정보를 암호화 대상으로 명시하고 있고 비밀번호와 바이오정보를 일방향 암호화를 하도록 명시하고 있다.

개인정보보호법 제7조, 개인정보의 안전성 확보조치 기준고시 및 해설서(2011)

제7조(개인정보의 암호화) ① 영 제21조 및 영 제30조제1항제3호에 따라 <u>암호화하여야 하는 개인정보는 고유식별정보, 비밀번호 및 바이오정보를 말한다.</u>

② 개인정보처리자는 제1항에 따른 개인정보를 <u>정보통신망을 통하여 송ㆍ수신하거나 보조저장매체 등을 통하여 전달하는 경우에는 이를 암호화하여야 한다.</u>

③ 개인정보처리자는 <u>비밀번호 및 바이오정보는 암호화하여 저장하여야 한다.</u> 단 비밀번호를 저장하는 경우에는 복호화되지 아니하도록 <u>일방향 암호화하여 저장하여야 한다.</u>

④ 개인정보처리자는 인터넷 구간 및 인터넷 구간과 내부망의 중간 지점(DMZ : Demilitarized Zone)에 고<u>유식별정보를 저장하는 경우에는 이를 암호화하여야 한다.</u>

⑤ 개인정보처리자가 내부망에 고유식별정보를 저장하는 경우에는 다음 각 호의 기준에 따라 암호화의 적용여부 및 적용범위를 정하여 시행할 수 있다.
  1. 법 제33조에 따른 개인정보 영향평가의 대상이 되는 공공기관의 경우에 는 해당 개인정보 영향평가의 결과
  2. 위험도 분석에 따른 결과

⑥ 개인정보처리자는 제1항에 따른 개인정보를 암호화하는 경우 안전한 암호알고리즘으로 암호화하여 저장하여야 한다.

⑦ 개인정보처리자는 제3항, 제4항 및 제5항에 따른 개인정보 저장시 암호화를 적용하는 경우, 이 기준 시행일로부터 3개월 이내에 다음 각 호의 사항을 포함하는 암호화 계획을 수립하고, 2012년 12월 31일까지 암호화를 적용하여야 한다. 단 인터넷 구간 및 인터넷 구간과 내부망의 중간 지점(DMZ : Demilitarized Zone)에 고유식별정보를 저장하는 경우 위험도 분석과 관계없이 암호화를 적용하여야 한다.
  1. 개인정보의 저장 현황분석
  2. 개인정보의 저장에 따른 위험도 분석절차(또는 영향평가 절차) 및 방법
  3. 암호화 추진 일정 등

⑧ 개인정보처리자는 업무용 컴퓨터에 고유식별정보를 저장하여 관리하는 경우 상용 암호화 소프트웨어 또는 안전한 암호화 알고리즘을 사용하여 암호화한 후 저장하여야 한다.

개인정보보호법 제24조, 시행령 제19조 [시행 2013.3.23.]

제19조(고유식별정보의 범위) 법 제24조제1항 각 호 외의 부분에서 "대통령령으로 정하는 정보"란 다음 각 호의 어느 하나에 해당하는 정보(이하 "고유식별정보"라 한다)를 말한다. 다만, 공공기관이 법 제18조제2항제5호부터 제9호까지의 규정에 따라 다음 각 호의 어느 하나에 해당하는 정보를 처리하는 경우의 해당 정보는 제외한다.

1. 「주민등록법」 제7조제3항에 따른 <u>주민등록번호</u>
2. 「여권법」 제7조제1항제1호에 따른 <u>여권번호</u>
3. 「도로교통법」 제80조에 따른 <u>운전면허의 면허번호</u>
4. 「출입국관리법」 제31조제4항에 따른 <u>외국인등록번호</u>

정보통신망법 제6조, 개인정보의 기술적 · 관리적 보호조치 기준 해설서, KISA(2012)

제6조(개인정보의 암호화)

① 정보통신서비스 제공자등은 <u>비밀번호 및 바이오정보는 복호화 되지 아니하도록 일방향 암호화하여 저장한다.</u>

② 정보통신서비스 제공자등은 <u>주민등록번호, 신용카드번호 및 계좌번호에 대해서는 안전한 암호알고리즘으로 암호화하여 저장한다.</u>

③ 정보통신서비스 제공자등은 정보통신망을 통해 이용자의 개인정보 및 인증정보를 송 · 수신할 때에는 안전한 보안서버 구축 등의 조치를 통해 이를 암호화해야 한다. 보안서버는 다음 각 호 중 하나의 기능을 갖추어야 한다.

　1. 웹서버에 SSL(Secure Socket Layer) 인증서를 설치하여 전송하는 정보를 암호화하여 송 · 수신하는 기능

　2. 웹서버에 암호화 응용프로그램을 설치하여 전송하는 정보를 암호화하여 송 · 수신하는 기능

④ 정보통신서비스 제공자등은 이용자의 개인정보를 개인용컴퓨터(PC)에 저장할 때에는 이를 암호화해야 한다.

- **일방향 암호화**

  일방향 암호화는 입력된 데이터를 해시 함수 등을 이용하여 암호화를 수행하고 복호화를 수행할 수 없도록 하는 방법이다.

- **DMZ 구간 암호화**

  DMZ 구간은 조직의 외부에 노출되어 있으므로 데이터의 안전성 확보를 위하여 암호화해야 한다. 또한 내부 망에 저장된 데이터라고 하더라도 개인정보는 위험도 분석을 통해서 암호화 수위를 조절한다. 「개인정보보호법」에서는 개인정보 영향평가 대상이 되는 공공기관은 개인정보 영향평가 결과에 따라 암호화를 수행하며, 그 이외의 기관은 위험도 분석 결과를 따르도록 하고 있다. 그러나 「정보통신망법」에서는 주민등록번호의 암호화는 예외 없이 수행하도록 하고 있다.

(4) 접속기록의 보관

「개인정보보호법」에서는 데이터베이스에 접속한 기록은 최소 6개월 이상 보관하여 기록의 위·변조, 도난, 분실에 대응할 수 있도록 명시하고 있다. 접속기록에는 개인정보취급자의 식별 ID, 접속일시, 접속자 IP주소, 수행업무 등을 관리해야 한다.

개인정보보호법 제8조, 개인정보의 안전성 확보조치 기준고시 및 해설서(2011)

제8조(접속기록의 보관 및 위·변조 방지)
① 개인정보처리자는 개인정보취급자가 개인정보처리시스템에 접속한 기록을 최소 6개월 이상 보관·관리하여야 한다.
② 개인정보처리자는 개인정보취급자의 접속기록이 위·변조 및 도난, 분실되지 않도록 해당 접속기록을 안전하게 보관하여야 한다.

---

(5) 「개인정보보호법」 위반 시 처벌

「개인정보보호법」의 각 조항별 항목을 위반할 경우 벌칙 및 과태료가 존재하므로 이를 유념하여 개인정보의 철저한 관리가 필요하다.

[표 3-21] 「개인정보보호법」 위반 시 벌칙 및 과태료 예시

주요내용	처벌 및 벌칙
정부주체의 동의 없는 개인정보 제3자 제공(제17조)	5년 이하 징역 또는 5천만 원 이하 벌금
고유식별정보 처리기준 위반(제24조)	5년 이하 징역 또는 5천만 원 이하 벌금
주민등록번호를 제공하지 아니할 수 있는 방법 미제공(제21조)	3천만 원 이하 과태료
개인정보 유출사실 미통지(제34조)	3천만 원 이하 과태료
개인정보 미파기(제21조)	3천만 원 이하 과태료

CHAPTER **02** 데이터 분석

SECTION 01 | 데이터 웨어하우스
SECTION 02 | OLAP
SECTION 03 | 데이터 마이닝
SECTION 04 | 빅데이터

SECTION 01

◎ **CHAPTER 02** 데이터 분석

데이터 웨어하우스

핵심 요약(Key point summary)

1 데이터 통합을 활용한 분석자료의 제공, DW

가. DW(Data Warehouse)의 개념

의사결정 프로세스를 지원하기 위한 주제 지향적이고, 통합적이고, 비휘발적이며, 시계열적인 데이터의 모임

나. DW의 특징

특 징	설 명
주제 지향적	• Subject—Oriented • 업무중심이 아닌 특정 주제 지향적(고객, 상품, 청구 등)
불변적	• Non—Volatile • 갱신이 발생하지 않는 조회 전용(데이터 분석을 통한 의미 생성)
통합적	• Integrated • 필요한 데이터를 원하는 형태로 통합 : 민원정보＋대응정보
시계열적	• Time—Variant • 시점별 분석이 가능(주가정보, 환율정보)

2 DW 구성도 및 구성요소

가. DW 구성도

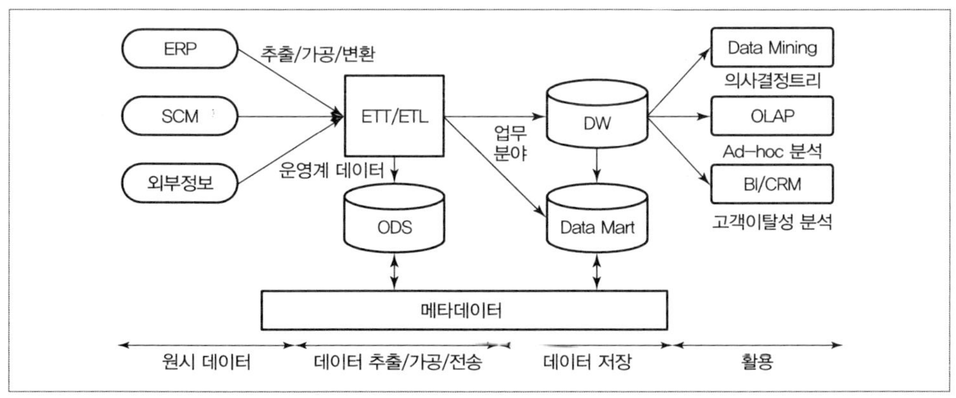

PART 03 DB 운용

나. DW 구성요소

구성요소	설 명
ETT/ETL	• Extract/Transformation/Transportation(추출/가공/전송) • Extract/Transform/Load(추출/전송/로딩) • 데이터를 소스시스템에서 추출하여 DW에 Load시키는 과정
ODS	• Operational Data Store(운영계 정보저장소) • 비즈니스 프로세스/AP 중심적 데이터 • 기업의 실시간성 데이터를 추출/가공/전송을 거치지 않고 DW에 저장
DW DB	어플리케이션 중립적, 주제 지향적/불변적/통합적/시계열적 공유 데이터 저장소
Metadata	• DW에 저장되는 데이터에 대한 정보를 저장하는 데이터 • 데이터의 사용성과 관리 효율성을 위한 데이터에 대한 데이터
Data Mart	• 특화된 소규모의 DW(부서별, 분야별) • 특정 비즈니스 프로세스, 부서, AP 중심적인 데이터 저장소
OLAP	최종사용자의 대화식 정보분석도구, 다차원 정보 직접 접근
Data Mining	• 대량의 데이터에서 규칙, 패턴을 찾는 지식 발견 과정 • 미래예측을 위한 의미 있는 정보 추출

3 DW 구축단계 및 구축방법

가. DW 구축단계

단 계	프로세스	내 용
1단계	DW Modeling	Business Area 선정, 분석 및 Data Warehouse/ODS Modeling
2단계	ETL(Legacy → DW)	운용계에서 수집된 Data를 ODS와 DW로 정제, 변환, 적재
3단계	Data Mart Modeling	다차원 분석영역 정의 및 Modeling
4단계	ETL(ODS/DW → Data Mart)	ODS/Data Warehouse로부터 데이터 추출, 다차원 DB 구성
5단계	ROLAP 구축	Data Warehouse에서 ROLAP 개발
6단계	MOLAP 구축	Data Mart(MDB, 다차원데이터베이스)에서 MOLAP 개발
7단계	DW System 운영	ETT Scheduling, 메타데이터 관리, Backup & Recovery

나. DW 구축방법

구 분	설 명
Top Down	• 전사관점에서 전체 DW를 한 번에 구축(DW → Data Mart) • 시간과 비용이 많이 소모되며 구축 후 전사적인 지원이 필요 • 체계적인 계획 및 운영방안이 필요
Bottom Up	• 특정부서 및 일부 그룹별 Data Mart 구축 후 DW로 통합 • 시간과 비용이 절약되지만 통합의 문제가 발생할 수 있음 • 향후 통합에 대한 설계 고려가 타당함
Hybrid	• DW와 Data Mart의 병행 구축 • 비용과 인력의 분산 투입이 가능하며 위험을 최소화할 수 있음

❹ DW 구축 핵심성공요인 및 구축 시 고려사항

가. DW 구축 핵심성공요인

- 조직 측면 : 경영전략에 정렬, 지속적 개선, 경영자의 의지, 관리체계 수립
- 기술 측면 : Data 품질 보장, ETT 성능 확보, 지속적 튜닝
- 사용자 측면 : 사용자 중심 구축, Real time DW 추구

나. DW 구축 시 고려사항

- 개발 측면 : 의사소통체계 마련, 성능저하 가능성 고려, EA 연계
- 운영 측면 : 지속적 관리, 기존시스템과 통합 연계 고려 등

💻 OLTP와 DW의 비교

구 분	OLTP	DW
기본 목적	트랜잭션/일상 운영 업무 지원	정보 검색 및 분석
데이터 모델	정규화된 모델	다차원 모델
데이터 수준	단위(Atomic) 데이터	요약(Summary) 데이터
데이터 구성	어플리케이션 중심	주제 중심
데이터 갱신	동적, 지속적 갱신	정적, 정기적 갱신
데이터 시점	현재 시점	과거, 현재 이력 데이터
응답시간	즉시 응답	분석시간 요구
동시 사용자	다수의 많은 동시성	소수의 적은 동시성
주 사용자	업무처리 담당자	경영자, 분석가

 **EDW(Enterprise Data Warehouse)**

① EDW의 의미

DW를 인프라로 활용하여 전사적으로 확장하고, 다양한 시스템 간 인터페이스를 통해 통합해서 실시간 의사결정에 신속히 반영 가능한 시스템

② DW와 EDW의 비교

구 분	DW	EDW
통합대상	기업 내부 데이터	기업 내/외부 데이터
처리방식	BATCH에 의한 일괄처리	실시간 처리 지향
기반데이터	분석데이터	전송, 분석데이터
적용기술	ETL, 메타데이터	EAI, 통합기술, DW
정보시스템	ERP, MIS, CRM	RTE, 통합시스템

③ EDW의 기대효과

- 업무개선 효과 : 다양한 업무를 분석하여 업무의 분석정보 제공시간 단축
- 업무처리 비용 절감 : 지식기반의 업무환경을 통한 시간단축, 업무처리량 감소 및 생산시간 단축
- 분석능력 제고 : 통합에 의한 데이터 정합성 유지를 위한 노력, 다차원 분석
- 데이터의 자산화 : 단일화된 데이터 제공에서 전사적이고 효율적인 데이터 활용 가능

01 데이터 웨어하우징(Data Warehousing)의 개념

조직은 비전과 목표를 달성하기 위하여 현재 운영되고 있는 시스템의 데이터를 분석한다. 분석된 데이터는 현 상태를 파악할 뿐 아니라 기업의 미래를 예측할 수 있다. 경영자는 다음과 같이 데이터를 분석하여 의사결정에 반영하고 이를 통해서 기업의 생산성 향상과 매출 증대 등의 목표를 달성하려고 노력한다.

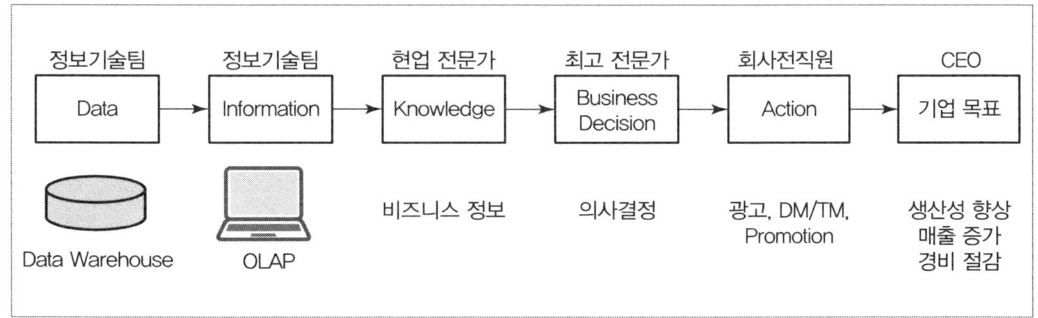

[그림 3-13] 의사결정 과정

이를 위해서 흩어져 있는 각종 기업정보를 통합하여 최종 사용자가 쉽게 활용할 수 있고, 신속한 의사결정을 할 수 있도록 해야 한다. 이러한 분산된 방대한 양의 데이터에 쉽게 접근하고 이를 활용할 수 있도록 하는 일련의 과정이 필요하다. 이러한 과정을 데이터 웨어하우징이라고 한다.

데이터 웨어하우징은 의사결정을 지원하고 경영 정보 시스템이나 DSS의 구축을 위해서, 기 구축된 데이터베이스를 분석하여 정보를 추출하는 데이터 웨어하우스 시스템을 구축하는 것이다.

데이터 웨어하우징은 다음과 같이 소스데이터를 추출하는 ETT과정과 주제별로 통합된 데이터를 저장하는 데이터 웨어하우스, 소규모 데이터 웨어하우스인 데이터 마트, 메타데이터, 질의 및 분석 도구 등으로 구성되어 있다.

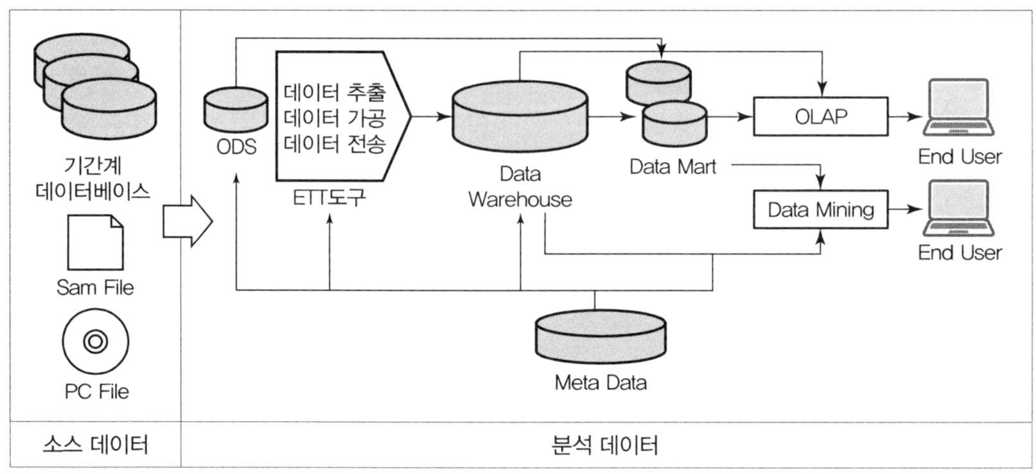

[그림 3-14] 데이터 웨어하우징 구성도

02 데이터 웨어하우스(Data Warehouse)

기업은 중추적인 역할과 업무의 자동화로 생산성을 향상시킨 레거시 시스템의 데이터양이 증가함에 따라 데이터 관리 및 분석의 어려움을 겪게 되었다. 따라서 대량의 데이터 속에서 유용한 전략적인 정보를 얻기에는 역부족인 상황에 직면하게 되었다. 이를 정보의 위기(Infirmation Crisis)라고 한다.

또한 경영측면의 의사결정을 위해서 요구하는 데이터는 현재와 과거의 데이터를 총체적으로 분석하여 미래의 트렌드를 예측할 수 있어야 한다. 그러나 의사결정을 위해 요구하는 데이터를 기존의 데이터베이스 구조로 처리하기에는 어려움이 있다. 대량 데이터의 분석을 위해서는 SQL이 복잡해지고 그에 따라 성능이 저하되는 등의 문제가 발생하기 때문이다.

따라서 이질적이고 대용량의 데이터를 통합 관리하여, 의사결정을 지원할 수 있는 정보를 제공하는 역할을 하기 위하여 데이터 웨어하우스가 등장하게 된다.

(1) 데이터 웨어하우스의 개념

1980년대 후반에 빌 인먼(Bill Inmon)이 정보 웨어하우스(Information Warehouse)라는 용어를 사용함으로써 '데이터 웨어하우스'라는 개념이 도입되었다.

데이터 웨어하우스를 광의의 개념으로 보면, 수년간(historical data) 기업의 운영계 시스템에서 생긴 내부 데이터(internal data)와 외부 데이터(external data)를 주제별로 통합하여(subject-oriented) 별도의 프로그래밍 없이(end-user computing) 즉시(on-line) 여러 각도에서 분석(multi-dimensional analysis)을 가능하게 하는 통합시스템이다(장동인, 1999). 협의의 개념으로 보면, 이미 저장된 데이터베이스의 데이터를 추출, 가공하여 의사결정 지원을 위해 저장한 하드웨어 플랫폼의 저장소이다.

데이터 웨어하우스는 흩어진 운영계 시스템의 데이터를 통합하여 의사결정을 지원하기 위한 특정 주제, 시계열 등으로 특화되어 지속적으로 관리하기 위한 데이터 집합체이다.

(2) 데이터 웨어하우스의 특징

데이터 웨어하우스의 특징은 기업의 의사결정을 지원하기 위해 주제-중심적(subject-oriented)이고, 통합적(integrated)이며, 시계열성(time-varying)을 갖는 비휘발성(non-volatile)인 데이터의 집합이다.

- **주제-중심적(subject-oriented)**

  데이터베이스의 트랜잭션 업무 처리에서는 데이터 구조를 어플리케이션의 프로세스 중심으로 구축하지만, 데이터 웨어하우스는 일정한 주제 중심으로 구성한다.

- **통합적(integrated)**

  데이터 웨어하우스는 여러 유관 시스템의 내부 및 외부 데이터를 통합하여 관리하므로 데이터의 중복 및 불일치성이 존재할 수 있다.

- **시계열성(time-varying)**

  데이터 웨어하우스는 현재 데이터뿐 아니라 과거 데이터도 필요하므로 특정 시점을 기준으로 스냅샷 데이터를 갖는다.

- **비휘발성(non-volatile)**

  데이터 웨어하우스는 특정 주제에 해당하는 특정 시점의 데이터가 로드되어 저장소에 적재되고 읽기 전용으로 사용된다.

  사용자의 업무처리를 위해 입력, 수정, 삭제, 검색의 트랜잭션을 발생시켜 데이터를 저장하는 데이터베이스와 의사결정 지원을 위해 데이터를 가공, 적재하는 데이터 웨어하우스의 특징을 비교해 보면 다음과 같다.

[표 3-22] 데이터베이스와 데이터 웨어하우스의 비교

구 분	데이터베이스	데이터 웨어하우스
사용자	다수의 최종 사용자	관리자 및 비교적 소수 사용자
용도	실시간 업무처리	의사결정 지원
데이터 범위	현 상태 데이터, Raw Data, 상세 데이터	현재 및 과거 데이터, 집합/계층, 다차원 데이터
데이터 접근	Read/Write	Read, 주기적 Refresh
데이터 사용	정형화된 보고서 반복적 사용	비정형화 보고서 일부 정형화된 보고서
데이터 구조	어플리케이션(업무) 중심	주제 중심
데이터베이스 크기	100Mb ~ 1Gb	100Gb ~ 1Tb

(3) 데이터 웨어하우스의 구성

데이터 웨어하우스의 데이터는 다음과 같이 운영계 데이터를 추출하고 재가공해서 현재 데이터, 과거 데이터, 요약 데이터, 메타 데이터로 분류하여 관리하고 있다.

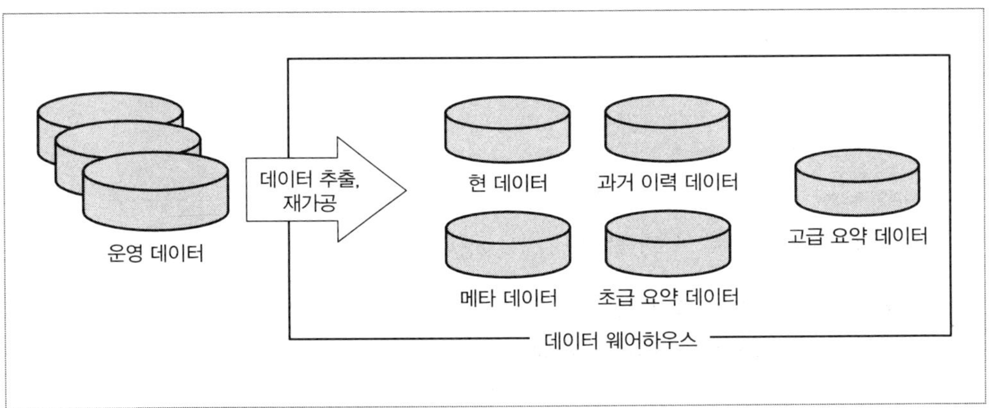

[그림 3-15] 데이터 웨어하우스

데이터 웨어하우스의 구성은 빌 인먼(Bill Inmon)이 제시한 규칙을 기반으로 한다. 빌 인먼의 데이터 웨어하우스 구성의 12가지 규칙을 살펴보면 다음과 같다.

1. 운영 데이터 환경과 분리되어야 한다.
2. 데이터는 통합되어야 한다.
3. 장기간 동안의 과거 데이터를 포함한다.
4. 데이터는 어느 한 시점의 스냅샷 데이터이다.
5. 데이터는 주제 중심적이다.

6. 데이터는 운영 데이터로부터 주기적인 일괄 갱신을 수행하는 읽기 전용이다.

7. 개발 방법은 예전의 처리 중심이 아니라 데이터 중심이다.

8. 현재의 상세 데이터, 과거의 상세 데이터, 고급 요약 데이터, 초급 요약 데이터를 포함한다.

9. 대형 데이터의 읽기 중심 트랜잭션이 특징이다.

10. 데이터의 소스, 변환, 저장소를 추적할 수 있는 시스템을 갖는다.

11. 메타데이터는 모든 데이터 원소를 식별한다.

12. 사용자 데이터를 최적으로 사용하기 위해 자원사용 비용부과 시스템을 갖는다.

03 다차원 모델링

기존 트랜잭션 업무처리를 위한 로(Row)와 컬럼(Column)단위의 2차원 모델에서는 다양한 측면의 분석 요구기능을 수용할 수 없었다. 다차원적인 분석을 위해서는 요구사항을 식별하고 다차원 모델링을 수행하여 데이터 웨어하우스를 구축한다.

(1) 다차원 모델 구성요소

- **사실 데이터(Fact Data)**
  - 운영계 시스템의 트랜잭션에서 발생된 업무의 수치로 표현한 측정값을 의미한다.
  - 데이터 웨어하우스의 많은 부분을 차지하는 데이터이다.
  - 모델링 초반에 잘 정의되어야 하며 후반에 변경 시 투자비용이 증대된다.
  - 예를 들면 보험료, 계약건수, 투입비용 등의 데이터가 있다.

- **차원 데이터(Dimension Data)**
  - 사실 분석을 위한 참조 데이터로, 분석을 위한 축을 제공한다.
  - 사실(Fact) 테이블의 데이터와 key로 연계하며 텍스트 형태로 관리된다.
  - 예를 들면 상품 계층, 시간, 고객, 상점 등의 데이터가 있다.

- **차원 속성 (Dimension Attribute)**
  - 각 차원 테이블이 가지고 있는 속성을 의미하며 하나의 차원에 여러 개의 속성이 존재한다.

- 사실을 검색 및 분류 시 사용된다.
- 예를 들면 조직 차원의 본부, 지점, 영업소 등의 데이터가 있다.

■ 상세화(Granularity)
- 데이터 웨어하우스의 분석 정도 및 유연성을 결정한다.
- 데이터 상세화의 Level을 통해 계층적 데이터를 얻을 수 있다.
- 예를 들면 daily, monthly, yearly 등의 데이터가 있다.

(2) 다차원 모델 기법

■ 스타 스키마(Star Schema)

중앙에 사실(Fact) 테이블을 두고 외곽으로 차원 테이블이 결합된 별(Star) 모양의 형태로 모델링하는 기법을 스타 스키마라고 한다. 스타 스키마는 각 차원마다 하나의 차원 테이블이 존재한다. 따라서 하나의 사실 테이블과 여러 개의 차원 테이블로 구성된 관계형 데이터베이스(RDB)의 다차원 모델링 기법이라 할 수 있다.

스타 스키마는 모델링이 간단하고 사용자가 이해하기 쉬운 모델이다. 또한 구성하는 테이블이 적어 SQL이 간단하며, 조인의 수가 적어 질의응답이 빠른 장점을 갖고 있다.

반면에 정규화되지 않아 중복된 데이터가 존재한다. 다음과 같이 기간 차원 테이블의 해당 월마다 분기와 연의 데이터가 중복으로 들어가 있다. 이러한 경우는 차원 테이블의 데이터가 중복으로 존재하므로, 데이터 변경에 비효율적이고 빌드에 많은 시간이 소요된다.

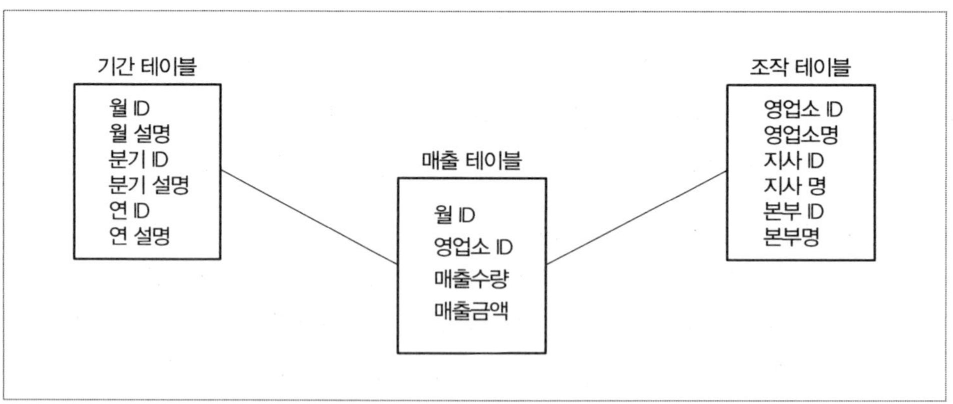

[그림 3-16] 스타 스키마 예시

■ 스노플레이크 스키마(Snowflake Schema)

스노플레이크 스키마는 스타 스키마의 차원 테이블을 정규화시켜 중복 데이터를 제거한 기법이다. 스노플레이크 스키마는 차원 속성마다 한 개의 차원 테이블을 갖는 스키마로 차원의 개수가 많아질 수 있다.

스노플레이크 스키마는 정규화로 인해 중복 데이터가 제거되어 데이터 품질이 향상되고 저장공간의 낭비를 줄였다. 그러나 스타 스키마에 비해 차원이 분해되면서 늘어난 차원 테이블 간 조인이 증가하여 응답시간이 늦다. 또한 테이블이 증가하면서 유지보수 및 메타데이터 관리의 어려움이 발생한다.

다차원 모델에 스노플레이크 스키마를 적용 시 차원 테이블의 다중관계인 m:n 문제가 발생하게 될 경우를 유의해야 한다. 다중관계가 발생하게 되면 데이터 품질이 저하되므로 사실 테이블과 차원 테이블 사이에 연계 테이블(Intersection Table)을 추가하여 다중관계를 해소해야 한다.

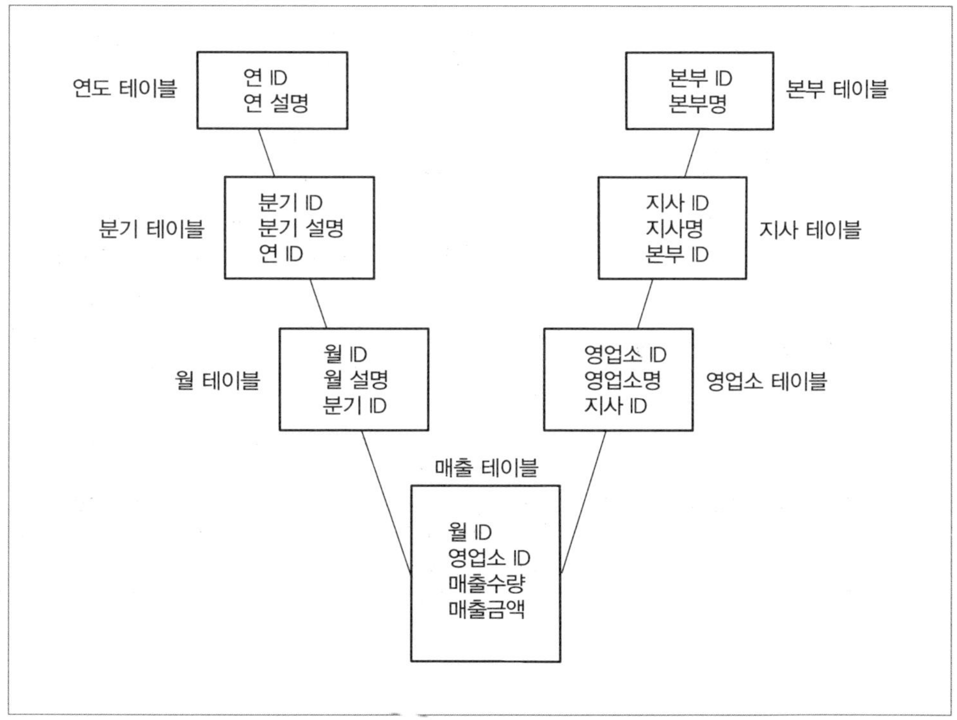

[그림 3-17] 스노플레이크 스키마 예시

(3) 다차원 모델링 과정

데이터 웨어하우스의 다차원 모델링 과정은 데이터베이스와 유사한 모델링 과정을 통해서 구축된다. 다차원 모델링 과정은 사용자 요구사항 정의 단계와 개괄 모델링 단계인 사실 정의, 차원 선택, 사실 테이블 정의, 차원 테이블 정의 단계와 상세 모델링 단계인 차원 속성의 계층 정의, 요약 테이블 정의, 테이블의 분할 및 합병 처리 단계로 나누어 볼 수 있다.

[표 3-23] 다차원 모델링 과정

모델링 과정	설 명
1. 사용자 요구사항 정의	각 계층의 경영자와 면담을 수행하고, 조사를 통해 요구사항을 명세화한다.
2. 사실(Fact) 정의	• 사용자의 비즈니스 측정치로 수치화되고 동사형으로 나타난다. • 차원이 일어난 사건을 설명한다.
3. 차원(Dimension) 선택	• 각 사실별 요구하는 차원을 선택한다. • 사실을 바라보는 관점에서 명사형으로 나타난다.
4. 사실 테이블 정의	• 차원 테이블을 참조하기 위한 참조키(FK)를 추가한다. • PK가 많아질 경우 대체 키(Surrogate Key)의 적용을 고려한다. • 불필요한 속성을 제거하고 시간 속성을 추가한다. • 사실 테이블의 컬럼인, 메저(Measure)를 정의한다.
5. 차원 테이블 정의	• 사실 테이블과 연계되는 차원 테이블을 정의한다. • 차원을 설명하는 고유 속성정보를 추출하여 정의한다.
6. 차원 속성의 계층 (Hierarchies) 정의	• 집계 및 Drill-down, Roll-up의 데이터 분석을 위한 목적으로 사용된다. • 상세한 계층을 정의하여 사용자가 취사선택 가능하도록 해야 한다.
7. 요약(Summary) 테이블 정의	• 자주 요구되는 데이터를 집계된 형태로 관리하여 검색시간을 단축한다. • 모든 조합의 요약정보를 미리 만들어 두는 전체요약(Full Summary) 테이블과, 필요한 경우만 요약하는 희박 요약(Sparse Summary) 테이블이 존재한다
8. 테이블의 분할 및 합병 처리	• 대량 테이블(Monster Dimension) : 대량의 속성 테이블, 변경이 많은 테이블, 많은 차원을 포함한 테이블은 분할해야 한다. • 수직분할 : 차원의 속성이 많을 경우 속성을 나눠 분할한다. • 수평분할 : 사실 테이블의 데이터양이 많을 경우 일정 차원 값에 의해 사실 테이블을 분할한다.

04 ETT

운영계 시스템에서 실시간 업무처리의 데이터를 분석한 경우는, 시스템의 부하 및 장애가 발생하게 되면 문제의 파장이 커지므로 대부분 별도의 데이터베이스를 구축한다. 분석을 위하여 운영계 데이터를 추출(Extraction)하여 가공(Transformation)하고, 데이터 웨어하우스에 데이터를 전송(Transportation)하여 로드(Load)하는 일련의 작업과정이 필요하게 되는데, 이를 ETT 혹은 ETL이라고 한다.

(1) ETT가 어려운 이유

- 소스 시스템의 데이터가 표준화되지 않을 경우 오류 데이터가 많이 포함되어 있다.
- DW시스템은 소스 시스템과 다른 테이블 구조를 갖고 있으므로 데이터 로드 시 1:n, n:1, m:n의 구조를 변환해야 한다.
- 운영 기간에 따라 시스템마다 공통코드가 상이할 경우 코드를 통합하거나, 최신코드로 변경해야 한다.
- 대량의 데이터를 가공해야 하므로 CPU, 롤백 메모리, 충분한 디스크 등을 고려해야 한다.
- 1회의 초기 데이터 적재로 끝나지 않고 운영을 위한 자동화 프로그램이 필요하다.

(2) ETT의 처리 절차

■ 데이터 추출

분석을 위하여 운영계 시스템의 데이터를 추출해야 하는데, 데이터의 추출 범위는 모델링에 포함된 사실 테이블, 요약 테이블, 차원 테이블에 저장할 데이터이다. 데이터 추출 대상이 변경될 경우 데이터 모델링, 매핑설계, 정제설계 등 변경 파장이 크므로 유의해서 설계되어야 한다.

■ 데이터 가공

소스 데이터를 가공하는 이유는 타깃 데이터베이스 구조가 소스 데이터베이스와 상이하고, 기존 시스템에서 무결성을 제어하지 못하여 생성된 오류 데이터를 보유하고 있기 때문이다.

소스 데이터에 존재하는 오류 데이터는 정제 후 데이터 웨어하우스에 로드되어야 정확한 분석 결과를 얻을 수 있다. 데이터값의 범위 오류, Null값 오류, 미 존재 코드오류,

참조 관계의 테이블 간 데이터 불일치 오류 등 다양한 오류 데이터를 정제해야 한다. 소스 테이블과 타깃 테이블을 1:1로 가져가는 경우는 분석용으로 의미가 없으므로, 대부분의 소스 테이블과 타깃 테이블은 1:n, n:1, m:n의 구조로 변경되어야 한다. 이를 위해서 먼저, 해당 테이블과 해당 컬럼 간 매핑(Mapping)설계를 해야 한다.

데이터 구조 매핑 이후에는 데이터 코드 매핑을 진행해야 한다. 시스템마다 상이한 코드는 공통코드를 정의하여 재매핑해야 하고, 신규 코드는 변환하여 변환설계 후 코드매핑 설계를 수행한다.

Target 데이터					Source 데이터					변환 규칙
테이블 ID	컬럼 ID	컬럼명	데이터형	PK	대상시스템	테이블ID	컬럼 ID	컬럼명	데이터형	

[그림 3-18] 컬럼 매핑설계 예시

■ 데이터 로드

데이터를 전송해서 로드하는 작업에는 초기데이터 로드와 주기적인 자동 로드가 있다. 과거 운영한 데이터를 처음 로드할 경우는 대량의 데이터 작업이 필요하므로 대부분 별도의 스크립트 작업을 한다. 주기적으로 증가분에 대한 로드 작업은 자동화된 프로그램을 스케줄링하여 데이터를 로드한다.

■ 데이터 검증

데이터의 정확성을 보장하기 위해서는 로드된 데이터를 검증해야 한다. 데이터 검증을 위해서는 검증 방법, 검증 주기, 검증 후 재작업의 일정을 포함한 데이터 검증계획을 수립하고 이행한다.

데이터 검증 방법에는 소스 데이터의 건수와 타깃 데이터의 건수를 비교하는 검증 이외에 해당 값에 대해 검증할 수 있어야 한다. 또한 에러 발견 시 오류 원인을 분석하고 보완하여 재작업을 수행한다.

05 ODS

ODS(Operational data store)는 분석을 위하여 운영계 시스템에서 현 시점의 데이터를 전체 혹은 일부를 추출하여 저장해 두는 데이터 영역을 말한다. 데이터 웨어하우스의 ETT작업을 용이하게 해줄 수 있고 오류 발생 시 복구가 가능하며, 현 시점의 실시간 데이터를 작업할 수 있어 여러 가지 목적으로 사용한다. ODS는 모든 데이터 웨어하우스 시스템에 필수적으로 존재해야 하는 것은 아니며, ODS가 데이터 마트와 데이터 웨어하우스를 중간 저장소의 용도로 사용된다.

06 메타데이터

메타데이터는 데이터의 위치, 목적, 작성자 등을 포함하여 데이터를 설명하는 데이터이다. 메타데이터는 데이터를 설명하여 데이터를 표현하는 목적과 데이터를 신속히 검색하고자 하는 목적으로 사용된다. 메타데이터는 전자자원을 설명하는 Dubline Core를 시초로 하였으며, 웹 데이터를 기술한 메타데이터 RDF(Resource Description Framework), 전자도서 메타데이터 MODS(Metadata Object Description Schema) 등 여러 분야에서 사용되고 있다.

데이터 웨어하우스에서의 메타데이터는 데이터 웨어하우스 시스템을 구성하고 있는 모든 데이터에 관한 정보를 관리한다. 데이터 웨어하우스 구축에서는 운영계 데이터, ODS, DW, Data Mart에서 유지되는 데이터의 식별과 일관된 관리를 위해서 메타데이터가 필요하다.

관리자를 위하여 테이블, 컬럼, 인덱스 등의 데이터 구조와 특성을 메타데이터로 정의하고, ETL매핑과 변환규칙, 변경이력, 접근정보, 요약정보를 메타데이터로 관리하여 신속한 검색과 운영의 효율싱을 높일 수 있도록 한다.

07 데이터 마트

데이터 웨어하우스가 전사적 대량의 데이터 위주로 구축된다면, 데이터 마트(Data Mart)는 소수의 사용자가 제한된 주제를 가지고 구축하게 된다. 대부분 부서별 데이터 분석 및 예측을 목적으로 할 경우 데이터 마트를 구축한다.

데이터 마트가 필요한 이유를 보면, 데이터 웨어하우스가 전사적 측면에서 분석되고 구축되므로, 개별 부서의 특화된 분석에는 적합하지 않는 부분이 발생하게 된다. 또한 데이터 웨어하우스를 구축하였으나 대부분의 사용자는 담당 업무에 해당하는 일부 데이터만 사용하게 되므로, 대량의 데이터 웨어하우스를 직접 질의하기보다는 별도 저장소를 구축하여 접근 및 응답 성능을 높일 수 있다.

데이터 마트 구축은 ODS와 연계하여 구축할 수도 있고 단독으로 구축될 수도 있다. 또한 데이터 웨어하우스를 만들고 개별 부서에서 활용될 데이터 마트를 만드는 하향식(Top Down)과 필요에 의해서 데이터 마트를 먼저 만들고 이를 통합해서 전사적인 데이터 웨어하우스를 구축하는 상향식(Bottom up)이 있다.

○ CHAPTER 02 데이터 분석

02 OLAP

핵심 요약(Key point summary)

1 DW의 데이터 분석 도구, OLAP

가. OLAP(On-Line analytical processing)의 정의

추출된 DW데이터의 다차원 정보에 최종사용자가 직접 접근하여 대화식으로 데이터를 분석하여 의사결정에 활용할 수 있는 도구

나. OLAP의 특징

- 다차원 분석 : 데이터의 다차원적인 분석
- 대화식 분석 : 시스템과 상호작용을 통해 대화식으로 정보 분석
- 용이한 분석 : 최종사용자가 IT부서의 개입 없이 직접 데이터 분석 가능

2 OLAP의 주요 기능 및 유형

가. OLAP의 주요기능

기능	내용
Drill Up/Down	자원의 계층에 따라 계층구조를 상/하로 분석 가능
Pivot	다차원을 바꾸거나 분석결과를 바꾸는 기능
Slice/Dice	다양한 각도에서 데이터를 분석 가능, 큐브에서 특정 축을 기준으로 잘라낸 Slice, Dice 기준으로 분석 가능
Drill Across	현 보고서 차원과 다른 차원과 분석 가능
Report	차트, 그래프 등의 형식을 분석결과 보고서로 작동 생성

나. OLAP의 유형

구 분	ROLAP	MOLAP	HOLAP
기본구조	관계형 DB	다차원 DB	관계형 DB + 다차원 DB
데이터 모델	Star/Snowflake 스키마	Cube 방식	모두 지원
장점	대용량 데이터 처리 원시데이터 조회 기능	다차원 분석의 빠른 수행 회귀분석 가능	ROLAP과 MOLAP의 장점 수용
단점	회귀분석 등 복합분석 어려움	대용량 처리의 한계	ROLAP과 MOLAP의 상호 연계 및 데이터 변환

❸ OLAP의 다차원 모델링

가. 다차원 모델링의 주요 구성

구 분	설 명	사 례
Fact(사실)	분석하고자 하는 목적, 데이터의 특정 단면이나 활동의 수치화한 집합	• 판매 매출금 • 납입 보험료
Dimension(차원)	Fact를 분석하기 위한 여러 관점	부서, 연도, 매장
Attribute(속성)	각 차원이 갖는 상세 속성	부서, 부서명, 매장

나. 다차원 모델링의 종류 및 장단점

구 분	Star schema	Snowflake schema
개념도	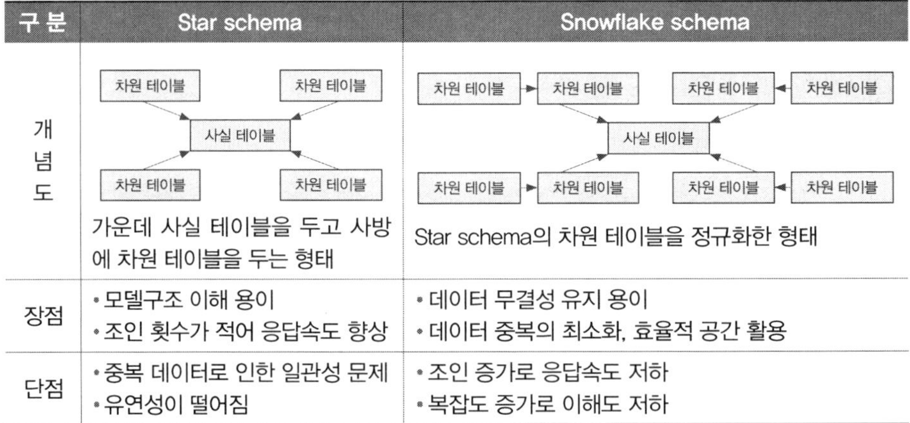 가운데 사실 테이블을 두고 사방에 차원 테이블을 두는 형태	Star schema의 차원 테이블을 정규화한 형태
장점	• 모델구조 이해 용이 • 조인 횟수가 적어 응답속도 향상	• 데이터 무결성 유지 용이 • 데이터 중복의 최소화, 효율적 공간 활용
단점	• 중복 데이터로 인한 일관성 문제 • 유연성이 떨어짐	• 조인 증가로 응답속도 저하 • 복잡도 증가로 이해도 저하

❹ OLAP 활용의 고려사항

- 요구사항 도출 명확화 : 분석하고자 하는 집합 및 각 차원에 해당하는 요구사항 상세 식별
- 적정한 OLAP 툴 활용 : 사업의 규모, 활용도 등을 분석하여 적정한 OLAP 툴 선정 및 도입
- 상호 운용성 고려 : 기존 시스템과 연계 및 표준화를 고려한 선정 필요

SECTION 02

01 OLAP의 개념

OLAP(On-Line Analytical Processing)은 최종 사용자가 데이터 웨어하우스의 다차원 정보를 분석할 때, 중간 매개체 없이 정보에 직접 접근하여 원하는 정보를 분석하고 의사결정에 활용하는 과정을 말한다.

(1) OLAP의 필요성

현재의 데이터 웨어하우스는 OLAP 없이는 상상할 수 없다는 말이 있듯이 OLAP은 데이터 웨어하우스에 필수 불가한 존재이다. 1990년대 이전의 운영계 데이터 웨어하우스는 분석을 전문적으로 해줄 OLAP 엔진과 도구가 존재하지 않아 데이터 분석에 많은 어려움이 따랐다.

- **OLAP 없는 데이터 웨어하우스는 다음과 같은 어려움이 존재한다**
  - 신속한 데이터 분석 및 예측이 어렵다.
  - 내부 및 외부 데이터를 통합하여 다량의 표준화된 보고서 작성이 어렵다.
  - 비정형화된 장표 작성 시 복잡한 데이터 모델링 및 SQL을 수행해야 하므로 시간이 많이 소모된다.
  - 데이터의 추출 방식에 따라 중복데이터가 발생되어 정확성이 떨어진다.

  따라서 DW의 데이터 분석을 전문적으로 해줄 도구인 OLAP이 등장하게 되었다.

- **OLAP을 사용하면 다음과 같은 장점이 있다**
  - 대량의 정보 생성 및 데이터 집계를 위한 시간 및 인력의 절감으로 프로젝트 투자비용을 줄일 수 있다.
  - 또한 복잡한 데이터베이스 설계 및 SQL을 대신하여, 비정형화된 장표를 손쉽게 만들 수 있는 수단을 제공한다.
  - 최종 사용자가 원하는 데이터를 직접 분석할 수 있는 대화식 정보 분석 컴퓨팅 환경을 제공한다.

(2) OLAP의 특징

OLTP(Online Transaction processing)는 데이터베이스를 활용하여 업무 데이터의 입력, 수정, 삭제, 검색을 수행하는 트랜잭션 처리이다. OLAP은 데이터 웨어하우스를 활용하여 의사결정을 지원하기 위한 분석용으로서 OLTP와 구별된다.

OLAP와 OLTP의 특징을 비교하면 다음과 같다.

[표 3-24] OLTP와 OLAP의 비교

구 분	OLTP	OLAP
주요 용도	Processing Oriented 데이터 변경, 조회	Decision Oriented 데이터 분석, 예측
변경 빈도	잦은 변경	읽기 전용, 요구 시 변경
데이터 레벨	상세 데이터	집계 데이터
모델	E-R모델	다차원 모델
업무 형태	정적, 정형적	동적, 비정량적

OLAP은 구현 방식에 따라 MOLAP, ROLAP, HOLAP이 있다. MOLAP는 다차원 데이터베이스에서 데이터 분석 질의를 처리하는 OLAP이고, ROLAP는 관계형 데이터베이스에서 다차원 모델링을 통해 SQL문으로 분석 질의를 처리하는 OLAP이다. 이 외에 MOLAP와 ROLAP의 장점을 혼합한 HOLAP이 있다.

02 MOLAP

관계형 데이터베이스(RDB)는 다차원 분석이 어려워 다양한 차원의 신속한 데이터 분석을 위한 데이터구조에 대한 요구가 발생하게 되었다. 이러한 다차원적인 데이터 분석이 가능한 특수구조를 갖춘 OLAP이 MOLAP(Multi-dimensional Database based OLAP)이다.

MOLAP의 기본 구조는 다차원 분석을 위하여 차원, 변수, 함수를 정의하고, 다음 그림과 같이 운영계 데이터를 SAM파일이나 RDB테이블에 데이터를 로드하여 다차원 데이터베이스에서 차원별 분석을 통하여 데이터를 제공한다.

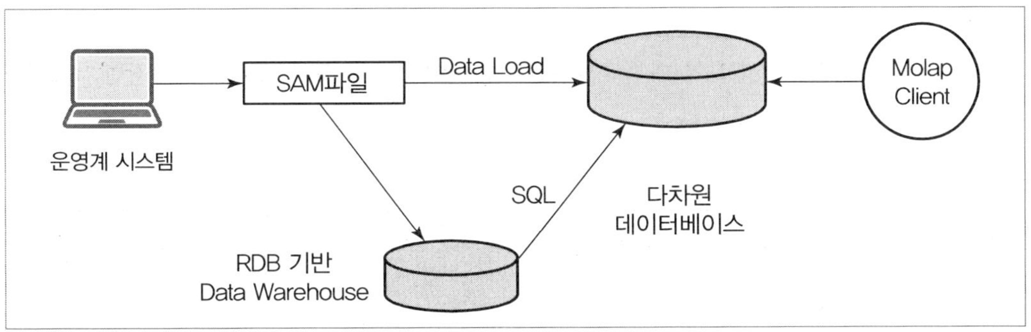

[그림 3-19] MOLAP 구조도

■ 단 점

MOLAP은 다차원 데이터베이스 기반이고 속도를 높이기 위한 방식으로 구현되었으므로 내부 데이터를 볼 수 없다. 또한 대량의 데이터를 로드할 때 차원별 롤업을 해야 하므로 시간이 많이 소모되고 대용량 데이터 처리가 어렵다.

■ 장 점

그러나 개인이나 부서용으로 활용할 경우에는 ROLAP보다 효과적으로 사용할 수 있다. 또한 트렌드 분석, 회귀 분석 등 차원 데이터 간의 복잡한 연산이 용이하고, 다양한 BUILT-IN FUNCTION을 가지고 있어 동일한 환경에서는 MOLAP이 ROLAP보다 연산 및 검색 속도가 빠르다.

03 ROLAP

MOLAP이 내부 데이터(Raw data) 처리가 어렵고 대용량 처리 확장에 한계가 있어 관계형 데이터베이스(RDB)를 사용하는 ROLAP(Relational OLAP, Relational Database based OLAP)이 등장하게 된다. ROLAP의 기본 구조는 다음 그림과 같이 다차원 모델링으로 데이터 웨어하우스를 구축하는 방식이다.

■ 장 점

대용량 데이터에 안정적인 관계형 데이터베이스를 사용하므로, 차원에 관계없이 대량의 데이터 처리가 가능하고 희소한(SPARSE)한 데이터 처리에 적합하다.

■ 단 점

데이터 분석 시 SQL의 내부 함수를 사용하여 집계하므로, SQL이 복잡해지고 복잡한 분석에는 어려움이 있다.

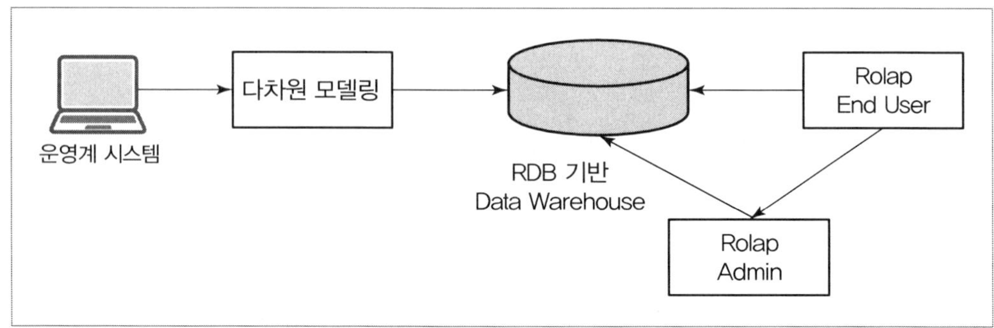

[그림 3-20] ROLAP 구조도

ROLAP와 MOLAP의 특징을 비교하면 다음과 같다.

[표 3-25] MOLAP와 ROLAP의 비교

구 분	MOLAP	ROLAP
데이터 처리	• 대용량 처리 어려움 • 소량의 특수데이터 분석에 적합	• 대용량 처리 용이함 • 전사적인 데이터 웨어하우스 분석에 적합
모델링	다차원 데이터베이스의 디자인 용이함	다차원 모델링에 시간 소모
성능	구조는 복잡하나 처리속도는 빠름	구조는 간단하나 처리속도 늦음
처리 데이터	• 수치 데이터 처리 적합 • 비수치 데이터 처리 부적합	수치 및 비수치 데이터 처리 적합
희소 데이터	데이터 밀도가 높은 데이터 처리에 적합	데이터 밀도가 낮은 희소 데이터도 처리 가능
인터페이스	표준 인터페이스 부재	표준 인터페이스 제공

04 HOLAP

MOLAP의 단점을 보완하기 위하여 관계형 데이터베이스의 기능을 추가한 OLAP이 출시되었고, 이를 HOLAP(Hybrid OLAP)라고 한다.

HOLAP은 MOLAP의 빠른 성능 및 다차원 데이터 저장의 장점과 ROLAP의 대용량 데이터 저장 능력을 결합한 OLAP이다. HOLAP은 관계형 데이터베이스(RDB)와 다차원 데이터베이스(MDB)를 모두 가지고 있으며, 처리 데이터의 형태에 따라 RDB와 MDB를 선택하여 사용하는 방식이다. 대량의 데이터 처리를 위해서는 관계형 데이터베이스를 효율적으로 사용하고 복잡한 계산이나 속도를 요구하는 처리는 다차원 데이터베이스를 사용한다. 다차원 데이터베이스 질의 결과를 저장하여 동일한 데이터 검색 시 재사용을 가능하게 한다.

지금까지 설명된 MOLAP, ROLAP, HOLAP을 비교하여 OLAP의 특성을 정리하면 다음과 같다.

[표 3-26] OLAP의 특성 비교

구 분	MOLAP	ROLAP	HOLAP
DB 구조	MDB	RDB	RDB, MDB
대용량 처리	불가능	가능	가능
질의 성능	다차원 Build	SQL 의존	SQL, 다차원 Build
복잡 계산	가능	어려움	가능
원시 데이터 접근	불가능	가능	가능
핵심 기술	다차원 DB	다차원 모델링	다차원 모델링, 다차원 DB
적용	EIS, 데이터 마트	DW, EDW	EIS, 데이터 마트

SECTION

03 데이터 마이닝

◆ CHAPTER 02 데이터 분석

핵심 요약(Key point summary)

1 잠재된 의미 정보의 발견 과정, 데이터 마이닝

가. 데이터 마이닝(Data Mining)의 정의

대용량의 데이터로부터 이들 데이터 내 존재하는 관계, 패턴, 규칙 등을 찾아 모형화함으로써 잠재된 의미 정보 및 유용한 지식을 추출하는 일련의 과정

나. 데이터 마이닝의 필요성

- 기업의 데이터양은 급증하고 있으나 가치 있는 의미 정보의 부족
- 고도의 전문적인 의사결정시스템의 필요성 증가
- DW(Data Warehouse) 확산에 따른 Data Mining 마인드 확산

2 데이터 마이닝의 기능 및 절차

가. 데이터 마이닝의 기능

- 예측 : 특정 개체의 미래 동작을 예측(Predictive Model)
- 묘사 : 사용자가 이용 가능한 형태로 표현(Descriptive Model)
- 검증 : 사용자 시스템의 가설 검증
- 발견 : 자율적 · 자동적으로 새로운 패턴 발견

나. 데이터 마이닝의 절차

절 차	수행내용
Sampling/Selecting	방대한 양의 데이터로부터 모집단의 유형과 닮은 작은 양의 데이터 추출
Data Cleansing/ Preprocessing	데이터 정제 및 전처리 : 데이터 일관성을 위해 오류 제거 작업을 통한 데이터 무결성, 품질 확보
Exploration/ Transformation	탐색/변형 : 알고 있는 사실들을 확인 · 수치화하여 수많은 변수들의 관계 파악(알고리즘 적용)
Modeling	모형화 : 앞서 선행된 단계의 주요 변수를 이용 다양한 모형 적용단계 (예측 모델 : 의사결정 트리, 신경망, 묘사 모델 : 연관 분석 등)
Reporting/ Visualization	사용자들이 보기 편하고 이해하기 쉬운 형태로 제공

❸ 데이터 마이닝 기법 및 관련 기술 비교

가. 데이터 마이닝의 기법

기 법	개념설명	예 시
연관 규칙 (Association)	트랜잭션 중 동시 발생하는 트랜잭션의 연관관계 발견	넥타이 → 셔츠, 맥주 → 기저귀 등
순차 패턴 (Sequential)	트랜잭션 이력 데이터 시계열적 분석, 향후 발생 가능성 예측	새 차 → 캠핑장비, A 구입 후 B 구입 확률 75% → B 추천
분류 규칙 (Classification)	• 다른 그룹과의 차별적 특성 도출 • 이미 알려진 그룹의 특징 묘사	고객 분류 등급, YES 응답자의 특징 등
군집화 (Clustering)	상호 간 유사 특성을 갖는 데이터들을 집단화, 이질적인 집단을 몇 개의 동질 집단으로 군집화	20대 후반 여자, 30대 초반 남자 → 스포츠카, 시장/고객 세분화 등 활용

나. 데이터 마이닝과 관련 기술 비교

비교항목	OLAP	Data Mining
목적	다차원 질의 이용 자료 요약	숨겨진 지식의 발견
특징	• 정해진 가설의 확인 • What에 대한 답	• 예측 및 Rule 제공 • Why에 대한 답
위치	데이터 이해 통한 정보 발견의 초기단계	의사결정 고급정보 제공 (능동적 의사결정 지원)
접근방법	사용자 주도 대화식 분석	데이터 주도 자동 지식 발견

4 데이터 마이닝의 주요 알고리즘

가. 클러스터링 알고리즘 : K-Means Clustering

① 개념 : 서로 비슷한 데이터 요소들의 그룹이나 클러스터를 찾아 의미 이해 및 유용성 여부 판단, Undirected 지식 발견, Unsupervised Learning으로 명명

② 특징 : 각 관찰치 상호배반적인 K개 군집으로 형성, 군집수 K의 사전 정의, 알고리즘 비교적 간단/계산시간 길지 않아 대용량 자료의 경우 유용

③ 방법

(a) 군집수 K와 초기 K개 군집의 중심 선택

(b) 각 관찰치 그 중심과 가장 가까운 거리에 있는 군집에 할당

(c) 각 군집별로 그에 속하는 관찰치 이용 새로운 중심 계산

(d) (b), (c) 단계를 기존의 중심과 새로운 중심의 차이가 없을 때까지 반복

④ 고려사항 : 군집수를 사전 결정해야 하므로 적절한 군집의 수 선택이 중요

나. 의사결정트리 알고리즘

① 개념 : 의사결정 규칙을 도표화하여 관심대상 집단을 몇 개의 소집단으로 분류하거나 예측을 수행하는 분석방법

② 특징 : 트리를 따라 내려감으로써 규칙 해독, 분류 타당성 이해 가능(질문들의 시리즈), 의사결정 과정 직관적 제공, 대규모 데이터 집합으로 확장 용이

③ 방법

(a) 요구되는 분류들 가운데 가장 좋은 방법으로 레코드들을 분리하는 테스트를 찾으려고 시도

(b) 루트(root)로부터 각각의 더 낮은 레벨의 노드(Node)에서 서브세트(Sub-set)들을 분리시키는 데 가장 잘 적용되는 규칙 적용

④ 분석단계 : (a) 의사결정트리 형성 → (b) 가지치기 → (c) 타당성 평가 → (d) 해석과 예측

다. 연관규칙(Associative Rule) 알고리즘

① 개념 : 항목들 간의 관계를 얻기 위해 한 항목의 존재가 다른 항목의 존재를 암시하는 조합을 발견하는 분석 방법

② 3가지 척도

- 지지도(Support) : 전체 사건(거래) 중에서 X와 Y를 동시에 포함하는 사건(거래)의 비율, $S = |X \cap Y| / N$(S : Support, N : 전체 트랜잭션 수)

- 신뢰도(Confidence) : 어떤 아이템 X를 포함하는 사건(거래) 중에서 Y가 포함된 사건의 비율, $C = |X \cap Y| / |X|$ (C : Confidence)
- 향상도(Lift) : X를 구매한 경우, 그 거래가 Y를 포함하는 경우와 아이템 Y가 임의로 구매되는 경우의 비율, $L = N \times |X \cap Y| / (X \times Y)$ (L : Lift, L = 1 : 독립적 관계(과자와 후추), L > 1 : 양의 상관관계(빵과 버터), L < 1 : 음의 상관관계(지사제와 설사약))

③ 특징 : 탐색적인 기법으로 분석 결과 이해 용이, 계산방법 간단, 비목적성 분석기법, 품목의 수 증가 시 상당한 수의 계산과정 필요, 품목들의 빈도가 비슷하지 않을 때 빈도수 적은 품목이 제외되기 쉬운 단점 존재

라. 신경망(Neural Network) 기법

① 개념 : 인간의 두뇌를 모방하여 훈련 데이터 집합으로부터 학습하여 그 학습을 분류와 예측을 위한 패턴을 일반화하는 데 적용

② 특징 : 대용량 데이터로부터 결과변수(Target) 예측이나 분류 시 이용, 데이터의 형태가 없고 뚜렷한 패턴이 없을 때 효과적

마. 기억기반 추론(Memory-based Reasoning)

① 개념 : 모르는 실례들을 예측하기 위해서 모델에 알려진 실례들을 사용하여 특성을 예측하거나 분류하는 분석기법

② 방법

(a) 새로운 레코드 도착 시 Training Data Set 안에 있는 레코드들과의 거리 계산

(b) 이웃될 자격이 있는 레코드 결정

(c) 최종 답을 얻기 위해 다양한 거리함수들의 결과들을 조합함수를 이용하여 조합

(d) 거리함수와 조합함수 통해 결과 도출

바. K 최근접 이웃 기법

기본 데이터와 거리 계산 후 가장 가까이 있는 K개의 데이터에 기반하여 새로운 데이터를 분류하는 분석기법

5 데이터 마이닝 수행 시 고려사항

고려사항	주요 내용
데이터 정제	데이터 오류 수정, 품질 확보(Garbage In, Garbage Out)
정확한 의미 파악	분석 대상 업무에 대한 충분한 이해를 통해 해당 데이터의 정확한 의미 파악
메타데이터 이용	데이터 타입, 변환규칙, 업무규칙 등 메타데이터 구축
사용자 요구의 정확한 반영	마이닝의 결과가 사용자 요구에 부합되도록 정보 사용자 대상에 대한 명확한 정의 필요
Privacy 침해 문제 주의	고객 정보 침해에 대한 윤리적, 법적 문제 고려
적합한 도구 활용	기업의 업종과 활용 분야를 고려 특성에 맞는 제품 선정
마이닝 전문가 양성	분석력과 DB/알고리즘 역량 등을 갖춘 마이닝 전문가 양성 필요

데이터 마이닝 알고리즘 정리

알고리즘	기반구조	기본 프로세스
클러스터링 탐지	N-Vector 공간에서 거리 계산식	똑같이 이웃하는 값들을 그루핑함(교차 확인)
의사결정 트리	이진트리	• 엔트로피 기반 결정 • 포인트 분리(교차 확인)
연관규칙	변수들 간의 연관관계	값에 대해 다양한 변수를 연결지어 패턴 발견
신경망	계속 증식되는 네트워크 구조	각 노드에서 예측치의 입력 가중치 적용
기억기반 추론	거리와 조합함수 기반 예측 구조	알려진 사실을 토대로 모르는 사실 추론(교차 확인)

웹 마이닝(Web Mining)

① 웹 마이닝의 개념

웹에서 발생하는 고객의 행위 분석과 특성 데이터를 추출, 정제, 로딩하여 유용한 정보를 발견, 분석을 통해 의사결정에 활용하는 마이닝

② 웹 마이닝의 특징

- 실시간성 : Web Log를 기반으로 실시간으로 발생하는 트랜잭션 분석
- One-to-One : 고객 행위 분석을 통해 Personalization(개인화) 지향
- Rule 기반 : Rule Matching 시스템과 연계하여 서비스 제공

③ 웹 마이닝의 유형

유 형		설 명	특 징
웹 내용 마이닝	에이전트 기반	웹 페이지의 내용에서 유용한 정보 추출	지능형 검색, 정보 필터링, 개인화
	DB 기반		다수준 DB, 웹 질의시스템
웹 사용 마이닝		웹로그 분석 통해 사용자의 행위 패턴을 분석	패턴 발견, 패턴 분석, 개인화
웹 구조 마이닝		웹사이트의 구조적인 요약정보 추출 기법, 하이퍼링크 통한 그래프의 구조적 정보 이용	사이트의 구조적 요약 정보추출, 참조정보를 이용하는 경우 활용

01 데이터 마이닝의 개념

데이터 마이닝은 대량의 데이터로부터 규칙이나 패턴을 찾아내는 지식 발견 과정이다. 에반젤로스 사이모디스(Evangelos Simoudis)는 데이터 마이닝(Data Mining)을 대량의 데이터에서 사소하지 않고, 암시적이며, 잠재적으로 유용하고, 흥미있는 정보나 패턴을 추출하는 과정이라고 하였다. 또한 케네디(Ruby L. Kennedy 공저, 1997)는 대량의 데이터에서 구조와 관계를 찾아내기 위해 사용되는 기술이라고 하였다.

데이터 마이닝은 다음 그림과 같이 다양한 분야와 연관되어 있다.

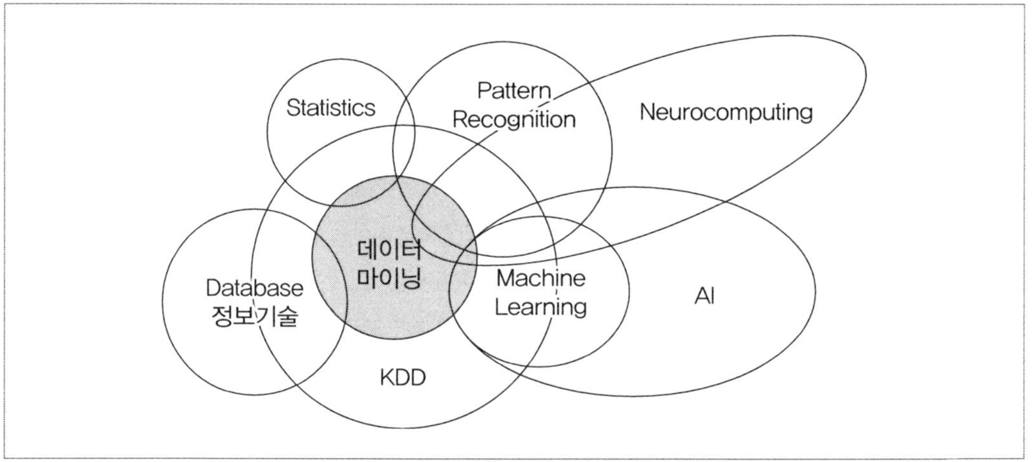

[그림 3-21] 데이터 마이닝 연관 분야

데이터 마이닝은 정보를 추출하기 위해서 통계학적인 분석방법론과 기계학습, 인공지능, 신경망 등의 다양한 방법을 결합해서 데이터를 분석하고 있다.

- KDD(Knowledge Discovery in Database)

  KDD는 데이터에서 유용한 정보와 패턴을 찾는 과정으로 계획, 자료 획득, 분석, 해석을 통해 지식을 추출하는 전 과정을 의미하며 데이터 마이닝은 KDD프로세스의 분석 과정에 해당된다.

- 통계학(Statistics)

  데이터 마이닝이나 기계학습(Machine Learning) 이전 단계에 데이터를 분석하는 영역은 통계학이었다. 그 당시의 통계 분석은 가정을 설정하고 표본 데이터를 기반한 분석에

한정되었고, 추정과 검증과정을 통해서 데이터를 분석한다. 반면에 데이터 마이닝은 기업 내 비규칙적으로 추적된 대량의 데이터를 대상으로 예측모형을 도출하는 과정이다.

■ 기계학습(Machine Learning)

컴퓨팅 기술이 발전하면서 통계를 자동화할 수 있었고 대량의 데이터를 분석할 수 있게 되었다. 기계학습은 인공지능(AI)의 한 분야이며 입력 자료를 바탕으로 컴퓨터가 판단을 할 수 있는 방법에 대해 연구하는 분야이다. 즉, 패턴화된 데이터를 가지고 데이터 속성 정보를 추론하는 알고리즘을 연구한다.

■ 인공지능(Artificial Intelligence)

인공지능은 컴퓨터가 인간의 지능을 모방하도록 인간의 사고, 학습, 추론, 언어 이해 능력 등을 컴퓨터 프로그램으로 실현한 기술이다.

■ 패턴인식(Pattern Recognition)

패턴인식은 거대한 자료로부터 일정한 패턴을 찾아가는 과정으로 이미지 분류, 통계학의 판별 및 분류 분석에 활용되는 분야이다.

■ 신경망컴퓨팅(Neurocomputing)

신경망컴퓨팅은 논리적이나 수학적 관점이 아닌 인간의 두뇌를 모방해서 수많은 처리기기를 네트워크로 구성하여 학습을 통해 문제를 해결하는 기술이다.

02 연관 규칙(Association Rules)

데이터 마이닝의 중요한 목적은 데이터 간의 상관관계를 찾는 것이다. 이러한 데이터 간의 연관된 패턴을 찾는 방법이 연관 규칙법이다. 연관 규칙은 어떤 사건 A가 발생하면 다른 사건 B가 발생한다는 조건부 확률에 기반한 분석 방법이다. 어떤 상품 A를 구매한 고객은 B 상품도 같이 구매한다는 판매 상품 분석에 많이 쓰이므로, 장바구니분석(market basket analysis)이라고도 한다.

(1) 지지도(Support)

두 상품이 얼마나 자주 동시에 구매하는지 관계를 측정하는 것이 지지도이며, 전체 자료 중에 상품 A와 B를 동시에 발생할 확률을 말한다.

$$A \Rightarrow B\text{의 지지도 } S = \frac{\text{상품 A와 B를 동시에 포함하는 거래 수}}{\text{전체 거래 수}}$$

지지도는 상호 대칭적이므로 A=>B의 지지도는 B=>A의 지지도와 같다. 또한 지지도는 빈번하게 발생되는 패턴이나 규칙의 유용성을 나타내므로 지지도는 커야 좋다.

(2) 신뢰도(Confidence)

상품 A를 구매했을 때 상품 B를 구매할 가능성은 얼마인지에 대한 측정치가 신뢰도이다.

$$A \Rightarrow B\text{의 신뢰도 } C = \frac{\text{상품 A와 B를 동시에 포함하는 거래 수}}{\text{상품 A를 포함하는 거래 수}}$$

신뢰도는 상호 대칭적이지 않으며, A=>B의 신뢰도는 B=>A의 신뢰도와 같지 않다. 따라서 지지도가 낮아도 신뢰도가 높은 경우 유용한 연관규칙일 가능성이 높다.

(3) 향상도(Lift, improvement)

A를 구매할 때 B를 동시에 구매할 비율을 측정하여 A와 B의 상호관계를 확인할 수 있는 측정치가 향상도이다.

$$A \Rightarrow B\text{의 향상도 } L = \frac{\text{상품 A와 B를 동시에 포함하는 거래 수} \times \text{전체 거래 수}}{\text{상품 A를 포함하는 거래 수} \times \text{상품 B를 포함하는 거래 수}}$$

$$= \frac{P(A \cap B)}{P(A)P(B)} \times N$$

향상도는 상호 대칭적이므로 A=>B의 향상도는 B=>A의 향상도와 같다. 향상도 L >1이면 양의 상관 관계가 있고 L<1이면 음의 상관관계, L=1은 독립적 상관관계가 존재하는 것이다. 양의 향상도는 같이 구매할 확률이 높다는 의미이고, 음의 향상도는 같이 구매할 확률이 낮다는 의미이다. 또한 향상도가 1이면 서로 영향을 미치지 않는다고 해석할 수 있다.

예를 들어 장바구니 항목에서 지지도, 신뢰도, 향상도를 구해보면 다음과 같다.

[표 3-27] 구매 장바구니 예시

상품	거래 수	상품 포함 비율
버섯	100	100+400+300+100=900, 45%
페페로니	150	150+400+200+100=850, 42.5%
당근	200	200+300+200+100=800, 40%
버섯 + 페페로니	400	400+100=500, 25%
버섯 + 당근	300	300+100=400, 20%
페페로니 + 당근	200	200+100=300, 15%
버섯 + 페페로니 + 당근	100	100, 5%
야채 미포함	550	
합계	2,000	

[표 3-28] 지지도와 신뢰도 측정결과

규 칙	P(A ∩ B)	P(A)	지지도	신뢰도
(버섯+페페로니) ⇒ 당근	5%	25%	100/2,000=0.05	5/25=0.200
(버섯+당근) ⇒ 페페로니	5%	20%	100/2,000=0.05	5/20=0.250
(페페로니+당근) ⇒ 버섯	5%	15%	100/2,000=0.05	5/15=0.333
버섯 ⇒ 페페로니	25%	45%	500/2,000=0.25	25/45=0.556

[표 3-29] 향상도 측정결과

규 칙	P(A ∩ B)	P(A)	P(B)	향상도
(버섯+페페로니) ⇒ 당근	5%	25%	40%	0.500
(버섯+당근) ⇒ 페페로니	5%	20%	42.5%	0.588
(페페로니+당근) ⇒ 버섯	5%	15%	45%	0.740
버섯 ⇒ 페페로니	25%	45%	42.5%	1.310

03 순차 패턴(Sequential Patterns)

순차 패턴은 개인별 트랜잭션에 대한 이력 데이터를 시계열적으로 분석하여 트랜잭션의 향후 발생 가능성을 예측하는 방법이다. 순차 패턴은 연관 규칙에 시간의 개념을 추가하여 시간의 흐름에 따른 항목 간의 연관성을 탐색하는 것이다. 순차 패턴은 높은 빈도의 시퀀스를 찾기 위해 사용자가 정의한 최소지지도를 갖는 시퀀스인 빈도가 높은 시퀀스를 추출하고 이들 가운데 최대 시퀀스를 찾는다.

'금리가 오르면 2일 안에 주가는 하락한다', '부동산 계약을 하면 한 달 내에 이삿짐센터에 예약한다', '컴퓨터를 구입한 사람들 중 10%는 다음 달에 프린터를 구입한다'는 등 데이터에 포함되어 있는 시간의 연관규칙을 찾을 수 있다.

[표 3-30] 물품 구매 데이터

구매 ID	구매 상품	고객 ID	구매 일자
111	Bread	100	10월 10일
111	Milk	100	10월 10일
112	Cheese	100	10월 20일
112	Milk	100	10월 20일
113	Bread	100	10월 30일
113	Milk	100	10월 30일

위의 표와 같이 고객의 물품 구매 데이터가 존재할 경우, 'Milk와 Bread를 구매할 때 특정 상표의 Milk를 구매한 고객이 다음 구매 시 같은 상품을 구매할 것인가'의 순차 패턴을 찾을 수 있다. 이처럼 순차 패턴은 동시에 구매될 가능성이 큰 상품군을 찾는 연관성 측정에 시간의 개념을 포함하여 순차적인 구매 가능성이 큰 상품군을 찾는다.

순차 패턴 알고리즘에는 AprioriAll, AprioriSome, DynamicSome, SPADE(Sequential PAttern Discovery using Equivalence classes), GSP(Generalized Sequential Pattern), PSP(Prefix tree for Sequential Pattern), Freedom(Frequent pattern-projected Sequential PAtterN mining), PreefixSpan(Prefix-projected Sequential PAtterN mining) 등이 있다.

04 분류 규칙(Classification Rules)

분류 규칙은 기존에 특성을 부가하여 분류된 데이터를 이용하여 새로운 데이터가 어느 분류에 속하는지 예측하는 기법이다. 데이터를 분류하기 위해서는 지지도와 신뢰도를 연관규칙과 동일하게 적용한다. 그러나 연관 규칙이 특정 항목에 영향을 미치는지 분석하였다면, 분류 규칙은 항목값의 범위에 해당하는 그룹에 속하는지 분석하는 방법이다. 분류규칙에는 과거 통계법이나 신경망, 의사결정 트리 등이 적용된다. 여기서는 분류 규칙의 대표적인 방법으로 의사결정트리(Decision Tree)를 설명한다.

(1) 의사결정트리의 개념

의사결정트리는 이미 분류된 그룹에 포함되는지 여부를 분석하여 데이터의 분류(Classification)를 목적으로 사용한다. 추가적으로 추론규칙이 트리로 표현되므로 예측(prediction)도 가능하다.

의사결정트리는 분류결과가 트리구조를 통해 표현되므로 결과를 쉽게 이해할 수 있고, 많은 코딩 작업 없이 효과적으로 데이터를 분류할 수 있는 장점이 있다. 그러나 데이터가 특정 변수에 수직 또는 수평으로 구분되지 못할 때는 분류율이 떨어질 수 있고, 내부 알고리즘으로 Greedy 방식을 사용하므로 최적의 해를 보장하지 못한다. 또한 데이터 분류 시 트리구성과 가지치기 연산에 비용이 소모되는 단점도 있다.

(2) 의사결정트리 분석과정

의사결정트리의 내부 알고리즘은 CART, CHAID, ID3, C4.5, C5.0 등 다양하다.

- **의사결정트리 형성**

분리기준과 정지규칙을 통해 의사결정 트리를 구성한다. 데이터를 가장 잘 분리할 수 있는 분리변수로 분리기준을 찾아 첫 두 마디를 형성하고, 다음 마디에서 또 다른 분리변수를 찾아 더 이상 분리할 수 없을 때까지 트리를 구성한다.

인공지능 계열의 ID3 등 알고리즘들은 엔트로피 및 정보이득 개념을 사용하여 분리기준을 결정하고, 통계학에 기초한 CART 및 CHAID 알고리즘들은 카이제곱, T검정, F검정 등의 통계분석법을 사용한다.

[표 3-31] 의사결정트리 알고리즘별 분리기준

알고리즘	분리기준	분리기준 설명
ID3	엔트로피 지수(Entropy Index)	엔트로피 지수가 가장 작은 예측변수가 될 때 가지를 분리
C4.5, C5.0	정보이득 지수(Information Gain Index)	불확실성(엔트로피)이 제거된 시점에서 가지를 분리
CART	지니 지수(Gini Index)	불순도를 측정하여 최소화 시점에 가지를 분리
CHAID	카이제곱, T검증, F검증	• 카이제곱 : p값이 가장 작은 예측변수에 의한 가지 분리 • T검증 : 두 집단의 평균을 비교하여 가지 분리 • F검증 : 두 집단의 분산을 비교하여 가지 분리

- **가지치기**

  분류오류의 위험이 큰 가지를 제거한다. 완성된 트리가 정확히 분류되었는지 원 데이터를 기준으로 트리 운행하면서 오류율을 측정하여 오류율이 큰 경우를 선택한다. 가지치기 정도는 반복적인 가지치기를 수행하여 결과에 영향이 적은 가지를 제거한다.

- **타당성 평가**

  테스트 데이터, 위험지표를 기준으로 의사결정트리를 평가한다. 트리를 구성한 데이터 이외의 새로운 데이터가 들어왔을 때도 정확히 분류되는지 평가한다.

- **해석 및 예측**

  완성된 의사결정트리로 분류된 그룹을 해석하고 예측모형을 설정한다. 의사결정트리는 한 번의 과정으로 끝나지 않으며 여러 번 분석하고 반복 수행해야 좋은 분류를 얻을 수 있다.

05 군집화(Clustering)

대량의 데이터는 너무 복잡하기 때문에 전체를 몇 개의 군집으로 나눠 윤곽을 파악할 필요가 있다. 이를 위한 데이터 분석의 선행 작업으로 군집화를 수행한다.

군집화는 모집단이나 데이터의 범주에 대한 정보가 없을 경우 주어진 객체들 사이의 유사한 특성을 분석하여 그룹화하는 방법이다. 전체 추상적인 객체를 비슷한 객체군으로 그룹화하여 데이터 분석의 기초 작업을 수행한 것이므로, 군집 내 객체의 변수들 사이의 규칙이나 패턴을 찾기 위해서는 또 다른 데이터 마이닝 기법을 사용해야 유용한 결과를 도출할 수 있다.

군집화 분석은 먼저 분석 대상 및 변수를 선정하고, 어떻게 유사성을 측정할지의 측정방법과 군집화 방법을 결정하여 특성을 파악하여 군집을 해석한다. 따라서 군집 내의 유사성을 찾는 것이 중요한데, 유사성을 찾는 방법으로 거래 척도를 주로 사용한다.

(1) 유사성 측정방법의 결정(거리척도)

대상 객체 간의 유사성을 판단하는 방법으로 객체 간의 거리를 척도한다.

- 유클리안 거리(Euclidean Distance) : 두 지점 간의 거리를 계산할 때 직각삼각형의 원리를 이용해서 두 지점 간의 최단거리 계산한다.
- 도시블록 거리(City-block Distance) : A에서 B로 직선거리가 아닌 평면상에서 정해진 길을 따라 이동했을 때 거리를 계산한다.
- 민코스키 거리(Minkowski Distance) : 함수의 지수를 조정함으로써 다양한 방식의 거리를 구하는 계산방식이다.

대표적인 거리척도 방법인 유클리안 거리측정 방법에 대해 설명하면 다음과 같다.

■ 유클리안 거리 방법

유클리안 거리 측정방법은 관측값에서 공통 항목을 추출하여 항목 간의 거리를 계산하는 방법이다. 유클리안의 거리 계산방법은 다음과 같다.

1. 사용자 간의 공통 항목을 추출
2. 만약 공통 항목이 없다면 0리턴, 동일한 공통항목이 있으면 1리턴
3. 모든 항목 간의 차이값의 제곱을 모두 더한다.
4. 모두 더한 값의 제곱근에 1을 더하고 역수를 취해 리턴

$$\frac{1}{\sqrt{(p_1 - q_1)^2 + (p_2 - q_2)^2 + \cdots + (p_n - q_n)^2} + 1} = \frac{1}{\sqrt{\sum_{i=1}^{n}(p_i - q_i)^2} + 1}$$

(2) 군집화 방법의 결정

■ 계층적 군집화

계층적 군집화 방식은 거리가 가장 가까운 두 데이터를 합쳐 그룹을 만들고, 그 그룹

과 거리가 가까운 데이터를 합쳐 그룹화하여 계속 병합하는 방식으로 한 개의 그룹이 될 때까지 계속 반복한다. 가까운 거리의 항목 간 그룹화를 완료하면 계층화를 위해 트리 구조(Dendrogram)에 표현한다.

계층적 군집화 방법에는 단일결합법, 완전결합법, 평균결합법, 워드법, 센트로이드법 등이 있다. 이 방식은 계층 항목을 트리로 표현하는데 트리 모형으로 데이터를 완벽히 쪼갤 수 없을 경우 특별한 작업이 필요하고 계산이 많이 필요해 속도가 느린 단점이 있다.

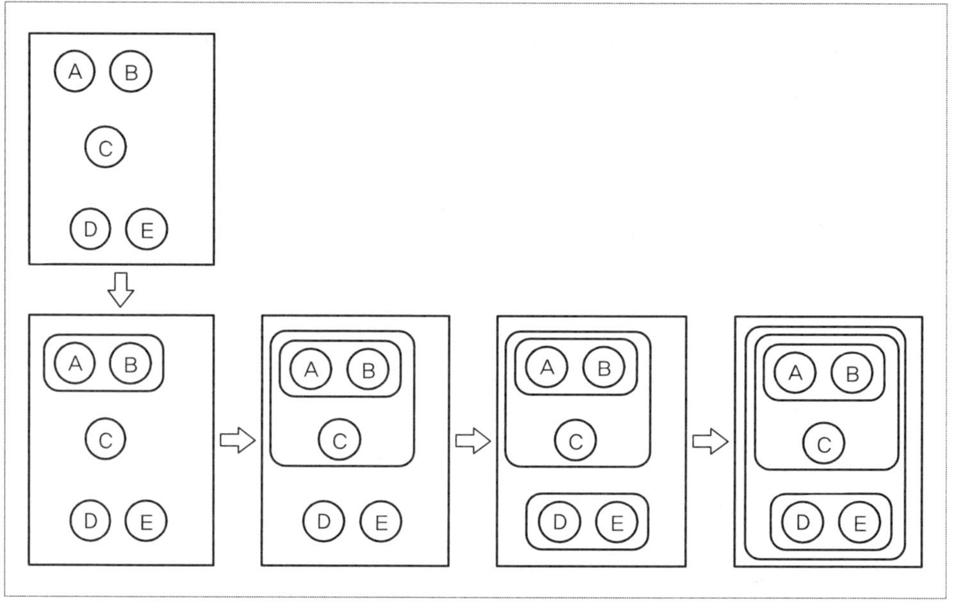

[그림 3-22] 계층적 군집화 과정

■ 비계층적 군집분석

비계층적 군집분석은 객체들을 특정 기준으로 몇 개의 군집으로 나누어 분석하는 방식이다. 군집 분류를 위해 각 판정기준을 최적화하는 최적분리기법을 사용하여 최적분리 군집분석이라고도 한다. 비계층적 군집분석에는 K−평균 군집화가 대표적이다.

(3) K−평균 군집화(k−means clustering method)

계층적 군집화의 단점을 보완하여 사전에 생성할 군집의 K개수가 지정되며, 무작위로 K개의 중심점을 찍고 가장 가까운 구성항목과 그룹을 구성한다. 구성된 그룹의 평균점을 구해 중심점을 이동시키고 재할당시키며, 중심점의 변동이 없을 때까지 반복하여 그룹을 구성하는 방법이다.

■ 그룹화 방법

1. 임의의 K개의 중심점을 찍고 가까운 항목을 찾아 군집화

2. 그룹에서 평균을 구해서 중심점 이동

3. 이동된 중심점을 기준으로 거리를 재계산하여 가까운 항목과 그룹화

4. 중심점이 움직이지 않을 때까지 계속 반복

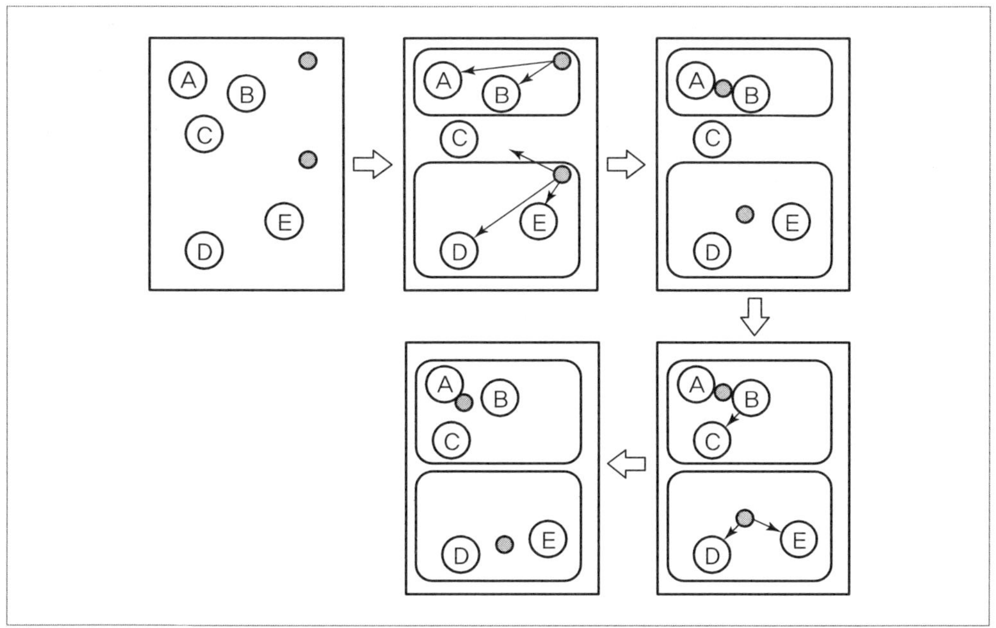

[그림 3-23] K-평균 군집화 과정

이 방법은 시작점을 어디에 찍느냐에 따라 계산값이 달라지고, K값이 얼마냐에 따라서 결과가 달라질 수 있는 단점이 있다.

06 데이터 마이닝의 활용

데이터 마이닝은 기업의 마케팅 반영과 학계의 연구 분야, 생산현장의 품질 등 다양한 분야에서 활용되고 있다. 금융 및 보험 분야에서는 신용카드 발급 및 대출, 할부를 위해 신용상태를 평가하여 불량고객의 손실을 최소화하는 신용평가, 사기탐지, 위험분석 등에 활용된다.

일반적인 고객의 패턴에서 이탈하는 패턴을 분석하여 신용카드 거래사기, 보험료 청구사기 등을 적발한다. 또한 고객의 라이프사이클을 분석하여 맞춤형 상품 서비스를 제공한다.

유통분야에서는 데이터를 분석하여 마케팅 전략을 수립하고, 고객의 세분화 및 성향을 분석하여 마케팅에 적용한다. 또한 적용된 마케팅 전략에 따라 상품에 대한 소비자의 반응분석에 활용된다. 통신분야는 기존 고객을 유지하고 신규 고객을 획득할 수 있도록 예측하고, 이탈고객을 방지하고 통화내역을 분석하여 맞춤형 요금상품을 제공할 수 있다. 제조분야에서는 불량품의 원인을 찾아 해결하는 등의 품질관리에 활용될 수 있다. 생물학 분야에서는 유전자와 질병 간의 관계분석으로 신약개발, 유전자 치료, 질병진단의 정확성을 높이기 위한 방법 등에 활용되고 있다.

SECTION 04

◐ CHAPTER 02 데이터 분석

빅데이터

---

1 빅데이터의 개요

가. 빅데이터(Big Data)의 정의

기존의 관계형 데이터베이스(RDBMS)에서는 저장·관리·분석이 어려운 엄청난 양의 데이터에 대한 저장, 수집, 분석, 비즈니스화하는 일련의 과정

나. 빅데이터의 요소(3V)

3V	속성 설명
Velocity	대용량 데이터를 빠르게 처리/분석할 수 있는 속성
Volume	비즈니스 및 IT 환경에 따라 대용량 데이터의 크기가 서로 상이한 속성
Variety	다양한 비정형 데이터를 수용하는 속성

2 빅데이터 구성 기술 및 주요 처리기술

가. 빅데이터 구성 기술

구 분	구성 기술
표현기술	대시보스, 차트, 보고서, 그래프, 웹기술, 3D 렌더링 기술
분석 알고리즘	소셜네트워크 분석, 시멘틱 분석, 통계 모델링, 기계학습, 텍스트마이닝, 데이터 마이닝
분석 인프라	분산 데이터 수집, 분산 스토리지, 분산병렬처리, 분산 DB, 검색엔진
관리 도구	분산 코디네이터, Rule관리, ETL, 프로비저닝, App서버, 리소스 모니터링

나. 데이터 주요 처리기술

- 하둡(Hadoop) : 분산 컴퓨팅 환경을 지원하는 오픈소스 자바 플랫폼
- HDFS : 대량의 데이터를 저장할 수 있는 클러스터로 구성된 거대한 분산 파일 시스템

- NoSQL : SQL형식이 아니라 비관계형 데이터베이스로 데이터를 저장 및 처리
- MapReduce : Map과 Reduce함수를 통해 대용량 데이터의 고속처리 방법론

3 빅데이터 기반 서비스

산업 구분	서비스 설명
마케팅	• 소비자의 과거 구매이력이나 SNS 메시지, 현재 위치 등의 정보를 통해 최적의 상품과 구매조건을 실시간으로 제시 • 실시간으로 소비자의 반응 평가 및 대응
제조업	제품 개발에 고객의 사용패턴, 고장이력 등의 정보 반영
의료	의료 정보와 환자의 일반정보를 토대로 신약을 개발하거나 환자의 질병을 조기에 진단

4 빅데이터의 효과

- 미래예측 가능 : 사회현상, 현실세계 데이터를 기반으로 패턴분석 및 미래예측 가능
- 리스크 대응 : 패턴분석으로 이상 징후 감지 및 빠른 의사결정으로 실시간 대응
- 기업의 경쟁력 증대 : 트렌드 변화의 감지로 제품의 경쟁력 확보
- 부가가치 창출 : 데이터 활용, 융합으로 새로운 가치 창출

5 빅데이터 적용 시 고려사항

가. 기업 내부 데이터의 내재화 선행 필요

선도 기술 도입에 치중하기보다, 기업 내부 데이터의 가치를 이해하고 표준화 필요

나. 전문 인력 및 기술 양성 필요

- 국내 빅데이터 처리 경험 및 기술력이 부족하나 요구되는 전문인력은 증가되는 추세임
- 데이터 처리 성능을 고려한 보안적용 필요
- 성능을 고려하여 빅데이터에 포함된 민감한 개인정보 및 금융정보에 대한 보안 강화 필요

SECTION 04

01 빅데이터의 개념

모바일 기기를 통한 서비스 및 활용의 증대, 급속한 인터넷화를 통한 SNS 사용자의 증대로 데이터는 기하급수적으로 증가하여 수천 TB 이상의 데이터가 하루에 사용되고 있다. 이러 한 막대한 데이터는 기존의 방식으로 저장, 관리 및 분석이 어려워지고 새로운 관리방식을 요구하게 되었다. 이렇게 기존의 관리체계로 감당하기 어려울 정도의 막대한 데이터를 빅 데이터(Big Data)라고 한다.

기업 측면에서는 적극적인 고객 데이터의 수집, 멀티미디어 콘텐츠의 확대 및 사용자의 증 가로 대량의 데이터가 생성되었다. 사회 측면에서는 페이스북, 유튜브, 블로그 등의 소셜 네트워크 서비스(SNS)의 사용이 확산되고, 산업 분야에서는 RFID나 모니터링, 센싱 등을 통한 사물통신(M2M)이 확산되면서 발생하는 데이터양이 증가하게 되었다.

이렇게 증가된 대량의 데이터의 활용 및 관리의 요구가 일어나면서 빅데이터의 중요성은 커지고 있다.

(1) 빅데이터 이슈화의 배경

- IT기술의 발전으로 축적된 대용량 데이터의 활용처가 필요한 상황이다.
- SNS 소통기록, 웹 로그, 검색 로그 등의 비정형화된 데이터의 가치에 관심이 집중되고 있다.
- 빅데이터를 비즈니스의 새로운 원자재 역할의 관점으로 보고, 기업의 경제 성장의 핵심요소로 전망하는 추세이다.
- 급변하는 환경에 소비자의 니즈 파악을 위해 소비자의 다양한 행동으로 축적된 데이터 분석의 필요성을 절감하고 있는 상황이다.
- 가트너의 전략기술 TOP 10에 차세대 분석기술과 함께 빅데이터 기술을 선정하였다.
- 클라우드 컴퓨팅이 구현되면서 저장된 다양한 유형의 데이터를 분석하고 저장하는 기술이 필요하게 되었다.

(2) 빅데이터의 3요소

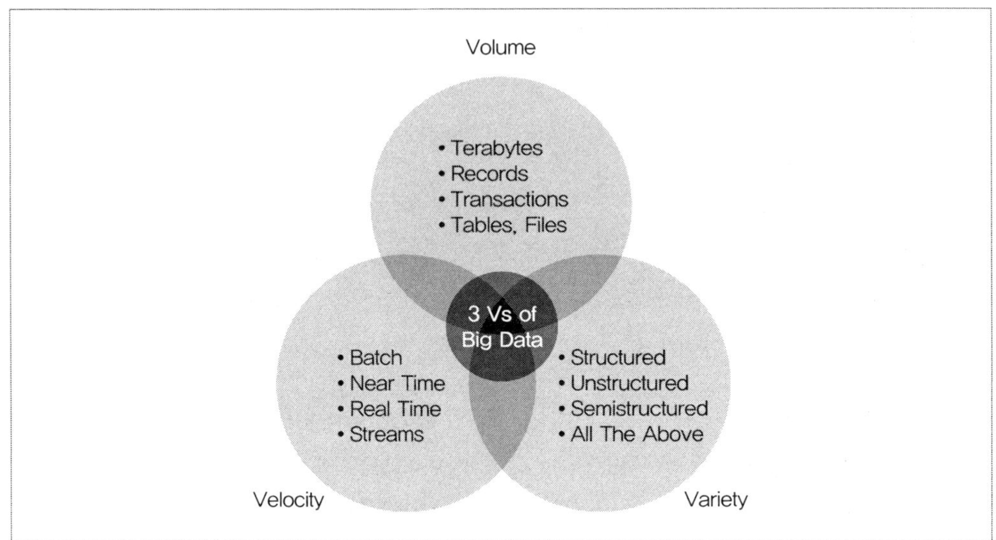

[그림 3-24] 빅데이터 요소

■ 데이터의 크기(Volume)

빅데이터의 크기는 단순히 물리적인 크기만을 의미하지는 않으며, 데이터의 처리에 어려움의 크기에 따른 의미를 포함한다. 빅데이터 영역은 대량의 정형 데이터, 반정형 데이터, 비정형 데이터를 포함하고 있어 서로 상이한 속성 데이터의 처리에 어려움이 존재한다.

- 정형 데이터 : 일정한 규칙이나 형태를 지닌 데이터
- 반정형 데이터 : 미고정 필드 XML, HTML처럼 스키마를 포함하는 데이터
- 비정형 데이터 : 그림, 영상, 문서 등 구조화되지 않은 데이터

■ 데이터의 속도(Velocity)

조직에서는 더 이상 데이터 분석 주기를 기다릴 수 없을 만큼 빠른 변화를 겪고 있다. 환경의 변화에 대응하기 위하여 실시간 데이터를 처리 후 결과를 바로 확인하고 데이터를 활용하고자 하는 요구가 증대되고 있다. 따라서 배치 분석뿐 아니라 실시간으로 처리한 대량의 데이터에 대한 생성, 이동, 분석의 속도를 보장해야 한다.

■ 데이터의 다양성(Variety)

빅데이터는 정형화되어 데이터베이스에 관리되는 데이터뿐 아니라 다양한 형태의 데이터의 모든 유형을 관리하고 분석한다. ERP, SCM, MES, CRM 등 기업의 내부 데이터와 XML, HTML 등 스키마를 포함하는 반정형 데이터, SNS, 블로그, 게시판 등의 기업 외부 데이터, 콜 센터의 고객 상담 내용, 통신 CDR 등의 비정형 데이터도 처리 대상이 된다.

(3) 빅데이터의 특징

빅데이터는 복잡하고 방대한 데이터를 처리하는 데 어려움이 있지만 선행 사업이 많지 않아 분석이 유연한 특징이 존재한다.

■ 처리 복잡성

다양한 유형의 데이터 소스, 복잡한 처리 로직, 대량의 데이터 처리 등에 의해 복잡도가 증가되는 작업이다.

■ 방대한 데이터양

대량의 정형, 비정형, 스트림 데이터를 장기적으로 분석하므로 방대한 데이터를 처리해야 한다.

■ 분석의 유연성

대부분 기업에서 빅데이터를 신규로 구축하고 있기 때문에 기존 시스템의 파악이나 상호 호환성 등의 제약 부분에서는 유연하게 분석 및 처리할 수 있다.

기존 정보 분석과 비교해보면 기존 정보 분석은 정해진 양식에 따라 정제된 자료를 분석하였으나, 빅데이터는 구조화 수준이 낮고 방대한 데이터를 정교한 분석기술과 통계적 의미를 부여하여 분석한다.

[표 3-32] 기존 정보 분석과 빅데이터 분석의 비교

비 교	기존 정보 분석	빅데이터 분석
분석 대상	일정한 형식의 정제된 데이터	정제, 비정제된 모든 데이터
분석 기술	• 분산처리 기술 • 통계 분석기법	• 진보된 분산처리 기술 • 소셜 분석 기술 • 통계 분석기법, 인공지능 기법
분석 주기	일정한 수기의 배치 처리	배치 처리, 실시간 처리
인프라	독립 인프라	리소스 풀, 클라우드 컴퓨팅

02 데이터 처리 시스템

데이터양이 증가하면서 하드웨어 증설로는 더 이상 문제가 해결되지 않았다. 또한 대량의 데이터를 데이터웨어하우스처럼 데이터를 별도의 저장소에 이관해서 분석하기에는 실시간성을 보장할 수 없으므로 어려움이 있었다. 따라서 대량의 데이터를 이관 없이 바로 분석 가능한 처리기술이 필요하게 되었다.

(1) 분석기술

분석기술은 통계학, 기계학습, 데이터 마이닝, 인공지능 분야에서 지속적으로 발전하였다. 빅데이터의 분석기술은 기존 분석기술을 활용하여 대량의 비정형 데이터에 맞춰 적용시키면서 발전하고 있다. 분석기술에는 Text Mining, Data Mining, Opinion Mining, Social Network Analytics 등이 있다.

- Text Mining : 자연어로 구성된 비구조적인 텍스트 내에서 패턴과 규칙을 도출하는 과정을 의미한다.
- Data Mining : 구조화된 데이터에서 묵시적이고 잘 알려지지 않았지만 잠재적으로 활용 가치가 있는 정보의 분석을 의미한다.
- Opinion Mining : 웹사이트와 소셜미디어에 나타난 여론과 의견을 분석해 유용한 정보로 재가공하는 기술을 의미하며, 댓글에 나타난 텍스트의 기호 및 수식어를 분석하여 긍정, 부정으로 판단하는 분석 기술이다.
- Social Network Analytics : 소셜 네트워크 서비스의 특성에 따라 네트워크 안의 정보를 분석하는 기술을 의미하며, 데이터 통계, 네트워크 분석, 텍스트 분석 등을 통해 이루어진다.

(2) 인프라기술

빅데이터를 분석하고 저장하기 위해서는 다음에 제시되는 표현 기술, 분석알고리즘 기술, 분석인프라 기술, 관리도구가 필요하다. 특히 부하분산 및 병렬처리를 위한 핵심기술로 분산스토리지, 분산데이터베이스, 분산병렬처리, 분산데이터 수집 엔진, 스크립트 엔진, 데이터 통합 엔진 등의 분산 인프라 기술이 요구된다.

[그림 3-25] 빅데이터 기술요소

이를 지원하는 기술에는 하둡(Hadoop) 플랫폼, HDFS(Hadoop Distributed File System), 맵리듀스 방법론, NoSQL 데이터베이스, 관련 프로젝트가 있다.

■ 하둡(Hadoop)

빅데이터는 데이터 분석을 위하여 필요한 대량의 스토리지를 경량으로 구성하고 병렬처리가 가능하도록 컴퓨터 클러스터를 적용하였다. 하둡은 이러한 대량의 스토리지에 데이터를 처리할 수 있는 컴퓨터 클러스터에 동작하는 분산 운용 프로그램을 지원하는 분산 소프트웨어 플랫폼이다. 하둡은 하둡 분산 파일 시스템(HDFS), Hbase, MapReduce를 포함한다.

• HDFS : 대량의 데이터를 저장할 수 있도록 클러스터로 구성된 거대한 분산 파일 시스템을 의미한다.

• Hbase : HDFS를 지원하는 컬럼 기반의 데이터베이스 모델로 SQL형식이 아니라 NoSQL형식으로 네이터를 저장 및 처리한다.

• MapReduce : Map과 Reduce함수를 이용해서 대용량 데이터를 쉽고 빠르게 처리하기 위해 고안한 방법론이다.

■ 오픈 소스 프로젝트 R

R은 1995년 뉴질랜드 Auckland대학 Ross Ihaka와 Robert Gentleman이 개발한 통계계산 시스템이다. 이후 R-Core팀에서 오픈소스화하여 GNU와 GPL을 따르는 공개 소스시스템으로 사용할 수 있게 되었다.

R은 다양한 OS환경과 Java, Python, C, C++, Fortran 등의 프로그래밍 언어와 인터페이스가 가능하고, 각종 데이터베이스와도 접근이 유연한 강점을 갖고 있다.

- 데이터 분석 및 통계기법으로 모니터링, 데이터마이닝 기법의 구현이 가능하다.
- 프레젠테이션 기능으로 구현 결과는 그래프 등으로 시각화할 수 있다.
- 하둡환경에서 분산처리와 결합하여 대용량 통계분석 및 데이터마이닝 처리가 가능하다.

■ NoSQL

빅데이터를 처리하기 위해 관계형 데이터베이스의 SQL과 다른 방법으로 데이터를 관리한다는 의미에서 No SQL 혹은 Not Only SQL을 뜻한다.

03 하둡(Hadoop)

(1) 하둡의 개념

하둡은 대량의 데이터를 RDBMS에서 더 이상 처리할 수 없어서 출현한 대안기술이다. 하둡은 분산파일시스템과 맵리듀스의 간단한 프로그래밍으로 대량의 데이터를 처리할 수 있으며, 안정적이고 확장성이 가능하고 분산 컴퓨팅 환경을 지원하는 오픈소스 자바 플랫폼이다.

하둡의 시작은 검색 분산처리를 지원하기 위해 개발된 아파치 루신의 하부 프로젝트였다. 그러나 하둡을 중심으로 에코 시스템이 다양화되면서 빅데이터 처리기술의 표준이 되고 있다. 하둡이란 명칭은 창시자 더그 커팅(Doug Cutting)이 아들이 갖고 놀던 노란 코끼리 인형의 이름을 붙인 것이다.

(2) 하둡의 구조

하둡은 방대한 양의 데이터를 처리하기 위해서, 하나의 컴퓨터에서 처리되던 작업들을 수천 대의 컴퓨터로 작업을 분산해서 처리할 수 있는 확장성을 제공하도록 구조화되어 있다.

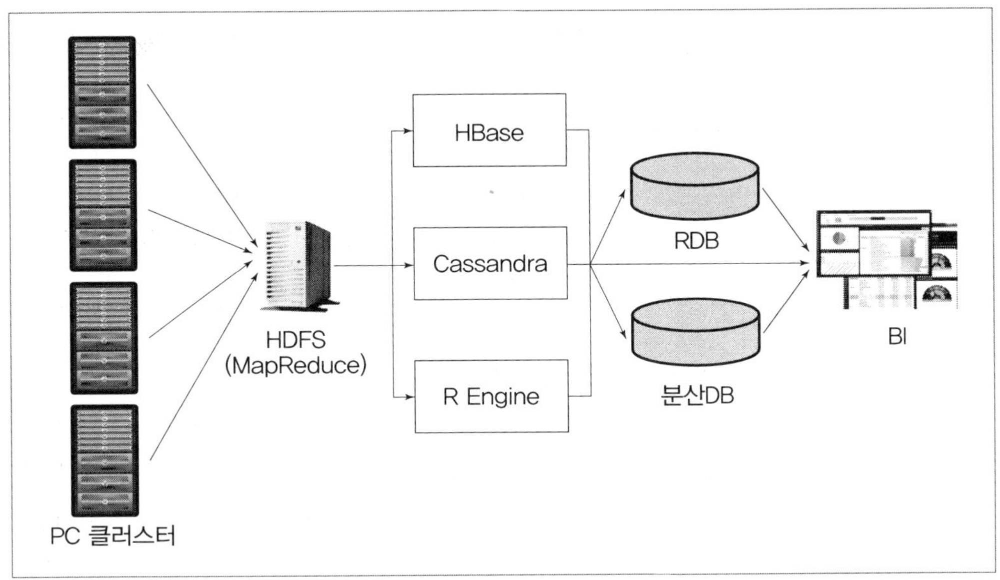

[그림 3-26] 하둡 구성도

하둡의 하부 프로젝트와 하둡을 중심으로 한 관련 프로젝트가 다음과 같이 다수 존재한다. 또한 하둡은 데이터의 실시간 분석, 정형 및 비정형 데이터 처리, 다양한 분석 알고리즘, 워크플로, 시각화 같은 기술을 위해서 다양한 오픈 소스형태의 에코시스템을 개발하고 있다.

[표 3-33] 하위시스템 및 에코시스템

구 분	시스템명	설 명
하위 시스템	Hadoop Common (하둡 커먼)	다른 하둡 하위 프로젝트들에서 공통으로 사용되는 유틸리티들을 포함
	Hadoop Distributed File System	어플리케이션 데이터에 접근할 때 높은 처리량을 지원하는 분산 파일 시스템
	Hadoop MapReduce (하둡 맵리듀스)	컴퓨터 클러스디에서 대용량 데이터의 분산 처리를 위한 소프트웨어 프레임워크

	Avro(아브로)	데이터 직렬화를 지원하는 시스템
	Cassandra(카산드라)	하나의 에러 때문에 전체 시스템이 정지되지 않도록 설계된 확장 가능한 멀티-마스터를 가지는 데이터베이스
	Chukwa(척와)	대용량 분산 시스템을 관리하기 위해서 만들어진 데이터를 수집, 저장, 관리, 분석하는 시스템
에코 시스템	HBase(H베이스)	대용량 데이터베이스 테이블을 위한 구조적 데이터 저장 공간을 지원하는 확장가능한 분산 데이터베이스
	Hive(하이브)	데이터 요약과 ad hoc 쿼리를 지원하는 데이터 웨어하우스 인프라스트럭처
	Mahout(마훗)	확장 가능한 머신 러닝과 데이터 마이닝을 위한 라이브러리
	Pig(피그)	병렬계산을 위한 고수준 데이터-플로 언어와 실행 프레임워크
	ZooKeeper(주키퍼)	분산 어플리케이션을 위한 고성능의 조정 및 관리 서비스

(3) HDFS(Hadoop Distributed File System)

HDFS는 상당한 클러스터로 구성되어 있으며 페타바이트 이상의 대량의 데이터를 저장하고 처리하는 하둡 하부 시스템이다. HDFS에 구성되는 클러스터에 사용되는 서버는 다수의 범용서버로 구성한다. 하나의 파일은 고정된 크기의 다수의 블록들로 나누어 저장되고, 각 블록은 3중 복제되어 여러 대의 서버에 분산 저장한다. 블록들은 클러스터를 구성하여 전체 노드에 균등하게 분산 저장되어 고속의 데이터 입출이 가능한 시스템이다.

HDFS의 특징은 다음과 같다.
- Fault tolerance : 하드웨어 오류를 허용하고 발생 즉시 저장된 복사본으로 빨리 복구 가능
- 처리량 최대화 : 응답속도보다 시간당 처리량에 최적화된 시스템
- 대용량 데이터 처리 : 한 파일이 기가바이트나 테라바이트 크기 지원
- 높은 호환성 : 상이한 기종의 하드웨어와 소프트웨어 플랫폼들 간의 호환 가능

(4) 맵리듀스(MapReduce)

흩어져 있는 데이터를 수집하여 데이터를 분류하여 모으고(Map), 필터링과 정렬을 통해서 각 개수를 추출(Reduce)하는 분산처리 방법론이다. 맵리듀스는 Map과 Reduce 두 개의 함수로 대용량 데이터를 쉽고 빠르게 처리할 수 있는 강점이 있다.

- Map화 : 수집된 데이터를 Key, Value 형태로 연관성 있는 데이터를 분류하는 작업
- Reduce화 : Map화된 데이터에서 중복 데이터를 제거하고 요구하는 데이터 추출 작업

■ 맵리듀스의 주요 특징

- 대량 데이터 처리 가능 : 페타바이트 수준의 데이터 처리가 가능하다.
- 네트웍 트래픽 최소화 : 작업에 데이터를 복제하여 지역성을 보장하여 트래픽을 최소화한다.
- 스케줄링 : 분산 데이터 처리를 자동처리하기 위해서, 데이터가 있는 곳에 프로세스가 자동으로 실행되도록 스케줄링한다.
- 무중단 서비스 : 장애 복구에 대비해서 복제본을 다른 서버에 저장하고 있으므로 중단 없는 처리가 가능하다.
- 개발 용이 : 분산 컴퓨팅 개념만 이해하면 누구나 접근 가능하고 핵심 로직만 개발하면 된다.

■ 맵리듀스의 실행과정

가. 맵리듀스 작업 실행 요청 단계

- 1단계 : 맵리듀스 작업을 실행 요청하면 클라이언트는 분석할 데이터를 HDFS에 업로드한다.
- 2단계 : JobClient라는 MapReduce클라이언트 API를 이용해 구동 프로그램을 실행한다.
- 3단계 : 실행프로그램에 의해서 JobClient는 HDFS상의 사용자의 입력 데이터의 크기를 확인한다.
- 4단계 : 입력단위(Split)를 계산한다.
- 5단계 : Split정보와 실행 바이너리(Job.jar), 설정정보(Job.xml)를 HDFS에 업로드한다.
- 6단계 : MapReduce클라이언트 API를 통해 실질적인 job을 실행한다.

나. 맵리듀스 작업 스케줄링 단계

- 7단계 : 작업실행 요청을 받으면 JobTracker는 Job Queue에 요청 작업을 등록한다.
- 8단계 : HDFS에 저장된 Job실행 파일들(job.xml, job.jar, Split)을 조회한다.
- 9단계 : 작업별 수행할 맵과 리듀스 타스크 정보를 JobQueue에 등록한다.

다. 타스트 할당 및 실행 단계

- 10단계 : TaskTracker는 수초 간격으로 JobTracker에게 Heartbeat메시지를 보내 자신의 생존과 수행할 타스크를 확인한다.

- 11단계: JobTracker는 TaskTracker의 초대 용량과 수행 중인 타스크를 기준으로 타스크를 배정한다.
- 12단계: 지역성을 고려하여 처리할 블록이 로컬에 있는 타스크 트래커에게 MapTask를 할당한다.

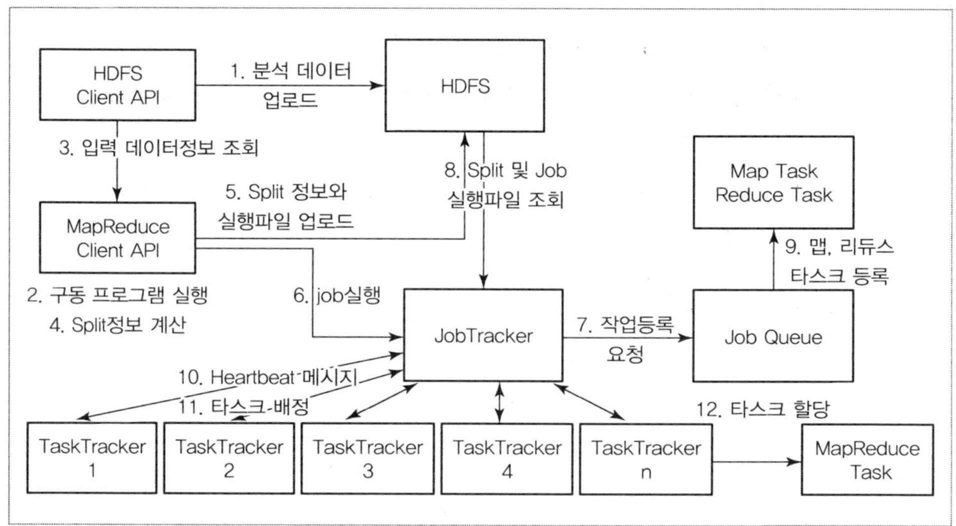

[그림 3-27] 맵리듀스 실행과정

■ 맵리듀스의 참고 예제

```
(map f list[list1 list2 list3..])
(map square '(1 2 3 4))
(reduce +'(1 4 9 16))
(reduce +(map square (map -l1 l2)))
```

04 NoSQL 데이터베이스

데이터양이 대량으로 증가하고 지속적으로 변화하는 웹 시장의 특성에 따라 일관되고 정확한 데이터를 요구하는 것은 의미가 없어졌다. 따라서 데이터의 일관성보다는 다양한 데이터를 신속하게 분석하고 처리하는 것에 더 중점을 두기 시작했다.

이를 위하여 관계형 데이터베이스에서 정형 데이터가 SQL을 통해서 처리하는 방식과 상반적으로, 비정형 데이터를 SQL없이 비관계형 데이터베이스로 처리하는 NoSQL 기술을 적용한다. NoSQL과 관계형 데이터베이스의 차이는 CAP이론에서 이해할 수 있다.

(1) CAP이론

대용량 분산 데이터는 데이터의 일관성(Consistency), 가용성(Availability), 단절내성(Partition Tolerance)을 모두 만족시키는 것이 불가능하므로 두 가지만 전략으로 선택한다는 이론이 CAP이론이다.

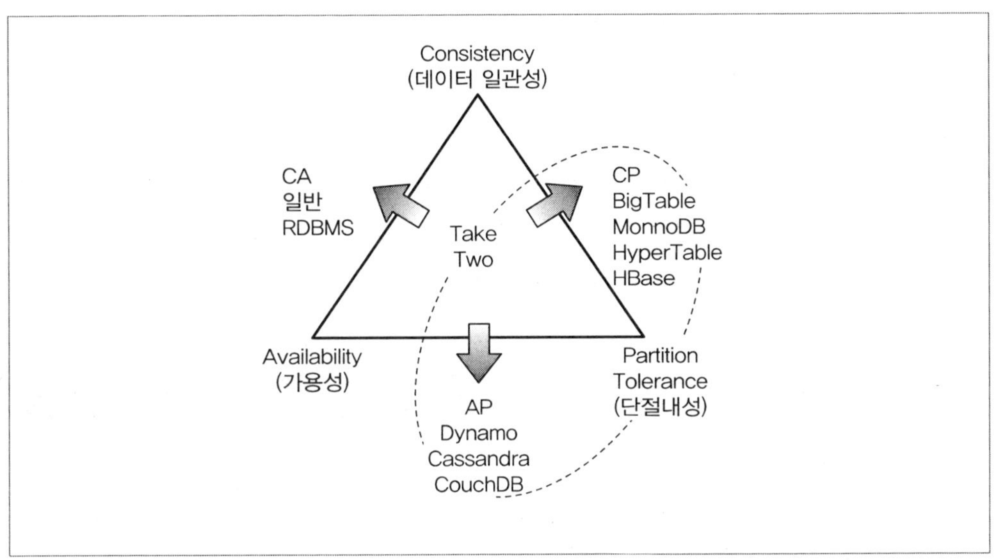

[그림 3-28] CAP이론

- **일관성(Consistency)**
  동일한 트랜잭션 수행 시 데이터 간의 오류 없는 일관된 데이터를 유지하고 사용자는 항상 동일한 데이터를 조회 가능해야 한다.

- **가용성(Availability)**
  어떤 한 부분이 장애가 나더라도 시스템은 항상 가동되어 사용 가능해야 한다.

- **단절내성(Partition Tolerance)**
  물리적 네트워크에 문제가 발생되어도 시스템은 정상적으로 동작되어야 한다.

  빅데이터에서는 분산·병렬 시스템의 기본인 Partition Tolerance를 중심으로 데이터를 설계하고 있다. 데이터 처리 유형에 따라 CP 또는 AP기반의 데이터 모델을 선정한다. 일반적으로 CA를 만족하는 데이터베이스는 관계형 데이터베이스이고, AP

를 만족하는 데이터베이스는 Dynamo, Cassandra, SimpleDB, CouchDB가 있다.
또한 CP를 만족하는 데이터베이스는 MongoDB, BigTable, HBase 등이 있다.

(2) NoSQL의 특징

- 클라우드 컴퓨팅 환경에서는 항상 ACID 특성을 요구하지는 않는다.
- 데이터의 정확성보다 중요한 것으로 높은 가용성을 요구한다.
- 오픈 소스로 개발비가 저렴하고 개발이 용이하다.
- 다양한 노드에 중복 데이터를 갖고 있어 오류에 신속한 대응 가능하다.
- 특정 스키마를 요구하지 않는다.
- 저장공간 확장이 용이하다.

(3) NoSQL의 유형

NoSQL은 다음과 같이 키와 값으로 구성하는 Key-Value방식과 관계형 데이터베이스
와 유사한 Column기반 방식, 문서 단위로 데이터를 저장하는 Document기반 방식, 그
래프 구조로 저장하는 Graph기반 방식이 있다.

[표 3-34] NoSQL 솔루션의 유형

구 분	특 징	사 례
Key-Valued	키와 바이너리 타입의 값을 저장소에 저장하는 가장 단순한 데이터 모델	Dynamo, Volemort, Tokyo Cabinet, Redis
Column-Oriented	• 관계형 데이터베이스와 유사한 스키마 존재 • 컬럼에 데이터 저장하는 방식	Google Bigtable, HBase, Cassandra, Hypertable, Cloudate
Document_Oriented	• 문서 단위의 데이터를 저장하는 모델 • 문서 내에 여러 필드와 대응값 존재	MongoDB, CouchDB
Graph-Oriented	• 그래프의 노드와 에지를 저장하는 모델 • 그래프의 탐색모델을 제공	Neo4j, FlockDB, InfiniteGraph

05 빅데이터의 활용

빅데이터를 활용하여 기업은 소비자의 SNS를 분석하고 소비자들 간의 교류 등을 파악하여
소비자 맞춤형 마케팅 기반을 확보할 수 있다. 또한 의사결정에 경영진의 직관이 작용되었

던 부분에 빅데이터 분석으로 보완하여 신뢰성을 확보할 수 있으며, 기업 내·외부의 빠른 변화에 대응하기 위해서 트렌드 변화의 징후를 모니터링하고 빠르게 감지할 수 있다.

빅데이터는 다가올 미래에 다음과 같이 다양한 역할을 할 것으로 전망된다.

[표 3-35] 빅데이터의 역할

역할	설명
미래 예측	• 사회현상, 현실세계의 데이터를 기반으로 패턴분석과 미래 전망 • 여러 가지 가능성에 대한 시나리오 시뮬레이션 가능 • 다각적인 상황에 고려한 통찰력 제시 가능 • 다수의 시나리오로 상황의 변화에 유연하게 대처 가능
리스크 대응	• 소셜 데이터, 모니터링 데이터의 패턴분석을 통한 이상징후, 위험신호 포착 • 이슈를 사전에 인지, 분석하고 빠른 의사결정과 실시간 대응 지원 가능 • 기업과 국가 경영의 투명성 제고 및 낭비 요소의 절감
기업의 경쟁력	• 대규모 데이터 분석을 통한 상황인지, 인공지능 서비스, 개인화 서비스 가능 • 고객의 니즈 분석, 평가, 평판 분석을 통한 최적의 선택 지원 • 트렌드 변화의 분석을 통한 제품 경쟁력 확보
부가가치 창출	• 방대한 데이터의 활용을 통한 새로운 융합시장 창출 • 타 분야와의 융합을 통한 새로운 가치 창출

빅데이터의 활용분야를 살펴보면 다음과 같다.

[표 3-36] 빅데이터의 활용분야

분야	활용
금융/통신	• 카드사 결제정보, 로그정보를 기반으로 개인화 마케팅 • SNS 및 관련 서비스, N-Screen Service
공공	• U-City, USN, 데이터의 모니터링 분석 • 환경, 방재, 소방, 국방, 기상 등 대용량 데이터 분석을 통한 대국민 사업
제조	• Smart TV, 모바일 앱스토어의 B2C서비스 • 제조 장비 운전 데이터 수집, 분석, 제어, 모니터링 서비스 • 고객정보를 통한 CRM, ERM, ERP 등의 의사결정 지원 서비스 • 통계 데이터 기반 각종 시뮬레이션 및 예측 시스템
의료	• 환자 원격 모니터링, 진료를 통한 비용 절감 • 신약 개발 효능 및 부작용 검출
기타	• 인터넷 쇼핑몰의 사용자 패턴 정보분석 및 타깃 마케팅 • 온라인 게임, 연말정산 등의 일시적 G2C서비스

Memo

CHAPTER **03** # DB 종류

SECTION 01 | 메인메모리 데이터베이스
SECTION 02 | 멀티미디어 데이터베이스
SECTION 03 | 분산 데이터베이스
SECTION 04 | Mobile 데이터베이스
SECTION 05 | XML 데이터베이스
SECTION 06 | 객체지향 데이터베이스

SECTION 01

◑ CHAPTER 03 DB 종류

메인메모리 데이터베이스

핵심 요약(Key point summary)

❶ 주기억 장치 데이터베이스, MMDB

가. MMDB(Main Memory DB)의 정의

- 데이터베이스 Startup과 동시에 데이터베이스를 Memory에 상주시켜 관리 및 운영하는 데이터베이스
- 디스크 I/O 회수를 줄이고 실시간 응용에 적합한 빠른 속도를 얻기 위해 모든 연산을 주기억장치에서 수행하는 데이터베이스

나. MMDB의 등장배경

구 분	내 용
기술적 측면	• 메모리 가격의 하락과 대용량 메모리 칩 개발 • 비휘발성 메모리인 플래시 메모리 상용화 • 64Bit CPU 개발로 주기억장치 주소영역 거의 무한대 확장
비즈니스 측면	인터넷 컴퓨팅 환경의 보편화로 실시간성 처리 요구

다. MMDB의 특징

- 빠른 연산 속도 : 모든 연산을 주기억장치에서 수행 디스크 I/O 거의 없음
- 오류 회복이 중요 : 주기억장치의 휘발성으로 인한 오류 회복이 중요
- 고속처리 응용 적합 : 실시간 DBMS, Hot−Spot Data DBMS, 인증용 서버 등

❷ MMDB의 요소기술

구 분	주요 내용
T−Tree 인덱스	디스크 기반 DB의 B−Tree와는 달리 실제 데이터와 Index Entry가 node 내에 모두 존재하는 메모리 DB 전용 Indexing 기술
인덱스 동시성 제어기술	주기억장치의 빠른 데이터 접근과 함께 동시성 제어(Concurrency Control)를 인덱스에 적용한 기술
DB 회복 기술	이중면 비휘발성(Non Volatile) 메모리 이용 회복 기술

3 MMDB의 구조도와 기존 Disk 기반 DB의 비교

가. MMDB와 Disk 기반 DB 구조도

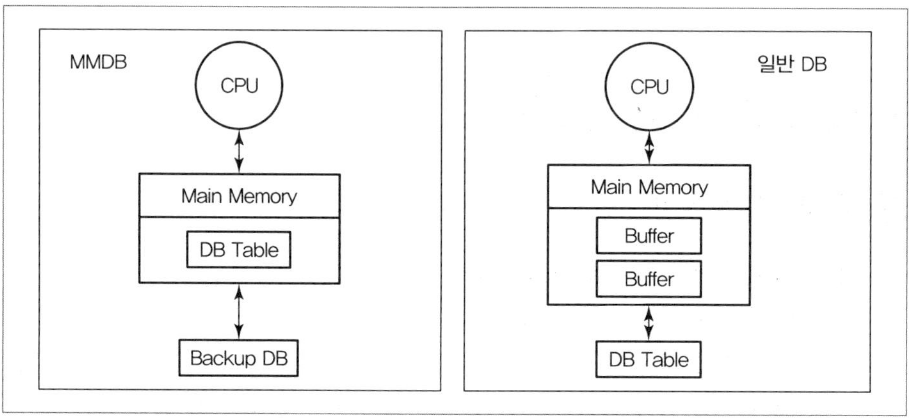

MMDB는 Main Memory에 DB를 구성하고, 일반 DB는 Disk에 DB를 구성

나. MMDB와 Disk 기반 DB의 비교

구 분	MMDB	디스크 기반 DB
DB 운영 위치	메인 메모리	디스크
운영 목표	트랜잭션의 빠른 수행	데이터의 안정적 운영
동시성 제어	인덱스에 대한 동시성 제어	데이터 접근 트랜잭션 중심
처리속도	10 ~ 500배 빠름(DB 연산 시간)	1배(DB 연산＋데이터 전송 연산)
Back up 매체	DISK	DISK
Indexing	Hashing, T－Tree	B－Tree, B＋Tree
Size 제한	Physical Memory Size	하드디스크 Size
회복 기법	하드웨어적인 회복 기법	Undo/Redo로 로그관리

4 MMDB의 활용분야 및 향후 전망

가. MMDB의 활용분야

- 실시간 응용과 빠른 트랜잭션 분야 : 공장제어, 항공시스템, 로봇, 증권, 웹인증 분야 등
- 전자상거래 사이트 성능 향상 : 인터넷포털, 게임, 채팅 등 수백만~수천만 페이지 뷰 사이트

- 실시간 사용자 특성 추적 : 웹트래킹 분야, 사용자별 방문 페이지 및 행동 특성 실시간으로 기록하여 비즈니스에 활용하는 분야

나. MMDB의 향후 전망

- 빠른 성능을 요구하는 인터넷 컴퓨팅 환경에서 중요성, 필요성 더욱 증가 추세
- 고성능 정보처리와 대용량 정보처리를 통합 처리하기 위해 MMDB와 DRDB의 장점을 결합한 Hybrid MMDB의 활성화

Hybrid MMDB

① MMDB의 한계에 의한 Hybrid MMDB 출현

배 경	설 명
메모리에서 관리할 수 있는 데이터양 제한적	이력(History) 데이터 관리용의 별도 디스크 DBMS 필요
동기화 어플리케이션이 필요	MMDBMS와 디스크 DBMS를 같이 이용하는 시스템으로 설계하면 이종 DBMS 간의 변경 부분에 대한 데이터 동기화 작업 필요
복잡한 어플리케이션 설계	별도 디스크 DBMS와 MMDB을 지원하는 어플리케이션 설계 필요
복잡한 어플리케이션 로직	이질적인 DBMS 간의 SQL 조인 연산이나 트랜잭션 관리 필요
DBMS 구매 비용 증대	MMDBMS와 디스크 DBMS를 동시 구매 및 유지에 따른 비용 증대

② Hybrid MMDB의 특징

- 디스크 DBMS 기능 : 범용의 MMDBMS를 확장하여 디스크 DBMS 기능을 추가로 제공
- 기존 MMDB 속도 : 대용량 DB의 처리 문제 해결 및 메모리 테이블의 처리속도 유지
- 양방향 SQL 해석기 : 하이브리드 DBMS를 지원하기 위한 SQL 해석기를 통한 SQL문의 최적화
- 통합 저장관리자 : 메모리용과 디스크용의 통합 저장관리자 제공
- 위치 투명성 : 테이블의 위치(메모리, 디스크)에 상관없이 테이블 접근 가능

③ Hybrid MMDB의 데이터 배치

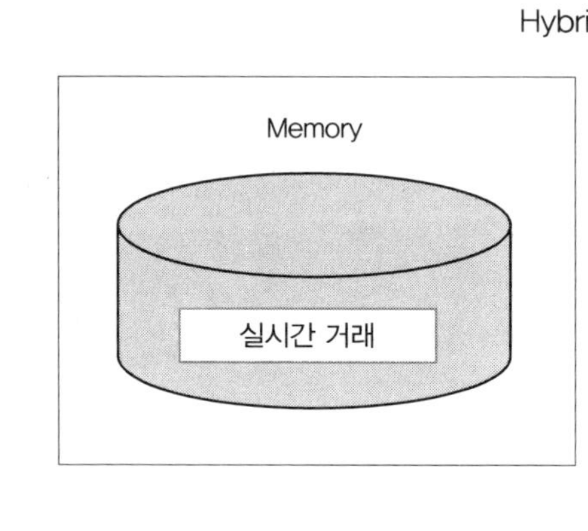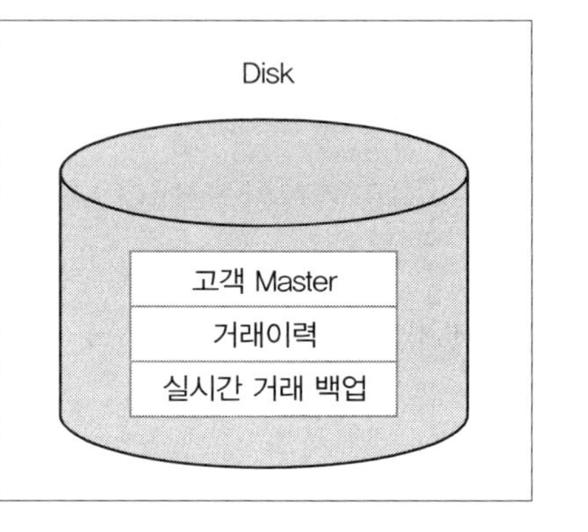

- Main memory 데이터 배치 : 경량, 고속처리, 실시간 요구 데이터
- Disk 데이터 배치 : 대용량 처리, 안정성요구 데이터

01 메인메모리 데이터베이스의 개념

웹 환경에서 대량의 데이터를 고속으로 처리하고자 하는 요구사항을 만족시키지 못하는 원인은 데이터베이스 성능이 따라주지 못함이라는 지적이 제기되었다. 데이터베이스의 처리 성능을 향상하기 위하여 데이터베이스를 메인 메모리에 구축하게 되었다.

이렇게 메인메모리에 데이터베이스를 구축하여 트랜잭션 처리 시 메인메모리에 상주하여 데이터를 고속으로 처리하는 데이터베이스가 메인메모리(Main Memory) 데이터베이스이다.

(1) 디스크 기반 데이터베이스와 비교

디스크 기반 데이터베이스는 데이터베이스가 디스크에 존재하여 데이터를 검색 시 디스크 블록 데이터를 검색해야 하므로 성능이 저하된다. 디스크 기반 데이터의 성능을 향상시키기 위한 노력으로 한 번 사용된 데이터를 메인메모리에 올려 두고 재사용하고 있으나 알고리즘이 복잡하다. 메인메모리 데이터는 데이터가 메인메모리에 존재하므로 디스크 접근 I/O를 줄일 수 있고 데이터 처리 알고리즘이 간단하여 성능을 보장한다.

디스크 기반 데이터베이스는 메인 메모리 주소와 디스크의 물리적 주소를 매핑하고 있어 주소변환이 필요하다. 반면 메인메모리 데이터베이스는 메모리에 데이터가 상주하므로 주소변환을 수행하지 않아 성능 향상을 얻을 수 있다. 그 이외의 추가적인 항목을 비교해보면 다음과 같다.

[표 3-37] 디스크 기반 DB와 MMDB의 비교

비 교	디스크 기반 DB	MMDB
데이터 모델	관계형, 객체 지향	관계형
아키텍처	클라이언트-서버	클라이언트-서버, 응용 내장구조
서버 구조	프로세스, 다중 Thread 구조	다중 Thread 구조
DB 위치	디스크	메인메모리
로그 위치	디스크	디스크
온라인 백업	지원	지원
복구	완전 복구 지원	완전 복구 지원
인덱스구조	B-Tree	T-Tree

(2) 메인메모리 데이터베이스의 구조

디스크 기반 데이터베이스는 클라이언트의 어플리케이션에서 서버에 존재하는 데이터 베이스를 접근하는 구조로 설계되어 있다. 메인메모리 데이터베이스는 이러한 클라이언트-서버 구조를 갖기도 하고 응용-내장구조를 갖기도 한다.

응용-내장구조는 서버 모듈과 API 모듈 전체가 어플리케이션에 링크된 구조로 어플리케이션과 데이터베이스 간의 통신이 없는 구조이다.

02 메인메모리 데이터베이스의 기술

메인메모리 데이터베이스는 디스크 기반 데이터베이스와 같이 질의처리 기술, 데이터 저장 기술, 인터페이스 기술, 인덱스 기술을 갖고 있다. 또한 질의 최적화 기술, 메타 테이블 캐싱 기술, 메모리 관리 기술, 동시성 제어 기술, CPU캐시 기술, T-Tree 인덱싱 기술 등을 갖고 있다.

■ **질의 최적화 기술**

메인메모리 데이터베이스에서도 질의 최적화를 위해서 비용 기반 옵티마이저 방식(CBO)과 규칙 기반 옵티마이저 방식(RBO)을 둘 다 사용하고 있다. 그러나 디스크 기반 데이터베이스보다는 비용이 과다 발생되지 않으므로 규칙 기반 옵티마이저 방식을 많이 사용한다. 또한 옵티마이저의 쿼리 변환단계에서 메인메모리 주소에 최적화된 기법으로 접근 시간을 최소화하고 있다.

■ **메모리 관리 기술**

메인메모리 데이터베이스는 메모리 사용량이 많으므로 메모리의 최적화된 설계가 필요하다. 메모리 관리자는 테이블 연산에서 메모리의 낭비를 막기 위해 불필요한 메모리를 반환하는 테이블 압축기술을 적용하고 있다.

■ **T-Tree 인덱싱 기술**

디스크 기반 데이터베이스는 B-Tree 알고리즘을 이용해서 데이터 검색을 수행하지만, 메인메모리 데이터베이스는 T-Tree 알고리즘을 사용한다. B-Tree의 엔트리는 레코드를 포함한 데이터 페이지를 가리키고 있어 데이터페이지의 데이터를 다시 검색해야 한다. 그러나 T-Tree의 엔트리는 해당 레코드의 메모리 주소를 가리키고 있어 논리적 주소를 물리적 주소로 변환하지 않고 바로 데이터를 검색할 수 있다.

03 메인메모리 데이터베이스의 활용분야

메인메모리 데이터베이스는 고객인증, 소프트스위치, HTS(Home Trading System), 이동통신의 HLR(Home Location Register) 서버 등 고성능을 요구하는 소규모 데이터처리 분야에 활용된다. 또한 라우터와 같은 특수 목적의 소형 하드웨어 시스템에 적용된다. 메인메모리 데이터베이스는 기존 디스크 기반 데이터베이스가 볼륨이 커서 탑재가 어려운 소형 시스템이나 고속의 성능을 요구하는 분야에 활용도가 높다.

메인메모리 데이터베이스의 대용량처리 문제를 해결하기 위해서 메인메모리 데이터베이스의 장점과 디스크 기반 데이터베이스의 장점을 혼합한 형태의 데이터베이스를 출시하고 있다. 혼합형 메인메모리(Hybrid Main Memory) 데이터베이스는 논리적 테이블을 물리적으로 메모리와 디스크에 나누어 저장하여, 대용량 처리를 위해서는 디스크기반 데이터베이스를 사용하고 경량 데이터의 고속처리를 위해서는 메인메모리에 상주시킨 데이터베이스를 사용한다.

○ CHAPTER 03 DB 종류

멀티미디어 데이터베이스

핵심 요약(Key point summary)

1 비정형 다중 콘텐츠의 효율적 관리, 멀티미디어 DB

가. 멀티미디어(Multimedia) DB의 정의

대용량과 복잡성을 가진 멀티미디어 비정형 자료를 효율적으로 저장, 검색, 관리하는 DB

나. 멀티미디어 DB의 특징

- 멀티미디어 모델 지원 : 멀티미디어 데이터 제작, 표현, 내용 기반 검색
- 대용량 데이터 관리 기능 : 대용량 멀티미디어 자료 처리
- 새로운 관계형 표현 : 시간 동기화, 전후 관계, 공간 관계 등 표현

다. 멀티미디어 DB의 요구사항

- 대규모 데이터 및 다양한 저장장치 관리
- 고속 검색, 내용기반 검색 및 미디어별 검색 위한 Index 구조
- 멀티미디어 프레젠테이션을 위한 시간적 · 공간적 동기화 관리
- 멀티미디어 모델 지원 및 다양한 데이터 타입 처리

2 멀티미디어 DB 구성도 및 주요 기술

가. 멀티미디어 DB 구성도

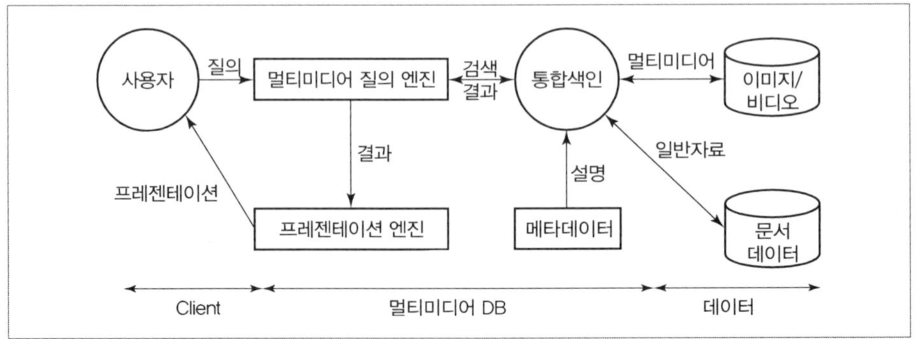

나. 멀티미디어 DB 주요 기술

주요 기술	내 용
정보표현	MPEG, SMIL, HTML
정보검색	색인, 내용기반, 구조 검색
저장기술	압축/복원 기술(JPEG, H.264, MPEG)
보안기술	사용자 접근제어, 정보보호, 저작권 관리 및 DRM
프레젠테이션	사용자 프레젠테이션 기술(전용 뷰, Client의 범용 뷰)

3 멀티미디어 DB 구축 유형 및 관련 기술

가. 멀티미디어 DB 구축 유형

유 형	주요 내용
파일 기반	• 외부 File System에 File로 저장 • 단순 검색 위주
RDBMS 기반	• CLOB 필드에 ASCII/텍스트 데이터 • BLOB 필드에 이미지, 비디오, 오디오, Binary 데이터 저장
OODBMS 기반	• 사용자 정의 클래스, 메소드 이용 미디어별 클래스 정의
ORDBMS 기반	• CLOB, BLOB 지원(모노 미디어) • 사용자 정의 타입, 함수 이용 미디어별 타입 정의

나. 멀티미디어 DB 관련 기술

① 멀티미디어 객체 모델링 기술

- MPEG 모델 이용 객체지향 데이터 모델로 쉽게 매핑
- 문서 내용과 논리적, 시간적, 공간적 구조를 SGML, HTML, SMIL 이용

② 대용량 멀티미디어 객체 관리 기술

- 대용량 객체 저장방식인 Large Object Tree 이용

③ 내용 기반 멀티미디어 정보 검색 기술

- 멀티미디어 데이터의 내용에 관한 정보 추출 DB에 저장 및 내용에 대한 질의 수행
- 특성, 멀티미디어 요소(문서, 영상, 음성) 구조 등 식별

4 멀티미디어 DB와 일반 DB 비교 및 전망

가. 멀티미디어 DB와 일반 DB 비교

구 분	멀티미디어 DB	일반 DB
내용	멀티미디어, 비정형	텍스트, 정형
형태	멀티미디어에 따른 다양한 형태	레코드 형태
언어	SQL3 라이브러리	DML, DDL
DBMS	OODBMS, ORDBMS 등 이용	RDBMS가 일반적
모델링	주로 UML 기반	다양한 모델링 기법

나. 멀티미디어 DB의 전망

- 다양한 정보검색 기술과 접목 : 자연어 처리, 영상처리, 패턴인식, 컴퓨터 그래픽스 등과의 접목 예상
- SNS의 증대로 멀티미디어 데이터의 기하급수적 양산 및 이에 따른 효율적 관리 방안 마련 필요

멀티미디어 데이터별 내용 검색 대상

DB 유형	추출 과정	검색 대상
텍스트 DB	형태소 분석, Stremming	키워드
공간 DB	디지타이징, 모델링	점, 사각형, 영역, 공간관계, 레이어 등
이미지 DB	• 영역 세그멘테이션 • 특징 추출 및 분류	컬러, 모양, 텍스처
비디오 DB	• 비디오 파싱 • 신/컷 검출 요약	대표 프레임, 컷, 신, (계층적) 주석, 객체(등장인물, 사물) 사건, 동작 등

01 멀티미디어 데이터베이스의 개념

멀티미디어 데이터베이스는 정형화된 데이터를 관리하던 데이터베이스와 다르게 음성, 그래픽, 영상 등 다양한 매체의 비정형 데이터를 효율적으로 관리하는 데이터베이스이다.

멀티미디어 데이터베이스는 오디오, 비디오 같은 다양한 형태를 모델링하기 위한 객체지향 설계를 기반으로 하고 있으며, 저장되는 객체의 특성상 시간적 영향을 많이 받으므로 시간적 개념 또한 모델링에 반영되어야 한다. 멀티미디어 데이터베이스는 객체의 저장과 전송에 비용이 많이 들고, 전송 시간이 많이 소모되는 어려움이 있다. 따라서 효율적으로 처리할 수 있는 디바이스나 드라이버가 요구된다.

02 멀티미디어 데이터베이스의 특징

(1) 멀티미디어 데이터베이스의 5단계 뷰(View)
- 물리적 저장소 뷰 : 물리적으로 객체 저장에 대한 설계
- 개념적 데이터 뷰 : 데이터 모델, 메타 모델, 시간 모델, 공간 모델링에 의한 설계
- 분산 뷰 : 통신 대역폭, 지연 및 불안정 상태, 네트워크 데이터와 분산된 사용자의 검색 스케줄링 설계
- 여과 뷰 : 내용 기반, 시간적, 공간적, 어플리케이션 특성 등 질의에 대한 설계
- 사용자 뷰 : 다양한 프레젠테이션에 대한 설계

(2) 객체의 저장
멀티미디어 객체들은 블록으로 나누어 저장해야 되므로 여러 개의 물리적 디스크 블록에 저장될 수 있다. 효율적인 저장을 위해서는 동시 실행되는 멀티미디어 어플리케이션 수, 어플리케이션에 의해 요구되는 대역폭, 요구되는 저장장소의 크기 등의 요소를 고려하여 배치한다.

(3) 객체 검색

멀티미디어 객체를 검색하는 방법에는 데이터 내용을 비교하여 질의하는 내용 기반 질의, 내용과 무관하게 목록이나 구조를 질의하는 내용 독립적 질의와 복합질의가 있다. 다양한 유형의 멀티미디어 검색을 위하여 데이터에 적합한 효율적인 질의문 작성과 최적화 기법이 요구된다.

[표 3-38] 객체 질의 유형

구 분	질의 유형
내용 기반 질의	객체 기반 질의, 사건 기반 질의, 주제 기반 질의, 키워드 기반 질의, 시청각 질의
내용 독립적 질의	저장된 콘텐츠의 내용과 무관한 목록 질의, 구조 질의
복합 질의	저장된 콘텐츠의 내용 및 목록, 구조 등 모든 클래스 질의

또한 멀티미디어 데이터베이스가 다른 전통적 데이터베이스와 다른 점을 비교해 보면 다음과 같다.

[표 3-39] 전통적 데이터베이스와 멀티미디어 데이터베이스의 비교

구 분	전통적 데이터베이스	멀티미디어 데이터베이스
데이터 수집	업무처리 정보시스템의 결과	업무처리 정보시스템과 무관
데이터 저장	문자, 정수, 숫자형태 레코드	오디오, 비디오 등 객체의 저장
데이터 표현	추가 정보 불필요	디바이스, 이미지 포맷, 압축 기법, 출력 묘사 등 추가정보 필요함
데이터 형태	고정 데이터	동적 데이터
데이터 동기화	동기화 어려움	시간적 동기화 용이

03 멀티미디어 데이터베이스의 활용

멀티미디어 데이터베이스는 주문형 비디오(VOD)에서부터 교육 및 훈련 도구, 멀티미디어 메일 시스템, 멀티미디어 문서관리 시스템 등 다양하게 활용되고 있다. 기업에서는 문서 및 레코드 관리와 설계 데이터, 제조 데이터, 환자 의료기록, 출판자료 등의 관리에 활용된다. 또한 마케팅, 광고, 오락, 영화 산업과 실시간 감시 및 모니터링 데이터의 관리에도 활용도가 높다.

○ **CHAPTER 03** DB 종류

03 분산 데이터베이스

핵심 요약(Key point summary)

1 물리적 분산/논리적 통합 데이터 서비스 지원, 분산 DB

가. 분산 DB의 정의
- 네트워크를 통해 물리적으로 분산되어 있는 여러 개의 지역 DB 시스템을 논리적으로 연관시킨 통합 데이터베이스
- 여러 곳으로 분산되어 있는 DB를 하나의 가상 시스템으로 사용할 수 있도록 한 데이터베이스

나. 분산 DB의 특징
- 중복성 : 효과적 데이터 조회를 위한 데이터의 중복
- 지역독립성 : 각각의 Local DB는 독립된 DB 소유
- 투명성 : 분할/위치/지역사상/중복/장애/병행 투명성

2 분산 DB의 구성도 및 구성요소

가. 분산 DB의 구성도

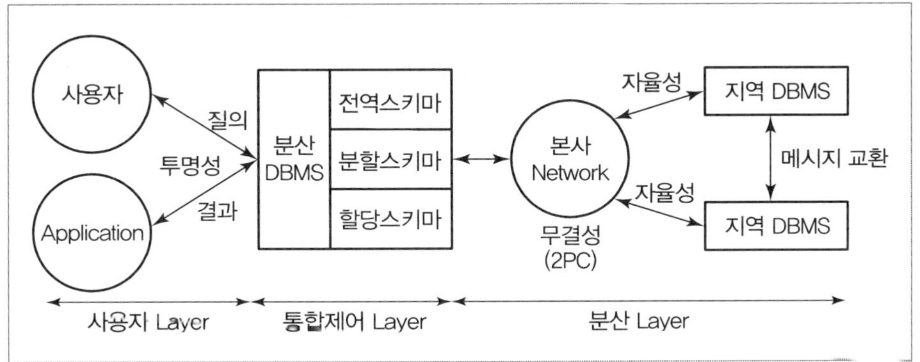

나. 분산 DB의 구성요소

구성요소	설 명
전역스키마	• DB 포함 모든 내용 관리 • 전역스키마 만든 후 지역적인 사용에 따라 수직/수평, 중복 단편화 스키마 생성
분할스키마	전역관계 정의, 분할스키마 일대다의 관계 정의
할당스키마	단편들의 인스턴스들이 어떤 사이트에 위치되는지를 정리함

3 분산 DB와 타 개념의 비교

가. 분산 DB와 중앙집중 DB와의 비교

구 분	중앙집중 DB	분산 DB
통제 방식	중앙 통제(전역 DBA)	지역 자치성(지역 DBA)
데이터 형태	데이터 독립성(3층 스키마)	독립성 및 분산, 투명성 강조
데이터 구조	무결성/회복/동시성 제어	• 중복 투명성 제공 • 원자적 트랜잭션 보장 필요 • Fault 및 동기화 문제 해결 난이
비밀 및 보안	DBA 중앙통제 → 정당한 액세스만 허용	지역적 비밀 및 보안 처리

나. 분산 DB와 Replication의 비교

구 분	분산 DB	DB Replication
분산구현	논리적 통합, 물리적 분리	논리적, 물리적 분리
자율성	지역 자율적 운영 가능	지역 자율적 운영 불가능
통합제어	가능	불가능

4 분산 DB의 문제점 및 해결 방안

문제점	해결 방안
DB 모델 및 DB 언어 간 이질성	• 객체지향 모델을 공통 데이터 모델로 이용 • 표준 공통 조직언어 사용(SQL3, ODMG-93) • 분산 질의 처리 최적화, 통신처리 최소화, 병행처리 최대화
분산 트랜잭션 관리 기법의 이질성 해결	• 원칙 : Local 트랜잭션 관리기법 보장, Global Operation 지원 • 분산 병행제어 및 전역 Deadlock 관리 : 2PL, Timestamp 등 • 분산 회복처리의 필요 : 2PC(2 Phase Commit)
분산 System의 보안문제	• 전역/지역 보안정책 병행 적용, 분산 DB 표준 보안 절차 • Network 보안 문제해결 : 암호화, 인증, 접근제어, 방화벽 구축, IPSec, SSL 등
중복 Data 관리	• 연결된 Site 즉시 전파 : 연결 사이트 간 갱신 • 기본 사본 방법 : 각 객체에 대해 하나의 사본만을 기본 사본으로 지정, 갱신 연산은 기본 사본만 수행
분산 위치 관리	• 중앙집중 방식 : 전체 카탈로그 중앙 사이트에만 저장 • 완전중복 방식 : 전체 카탈로그 각 사이트에 완전 중복 • 분할 방식 : 각 사이트는 해당 사이트의 객체 카탈로그만 유지 • 혼합 방식 : 중앙집중 방식+분할 방식
일반적 N/W 관련 문제	• 통신 Link 속도 저하, 접근 지연시간 증가 • 통신 관련 메시지 처리 비용 증가 및 N/W 보안 문제

5 분산 DB 구축방식 및 구축 시 고려사항

가. 분산 DB 구축방식

방 식	내 용
동질 분산 DB	지역 DBMS가 동일하여 구축 및 관리 용이(Top-Down 연계)
이질 분산 DB	이기종 DBMS 사용, 데이터 모델/DB 언어 상이(Bottom-Up 연계)

나. 분산 DB 구축 시 고려사항

- 동시성 고려 : 2PC, Timestamp를 이용 일관성 유지
- N/W 속도 고려 : 광대역 N/W구축으로 QoS 보장
- 보안 문제 : RBAC 기반 접근제어, 암호화, AAA 기술 적용 등
- 백업/복구 문제 : 장애 대비 RAID 고려 및 DR 센터 구축

 **2PC**

① 2PC(2 Phase Commit)의 정의
분산 DB 환경에서 위치 투명성, 원자성을 보장하기 위한 트랜잭션 처리방식

② 2PC의 구성도 및 구성요소

㉮ 구성도

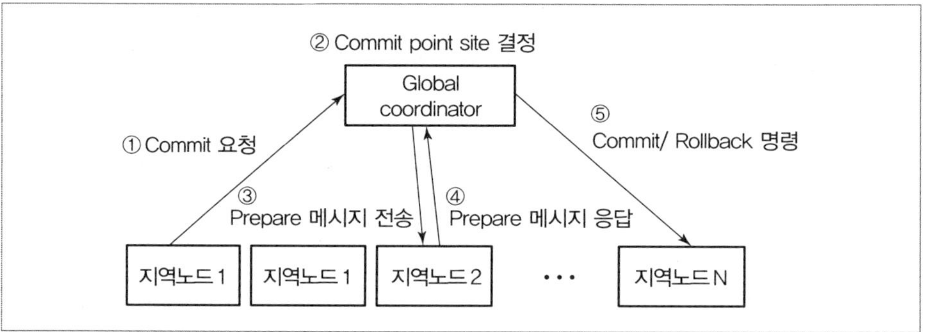

㉯ 구성요소

구성요소	설 명
서버(Server)	분산트랜잭션에 참여하는 모든 노드
조정자(Global Coordinator)	• 분산트랜잭션의 참여자 목록 인지 • 분산트랜잭션 및 Global Commit을 처음 시작하는 노드
지역노드(Local Coordinator)	• 분산트랜잭션에서 지역(local) 트랜잭션을 수행하는 서버 • 다른 노드의 결과를 참조해야 하는 노드
Commit Point Site	분산 트랜잭션 참여 노드에서 처음으로 Commit/Rollback을 수행하는 노드
지역 노드 (Local Client)	• 다른 노드의 데이터베이스를 이용하는 노드 • Coordinator의 명령을 대기

③ 2PC의 처리절차 및 구축 시 고려사항

㉮ 2PC의 처리절차

처리절차	내 용
1Phase단계 (Ready)	Prepare Phase에 대한 Response는 Prepared, Read−Only, Abort ① 한 지역 노드에서 Commit 요청 ② Global Coordinator가 Commit Point Site 결정 ③ Global Coordinator가 Prepare 메시지 송신
2Phase단계 (Commit)	④ Prepared 메시지 수신하면 Commit 명령 ⑤ Coordinator가 모두 Commit 응답을 받으면 Commit처리 ⑥ 다른 노드로부터 Abort되면 Commit Point Site에서 전 노드에 Rollback 지시

④ 2PC의 구축 시 고려사항

- 복구비용 고려 : 트랜잭션 오류 발생에서 복구 처리 시 비용 증대
- 부가증가 고려 : 2PC, 3PC 증가 시 신뢰성 대비 부하의 증가 수준유지 필요
- 호환성 고려 : 상이한 DBMS에 의한 연계, 서버충돌, 트랜잭션, 타임아웃 등 문제 고려

분산 DB의 투명성

투명성	설 명
분할 투명성	• 하나의 논리적 Relation에 여러 단편으로 분할되어 사본이 각 사이트에 저장 • 장점 : Workload 분산, Bottle-Neck 방지 • 단점 : Fragmentation을 위한 설계 기술 필요
위치 투명성	• 사용하려는 데이터 장소 명시 불필요 • System Catalog에 위치 정보 저장 • 어플리케이션 로직 간단, 사이트 간 Data의 이동이 자유로움
지역사상 투명성	• 지역 DBMS와 물리적 DB의 Mapping이 보장되어 각 지역 시스템 이름과 무관한 이름 사용 • 장점 : 기존 Local DB 기반의 Bottom Up 확장 기능 • 단점 : 이질시스템 간 구현 복잡
중복 투명성	• DB 객체가 여러 사이트에 중복되어 있는지 알 필요 없음 • 장점 : 질의응답 성능 개선, 일관성 유지는 시스템 담당 • 단점 : 전파갱신 부하, 추가 기억공간 필요
장애 투명성	• 구성요소의 장애에 무관한 트랜잭션 원자성 유지 • 중앙집중 방식보다 훨씬 복잡(개별 지역사이트 시스템 손상, 통신망, 2PC 등)
병행 투명성	• 다수의 트랜잭션 동시 수행 시 결과의 일관성 유지 • Time Stamp, 2PL(2 Phase Locking) 이용 구현

01 분산 데이터베이스의 개념

지금까지 살펴본 여러 데이터베이스 시스템의 구조는 중앙집중적 데이터베이스 시스템이었다. 비록 논리적으로 나눠져 있더라도 물리적으로는 한 장소에 배치된 데이터베이스 시스템이었다.

분산 DBMS는 논리적으로 동일한 시스템에 속하지만 물리적으로 분산되어 분산 DB의 데이터를 관리·운영하는 시스템을 의미한다. 분산 데이터베이스 시스템은 지역적으로 분산된 데이터베이스를 관리하는 분산처리기와 분산 데이터베이스, 통신네트워크로 구성되어 있다.

성공적으로 분산 DBMS를 구축하기 위해서는 중앙집중적 데이터베이스의 분할 정책과 분할된 테이블의 지역적 분산정책, 지역 DBMS에 대한 할당정책이 조직의 환경에 맞게 구성되어야 한다. 각 분산 데이터베이스는 전체 스키마를 관장하는 전역 스키마, 지역별 분할영역을 관리하는 분할 스키마, 각 데이터베이스의 인스턴스에 처리요건을 할당하는 할당스키마로 구성되어 운영된다.

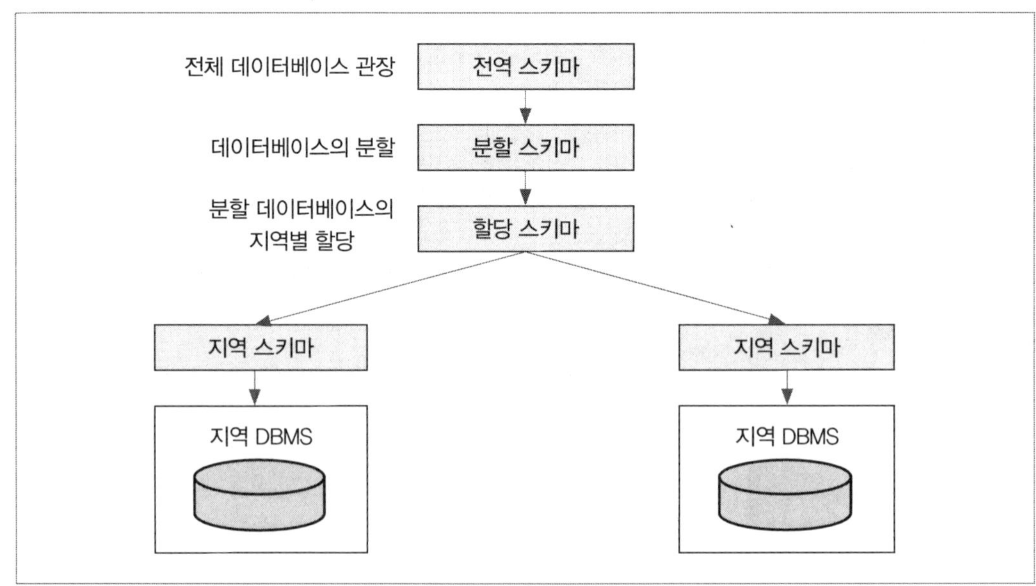

[그림 3-29] 분산 DBMS구성도

■ 장 점

분산 DBMS는 중앙집중 시스템에 비해 지역적으로 점진적인 시스템 확장이 가능하다. 또한 신뢰성과 가용성이 높아 어느 사이트에 장애가 발생되어도 전체 시스템에 영향을 미치지 않고 가동 가능하다. 분산 시스템의 구축은 중앙에 집중되는 부하를 지역적으로 분산하므로 데이터의 접근 및 빠른 응답시간을 보장하고 분산 네트워크를 통해 통신비용이 절감된다.

■ 단 점

분산 DBMS를 구축하기 위해서는 지역별 시스템을 재구축하므로 하드웨어 및 소프트웨어 개발비용이 증대된다. 또한 지역 노드가 증대되면서 시스템이 거대해져 잠재된 오류를 찾기 어렵고 데이터 설계 및 관리가 복잡하고 통제가 어렵다. 데이터가 지역적으로 복제본이 존재하므로 데이터 보안이 상대적으로 어렵다.

지역 데이터베이스가 구축된 상태에서 통합하면서 전역 분산 데이터베이스를 구축할 경우는 데이터베이스 모델이 상이하고 표준화 및 사용하는 언어가 상이하여 통합에 어려움이 존재한다. 또한 중앙집중 데이터베이스는 외부의 침입에 대응하기 위한 통제가 용이하지만, 지역으로 분산된 분산 데이터베이스 시스템 환경에서는 통제의 범위가 방대하므로 전사적인 보안정책과 표준을 수립해야 한다.

02 분산 데이터의 독립성

DBMS가 데이터의 독립성 보장을 위해 데이터를 제어하듯이 분산 DBMS는 분산 데이터의 독립성 보장을 목표로 한다. 분산 DBMS는 지역적으로 분산된 특성에 맞춰 최적화된 데이터의 제공을 위하여 내부의 복잡한 구조를 숨기고 추상화된 뷰만 제공하여 사용자가 중앙집중적 DBMS처럼 사용할 수 있도록 한다.

분산 데이터의 독립성에는 분할 투명성, 위치 투명성, 지역사상 투명성, 중복 투명성, 장애 투명성, 병행 투명성이 있다.

- **분할(단편화) 투명성**

  사용자는 분산 데이터베이스에서 하나의 논리적 릴레이션이 여러 단편화로 분할되어 사용되는 것을 인식하지 않고 데이터를 접근할 수 있어야 한다.

- **위치 투명성**

  사용자나 응용프로그램은 접근할 데이터의 물리적인 저장 위치를 알 필요 없이 데이터를 사용할 수 있어야 한다. 또한 사용자의 위치가 이동되어도 동일하게 데이터를 접근할 수 있도록 데이터의 저장 위치와 무관하게 처리되어야 한다.

- **지역사상 투명성**

  분산 데이터베이스는 데이터베이스 간에 사상(Mapping)이 보장되므로 각 지역 시스템의 이름과 무관하게 매핑을 고려한 이름을 사용할 수 있어야 한다.

- **중복 투명성**

  분산 데이터베이스는 지역적으로 중복된 복제본을 갖고 있을 수 있으나 갱신 시 모든 복제본까지 처리하여 데이터의 일관성을 유지한다. 사용자는 데이터가 복제본인지, 중복 데이터가 어디에 존재하고 검색 및 갱신을 위해 어떤 작업을 수행해야 되는지 등의 추가적인 고려 없이 데이터를 사용할 수 있어야 한다.

- **장애 투명성**

  분산 데이터베이스는 분산된 지역의 시스템이나 통신망에 이상이 발생하여도 데이터의 무결성과 가용성을 보장하도록 시스템이 구성되어야 한다. 이를 위하여 분산 DBMS는 분산 데이터베이스가 보유하고 있는 중복데이터와 분산된 노드 간의 동시성 제어를 위하여 2PC에 의해 트랜잭션 제어 및 데이터의 일관성을 보장한다.

- **병행 투명성**

  다중 사용자가 동일 데이터에 동시 접속하여도 동시성 제어를 통해 데이터의 일관성, 무결성을 보장해야 한다. 분산 데이터베이스는 복잡한 로킹(Locking)문제가 발생될 수 있으나 사용자는 록(Lock)과 무관하게 일관된 데이터를 얻을 수 있도록 보장한다.

03 2PC

중앙집중 데이터베이스를 분할하여 지역 DBMS에 할당하면 데이터의 동시 트랜잭션 처리가 더욱 복잡해진다. 2PC(2-Phase Commit)는 분산 데이터베이스 환경에서 데이터의 일관성과 무결성을 보장하기 위한 트랜잭션 보장 방법이다. 2PC은 지역의 모든 노드가 Commit될 때만 일괄 Commit을 허용하고 그렇지 않으면 Rollback처리를 한다.

(1) 2PC의 구성요소

- 클라이언트(Client) : 분산 트랜잭션 환경에서 다른 노드의 데이터베이스를 이용하는 노드
- 서버(Server) : 원격 분산 노드의 데이터 요구를 받은 노드
- 전역 조정자(Global Coordinate) : 분산 트랜잭션 처리자 목록을 확보하여 일괄 Commit을 지시하는 노드
- 완료 수행 노드(Commit Point Site) : 제일 중요한 데이터를 포함하고 제일 먼저 Commit, Rollback 수행하는 노드

(2) 2PC의 동작과정

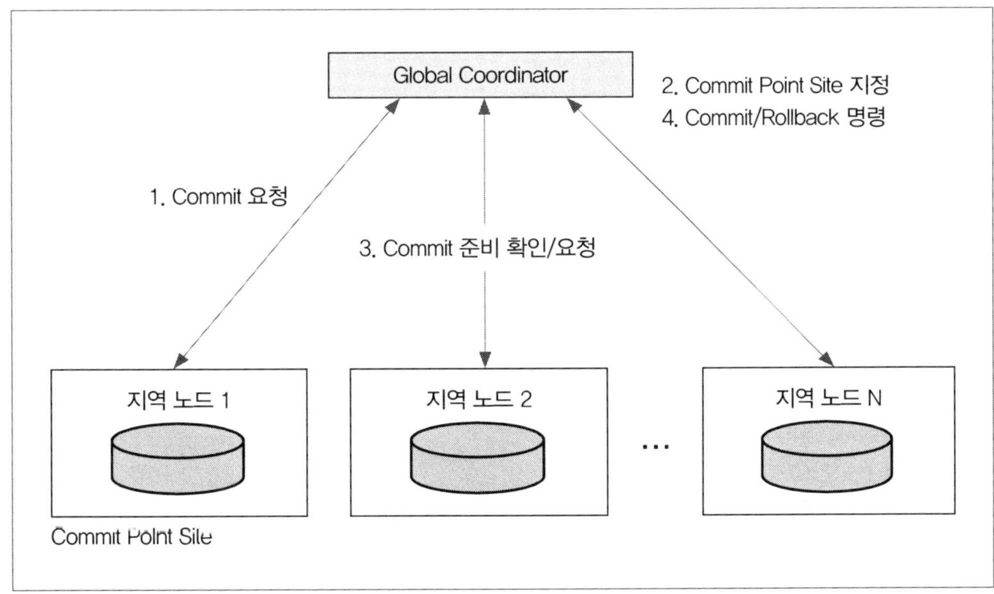

[그림 3-30] 2PC 동작과정

- Phase 1(Prepare 단계)
  - 특정 지역 노드가 Commit을 요청한다.
  - 전역 조정자(Global Coordinate)는 지역 노드에 완료 수행 노드(Commit Point Site)를 지정한다.
  - 모든 지역 노드에 Commit 준비가 되었는지 메시지를 전송한다.
  - 지역 노드는 Commit 준비 여부를 회신한다.

- Phase 2(Commit 단계)
  - 모든 지역 노드의 Commit 준비가 완료되면 전역 조정자(Global Coordinate)는 Commit 명령을 한다.
  - Commit 중 지역 노드에 오류보고를 받으면 전체 Rollback 명령을 한다.

○ CHAPTER 03 DB 종류

04 Mobile 데이터베이스

핵심 요약(Key point summary)

1 모바일 기기의 데이터 공유 및 관리, Mobile DB

가. Mobile DB의 정의
이동 단말기를 통해 이동 중에도 데이터 검색, 저장 등의 업무처리가 가능한 DB

나. Mobile DB의 특징
- 플랫폼 독립성 : HW, SW에 대한 독립성
- 이동단말에 최적화 : 사용시간, 전송 패킷수, 저전력 등 고려
- 데이터 일치성 및 보안 : 데이터 동기화 기술 및 데이터 암호화
- 데이터 충돌현상(Collision) 방지 : Time Stamp, Old Value 기법 등 활용

2 Mobile DB의 동작 원리 및 요소 기술

가. Mobile DB의 동작 원리

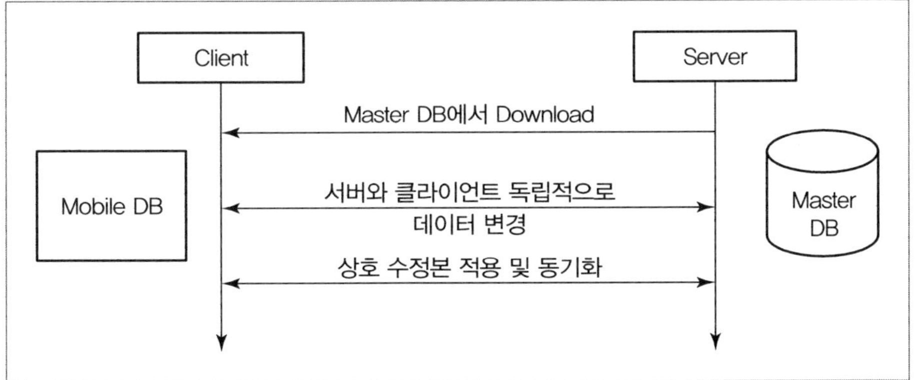

나. Mobile DB 요소 기술

기술	설명
모바일 트랜잭션 기술	작은 대역폭, 많은 통신 비용 등 무선통신 환경의 제약을 고려한 최적의 모바일 트랜잭션 관리 기술
데이터 동기화 기술	이동 단말과 중앙서버 DB 간 일관성 유지 기술(SyncML 등)
데이터 보안	Mobile DB 자체 및 데이터에 대한 암호화 모듈 탑재(ECC 등)
메모리 관리 기술	모바일 환경 제약을 고려한 Small Footprint 메모리 관리 기술

❸ Mobile DB 제약요소 및 해결방안

구 분	제약요소	해결방안
비용	통신 비용, 유지보수 등의 비용 증가	사용자 시간, 연결시간 및 전송 바이트/패킷수, 요일별 시간별 요금 등 적용
단절성과 일관성	• 단절성 : 모바일 호스트 장애 시 갱신 손실 발생 가능 • 일관성 : 지역적으로 캐시된 데이터의 유효성 상실 가능	• 공유파일 갱신 시 버전번호 관리 • 일관성 보장은 아니고 충돌 감지의 의미 • 무효 보고서 및 재연결 시 전체 캐시 무효화 • 단말기 수신 불가, 고비용의 문제는 존재

01 모바일 데이터베이스의 개념

모바일 단말기의 활용이 대중화되면서 모바일 단말기를 통해서 이동 중에도 데이터를 검색, 저장 등의 업무처리가 가능하다. 데이터베이스가 모바일 단말기 내에 내장된 저장 매체에서 작동하는 데이터베이스를 모바일 데이터베이스라고 한다.

모바일 데이터베이스는 언제 어디서나 데이터베이스와 연동하여 데이터를 관리할 수 있어야 한다. 또한 모바일 기기가 소형이고 경량이며 통신이 단절될 수 있으므로, 이동 단말기의 데이터베이스에 데이터를 관리하고 있다가 서버와 연계가 될 경우 동기화로 데이터를 일치시키는 작업을 수행한다.

모바일 데이터베이스의 한계는 이동 디바이스와 서버 간의 통신이 지연되거나, 지하, 엘리베이터 등에서 무선 신호가 연결되지 않는 통신의 문제가 발생할 수 있다. 또한 배터리 수명의 문제와 클라이언트의 위치가 변경되어 질의 전과 질의 후가 다른 위치로 이동될 경우 문제 등이 존재한다.

02 오픈 소스 데이터베이스 : SQLite

기존의 모바일 데이터베이스는 이동 디바이스에 탑재된 모바일 클라이언트(Client)와 모바일 저장소(Repository), 둘 사이를 중개하는 모바일 싱크 서버(Sync Server)로 구성되어 있었다. 모바일 Client가 서버와 통신이 단절될 경우는 모바일 Client에 데이터를 적재하고 있다가, 통신이 연계될 경우 모바일 서버와 동기화를 시키는 형태의 구조를 지원했다.

그러나 모바일 환경이 이동성과 소형 기기의 한정된 자원에 제약을 받던 부분이, 모바일 디바이스의 용량과 메모리 기술이 발전하면서 데이터의 안정성과 사용성에 대한 요구가 제기되었다. 새로운 모바일 환경의 요구사항을 충족하는 데이터베이스 솔루션으로 SQLite가 있다. SQLite는 구글의 안드로이드나 애플의 아이폰 등에 사용되는 DBMS이고 표준 SQL 언어의 대부분을 지원한다.

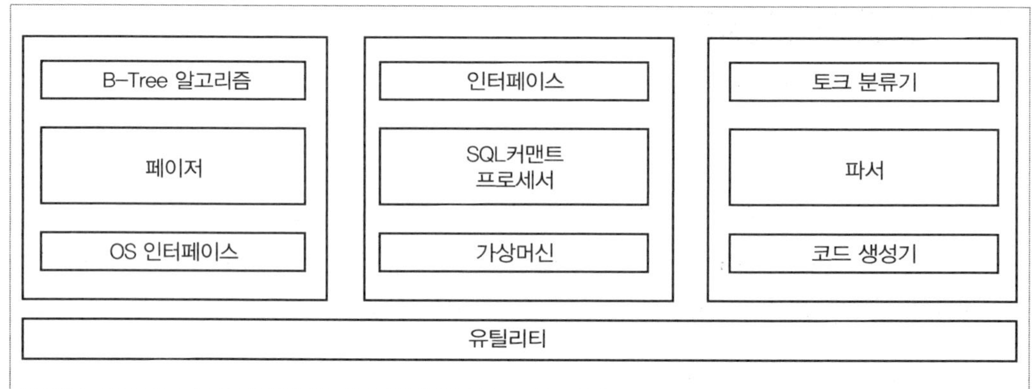

[그림 3-31] SQLite 구성도

■ 장 점

- 별도의 서버를 필요로 하지 않는 경량화된 데이터베이스이다.
- 별도의 데이터베이스 설정이 필요 없어 사용이 용이하다.
- 트랜잭션 장애 시 복구로 데이터의 무결성을 보장해 준다.
- Linux, Unix, MacOSX, Win32, OS/2, WinCE 등 다양한 플랫폼을 지원한다.

■ 단 점

여러 어플리케이션이 동시 접근 시 어플리케이션 레벨에서 조정처리를 해야 한다.

SQLite는 임베디드 기기에 최적화된 데이터베이스 솔루션이지만, 검색 시 FTS(Full Text Search)와 ODBC(Open DataBase Connectivity)를 모두 지원한다. SQLite의 여러 가지 장점을 활용하여 스마트폰, PDA, MP3 등 다양한 모바일 디바이스에 활용되고 있다.

03 모바일 데이터베이스의 활용

모바일 데이터베이스의 응용분야는 금융, 제조, 유통 등의 운송 및 물류 분야와 보험, 병원 등의 영업 자동화(SFA)에 많이 사용되고 있다. 또한 노트북 및 모바일 단말기 등에 모바일 데이터베이스를 탑재하여 사용하고 있다.

◐ CHAPTER 03 DB 종류

XML 데이터베이스

핵심 요약(Key point summary)

1 XML 데이터의 효율적 관리, XML DB

가. XML DB의 정의

비정형 구조, 가변 길이, 사용자 정의 등의 XML 데이터를 효율적으로 저장, 검색, 관리하는 데이터베이스

나. XML DB의 필요성

- 웹문서 및 콘텐츠 증가로 문서 유형 복잡, 데이터 관리가 어려워짐
- 인터넷 환경에서 데이터 교환/저장 관리 비용 증가
- 플랫폼 독립적, 정형/비정형 데이터의 편리 및 효율적 관리 필요

다. XML DB의 특징

- XML 문서에 대한 논리적 모델 정의, 그 모델에 따라 문서 저장/조회 가능
- 계층적 구조의 특성 지원 : DTD, XML Schema 생성
- 데이터 교환 시 저장구조 변경 최소화 및 XML 문서 구조 그대로 저장 가능
- 데이터 중심(Data Centric), 문서 중심(Document Centric)으로 저장 관리

2 XML DB 구성도 및 XML DB 종류

가. XML DB 구성도

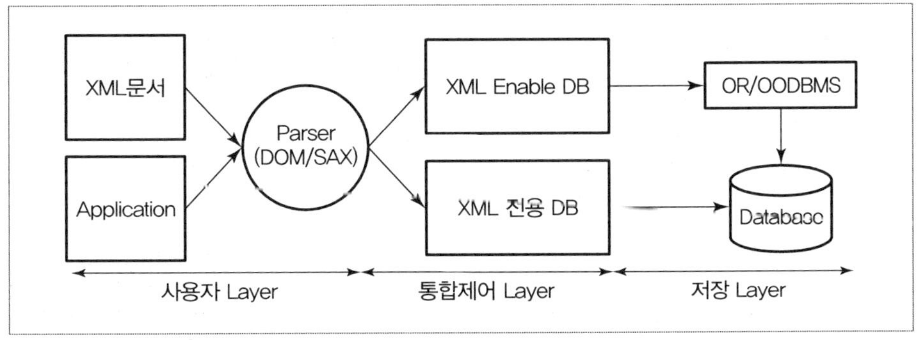

나. XML DB 종류

유 형	내 용
File 관리형	• XML 데이터를 파일 시스템의 파일로 보관 • 속도 빠름, 대용량, 문서 내 구조 접근 곤란
XML Enable DB	• XML 데이터 포맷과 데이터 모델(RDB, ORDB, OODB) 간의 매핑/변환 • 주로 데이터 중심 XML 문서 저장/검색 • Element, Attribute, Entity 분리 저장
Native XML DB	• XML 문서에 대한 논리적 모델 정의, 그 모델에 따라 저장 • XML 데이터를 본래의 포맷 그대로 저장하여 데이터 분해 및 재조합 불필요

❸ XML DB의 주요 기능 및 요소기술

가. XML DB의 주요 기능

- XML 문서 저장 : DTD/XML Schema 저장, XML 문서 저장
- XML 문서 검증 : Well Formed/Valid 문서 여부 판정
- XML 문서 조회 : 요소 구조, 데이터, 속성값에 따른 조회(xPath 이용)
- XML 문서 수정 : 요소 구조, 데이터, 속성값에 대한 수정 기능

나. XML DB의 요소기술

요소기술	내 용
XML 데이터 저장 기술	• XML 데이터 개체에서 DTD를 자동 추출하는 기술 • DTD로부터 DB Schema 자동 생성 기술 • XML문서 생성된 Schema에 따라 저장하는 기술
XML 질의 처리 기술	• XML 검색 질의의 기본연산 Regular Path Expression 처리 기술 • XML 변경 질의 신속 처리 기술
XML 색인 기술	빠른 검색을 위해 XML 데이터 색인 기술

❹ XML DB 종류별 비교 및 활용 전망

가. XML DB 종류별 비교

비교항목	XML Enable DB	Native XML DB
적용 DB	RDMBS, ORDBMS, OODBMS	XML형태의 데이터 관리 DB
저장구조	• 문서의 구성요소를 테이블 필드로 저장 (분해 및 재조립) • XML 문서 자체를 저장(CLOB, BLOB)	XML의 계층적이고 구조화된 형태로 저장
성능	수정 및 검색에 상당한 시간 소요	• xQuery 이용 • 데이터 검색 용이 및 속도 빠름
주요 용도	데이터 중심의 XML 문서	문서/데이터 중심의 XML 문서

나. XML DB의 활용 전망

- 다양한 XML 표준 지원 예정 : xPath, xQuery 및 Web Service 연계 기능
- 기존 데이터와 XML 데이터 병행 지원 : 기존 데이터 지원, XML 변환 지원
- 웹 포털 및 기업 통합의 도구로 발전 : XML 기반 구조로 통합 고려

 **XML DB의 저장 데이터 분류**

분류	설명
데이터 중심 (Text 기반)	• 주로 데이터 전송에 사용(정형적) • RDBMS, ORDBMS, OODBMS 이용 　⑩ 구매 주문서, 온라인 민원신청서, 비행기 예약 등
문서 중심 (Model 기반)	• 인터넷상의 문서 및 콘텐츠 관리를 위해 사용(비정형적) • 콘텐츠 구조와 변화 관리 중요 → XML 전용 DB 필요 　⑩ 사용자 매뉴얼, 마케팅 브로슈어 등과 같은 다양한 구조 문서

01 XML의 개념

(1) XML(eXtensible Markup Language)의 개념

시스템을 구축하기 위해서는 C, Java 등의 프로그래밍 언어와 시스템 간 데이터를 인터페이스하기 위한 데이터 언어가 필요하다. 데이터 언어는 연계를 위하여 데이터의 구조를 정의하고 구조에 맞는 데이터를 포함하여 전송한다. 이에 해당하는 언어로 마크업(Markup) 언어가 있으며, 이는 시스템 간 인터페이스를 텍스트로 처리하기 위하여 태그를 사용하여 데이터와 구조를 기술한다.

마크업 언어는 HTML이 많이 알려져 있지만, HTML 이전에 1969년 Charles F. Goldfarb, Ed Mosher, Ray Lorie에 의해 GML(Generalized Markup Language)이 개발되고 이를 표준화하면서 SGML(Standard Generalized Markup Language)이 1986년에 등장하게 된다. SGML은 범용적인 사용을 목적으로 방대한 표준을 포함하고 있어 복잡하고 구현이 어려웠다.

이러한 문제를 개선하여 간결하면서 이기종 간 플랫폼에 독립적인 표현을 지원하는 마크업 언어로 HTML을 1989년 제안하게 되었다. 그러나 HTML은 SGML의 일부분으로 디자인은 지원되지만, 플랫폼에 무관하게 데이터를 교환할 수 없는 한계를 갖고 있다. 이러한 필요에 의해서 XML이 등장하게 되었다.

XML은 이기종 플랫폼에 의존하지 않고 독립적으로 데이터 표현과 데이터 교환을 처리할 수 있으며 사용자가 의미를 부여하여 태그를 사용할 수 있다.

[표 3-40] XML 언어 예시

```
<?xml version="1.0" encoding="utf-8"?>
<Product>
  <Product1>
    <Id>1001</Id>
    <Name>book</Name>
    <Qty>200</Qty>
  </Product1>
</Product>
```

(2) XML 관련 기술

관련 기술에는 XML의 구문을 파싱하는 DOM과 SAX가 있다. XML의 구조에는 DTD와 XML 스키마가 있고, 질의 언어로 XQL과 XML-QL이 있다. 또한 XML의 표현을 용이하게 하는 XSL과 XSLT, 검색과 링크를 제공하는 XLL, XPoint, XPath가 있다.

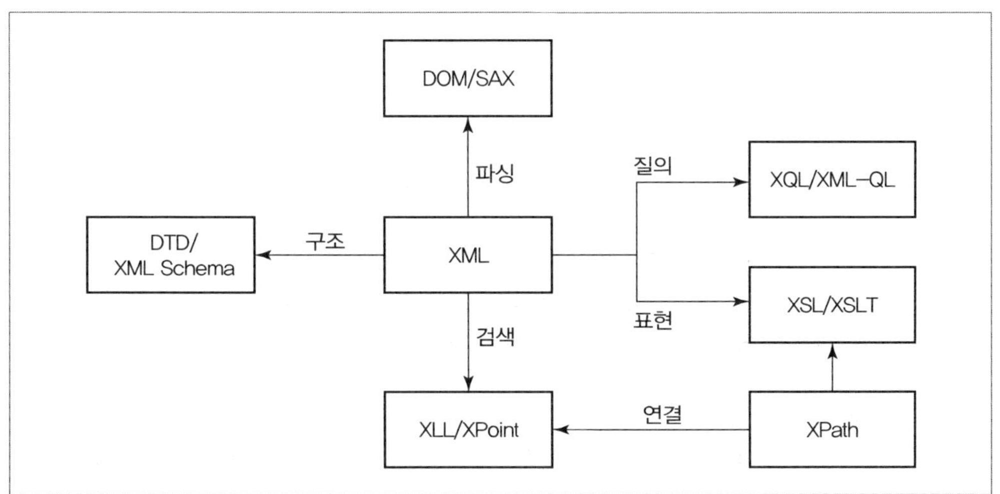

[그림 3-32] XML 관련 기술

- DOM(Document Object Model)

  XML 구문분석을 위한 파싱기능으로 XML을 일괄 메모리에 올려놓고 전체 관점에서 트리구조 분석을 한다.

- SAX(Simple API for XML)

  XML 구문분석을 위한 파싱기능으로 단위 XML문장을 올려놓고 문장단위로 구문분석을 한다.

- XQL(XML Query Language)

  XML의 계층형 모델을 질의하여 XML문서의 Element와 Attribute를 검색할 수 있다.

- XSL(eXtensible Stylesheet Language)

  XML의 문서를 HTML이나 다른 형식의 XML문서로 스타일을 변환하게 지원한다.

- XSLT(XSL Transformations)

  XSL스타일시트의 Element를 해석하여 XML문서의 내용을 XSL형식으로 변환시키는 프로세서이다.

- XPath(XML Path Language)

  XML문서의 Element의 위치나 경로의 표현식을 지원한다.

- XLL(XML Linking Language)

  XML문서 간의 연결 및 XML 내의 특정위치를 설정하는 등의 문서 링크기능을 지원한다.

- XPoint

  XML 문서의 내부 구조에 주소를 지정하여 XML문서 내에서 객체의 위치를 찾을 수 있도록 지원한다.

- DTD(Document Type Definition)

  XML문서의 논리적 구조와 형태, 속성, 표기법 등을 정의하며, XML을 유효한 문서로 나타낸다.

- XML Schema

  DTD의 문제를 개선하고 확장한 형태이며, XML문법을 이용한 데이터 타입, 출현횟수 등을 통해 XML의 구조와 형태를 정의한다.

02 XML 데이터베이스의 개념

이기종 시스템 간의 인터페이스가 늘어나면서 XML의 활용이 증대되었다. 따라서 생성된 XML의 계층적 특성을 지원하여 XML문서를 효율적으로 저장·관리하는 데이터베이스가 요구되었다. XML 데이터를 관리하는 형태는 파일 관리형, 관계 매핑형, 객체 지향형, 네이티브형으로 나눠볼 수 있다.

(1) XML 데이터베이스의 유형

- 파일 관리형 XML DBMS

  XML 데이터를 파일시스템에 디렉터리로 분류하여 파일로 관리하는 형태이다. XML의 데이터 인덱스를 이용해서 빠른 검색을 지원할 수 있다.

- **관계 매핑형 XML DBMS**

  XML데이터의 계층구조를 관계형 데이터베이스의 투플과 어트리뷰트로 매핑하여 모델링하여 관리하는 형태이다. XML의 DTD구조를 통해서 엘리먼트와 어트리뷰트의 매핑을 용이하게 할 수 있다. 또한 검색 및 데이터 관리는 관계형 데이터베이스의 기능을 활용한다.

- **객체 지향형 XML DBMS**

  XML의 구조가 객체와 유사하므로 XML의 데이터 구조 자체를 객체로 저장하여 관리하는 형태의 데이터베이스이다. DOM의 내비게이션 기능을 이용해서 계층적 검색을 지원한다.

- **네이티브형 XML DBMS**

  XML의 엘리먼트와 어트리뷰트를 포함한 계층구조 그 자체를 관리하는 형태이다. XML의 독립적인 질의가 가능하므로 고속으로 처리된다.

(2) 네이티브형 XML DBMS가 필요한 이유

XML 데이터를 관계형 데이터베이스에 관리할 경우 DOM이나 SAX를 통해 파싱을 수행하는 변환과정을 거쳐야 한다. 네이티브형 XML 데이터베이스에서는 중간 파싱과정을 통하지 않고 관리되고 계층적 XML구조의 질의결과를 확인할 수 있다.

또한 XML 데이터는 계층으로 구성된 데이터이므로 하나의 속성에 여러 개의 속성값을 가질 경우 관계형 데이터베이스에서 표현이 복잡해진다. 다음과 같이 저자 속성에 공동 저자가 존재할 경우, 관계형 데이터베이스에서는 정규화를 통해서 별도의 엔티티로 분해해야 한다. 이런 경우 분해된 엔티티를 조인을 통해 결과를 도출해야 하는 문제가 발생한다.

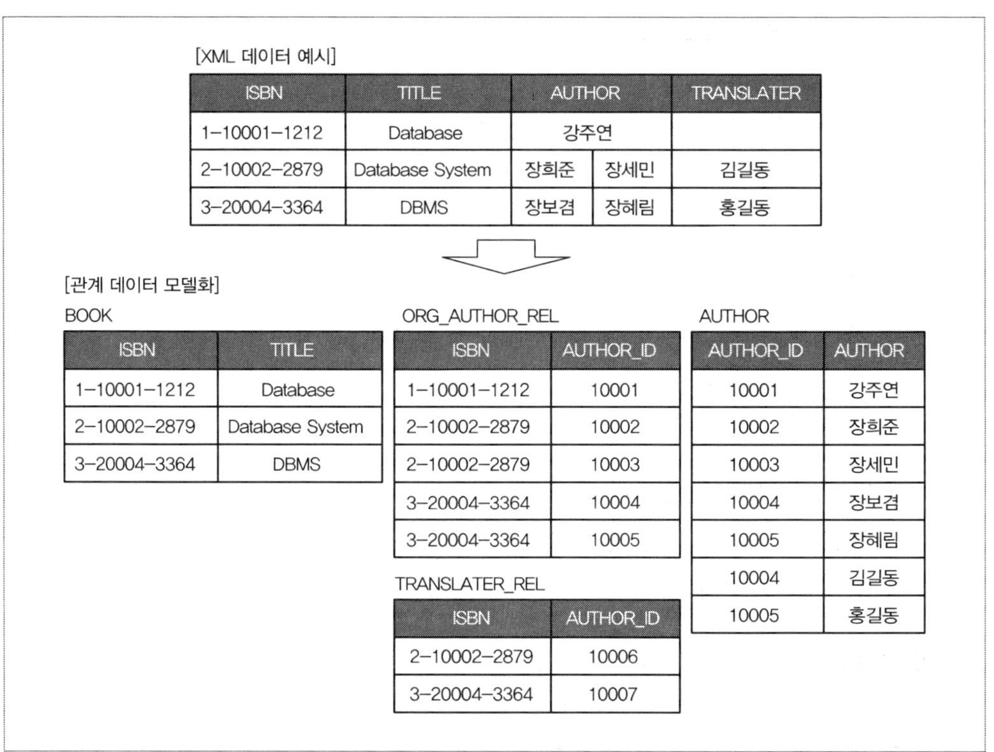

[그림 3-33] XML데이터의 관계 데이터 모델화

03 XML 데이터베이스의 설계 및 검색

(1) XML 데이터베이스의 설계

XML 데이터베이스의 설계는 기존의 데이터베이스 설계와 같이 요구사항을 분석하고 데이터 모델링을 실시한다. XML 데이터베이스는 XML의 계층적인 구조를 설계해야 하므로 XML 객체에 대한 설계와 인터페이스 설계 실시 후 데이터베이스를 구현하는 절차로 진행된다.

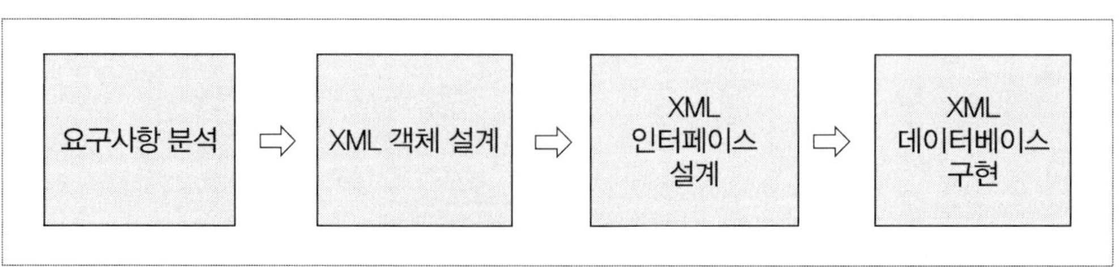

[그림 3-34] XML설계 개념도

XML 데이터의 객체 설계를 위해서는 XML 데이터의 특성과 제약사항을 정의해야 하는데, 이를 위해서 XML Schema를 사용한다. 스키마를 정의하여 XML 데이터베이스에서 관리되어야 할 유효한 데이터의 특성을 제약하고 XML 데이터의 유효한 규칙을 정의한다.

XML Schema는 다음과 같이 구성된다.

- 스키마 및 네임스페이스 지정 : 스키마 선언과 관련된 스키마의 네임스페이스를 선언한다.
- Element 정의 : Element의 이름과 데이터 타입, 구조를 정의한다.
- Element 참조 정의 : Element의 정의를 참조하여 반복 횟수 등을 정의한다.
- 복합 Element 정의 : Element 내에 속한 Element와 Attribute를 정의한다.
- Attribute 정의 : Element에 속하는 Attribute의 이름과 데이터 타입을 선언한다.
- 파생형 Element 정의 : Element에 파생하여 생성되는 Element와 Attribute를 정의한다.

[표 3-41] XML Schema 예시

```
<?xml version="1.0" encoding="utf-8"?>
<xs:schema id="test" xmlns:xs="http://www.aaa.org/XMLSchema"
        xmlns:xhtml="http://www.aaa.org/1999/xhtml"
        xmlns="http://www.test.com"
        targetNamespace="http://www.example.com">
<xs:element name="책">
  <xs:complexType>
   <xs:sequence>
     <xs:element name="서명" type="xs:string"/>
     <xs:element name="저자" type="xs:string"/>
     <xs:element name="역자" type="xs:string"/>
     <xs:element name="출판사" type="xs:string"/>
     <xs:element name="출판일자" type="xs:string"/>
     <xs:element name="등록 번호" type="xs:integer"/>
     <xs:element name="등록일" type="xs:date"/>
   </xs:sequence>
  </xs:complexType>
</xs:element>
</xs:schema>
```

(2) XQuery

XML문서를 검색하는 데 사용하는 XQL(XML Query Language)은 1998년 W3C에서 제안된 패턴언어였다. XQuery는 Native XML 데이터베이스에서 제공되는 XML데이터 형식의 검색을 지원한다. 또한 XML을 생성하여 저장하고 XML에 저장된 XML인스턴스 검색이 가능하다.

[표 3-42] XQuery 작성 예시

구 분	예 시
XML데이터 형식의 XMLQuery메소드 사용	SELECT warehouse_name, XMLQuery('for $i in /Warehouse where $i/Area > 80000 return ⟨Details⟩ ⟨Docks num="$i/Docks"/⟩ ⟨Rail⟩if ($i/RailAccess = "Y") then "true" else "false" ⟨/Rail⟩ ⟨/Details⟩' PASSING warehouse_spec RETURNING CONTENT) big_warehouses FROM warehouses;

XML데이터 형식의 XMLTable메소드 사용	SELECT lines.lineitem, lines.description
	FROM purchaseorder,
	  XMLTable('for $i in /PurchaseOrder/LineItems/LineItem
	        where $i/@ItemNumber >= 8
	        and $i/Part/@UnitPrice > 50
	        and $i/Part/@Quantity > 2
	        return $i'
	        PASSING OBJECT_VALUE
	              COLUMNS lineitem NUMBER
	PATH '@ItemNumber',
	                description
	VARCHAR2(30) PATH
	)
	lines;

SECTION 06

◯ CHAPTER 03 DB 종류

객체지향 데이터베이스

핵심 요약(Key point summary)

1 현실세계의 개체 추상화, 객체지향

가. 객체지향의 개념

복잡한 현실세계의 객체를 추상화하여 속성과 메소드를 구성하고 메시지로 통신하는 데이터 처리 방법

나. 객체지향의 특징

특 징	설 명
추상화	• 객체 표현 간소화, 공통 특징 추출을 통한 슈퍼 클래스화 • 자료 추상화, 기능 추상화, 제어 추상화
캡슐화 (정보 은닉)	• 객체 간의 상세 내용을 외부에 숨기고 메시지를 통해 객체 간 상호 작용 • 독립성, 이식성, 재사용성 등 향상 가능
상속성	• 하위 클래스에게 자신의 속성, 메소드를 사용하게 하여 확장성을 향상 • 단일 상속, 다중 상속
다형성	• 하나의 객체를 여러 형태로 재정의 할 수 있는 성질 • Overloading : 동일한 이름의 operation 사용(수평적), 재정의 • Overriding : 슈퍼클래스의 메소드를 서브 클래스에서 재정의(수직적), 중복 사용

2 복합 객체의 저장, 객체지향 데이터베이스(OODB)

가. 객체지향 데이터베이스의 필요성, RDB의 한계

- 복잡한 객체 표현 : 현실세계의 설계, 음성, 영상 등 복합 객체의 표현 요구
- M:N 표현 어려움 : 원자성을 보장하고 M:N 관계 표현을 위해 추가 엔티티로 분할 필요
- 비정형 데이터 표현 : 고정길이 정형화 데이터에서 비정형 데이터로 변화

나. 객체지향 데이터베이스의 장단점

장 점	단 점
• 프로그래밍 언어와 연계되어 있음 • 자동적인 메소드 저장 가능 • 사용자 타입 정의 가능 • 복잡한 복합데이터 처리 용이 • 객체식별자(OID)의 영속성	• 객체지향 프로그래밍 요구 • 객체형태로 존재하는 데이터가 적음 • 질의 및 통계, 모니터링 도구 미흡 • 제한된 동시성 제어 및 트랜잭션 관리 • 구축 및 유지보수 비용 증대

3 고성능 객체 질의, 객체–관계 데이터베이스(ORDB)

가. 객체–관계 데이터베이스의 의미

객체 중심의 복합데이터 처리에 적합한 객체지향 데이터베이스에 안정성 측면의 보완을 위하여 관계형 데이터베이스의 장점을 수용한 데이터베이스

나. 객체–관계 데이터베이스의 필요성, OODB의 보완

- 대량 동시 사용 어려움 : 대량의 데이터 및 사용자 처리에 효과적이지 못함
- 다양한 질의 제공 미비 : SQL과 전적으로 연동이 안 되며 질의 제공 미흡
- 질의 성능 저하 : 대량의 데이터 검색 시 응답 성능 저하

4 객체지향 데이터베이스의 활용 및 전망

가. 객체지향 데이터베이스의 활용

- 그래픽 분야 : 2차원, 3차원 그래픽, 설계 및 모델링 분야
- GIS 분야 : 다차원 공간 데이터의 관리 분야
- XML 분야 : XML데이터 구조를 저장 관리
- 멀티미디어 분야 : 음성, 영상 등 멀티미디어 데이터 저장 관리 분야

나. 객체지향 데이터베이스의 전망

- 객체지향 데이터베이스의 특화된 영역에서 사용 활성화
- 일반적 객체 저장은 객체–관계형 데이터베이스의 형태로 활용도 증대
- 객체지향 데이터베이스와 관계형 데이터베이스의 통합 솔루션 출시

SECTION 06

01 객체지향의 개념

객체지향 데이터베이스에 대한 새로운 패러다임은 객체지향 프로그래밍(OOP ; Object-Oriented Programming) 언어에서부터 시작되었다. C++, Java, SmallTalk 등의 객체지향 프로그래밍 언어가 데이터베이스와 응용 프로그램에 쓰인다. 객체지향의 구성요소는 클래스(Class), 객체(Object), 메소드(Method), 속성(Attribute), 메시지(Message) 등이 있다. 각 요소의 의미를 살펴보면 다음과 같다.

- 클래스(Class) : 공통의 특성을 갖는 객체의 틀을 의미하며 한 클래스의 모든 객체는 같은 구조와 메시지를 응답한다.
- 객체(Object) : 현실세계의 개체(Entity)를 유일하게 식별할 수 있으며 추상화된 형태이다.
- 메소드(Method) : 객체의 상태를 변경하고자 할 경우 메소드를 통해서 메시지(message)를 보낸다.
- 속성(Attribute) : 객체의 환경과 특성에 대해 기술한 요소들로 인스턴스 변수라고 한다.
- 메시지(Message) : 객체와 객체 간의 연계를 위하여 의미를 메시지에 담아서 보낸다.

객체는 메시지를 주고받아 데이터를 처리할 수 있다. 객체는 속성(Attribute)과 메소드(Method)를 하나로 묶어 보관하는 캡슐화 구조를 갖는다. 다음과 같은 객체호출 예를 보면, Emp라는 클래스에 CalSal이라는 메소드에 100이라는 사번을 메시지로 전송해서 사원의 급여를 계산한다.

```
Emp.CalSal(100)
```

객체지향의 구성요소를 통해 객체지향 데이터를 처리하기 위해서는 자료의 추상화, 상속성, 다형성 등의 특징을 갖는다.

■ 추상화

현실세계 데이터에서 불필요한 부분은 제거하고 핵심요소 데이터를 자료구조로 표현한 것을 추상화라고 한다. 이때 자료구조를 클래스, 객체, 메소드, 메시지 등으로 표현한다. 또한 객체는 캡슐화(encapsulation)하여 객체의 내부구조를 알 필요 없이 사용 메소드를 통해서 필요에 따라 시용하게 한다.

- **상속성(Inheritance)**

  하나의 클래스는 다른 클래스의 인스턴스로 정의될 수 있는데 이때 상속의 개념을 이용한다. 하위 클래스는 상위 클래스의 속성을 상속 받아 상위 클래스의 자료와 연산을 이용할 수 있다.

- **다형성(Polymorphism)**

  동일한 메시지에 대해 객체들이 각각 다르게 정의한 방식으로 응답하는 특성을 의미한다. 메시지의 이름을 중복 사용하거나 모듈을 재사용하는 형태이다. 객체지향의 다형성에는 오버로딩(overloading)과 오버라이딩(overriding)이 존재한다.

  오버라이딩은 상속받은 클래스가 부모의 클래스의 메소드를 재정의하여 사용하는 것을 의미한다. 오버로딩은 동일한 클래스 내에서 동일한 메소드를 파라미터의 개수나 타입으로 다르게 정의하여, 동일한 모습을 갖지만 상황에 따라 다른 방식으로 작동하게 하는 것을 의미한다.

02 객체지향 데이터베이스의 등장배경

데이터가 정형화된 텍스트 형태의 데이터에서 동영상, 음성 등의 데이터로 다양해지면서 전통적인 관계형 데이터베이스에서 수용하기 어려운 데이터가 존재하게 되었다. 전통적인 관계형 데이터베이스는 고정길이 레코드이고 데이터가 원자값 형태로 저장을 원칙으로 하고 있다.

그러나 현실세계는 정형화할 수 없고 복잡한 형태가 많다. CAD/CAM을 활용한 설계 데이터, GIS정보를 이용한 지형 데이터, 소리 및 공간, 영상 등 멀티미디어 데이터의 관리 필요성이 증대되면서 새로운 패러다임의 데이터베이스가 요구되었다.

또한 관계형 데이터베이스는 M:N 관계를 표현할 경우에는 엔티티가 분할되고 조인(Join)에 의해 복잡한 구조가 된다. 데이터 조작어는 SQL로 한정되어 다양한 시스템의 데이터를 처리하기에 부족한 상태이다.

따라서 이러한 문제의 대안으로 객체지향 데이터베이스가 출현되었다. 객체지향 데이터베이스는 객체지향 모델을 저장하고 관리할 수 있는 구조를 의미한다.

03 객체지향 데이터베이스 모델

객체지향 데이터베이스 모델은 객체의 상태와 행태, 관계를 정의하는 집합으로 구성한다. 객체지향 데이터베이스 모델은 DBMS에서 부여하고 변경이 발생하지 않는 객체 식별자(OID)로 식별한다. OID를 이용해서 1:1, 1:N, M:N의 관계를 표현한다. 객체지향 데이터베이스 모델은 객체지향 프로그래밍 언어와 매우 밀접한 관련이 있으며 클래스의 계층이나 상속관계, 다중관계를 표현할 수 있다.

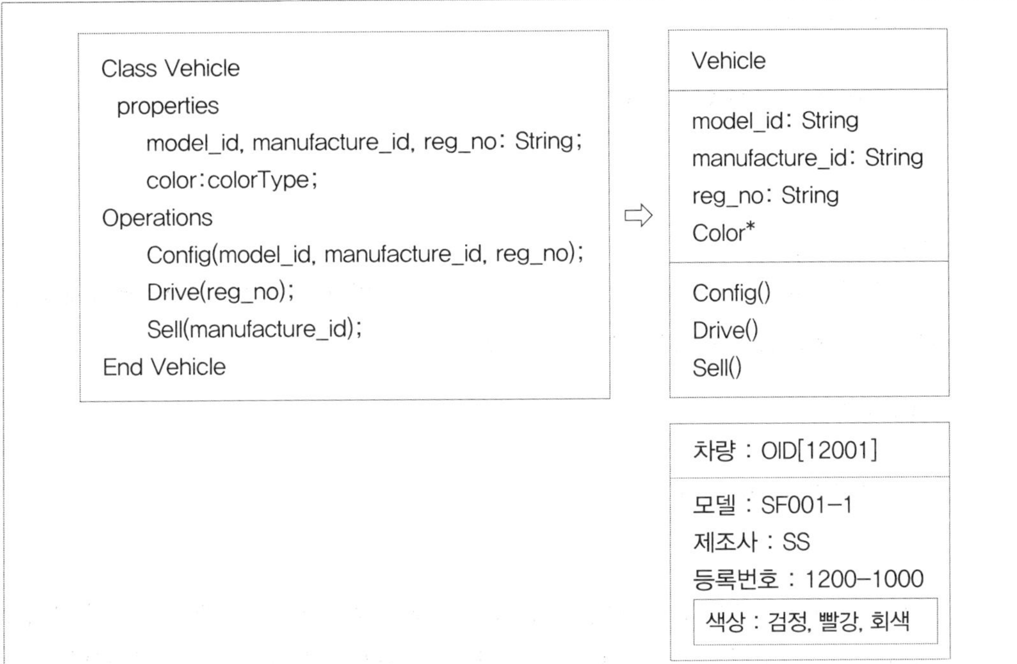

[그림 3-35] 객체지향 모델의 예시

객체지향 질의어는 1989년 OMG(Object Management Group)이 결성되어 표준을 제정하기 시작하였다. 1993년 ODMG를 발표하고 1999년 ODMG 3.0을 발표하였다. ODMG에는 ODL(Object Definition Language)와 OQL(Object Query Language)이 존재한다.

■ 객체 정의어(ODL)

객체 정의어를 통해서 객체 클래스, 속성을 정의할 수 있고, 관계를 설정힐 수 있나. 객체 생성은 다음과 같이 interface명령을 사용하고 객체 하부에 속성(Attribute)을 정의한다.

```
interface Book{
  attribute string title;
  attribute author;
  ...
  }
```

객체와 객체 간의 관계는 OID로 연결되며 다음과 같이 relationship명령을 쓴다.

```
interface Book{
  attribute string title;
  attribute author;
  ...
  relationship Set〈Order〉 takes...
  }
```

■ 객체 조작어(OQL)

SQL문법과 비슷한 구조를 갖고 객체를 질의할 수 있다. SQL의 FROM절에 테이블명이 기술되지만 OQL은 객체의 집합을 지정한다.

```
SELECT b.author
FROM book b
WHERE b.qtyPub〈=100;
```

객체지향 데이터베이스는 CAD/CAM 등을 활용한 설계 분야, 그래픽 데이터 관리 분야, GIS나 공간 데이터의 관리 분야에서 활용되고 있다. 또한 음성, 영상 등 멀티미디어 관리 분야에서도 활용되고 프로세스 관리, 네트워크 관리, 시뮬레이션 관리 등 복잡한 구조의 업무에도 활용되고 있다.

04 객체–관계형 데이터베이스

객체지향 데이터베이스는 객체지향 프로그래밍 언어에 종속되어 객체지향의 구조를 잘 정의할 수 있고 또한 복잡한 복합데이터를 다루기 용이하다. 그러나 객체지향 프로그래밍을 통해 데이터를 스토리지화하므로 응용 프로그램을 통해서 질의를 처리한다. 따라서 관계형 데이터베이스보다 개발 및 유비보수 비용이 더 많이 들고 대용량 데이터 처리, 질의 및 통계 등의 처리에 제한이 있다.

이러한 객체지향 데이터베이스의 단점을 보안하여 안정적이고 대용량 데이터를 지원하고 질의처리가 용이한 관계형 데이터베이스를 접목한 데이터베이스가 출현하였다. 이를 객체–관계형 데이터베이스라고 한다. 객체–관계형 데이터베이스는 관계형 모델에 객체 모델을 포함하여 확장한 데이터베이스이다.

객체를 관리하기 위하여 SQL에 사용자 정의 함수와 사용자 정의 데이터 타입을 추가할 수 있다. 또한 참조(Reference)와 세트(Set)를 이용해서 참조와 상속을 정의할 수 있다.

[표 3-43] 객체지향 데이터베이스의 특징

장 점	단 점
• 프로그래밍 언어와 연계되어 있음	• 객체지향 프로그래밍 요구
• 자동적인 메소드 저장 가능	• 객체형태로 존재하는 데이터가 적음
• 사용자 타입 정의 가능	• 질의 및 통계, 모니터링 도구 미흡
• 복잡한 복합데이터 처리 용이	• 제한된 동시성 제어 및 트랜잭션 관리
• 객체식별자(OID)의 영속성	• 구축 및 유지보수 비용 증대

Memo

Memo

참고문헌

이석호, 데이터베이스 시스템, 정익사, 2007

이춘식, 데이터베이스설계와 구축, 한빛미디어, 2005

홍의경, 데이터베이스 배움터, 생능출판사, 2007

조시형, 오라클 성능 고도화 원리와 해법I, 비투엔컨설팅, 2009

조시형, 비투엔.오라클 성능 고도화 원리와 해법II, 비투엔컨설팅, 2010

한국데이터베이스진흥원, 데이터아키텍처 전문가 가이드, 한국데이터베이스진흥원, 2010

한국정보화진흥원, 정보시스템 감리지침, 한국정보화진흥원, 2009

장동인, 데이터 웨어하우스, 대청, 1999

하연 편집부, 빅데이터와 DBMS의 시장전망, 하연, 2012

신동인 · 신동규, 멀티미디어 데이터베이스, 인터비전, 2002

한국데이터베이스진흥원, 데이터 품질 가이드라인, 한국데이터베이스진흥원, 2011

장경애 외, 정보처리기술사, 예문사, 2013

Ruby L. Kennedy, Yuchun Lee, Benjamin Van Roy, Christopher D. Reed, Solving data mining problems through pattern recognition, Unica Technologies Inc., 1997

http://www.dbguide.net

http://www.w3.org/XML/

http://www.w3.org/DOM/

http://www.ibiblio.org/xql/

http://www.privacy.go.kr

ㄱ

개인정보보호법	250
객체관계 DBMS	18
객체–관계형 데이터베이스	357
객체지향 DBMS	17
객체지향 데이터베이스	353
계층형 DBMS	17
관계(Relationship)	97
관계형 DBMS	17

ㄴ

낙관적 동시성 제어	75
네트워크형 DBMS	17

ㄷ

다중 버전 동시성 제어	75
다중키 파일	42
단일 Linked List	24
데이터(Data)	5
데이터 모델링	93
데이터 무결성	53
데이터베이스	11
데이터베이스 관리 시스템	12
데이터베이스 보안	243
데이터베이스 시스템	11
데이터 용량 설계	157
데이터 웨어하우스	262
데이터의 독립성	59
데이터 표준화	171
데이터 품질	199
데크(Deque)	23

ㅁ

멀티미디어 데이터베이스	325
메타데이터	271
모바일 데이터베이스	339

ㅂ

반정규화	149
배열	23
분산 데이터베이스	332
분산 처리 시스템	7
빅데이터	299

ㅅ

속성	99
스노플레이크 스키마	267
스키마는	58
스타 스키마	266
스택(Stack)	22
식별자(Identifier)	100
신뢰도	288

ㅇ

엔티티	96
온라인 처리 시스템	7
옵티마이저	215
유클리안 거리	293
이상현상	121
인덱스된 순차파일	42
인스턴스	58
일괄 처리 시스템	7

ㅈ

정규화	101, 127
정보(Information)	5
정보시스템 감리	232
정보통신망법	250
주제영역	96
중간 제곱법	45
즉시 갱신	80
지식(Knowledge)	5
지연 갱신	80
지지도(Support)	288
지혜(Wisdom)	5
진수 변환법	46

ㅊ

체크포인트(Check Point) 기법	81

ㅋ

큐(Queue)	23

ㅌ

투명성	333
트랜잭션	64
트리(Tree)	25

ㅍ

파일관리 시스템	15
폴딩법	46
프로파일링	203

ㅎ

하둡(Hadoop)	303
함수적 종속	127
향상도	288
환형 Linked List	24
회복	79

A

AWR Report	212

B

B-Tree	32
B*Tree	35
B+Tree	33
Buffer Cache	209

C

CAP이론	309
Cascading Rollback	71
CBO	216

D

DAC	244
Data Dictionary Cache	209
Data Governance	191
DBA	14
DCL	14, 183
DDL	13, 180
DES	248
Dirty Read	69
DML	13, 183
DSA	249

E

ECC	249
ETT	269

H

HDFS	306

I

Inconsistency	70

K

K-평균 군집화	294

L

Library Cache	209
Locking	72
Lost Update	69

M

MAC	244
MapReduce	306
MMDB	319

N

NoSQL 308

O

ODS 271
OLAP 275

R

RBAC 244
RBO 215
RSA 249
R-Tree 38

S

SEED 248
Shadow Paging 기법 82
SQLite 339

T

Time Stamp Ordering 74
T-Tree 36

X

XML 344
XML DBMS 18
XML 데이터베이스 346

1~10

2PC 335
2PL 72
3층 스키마 57

핵심 데이터베이스 시스템

발행일 | 2014년 1월 15일 초판 발행

저　자 | 장 경 애

발행인 | 정 용 수

발행처 | YEAMOONSA 예문사

주　소 | 경기도 파주시 문발동 498-1 도서출판 예문사

T E L | 031) 955-0550

F A X | 031) 955-0660

등록번호 | 11-76호

정가 : 25,000원

- 이 책의 어느 부분도 저작권자나 발행인의 승인 없이 무단 복제하여 이용할 수 없습니다.
- 파본 및 낙장은 구입하신 서점에서 교환하여 드립니다.

http://www.yeamoonsa.com

ISBN 978-89-274-0606-8 13000

이 도서의 국립중앙도서관 출판시도서목록(CIP)은 서지정보유통지원시스템 홈페이지(http://seoji.nl.go.kr)와 국가자료공동목록시스템(http://www.nl.go.kr/kolisnet)에서 이용하실 수 있습니다.(CIP제어번호 : CIP2013018973)